Konrad M. Färber / Kaiser und Erzkanzler

Konrad M. Färber

Kaiser und Erzkanzler

Carl von Dalberg und Napoleon

Die Deutsche Bibliothek – CIP-Einheitsaufnahme

Färber, Konrad M.:
Kaiser und Erzkanzler: Carl von Dalberg und Napoleon; die Biographie des letzten geistlichen Fürsten in Deutschland / Konrad Maria Färber. – Regensburg: Mittelbayer. Dr.- und Verl.-Ges., 1994

Zugl.: München, Univ., Diss., 1982
ISBN 3-927529-51-6

Konrad M. Färber

Kaiser und Erzkanzler
Carl von Dalberg und Napoleon

Umschlaggestaltung: Ruth Ibañez, Regensburg
Umschlagbild: A. Ochs, Porträt Carl von Dalberg / J. David, Napoleon in seinem Arbeitszimmer
Gesamtherstellung: Druckzentrum der Mittelbayerischen Zeitung Regensburg

ISBN 3-927529-51-6

VORWORT

Umwälzende politische und gesellschaftliche Veränderungen bestimmten die Zeit der Französischen Revolution, die das Ende der alten Feudalgesellschaft besiegelte, und des Napoleonischen Zeitalters, das den Beginn der modernen bürgerlichen Gesellschaft bedeutete. Goethe sprach damals von einer neuen Epoche der Menschheitsgeschichte.

In dieser schwierigen Zeit lebte und wirkte eine Persönlichkeit, die mit kluger Umsicht und ausgewogenen Reformen die Traditionen des alten deutschen Reiches mit der neuen Welt der bürgerlichen Freiheit und Gleichheit versöhnte: Carl von Dalberg (1744 – 1817), gebürtiger Reichsfreiherr, kurmainzischer Verwaltungsjurist, Statthalter von Erfurt, letzter Kurfürst-Erzbischof von Mainz und damit letzter Erzkanzler des Heiligen Römischen Reiches Deutscher Nation, Fürst von Regensburg, Aschaffenburg und Wetzlar, Fürstprimas des von Napoleon gegründeten Rheinischen Bundes und schließlich Großherzog von Frankfurt.

Der an einer Zeitenwende stehende Fürst war Verfasser zahlreicher philosophischer, staatstheoretischer, ästhetischer und politischer Schriften. Er zog deutsche Geistesgrößen wie Goethe, Schiller und Humboldt in seinen Bann, aber auch Napoleon, als dessen Günstling er lange Zeit geschmäht wurde. In zahlreichen Städten seines Wirkens, wie in Erfurt, Regensburg, Aschaffenburg und Frankfurt a. M., sind seine Reformen zum Teil noch heute in Erinnerung, seine dem Gemeinwohl dienenden Bauwerke weiterhin sinn- und zweckvoll.

Als Staatsmann und Politiker verkörperte Dalberg die Idee eines erneuerten deutschen Reiches, das er vor regionaler Zersplitterung bewahren und dessen Einbindung in ein neu geordnetes Europa er bewirken wollte. Als Kirchenfürst und Erzbischof mühte er sich um die Erneuerung der durch die Säkularisation erschütterten katholischen Kirche in Deutschland. Als Mäzen zahlreicher Künstler und Literaten, als Wohltäter und Menschenfreund ist er mancherorts in Erinnerung geblieben.

In der Person Dalbergs findet sich ein typisches deutsches Schicksal jener großen historischen Epoche, die vor etwa zweihundert Jahren unserer modernen Staats- und Gesellschaftsform die Bahn brach. Eine innerdeutsche Arbeitsgemeinschaft von vierzehn Städten, in denen Dalberg zwischen 1778 und 1813 erfolgreich gewirkt hat, nimmt seinen 250. Geburtstag im Jahr 1994 zum Anlaß, sein Leben, seine Haltung und seine Leistungen einer breiten Öffentlichkeit darzustellen und zu diskutieren. Dazu soll dieses Buch beitragen.

Konrad M. Färber

INHALT

„Vielleicht haben wir uns seither noch zu sehr mit den einzelnen Sektoren seines Denkens, Wesens und Schaffens beschäftigt, ohne einmal den Versuch zu wagen, den ‚ganzen Dalberg' darzustellen."
Rudolf Reinhardt

Einleitung

SCHLEPPENTRÄGER NAPOLEONS UND REICHSVERRÄTER?

Dieses Buch handelt von Macht und Ohnmacht in der Politik. Es ist ein Buch, in dessen Mittelpunkt zwei historische Gestalten stehen: Napoleon und Dalberg – der große Sohn der Revolution und der vornehme Erbe der Reichsritterschaft, der erste französische Kaiser und der letzte deutsche Erzkanzler. Viele Jahre lang versuchten sie, gegensätzliche politische Ziele gemeinsam zu verwirklichen: der eine die nationale Vorherrschaft Frankreichs in Europa, der andere die Wiederbelebung der universal-europäischen Reichsidee. Die Szenerie ist ein Europa, in dem zwei Welten aufeinanderprallen, die neue Welt der bürgerlichen Gleichheit und eine frühere mit ihren hierarchischen Traditionen und ihrem überkommenen Feudalethos, eine Welt der Emporkömmlinge und Glücksritter und eine Welt der Reichsritter und Fürstbischöfe. Mit der französischen Revolution begann eine moderne Zeit, aber die alte war noch nicht zu Ende gegangen. Napoleon, der korsische Advokatensohn, der sich zum Kaiser krönte, und Dalberg, der aus uraltem Adel stammte und von den Mainzer Domherren zum Kurfürst-Erzbischof und Erzkanzler des Heiligen Römischen Reiches gewählt wurde, sind dafür symptomatisch. Es geht dabei um die Geschichte vom Untergang des Alten Reiches, den Dalberg vergeblich aufzuhalten versuchte und den Napoleon schließlich herbeiführte. Es geht auch um die Geschichte einer Idee. Diese Idee hieß „drittes Deutschland". Dalberg wollte sie verwirklichen, Napoleon aber mißbrauchte sie für eine Militärallianz – den Rheinbund. Und es geht ferner um die napoleonischen Reformen, die Dalberg – soweit es möglich war – an Traditionen und Herkommen anpaßte, aber auch um Länderschacher auf höchster Ebene, um Intrigen, Bestechung und Machtpolitik.

Schließlich ist es die Geschichte Dalbergs, der – an einer Zeitenwende stehend – permanenten politischen Veränderungen ausgesetzt war, der das Alte vergeblich mit dem Neuen verbinden wollte und daran tragisch scheiterte. Napoleon hingegen war der Mann der neuen Zeit. Vom Artillerieleutnant zum Kaiser von Frankreich aufgestiegen, ein Emporkömmling und Abenteurer zwar, aber auch ein Genie als Staatsmann und Feldherr, prägte er einen historischen Zeitabschnitt, der schon bald nach ihm benannt wurde. Napoleon versuchte, was alle zur Macht aufgestiegenen Männer der Geschichte immer wieder versucht hatten: die Traditionen der alten Gesellschaft mit den dynamischen Elementen der neuen Elite zu verknüpfen, die Emporgekommenen von heute mit den Vornehmen von gestern zusammenzubringen. In solche Pläne paßte ein so ehrwürdiger und traditionsverhafteter Aristokrat wie der Kurfürst-Erzkanzler natürlich hervorragend – auch deshalb, weil er bei aller Anciennität liberal und anpassungsfähig war. Beide Männer personifizieren die historische Begegnung von neuem Selbstgefühl mit alter Feudalordnung, von politischem Ehrgeiz mit standesgemäßem und ererbtem Rang.

Die großen Bewegungen des ausgehenden achtzehnten und beginnenden neunzehnten Jahrhunderts spiegeln sich in ihnen: Aufklärung, Revolution und Reformzeit, Sturm und Drang, Klassik und Romantik, aufgeklärter Absolutismus, konstitutioneller Verfassungsstaat und nationale Begeisterung. Napoleon ist zweifellos der Berühmtere. Ein monumentaler Heros, der Generationen als Überwinder der Revolution und Schöpfer des modernen Europa vorgestellt wurde. Den Zeitgenossen aber war auch der Name Dalberg geläufig. Der gebildetete Aristokrat galt selbst großen Geistern als wichtiger Gesprächspartner. Er fühlte sich dem Weimarer Musenhof verbunden, war mit Wieland, Goethe und Herder befreundet, später noch mit Schiller, Wilhelm von Humboldt und Jean Paul. Sein Name stand für Edelmut, Anständigkeit und Idealismus, hatte aber auch den Beiklang von Naivität, Schwäche und Unterwürfigkeit.

Der Reichsfreiherr Carl Theodor Anton Maria von Dalberg ist ein typischer Adeliger des achtzehnten Jahrhunderts, von den Ideen der Aufklärung erfüllt, Kavalier und Dilettant, ein Verehrer der Musen und des schönen Geschlechts, weltoffen, elegant, liebenswürdig, gewandt und unverbindlich. Er stammte aus einer bedeutenden reichsritterlichen Familie aus der Gegend von Worms. Etliche seiner Vorfahren waren in Worms und Mainz Bischöfe gewesen. Mit zehn Jahren bereits trat er – den Familientraditionen gemäß – in das Mainzer Domkapitel ein und beschritt damit eine in der deutschen Adelskirche des Ancien Régime vorgegebene Laufbahn, ehe er schließlich aus einer aufsehenerregenden Wahl als „Kurprinz“ des Mainzer Kurfürst-Erzbischofs hervorging. Aber zwei Jahre später schon brach die Revolution aus. Die französischen Armeen eroberten die Rheingrenze. Die Residenzstadt Mainz ging verloren und mit ihr fast das ganze Kurfürstentum. Als Dalberg nach dem Tod seines Vorgängers endlich die Regierung übernehmen konnte, stand das Amt des deutschen Erzkanzlers nur noch auf dem Papier – ein Titel, weiter nichts. Das Reich war dem Untergang geweiht.

Napoleons Stern befand sich dagegen in einem steilen Aufstieg. Die politische Laufbahn, die Dalberg damals in dem untergehenden Reich als Erzkanzler von Napoleons Gnaden antrat und die ihn überraschenderweise bis zum Fürstprimas des Rheinbunds und Großherzog von Frankfurt führte, spiegelt daher auch den Einfluß wider, den der französische Kaiser auf Mitteleuropa ausübte. Um Österreich und Preußen als Großmächte auszuschalten, brauchte er die deutschen Klein- und Mittelstaaten. Dabei konnte ihm ein Mann wie Dalberg, der Repräsentant des Alten Reiches und der deutschen Kleinstaaterei, unschätzbare Dienste erweisen. Dieser wiederum war auf die Protektion des mächtigen Napoleon angewiesen, um seine von Österreich und Preußen geplante Entmachtung zu verhindern.

In ihrem Zusammenspiel sind Dalberg und Napoleon die Akteure in einem der spannendsten Kapitel der deutsch-französischen Geschichte. Nach der Kaiserkrönung in Paris sah der deutsche Erzkanzler in Napoleon den neuen Träger der alten karolingisch-fränkischen und universal-europäischen Reichs- und Kaiseridee. Von ihm erhoffte er sich die Unterstützung für eine Politik, die ihm die Habsburger verweigert hatten, eine Politik der Reichserneuerung. Von ihm erwartete er sich auch die Hilfe, die er für ein Konkordat mit dem Papst brauchte. Die Neuordnung der Kirchenverfassung, die mit der Säkularisation vollständig zusammengebrochen war, sah er als die große Aufgabe seines Lebens an. Napoleon hingegen benützte diese Pläne geschickt für die Ziele der eigenen Machtpolitik. Um die Kontinuität zwischen dem alten Reich und dem von ihm geschaffenen Rheinbund zu wahren, stellte er den Erzkanzler einfach an dessen Spitze, ein reiner Repräsentationsposten, von dem er ihn – je nach Bedarf – auch in andere Positionen versetzen konnte. Dalberg, der sich seiner heiklen Stellung wohl kaum bewußt war, versuchte als Fürstprimas seine politischen Hauptziele zu verwirklichen, die aber schon bald nicht mehr mit den Absichten Napoleons in Einklang standen. Er plante eine Bundesverfassung, mit der er die verlorengegangene Einheit des Reiches wiederherstellen wollte, und er arbeitete unermüdlich an seinen Konkordatsprojekten. Das Verhältnis zum Kaiser kühlte sich dadurch merklich ab.

Neben diesen großen Themen aber hatte die Beziehung zwischen Dalberg und Napoleon zahlreiche persönliche Facetten, denn das Verhältnis dieser beiden Persönlichkeiten war bei aller Unterschiedlichkeit auch geprägt von Bewunderung und Nützlichkeitsdenken, von Freundschaft und Berechnung, die durchaus auf beiden Seiten vorhanden waren und mit den politischen Ereignissen stets in engem Zusammenhang standen. Dalberg besaß eine ritterliche, für seine Zeit bereits altmodisch-mittelalterliche Vorstellung von Treue und Lehenschaft. Im Gegensatz zu vielen anderen gekrönten Häuptern, die – als Napoleon das Kriegsglück verließ – rechtzeitig die Fronten wechselten, blieb er bis zuletzt an der Seite des Kaisers. Der Zusammenbruch der napoleonischen Herrschaft in Deutschland bedeutete auch das Ende von Dalbergs Regierung. Als der Kaiser auf die Insel Elba verbannt wurde, ging der Fürstprimas nach Regensburg ins Exil, wo er wenige Jahre später starb.

Die Legende blüht

Schon bald nach seinem Tod begann die Legende zu blühen. Napoleon wurde zur Monumentalfigur stilisiert, Dalberg zum Schleppenträger des französischen Kaisers, zum willenlosen Werkzeug und Reichsverräter abgestempelt. Bildhafter Ausdruck dieser Legende ist ein Gemälde im Schloß von Versailles.[1] Es zeigt die Begegnung zweier Männer. Der eine, Napoleon, etwas untersetzt, trägt seine unverkennbare Uniform, den schwarzen Hut hat er unter den linken Arm geklemmt und mit der Rechten deutet er in herrscherhafter Pose eine huldvolle Begrüßungsgeste an. Der andere, Dalberg, ganz im geistlichen Schwarz, geht voller Demut auf den ersten zu, wobei auf dem Gemälde zumindest eines nicht ganz deutlich wird, ob nämlich die gebückte Haltung Dalbergs von seinem Alter – er war damals zweiundsechzig – oder von seiner Ehrfurcht stammt. Dalberg und Napoleon – zwei Ideen, zwei verschiedene Welten und doch auf vielerlei Weise miteinander verwoben, in ihrem politischen Wollen und in ihrem tragischen Scheitern. Die Zeitgenossen waren beeindruckt, in erster Linie vom Kaiser, den sie bewunderten wie zum Beispiel Goethe und Hegel oder den sie haßten wie der Freiherr vom Stein oder August Wilhelm Schlegel. Viele schrieben sich ihre Gefühle von der Seele, und auch Dalberg spielte in der damals hereinbrechenden Welle der Autobiographien eine wesentliche Rolle – allerdings eine höchst undankbare. Zu Lebzeiten bereits verkannt und mißverstanden, geisterte er nach seinem Tod durch die Memoirenliteratur als der Prototyp des servilen und feigen Napoleon-Günstlings. Er wurde damit zum personifizierten Schandfleck der damals verachteten „Franzosenzeit", zum „häßlichen Deutschen" des neunzehnten Jahrhunderts.

Ein Beispiel dafür sind die Lebenserinnerungen des Grafen Sternberg. Dieser war gar kein persönlicher Feind Dalbergs gewesen, kaum ein politischer Gegner – im Gegenteil, er hatte ihm sogar einiges zu verdanken. Sternberg war mit dem Erzkanzler nach Paris gefahren, hatte dort eifrig bei der Kaiserin Josephine antichambriert und sich schließlich von Dalberg Napoleon vorstellen lassen. In seinen Memoiren, die er erst nach dem Sturz des französischen Kaisers niederschrieb, ist dies mit keiner Zeile erwähnt. Statt dessen verglich er Napoleon darin mit dem Teufel, mit dem Dalberg gemeinsam zur Hölle fahren sollte.[2] Karl Cäsar von Leonhard, seinerzeit Professor in Heidelberg, stand Sternberg nicht nach. Aus seinen Memoiren[3] picken sich die Geschichtsschreiber mit Vorliebe jenen eher unwahrscheinlichen Dialog heraus[4], in dem Leonhard Dalberg vergeblich zum Abfall von Napoleon zu bewegen versucht hatte, ein längeres Gespräch, wo Dalberg nur stereotype Sätze vom „Riesengeist" des Kaisers spricht, der nicht untergehen könne.

Als es keine lebenden Zeugen mehr gab, gingen die Fälscher ans Werk, um diese Legende aufrechtzuerhalten. Einer davon war Moritz von Kaisenberg, der 1899 zwei angeblich von Dalberg stammende Briefe in einem Buch veröffentlichte, das nur darauf angelegt war, das Sensationsbedürfnis des Publikums zu befriedigen und den Fürstprimas dabei als Schleppenträger und Reichsverräter auftreten zu lassen. Die beiden Briefe vom 10. Dezember 1804[5] und vom 5. Mai 1811[6] sind eine relativ leicht zu durchschauende Erfindung des Buchautors. Ihre „Echtheit" soll durch ein undatiertes und ohne Anrede versehenes, dabei inhaltlich ganz belangloses Billett Dalbergs bewiesen werden, das dieser angeblich seinem Brief vom 10. Dezember 1804 sozusagen als Begleitschreiben angefügt hatte und das dann als Faksimile in dem Buch wiedergegeben ist.[7] Äußere Kriterien lassen dieses durch nichts motivierte Begleitbillett als nicht von Dalberg stammend erscheinen, denn abgesehen davon, daß es weder Datum noch Anrede enthält und auch inhaltlich keinerlei Bezug zu dem veröffentlichten Brief aufweist, trägt es seltsamerweise die Unterschrift

Fürstprimas Carl von Dalberg begrüßt Napoleon am 2. Oktober 1806 vor dem Schloß Johannisburg in Aschaffenburg. Napoleon befindet sich im eben begonnenen preußischen Feldzug auf dem Vormarsch nach Thüringen.

„Dalberg", obwohl dieser damals, auch in privaten Briefen, nur mit „Karl" oder „Charles", nie aber mit seinem Familiennamen gezeichnet hat. Warum aber – so fragt man außerdem – ließ Kaisenberg ausgerechnet dieses belanglose Blättchen als Faksimile abdrucken und warum nicht einen Ausschnitt aus einem der beiden vollständig zitierten Briefe? Die Antwort ergibt sich fast von selbst – weil er nur dieses kleine Billettchen besaß, das ihm der Zufall in die Hände gespielt haben mag und auf dem er höchstwahrscheinlich auch noch die Unterschrift Dalbergs „falsch" nachgemacht hatte. Ein äußeres Merkmal entlarvt auch den angeblich am 5. Mai 1811 in Paris geschriebenen Brief als Machwerk des Autors. Dalberg konnte den Brief nicht geschrieben haben, denn er war erst drei Wochen später, am 30. Mai 1811, nach Paris abgereist.[8] Faßt man schließlich noch inhaltliche Kriterien der beiden Briefe ins Auge, dann müßte Dalberg in Paris nicht als Fürstprimas des Rheinbundes, sondern eher als ein Korrespondent der zu seiner Zeit noch nicht – wohl aber zu Kaisenbergs Zeit – existierenden „Gartenlaube" unterwegs gewesen sein; so dürftig und dabei so sehr auf vordergründige Effekthaschereien angelegt waren seine Mitteilungen in den beiden Briefen. So war von pikanten Vertraulichkeiten Napoleons die Rede, von einer Liebesaffäre des Kaisers mit seiner Schwägerin Hortense, von Hofklatsch und Hofkabalen – und das alles als höchst intime Geständnisse deklariert, die Napoleon gegenüber Dalberg abgelegt haben soll. Die billige Skandalgeschichte, die sich angeblich – wie es sogar im Titel des Buches heißt – auf „Briefe des Reichskanzlers von Dalberg an den Großvater des Verfassers" stützt, hat damals ein größeres Leserpublikum fasziniert. Fatal ist nur, daß diese Briefe – offensichtlich mangels anderer Quellen – noch heute als „Beweis" für eine durch sonst nichts belegbare „Seelenverwandtschaft" Dalbergs mit Napoleon angeführt werden.[9] Auf diese Weise wird ein falsches – um nicht zu sagen „gefälschtes" – Geschichtsbild immer wieder neu zementiert.

Die Dalberg-Historiographie im Wandel

Das Startsignal für die Legende vom Schleppenträger Napoleons und Reichsverräter wurde im vorigen Jahrhundert gegeben: Ludwig Häusser, nationalliberaler Verfechter des preußisch-kleindeutschen Nationalstaats, besitzt zwar das unbestrittene Verdienst einer erster auf archivalische Studien zurückgehenden deutschen Geschichte, Dalberg ist jedoch dort unverdientermaßen als einer „der Schuldigsten in der tiefen Schmach napoleonischer Erniedrigung" angeklagt.[10] Diesem Verdikt folgte man damals nur allzu bereitwillig, zuerst Clemens Theodor Perthes[11] und schließlich Heinrich von Treitschke.[12] Seitdem klebte an Dalberg der Makel des willfährigen Napoleon-Günstlings, und gerade an seinem Beispiel gibt die Historiographie in geradezu erstaunlicher Weise den jeweils aktuellen Stand der deutsch-französischen Beziehungen wieder. Während beispielsweise die preußische Armee im Deutsch-Französischen Krieg Paris belagerte, beschrieb der Mainzer Historiker Karl Georg Bockenheimer den Parisaufenthalt Dalbergs von 1807/08 als ein abschreckendes Beispiel deutscher Unterwürfigkeit.[13] Auch sein wenige Jahre später in der Allgemeinen Deutschen Biographie veröffentlichter Artikel klang nicht viel anders.[14] Die etwa zur gleichen Zeit erschienene Dalberg-Biographie des Freiherrn Karl von Beaulieu-Marconnay[15] ist – obwohl noch heute eine wichtige Quellengrundlage – ebenfalls aus dem Geist der nationalen Überheblichkeit gegenüber dem französischen Kaiser entstanden, dessen erfolgloser Neffe Napoleon III. eben vor König Wilhelm I. die Waffen hatte strecken müssen. Bezeichnenderweise war die Biographie zunächst als eine Geschichte des Rheinbunds geplant. Sie besteht in erster Linie aus einer Aneinanderreihung von Quellenzitaten und blieb – obwohl hoffnungslos veraltet – bis heute die einzige umfassende Lebensbeschreibung Dalbergs. Kurz nach der Jahrhundertwende versuchte Theodor Bitterauf eine Geschichte des Rheinbundes zu schreiben, in der er sich zu der Behauptung verstieg, „daß der letzte geistliche Kurfürst allen Überlieferungen jesuitischer Tücke und spanischen Dünkels, die je in der Politik zum Ausdruck gekommen waren, im innersten Herzen verwandt war".[16] Das waren freilich Töne, die im Kirchenkampf angeschlagen worden waren, wobei Bitterauf völlig übersah, daß Dalberg zu seinen Lebzeiten von der Kurie mit Haß und Mißgunst verfolgt worden war. Bitterauf verlieh ihm nichtsdestotrotz den anrüchigen Titel eines „Verräters am Vaterlande"[17], den dann schließlich der Kirchenhistoriker und Benediktiner Beda Hubert Bastgen zum „Verräter am Reich"[18] hochstilisierte.

Erst Wilhelm Hausenstein traf die relativierende Feststellung, daß sich „nur aus einer rätselhaften Wechselbeziehung der beiden ungleichen Naturen" – gemeint sind Dalberg und Napoleon – verstehen läßt, „wie ein sittlich hochstrebender Charakter von Dalbergs Art dazu kommen konnte, in einer Weise politisch zu handeln, die uns unmittelbar als erbärmlich, ja als gemein erscheint".[19] Auch Hausensteins historisches Denken war noch stark vom kleindeutsch-nationalen Geschichtsbild des neunzehnten Jahrhunderts geprägt, vor allem aber seine geistige Umwelt und die Öffentlichkeit, an die er sich wandte. Um so bemerkenswerter ist der Gedanke einer solchen psychologischen Wechselbeziehung, „deren Erfassung" – wie Hausenstein schreibt – „einen Künstler erfordern würde". Und umso beachtlicher auch ist, daß er – indem er dieser Wechselbeziehung nachspürte – als einer der ersten Dalberg gegen eine noch überwiegend national denkende Gesellschaft zu verteidigen begann.

Während einer vorübergehenden deutsch-französischen Entspannung in den Jahren der Weimarer Republik verlor die Verurteilung des „Reichsverräters" an Schärfe. Dalbergs unzweifelhafte Fähigkeiten und Verdienste in der Verwaltung und in der Sozialpolitik wurden damals gewürdigt, seine menschlichen Qualitäten als Freund und Mäzen von Wissenschaft und Kunst in den Vordergrund gerückt.[20] Der entscheidende Wandel aber kam erst nach dem Ende des Zweiten Weltkrieges und der von Adenauer und de Gaulle eingeleiteten Politik der deutsch-französischen Aussöhnung. Werner Hertel korrigierte aufgrund neuen Materials aus den Pariser Archiven das überkommene Dalberg-Bild der älteren Geschichtsschreibung. Im Zeichen der deutsch-französischen Freundschaft entfernte er sich vom nationalstaatlichen Standpunkt und betonte erstmals Dalbergs Bemühungen um die universale, europäisch ausgerichtete Reichsidee.[21] Rainer Wohlfeil machte dann auf die besondere Bedeutung Dalbergs für Napoleons Rheinbundpolitik aufmerksam.[22] Der neuen Sichtweise folgten auch Ludwig Lenhart[23], Otto Vossler[24] und Alois Gerlich[25], bis dann schließlich Karl Otmar Freiherr von Aretin das Ringen des geschmähten Erzkanzlers um Konkordat und Reichsverfassung als dessen große historische Leistung erkannte.[26] Eine ähnliche Entwicklung vollzog sich in der Kirchengeschichte. Nach Bastgen hatte Hubert Becher die Zusammenhänge von Dalbergs Kirchenplänen und der Politik Napoleons herausgearbeitet und kritisch durchleuchtet.[27] Ihm schlossen sich Georg Schwaiger[28] und Heribert Raab[29] an, die Dalbergs Kampf um das Konkordat und die Reichskirchenverfassung in ein neues Licht rückten. Rudolf Reinhardt konnte daher aus kirchengeschichtlicher Sicht schon vor zwanzig Jahren eine positive Gesamtbilanz ziehen[30], während Axel Hermann dann auch für die Profangeschichte die Feststellung traf, daß „die jüngere Zeit dem auf der Anklagebank der Geschichte Sitzengebliebenen gerecht zu werden versteht".[31]

Eine neue Generation hatte Dalberg gewissermaßen rehabilitiert. Trotzdem blieb der letzte Erzkanzler als Person und Politiker weiterhin „schwer faßbar im Kern seines Wesens", seine historische Bedeutung letztendlich „in der Profan- und Kirchengeschichte nach wie vor umstritten".[32] Auch die zuletzt von Klaus Rob herausgebrachte politische Biographie für die Jahre 1744 bis 1806[33] hat dies bis zu einem gewissen Grad deutlich gemacht, indem sie die Person Dalbergs hinter der sehr breit angelegten Darstellung der Reichsgeschichte des ausgehenden 18. Jahrhunderts auffallend blaß und farblos zeichnet und über weite Passagen hinweg sogar völlig aus dem Geschehen verschwinden läßt. Ob als Theoretiker oder Regierungspraktiker, als politisierender Koadjutor oder regierender Kurfürst-Erzkanzler, Fürstprimas oder Großherzog – immer wieder entzog sich Dalberg dem energischen Zugriff des Historikers – ungreifbar und meistens auch unbegreifbar.

Warum? Rudolf Reinhardt hat auf diese Frage eine gute Antwort gegeben: „Vielleicht haben wir uns seither noch zu sehr mit den einzelnen Sektoren seines Denkens, Wesens und Schaffens beschäftigt, ohne einmal den Versuch zu wagen, den ‚ganzen Dalberg' darzustellen."[34]

Es besteht kein Zweifel, daß die Forschung in den letzten Jahrzehnten zahlreiche neue Mosaiksteinchen entdeckt hat, die – sofern richtig zusammengesetzt – unter Umständen einen „ganzen Dalberg" ergeben. Dennoch ist es bislang kaum gelungen, den wichtigsten Mosaikstein dieses facettenreichen Bildes zu finden, zu deuten und einzufügen: Dalbergs Verhältnis zu Napoleon.[35] Zwar wurde diese Beziehung zwangsläufig immer wieder berührt, aber – wie bereits angedeutet – immer wieder mit den gleichen Pauschalurteilen belegt. Niemand hat bislang Näheres darüber erforscht, obwohl doch gerade das Verhältnis Dalbergs zu Napoleon sozusagen der Fixpunkt ist, von dem aus seine Politik als Kurfürst-Erzkanzler und Fürstprimas verstanden werden muß – der Schlüssel für die historische Wahrheit. „Geschichtsschreiber" – so der amerikanische Historiker Fritz Stern – „spiegeln in ihren Schriften die Werte jener Gesellschaft wider, in der und für die sie schreiben".[36] Das klingt einleuchtend, sofern man beispielsweise bedenkt, daß die deutschen Historiker des neunzehnten Jahrhunderts wohl allen Grund hatten, die Beziehung Dalbergs zu Napoleon zu verurteilen, weil der preußische Nationalstaat darin ganz zwangsläufig einen Ausdruck der Unterdrückung Deutschlands sehen mußte. Auch die großen französischen Geschichtsschreiber, angefangen von Adolphe Thiers über Albert Sorel bis hin zu Edouard Driault erblicken in Dalberg nur einen verachtungswürdigen Befehlsempfänger ihres Kaisers. Die Napoleon-Biographen übersehen bis heute die historische Figur Dalbergs nahezu vollständig.[37]

Quellen und Methode

Dalberg selbst hat es der Wissenschaft nicht leicht gemacht, ein einigermaßen gerechtes Bild seiner Persönlichkeit zu zeichnen. Sein Nachlaß ist nach wie vor spurlos verschwunden.[38] Er hatte ihn während seiner überstürzten Flucht aus der Aschaffenburger Residenz im Schloß zurückgelassen. Sein Weihbischof Joseph Kolborn hielt ihn für unbedeutend, denn er schrieb damals an den mit Dalberg befreundeten Konstanzer Generalvikar Ignaz von Wessenberg folgenden bezeichnenden Satz: „Seine Privat-Chatoulle besteht alles aus bloßen Höflichkeitsbriefen von Napoleon."[39] Von Napoleon aber wollte man in Deutschland zu diesem Zeitpunkt nichts mehr wissen. Kolborn hatte zunächst beabsichtigt, dem Generalvikar die Napoleon-Briefe zu schicken. Ungewiß ist, ob sie Wessenberg jemals erhalten hat oder ob er sie, falls sie ihn erreicht hatten, mit Rücksicht auf Dalberg vielleicht gar verschwinden ließ. Die Spur verliert sich zwischen Aschaffenburg, Konstanz und Frankfurt. In die übrigen Bestände hat der Zweite Weltkrieg schwere Lücken gerissen. Das Dalbergsche Familienarchiv verbrannte in wesentlichen Teilen 1944 in Darmstadt infolge eines Luftangriffs. Erhalten blieb das Dalberg-Archiv in Wallhausen, das Reste des Familienarchivs enthält, aber überwiegend nur aus Verwaltungsakten besteht.[40] Der Dalberg-Nachlaß im Bayerischen Hauptstaatsarchiv in München ist zwar umfangreich, betrifft aber nur die letzten Lebensjahre des Fürstprimas, die er von 1814 bis 1817 im Regensburger Exil verbrachte.[41] Der Dalbergsche Familien-Nachlaß in der Handschriftenabteilung der Bayerischen Staatsbibliothek in München stammt hingegen aus der sogenannten Älteren Linie der Dalbergs und weist, soweit festgestellt werden konnte, keine Bezüge zu dem aus der Jüngeren Herrnsheimer Linie stammenden Erzkanzler auf. Lediglich das Dalberg-Archiv aus dem Familienschloß in Herrnsheim, inzwischen dem Stadtarchiv Worms eingegliedert, enthält den nahezu vollständig überlieferten Nachlaß von Dalbergs Neffen, Emmerich Joseph von Dalberg, auf den noch zurückzukommen sein wird. Der Historiker ist gezwungen, Dalbergs Spuren anderweitig nachzugehen.

Der erste Weg führte mich nach Paris. Im Archiv des französischen Außenministeriums lag der noch ungehobene Schatz von über einem halben Hundert Dalberg-Autographen an Napoleon, die bis zu einem gewissen Grad die verschwundenen Briefe des Kaisers ersetzen und daher die wichtigste Quelle für das Verständnis der Beziehung beider Persönlichkeiten sind.[42] Außerdem ist dort in vierunddreißig Folio-Bänden der Schriftwechsel der französischen Gesandten gesammelt, die von 1802 bis 1813 bei Dalberg akkreditiert waren. Diese sehr eingehenden Berichte sowie die entsprechenden ministeriellen Weisungen sind für eine biographische Darstellung Dalbergs und seiner Beziehung zu Napoleon eine unerläßliche und bislang nur sporadisch ausgewertete Materialgrundlage.[43] Mein nächstes Ziel war das Haus-, Hof- und Staatsarchiv in Wien, denn die österreichische Diplomatie beobachtete Dalberg sehr genau und besonders auch seine Fühlungnahmen mit dem französischen Kaiser. Etliche Mitteilungen, die in den Pariser Akten einseitig oder übertrieben ausfallen, konnten durch die Archivalien in Wien kritisch bewertet werden. Der Nachlaß der Familie Stadion und das Mainzer Erzkanzlerarchiv boten wichtige Ergänzungen. Die Suche nach weiteren Zeugnissen führte auch in das Vatikanische Geheimarchiv in Rom. In dessen unerschöpflichen Beständen schlummerten einige aufschlußreiche Berichte der Nuntiatur und des päpstlichen Uditore, der sich regelmäßig in Regensburg aufhielt und mit Dalberg dort persönlich in Kontakt stand. In Prag konnte ich dann im Archiv Národniho muzea und im Literarni archiv Národniho den Briefwechsel Dalbergs mit dem böhmischen Grafen Kaspar von Sternberg benützen und dabei bestehende Unklarheiten, die durch falsche Datierung bei den bereits gedruckten Briefen zustande gekommen waren, ausräumen. Interessante Funde gab es auch in der Handschriftenabteilung der Bayerischen Staatsbibliothek in München zu machen, wo mir ein erst vor wenigen Jahren erworbener Bestand von Dalberg-Autographen aus den Jahren 1792 bis 1808 zugänglich war. Die Akten der Mainzer Geheimen Kanzlei und des Mainzer Regierungsarchivs waren in Würzburg bei dem schweren Luftangriff im Februar 1945 größtenteils vernichtet worden. Erhalten geblieben aber sind etliche Berichte von Dalbergs Pariser Gesandtschaft, die zum Teil weder von Beaulieu-Marconnay noch von Darmstädter herangezogen worden waren. Das Hauptstaatsarchiv in München ließ mich einige bislang unbeachtet gebliebene Berichte der bayerischen Gesandten Rechberg, Zwackh und Reding entdecken, die nicht nur über Dalbergs Beziehung zum Münchner Hof, sondern auch zum französischen Kaiser neue Aufschlüsse vermittelten. Ergänzend wurden noch Verwaltungsakten aus dem Staatsarchiv in Amberg verwendet. Im Bischöflichen Zentralarchiv in Regensburg wurden der Bischofsakt und die Protokolle des Bischöflichen Domkapitels eingesehen. Auch im Fürstlich Thurn und Taxisschen Zentralarchiv liegen einige interessante Schriftstücke aus Dalbergs Regensburger Regierungszeit. Sehr aufschlußreich wäre sicherlich der Nachlaß des Grafen Johann Eustach von Schlitz, der 39 Briefe Carl von Dalbergs aus den Jahren 1774 bis 1798 enthält, aber nach Mitteilung des gräflich Rechberg'schen Archivs in Donzdorf leider nicht zugänglich war. Weiteres Material ergab sich aus verschiedenen Quelleneditionen, in erster Linie aus dem von Alois Gerlich herausgegebenen Briefwechsel Dalbergs mit seinem Staatsminister Albini, dann dem Briefwechsel Carl Augusts von Weimar, der noch unvollständigen Wessenberg-Edition und nicht zuletzt den Schriften des Reichsfreiherrn vom Stein sowie den Briefen und Tagebüchern von Goethe und Schiller. Im Hinblick auf die schwierige Quellenlage schien es mir geboten, diese Ausgaben heranzuziehen, zumal es ja letztlich auch der Sinn und Zweck solcher Editionen ist, daß der Historiker damit arbeitet.

Aus der umfangreichen Literatur und aus den vielen neuen Quellen ergab sich für mich nicht nur ein neues Bild der historischen Persönlichkeit Dalbergs und seiner Beziehung zu Napoleon, auch tragische, fast erschütternde Momente traten zutage: Dalbergs stetige, aber erfolglose Bemühungen um eine Reichsreform, mit denen er in einer für uns heute seltsamen Beharrlichkeit immer wieder ins Leere stößt; sein geduldiges Ausharren im Schatten der Macht; der widersprüchliche Glanz klingender Titel, die ihm durch Napoleons Gunst zuteil werden; schließlich die Demütigungen und Enttäuschungen, die ihm ständig widerfahren. Tragisch zu nennen ist auch der Konflikt zwischen seiner reichspatriotischen Überzeugung und seiner Begeisterung für Napoleon, der unweigerlich zum Totengräber der Idee wurde, für die Dalberg kämpfte. Tragisch ist auch seine politische Situation, die es ihm nicht erlaubte, sich der Macht und dem Einfluß des französischen Kaisers zu entziehen und die ihn auf Gedeih und Verderb an dessen Schicksal band. Es ist somit die Geschichte einer steilen Karriere vom Domherren zum Kurfürst-Erzkanzler, Fürstprimas und Großherzog, aber auch eines ebenso jähen Abstiegs von der fürstlichen Residenz in eine einfache Mietwohnung, vom Glanz der europäischen Fürstenhöfe in die Einsamkeit des Exils. Es ist darüber hinaus die Tragödie eines im Grunde seines Wesens ganz und gar unpolitischen Menschen, dessen Leben sich ausgerechnet vor dem Hintergrund eines im modernen Sinn politisierten und sich rapide verändernden Europas vollzog. Seine Laufbahn begann noch ganz nach den Spielregeln des Ancien Régime, des Alten Reichs, aber schon kurz nachdem ihm eine hohe politische Verantwortung zugefallen war, brach die alte Ordnung zusammen, das Reich zerfiel und damit letztlich auch Dalbergs politische Existenzberechtigung. Seine Tragik war, daß er diese Entwicklung trotz verzweifelter Anstrengungen nicht aufhalten konnte. Das Rad der Geschichte ging über ihn hinweg.

Und dennoch bewegte sich der letzte deutsche Erzkanzler auf bunt belebter Szene, in der Gesellschaft großer Dichter und Gelehrter, im schillernden Reigen intriganter Diplomaten, eleganter Höflinge und schöner Frauen. Er war ebenso Gast an der Tafel des Weimarer Hofes wie an der Familientafel Napoleons im Kaiserpalast von Saint-Cloud, und er galt selbst als großzügiger Gastgeber. Er amüsierte sich gern in Gesellschaft, verabscheute aber höfisch-steifes Zeremoniell, er plauderte viel, liebte aber auch die Stille seines Arbeitszimmers. Die merkwürdig verschlungenen Fäden seines Lebens verlaufen zwischen dem schlichten, freiherrlichen Familiensitz im Wormsgau und den europäischen Fürstenhöfen, zwischen beschaulichen kleinen deutschen Residenzstädtchen und den großen Metropolen, zwischen dem kurfürst-erzbischöflichen Mainz, der Statthalterei in Erfurt, dem Weimarer Musenhof, der Kaiserstadt Wien und dem fürstbischöflichen Würzburg, zwischen den alten Reichsstädten Regensburg und Frankfurt, der Residenz in Aschaffenburg und Paris, der Hauptstadt des französischen Empire.

Inhalt und Gliederung

Die Einteilung des Buches soll seine Eigenart und seine Absichten erkennen lassen. Die ersten beiden Kapitel befassen sich mit Dalbergs Aufstieg vom Mainzer Domherrn zum „Kurprinzen" des Kurfürst-Erzbischofs, wobei auch seine ersten Versuche in der Reichspolitik dargestellt sind. In den folgenden Abschnitten wird geschildert, wie er nach und nach die Protektion Napoleons gewann, wie er anstelle des verlorenen Kurmainz zu seinem neuen Staat kam und welche Reformarbeiten er dort – besonders im Fürstentum Regensburg – geleistet hat. Eingehender kommt dann seine Beziehung zu Napoleon nach der Begegnung in Mainz und der Kaiserkrönung in Paris zur Sprache. Ein wichtiges Kapitel des sich zunehmend intensiver gestaltenden Verhältnisses zwischen Kaiser und Erzkanzler ist das Problem der Nachfolge Dalbergs. Aus dem mit allen Künsten politischer Raffinesse geführten Intrigenkampf, mit dem die Höfe damals ihren Kandidaten zum Erfolg verhelfen wollten, ging schließlich ganz überraschend der Stiefonkel Napoleons siegreich hervor. Die Ernennung des Kardinals Joseph Fesch zum künftigen Erzkanzler Deutschlands galt – auch wenn sie Episode blieb – als sensationeller politischer Coup, der jedoch Dalbergs Ansehen schwer geschadet hat. Die Kernfrage aller Bestrebungen des letzten Erzkanzlers aber betraf die Existenz des Heiligen Römischen Reiches Deutscher Nation, so daß – nachdem Napoleon dessen Ende bewirkt hatte – Dalberg sich mit Verfassungsentwürfen der Entwicklung, die dann gegen seinen Willen vom Reich zum Rheinbund führte, nochmals entgegenstemmen wollte. Der von ihm geplante Umbau des alten ständisch-hierarchischen Reichs in einen modernen föderativen Bundesstaat bedeutet wohl den eigentlichen Dreh- und Angelpunkt seiner Politik im napoleonischen Deutschland. Sein Projekt mußte jedoch Zukunftsmusik bleiben, weil Napoleon eine ganz andere Richtung verfolgte: eine Militärallianz, die ihm Truppen und Geld stellen sollte. Für Dalberg schuf er im Rahmen der damals erfolgten territorialen Neuordnung Deutschlands das Großherzogtum Frankfurt, ein ebenso künstliches wie kurzlebiges Staatsgebilde, dem der Fürstprimas mit großem Geschick einen komplett französischen Anstrich gab, jedoch ohne auf deutsche Tradition und Herkommen zu verzichten. In den beiden letzten Kapiteln werden die näheren Umstände der Flucht und Dalbergs Abdankung erzählt, die bis heute kaum bekannt sind, sowie die von der Legende ebenfalls verfälschten und romantisch verklärten Lebensjahre im Exil. Übersehen wurden bisher auch seine zu diesem Zeitpunkt erfolgten Versuche, sein Verhältnis zu Napoleon zu rechtfertigen und zu erklären.

So wird schließlich in der Beziehung zwischen Kaiser und Erzkanzler die in der Geschichte immer wiederkehrende Verkettung von Macht und Propaganda lebendig, Verknüpfung persönlicher Interessen mit den öffentlichen Angelegenheiten und von Politik und Geschäft. Die Geschichte Dalbergs und Napoleons berührt sowohl in deren Zusammenspiel als auch in ihrer Gegnerschaft alle wichtigen Aspekte der europäischen Diplomatie an der Wende vom achtzehnten zum neunzehnten Jahrhundert sowie die entscheidenden Fragen der Reichs- und Rheinbundpolitik. Mit Dalbergs Tod aber war die Welt des Ancien Régime endgültig dahin. Die Leidenschaften der napoleonischen Epoche hatten sich aufgezehrt. Bürgerzeit begann.

„Es ist doch gar gut, wenn ein Mann von Kopf und Herz auch einmal eine Hauptrolle in dieser bunten Welt mitspielen darf, wo die besten Rollen gemeiniglich an die Ohnmächtigsten kommen."

Knebel an Carl August, 4. April 1787

I. EIN DOMHERR WIRD „KURPRINZ"

In der Nacht zum Palmsonntag des Jahres 1787 ging über der kurfürst-erzbischöflichen Residenzstadt Mainz ein schweres Unwetter nieder. Das Gewitter tobte so heftig, daß damals – zwei Jahre vor Ausbruch der französischen Revolution – selbst gebildete und aufgeklärte Zeitgenossen an eine übernatürliche Himmelserscheinung glaubten. Sophie Gräfin von Coudenhove[1], die einflußreiche Mätresse des Kurfürst-Erzbischofs Karl Joseph Friedrich von Erthal[2], die von ihrem Boudoir aus die Geschicke des Mainzer Kurstaats zu lenken versuchte, hielt dieses nächtliche Naturereignis für einen „augure favorable"[3]. Sie deutete es als günstiges Vorzeichen für die unmittelbar bevorstehende Wahl des künftigen Mainzer Kurfürsten. Als das Unwetter gegen drei Uhr morgens etwas nachgelassen hatte, ließ sie einen Domherrn zur Audienz in ihr Schlafzimmer bitten, der als der fähigste und klügste Kopf des Mainzer Domkapitels galt: Carl Theodor Anton Maria von Dalberg, Reichsfreiherr, dreiundvierzig Jahre alt, Jurist, von Beruf Kurmainzischer Statthalter in Erfurt und Gesandter an den Höfen von Weimar und Gotha.

Politik wurde im galanten Zeitalter in den Boudoirs gemacht, und so war auch der Anlaß dieser Rokoko-Szene politischer Natur: Die ehrgeizige Mätresse wollte den Domherrn Dalberg dazu überreden, bei der für den nächsten Tag geplanten Wahl des kurfürst-erzbischöflichen „Kronprinzen" und Koadjutors, seine eigene Kandidatur zurückzuziehen und die Stimmen seiner Freunde im Domkapitel auf einen unbedeutenden Günstling zu übertragen, den Favoriten des regierenden Kurfürst-Erzbischofs.

Lassen wir den Schleier vor dem Alkoven jener Dame zugezogen; auch so wissen wir, daß die „guten Vorzeichen" offensichtlich nicht dem kurfürstlichen Günstling, sondern Dalberg selbst gegolten haben. Triumphierend schrieb er nämlich schon wenige Stunden nach dem Rendezvous mit der Gräfin seinem Freund, dem Weimarer Herzog Carl August[4]: „La bataille est gagnée! – Die Schlacht ist gewonnen!"[5] Mit dieser Siegesnachricht meldete Dalberg seine Wahl zum Kronprinzen des Mainzer Kurfürst-Erzbischofs, die zum größten Erstaunen der deutschen Fürstenhöfe ganz einstimmig erfolgt war. Er war designierter Reichserzkanzler geworden – der höchste Posten, den das Reich nach dem Kaiser zu vergeben hatte. Die spannende Wahl mit ihren noch ganz im Stil des Ancien Régime gesponnenen Intrigen und Bestechungsmanövern, über die noch ausführlich berichtet werden soll, bedeutete in der Reichspolitik des 18. Jahrhunderts eine entscheidene Wendemarke und für Dalberg den Eintritt in die europäische Geschichte.

Seine Familie war sehr alt und vornehm.[6] Sie stammte aus einem bischöflichen Ministerialengeschlecht, und einer ihrer Ahnen soll sogar von Kaiser Friedrich III. anläßlich dessen Romzugs im Jahr 1452 auf der Engelsbrücke zum Ritter geschlagen worden sein. Von diesem denkwürdigen Ereignis leitete sich seitdem ein besonderes Privileg ab. Bei den Krönungsfeierlichkeiten des Römisch-deutschen Kaisers wurde das jeweils anwesende Familienmitglied mit dem Ruf des Reichsherolds „Ist kein Dalberg da!" vor allen anderen Reichsfreiherrn zum Ritterschlag durch den neuen Kaiser aufgefordert – ein Zeremoniell, das Napoleon später so faszinierte, daß er sich mit dem Gedanken trug, es bei seiner Kaiserkrönung nachzuahmen.[7] Die bedeutendsten Vorfahren Dalbergs stammten aus der Reichskirche, der sogenannten Germania Sacra: der Kölner Erzbischof Heribert[8], dann der Wormser Bischof Johann von Dalberg[9], dessen Heidelberger Musenhof als geistiger Mittelpunkt des deutschen Frühhumanismus gegolten hatte, der Mainzer Kurfürst-Erzbischof Wolfgang[10] sowie der Fuldaer Fürstabt und Universitätsgründer Adolf von Dalberg.[11] Auch für Carl Theodor hatte die Familie einen Platz innerhalb der Reichskirche vorgesehen. Eine solche Entscheidung galt, obwohl er der Älteste war, für damalige

Verhältnisse als nicht ungewöhnlich. Das Familienerbe übernahmen in den reichsritterlichen Familien in der Regel die nachgeborenen Söhne. Eine Karriere innerhalb der Reichskirche war – politisch gesehen – meistens erfolgversprechender.[12]

Eine Karriere wird geplant

Die grundlegenden Voraussetzungen für eine solche Laufbahn – reichsadelige Geburt[13] und enge Verbindungen zu den Domkapiteln – waren ebenso vorhanden wie gute Beziehungen zum Wiener Hof, besonders seitdem Kaiser Leopold I. im Jahr 1657 Philipp Franz Eberhard von Dalberg – den Urgroßvater Carl Theodors[14] – in den Reichsfreiherrenstand erhoben und ihm dann 1671 noch das einflußreiche Amt des Präsidenten am Reichskammergericht übertragen hatte. Als Chef der höchsten Justizbehörde des Reiches hatte es der tüchtige Urgroßvater verstanden, vier seiner acht Söhne in den hochvornehmen rheinischen Domkapiteln unterzubringen.[15] Es bestanden also – als eine Entscheidung über die Zukunft Carl Theodors anstand – seit mindestens drei Generationen nützliche Kontakte, die sich aktivieren ließen. Der für Dalbergs Eintritt ins Domkapitel letztlich entscheidende Mann war sein Onkel Karl Friedrich Damian Joseph von Dalberg[16], Domkapitular in Mainz, Trier und Worms und außerdem noch Inhaber einer Domizellarstelle in Würzburg. Auf diese hatte er 1753, um seinem kleinen Neffen einen Platz freizumachen, schon vorsorglich verzichtet.[17] Im folgenden Jahr verschaffte er ihm dann noch einen ähnlichen Posten in Mainz[18], 1757 ein Amt in Worms. Dalberg war damit bereits im zarten Alter von zehn Jahren Domherr geworden, und er hätte als solcher für sein weiteres Leben eigentlich ausgesorgt gehabt – und zwar standesgemäß. Die Stelle eines Domizellars garantierte nämlich nicht nur finanzielle Einkünfte, eine sogenannte Präbende, sondern sicherte auch die Anwartschaft auf eine der reichen Domkapitularspräbenden, auf die man mit Erreichen des vierundzwanzigsten Lebensjahres nachrücken konnte. Ein Domkapitular bezog damals gut und gern so hohe Einkünfte, daß er sich ein vornehmes Haus mit Dienerschaft leisten konnte.[19] Die Priesterweihe war für dieses geistliche Amt nach damaligem kanonischen Recht nicht erforderlich. Es genügten die sogenannten niederen Weihen zum Subdiakon, die zwar mit dem Gelübde der Ehelosigkeit verbunden waren, ansonsten aber einem Leben mit weltlichen Interessen nicht im Weg zu stehen brauchten.

Doch die Familie verfolgte offensichtlich noch andere Pläne. Die Mitgliedschaft im Domkapitel bot der Reichsaristokratie auch die Möglichkeit, auf die große Politik Einfluß zu nehmen.[20] Außerdem bestanden für einen adeligen Domkapitular die Aussichten, einmal zum Fürstbischof oder gar zum Kurfürst-Erzbischof eines der drei geistlichen Kurfürstentümer von Trier, Köln oder Mainz gewählt zu werden. Die Würde des Mainzer Kurfürsten war ganz besonders attraktiv, weil der Inhaber gleichzeitig Reichserzkanzler war und damit Chef der gesamten Reichsverwaltung. Die Dalbergs betrieben spätestens seit dem 17. Jahrhundert in den rheinischen Domkapiteln eine abgestimmte Politik innerfamiliärer Pfründenvermittlung. Neben dem bereits erwähnten Onkel besaß auch Franz Karl Anton von Dalberg[21] Dompräbenden in Mainz, Trier und Worms. Friedrich Anton Christoph von Dalberg[22] war 1721 auf eine Domizellarstelle in Mainz gebracht worden. Auch Dalbergs jüngster Bruder Johann Friedrich Hugo[23] verdankte diesem System seine Präbende in Trier. Um einem ihrer Mitglieder zur Mainzer Kurwürde zu verhelfen, griff die Familie auch zu dem bewährten Mittel der Heiratspolitik – eine Taktik, die in einem geistlichen Fürstentum paradox erscheinen mag, nichtsdestotrotz aber gezielt und bis zu einem gewissen Grad auch erfolgreich angewandt wurde. Franz Heinrich von Dalberg[24], der Vater Carl Theodors, hatte 1743 die Gräfin Marie-Sophie Anna von Elz-Kempenich geheiratet, die aus der Familie des Mainzer Kurfürsten Philipp-Karl von Elz-Kempenich stammte. Diese eheliche Verbindung half, den in den nächsten Jahren erfolgten Übertritt des Vaters in die Dienste des Mainzer Kurstaats vorzubereiten, auch wenn dort inzwischen Kurfürst Johann Friedrich Karl von Ostein zur Regierung gelangt war. Der Vater, Franz Heinrich von Dalberg, wurde von ihm zum Statthalter von Worms ernannt. Später knüpfte die Familie auch zu den Osteins verwandtschaftliche Beziehungen: Ludovike von Dalberg vermählte sich 1759 mit Johann Friedrich Carl von Ostein, einem Neffen des Mainzer Kurfürsten.

Vornehme Geburt, geschickte Heiratspolitik und gute Beziehungen garantierten aber auch im 18. Jahrhundert nicht automatisch eine große Karriere. Die geistige Bewegung der europäischen Aufklärung, die eben von Frankreich nach Deutschland übergriff, hatte die Bedeutung von Wissenschaft und gründlicher Ausbildung erkannt und gefordert – für den Bürger wie für den Adeligen. Die Maximen der Aufklärung wurden in Deutschland sogar ernster genommen als in Frankreich. Friedrich der Große etwa war einer der überzeugtesten Anhänger dieser neuen Richtung. Gebildet sein, das hieß damals in Deutschland vor allem, französische Literatur und Philosophie zu kennen. So las der preußische König nur französisch, und mit Voltaire verband ihn eine Haßliebe. Der rheinische Reichsadel war traditionsgemäß besonders frankophil orientiert. Dalbergs Vater Franz Heinrich ließ seinen Sohn deshalb nach den neuesten Prinzipien erziehen und ausbilden. Er engagierte einen französischen Hauslehrer, der auf dem Familienschloß den jungen Carl Theodor und seine vier Geschwister[25] unterrichtete. Bereits im Alter von vierzehn Jahren kam Carl Theodor in Begleitung seines Lehrers zu Vorstudien an die damals als hochmodern geltende und von den Reformen der Aufklärung geprägte Würzburger Universität.[26] Mit sechzehn Jahren immatrikulierte er sich an der traditionsreichen Universität in Heidelberg, und er beschloß das dort unter Einschluß des kanonischen Rechts absolvierte Jurastudium am 28. November 1761 mit einer, wie es hieß, unter „lautem und allgemeinen Beifall“[27] erfolgten Verteidigung seiner Dissertation.[28]

Dalberg war also mit achtzehn Jahren Doktor jur. geworden. Zur Belohnung durfte er anschließend auf die für junge Adelige damals übliche „Kavalierstour“, eine Art Bildungsreise, gehen, auf der man – zum erstenmal ohne die strenge Aufsicht des Hauslehrers oder Professors – Erfahrungen auf den verschiedensten Gebieten sammeln konnte. Die Reise führte zuerst nach Rom, wo ihm Johann Joachim Winckelmann[29], der Entdecker des klassischen Altertums, die archäologischen Schätze der Ewigen Stadt zeigte. Der kunstsinnige Papst Clemens XIII.[30] unterhielt sich mit ihm auf lateinisch und prophezeite, der junge Adelige aus Deutschland werde es noch weit bringen. Wenige Monate später traf er dann den Statthalter von Mailand und Generalgouverneur der Lombardei, Karl Joseph Graf von Firmian[31], ein wahres Musterbeispiel eines aufgeklärten Staatsmannes: ein Reformer und ein Förderer der Wissenschaften, liberal im Denken und gegen alle Vorurteile oder geistige Unterdrückung. Dalberg war von ihm sehr beeindruckt. Noch Jahre später beschrieb er dessen „Güte, Menschenliebe, überlegene Weisheit, sanfte Teilnehmung an allem, was schön und gut ist“[32], eine Erinnerung, die uns heute einen Musterkatalog der damals gültigen Ideale darstellt. Firmian begleitete den begabten Kavalier noch nach Wien an den Hof der Kaiserin Maria Theresia, wo der Statthalter den jungen Domherrn auch dem bedeutenden österreichischen Staatskanzler Wenzel Anton von Kaunitz[33] vorstellte. Die Bekanntschaft mit Kaunitz sollte für die spätere Laufbahn Dalbergs noch Gewicht bekommen.

Im Mainzer Verwaltungsdienst

1763 traf der junge Reichsfreiherr wieder in Mainz ein. Die Wahl des Zeitpunkts verriet politisches Gespür und ließ etwas über seine Pläne ahnen. Im selben Jahr war nämlich Emmerich Joseph von Breidbach-Bürresheim[34] zum Kurfürst-Erzbischof von Mainz gewählt worden. Dieser liberal denkende und tatkräftige Mann setzte den von seinem Vorgänger vorsichtig begonnenen Reformkurs energisch fort und berief sofort einen berühmten Staatsrechtler der deutschen Aufklärung zum leitenden Minister – Karl Friedrich Groschlag.[35] Dalberg hatte als studierter Jurist und Mitglied des Mainzer Domkapitels jetzt die Chance, nicht nur eine Verwaltungslaufbahn einzuschlagen, sondern unter Groschlags Protektion auch eine Karriere in der großen Politik zu beginnen. In Mainz liefen damals noch alle Fäden des Reiches zusammen: von Mainz bestanden Verbindungen zum Reichstag in Regensburg, zum Reichskammergericht in Wetzlar, zu den zahlreichen deutschen Fürstenhöfen und zur Reichshofkanzlei in Wien. Der noch nicht ganz zwanzigjährige Dalberg nützte die Gelegenheit und übernahm eine Referendarsstelle in der Mainzer Regierung. Schon nach kurzer Zeit hatte er aufgrund seiner umfangreichen juristischen Kenntnisse die Aufmerksamkeit des Ministers auf sich gezogen. Groschlag übernahm es daher, den jungen Rechtsreferendar persönlich auszubilden und zu fördern, wobei er ihm aber auch seine eigenen politischen Vorstellungen – besonders zum Thema Reichsreform – weitgehend suggerierte.

Unglücklicherweise aber hat Dalberg die Gönnerschaft Groschlags letztlich mehr geschadet als genutzt. Der Grund dafür lag in einer alten Feindschaft: Der Wiener Reichsvizekanzler Rudolf Joseph von Colloredo[36] und Groschlag waren sich zutiefst verhaßt. Bald waren auch Dalbergs Beziehungen zur Reichshofkanzlei getrübt. Colloredo, der nicht nur die Reichsreform-Pläne des Mainzer Ministers zu Fall brachte, sabotierte auch eine von Groschlag eingefädelte diplomatische Mission Dalbergs in Wien, die diesem möglicherweise den Einstieg in die Reichspolitik eröffnet hätte.[37] Auch die zwischen Colloredos Reichshofkanzlei und Kaunitz' Staatskanzlei bestehende Rivalität[38] wurde teilweise auf dem Rücken des ahnungslosen und auch gänzlich unschuldigen Dalberg ausgetragen. Das Wohlwollen des Staatskanzlers Kaunitz, das Firmian in Wien seinem Schützling gewonnen hatte, war für den eifersüchtigen Colloredo ein zusätzlicher Grund, Dalberg als eine persona non grata anzusehen. Wie entscheidend die Wiener Mission, die Colloredo verhindert hatte, für Dalbergs berufliche Zukunft hätte sein können, zeigte sich wenig später. An seiner Stelle ging der Mainzer Domherr Karl Friedrich von Erthal nach Wien, dem es dort gelang, erste Vorbereitungen für seine fünf Jahre später erfolgte Wahl zum Kurfürsten zu treffen. Etwas enttäuscht wandte sich Dalberg von der Reichspolitik zunächst einmal ab und bewarb sich um die in Erfurt eben freigewordene Stelle eines kurmainzischen Statthalters.[39] Das Statthalteramt war zwar eine weisungsgebundene Behörde der Mainzer Regierung, hatte jedoch alle innen-, wirtschafts- und kulturpolitischen Belange Erfurts und des umliegenden Eichsfelds zu betreuen. Der Posten bot außerdem vielfältige gesellschaftliche und repräsentative Aufgaben, die Dalbergs jugendlichem Geltungsdrang Befriedigung versprachen.

Statthalter in Erfurt

Der neue Statthalter, Carl Theodor Reichsfreiherr von Dalberg, war gerade achtundzwanzig Jahre alt. Die Zeitgenossen beschrieben ihn als einen großen, kräftigen Mann mit einer etwas derbknochigen Figur und – wie es heißt – „ohne eigentliche Würde in der Haltung".[40] Seine Stimme soll jedoch voll und wohltuend geklungen haben. Auch sein Blick wurde als angenehm – „voller Herzenswärme" – empfunden; in seinen etwas zu kleinen Augen erblickten allerdings einige Zeitgenossen Anzeichen von rastloser Unruhe und auch Mißtrauen.[41] Er war gewiß kein modisch-galanter Typus im Sinn des in der Rokokozeit geltenden Schönheitsideals, aber doch anfällig für die große Mode seiner Zeit – für sentimentale Schwärmerei. Das wiederum mag der Grund gewesen sein, daß später Leute wie Friedrich Schiller etwas Unstetes und Schwankendes in seinem Wesen zu erkennen glaubten.[42] Die Aussagen über sein Erscheinungsbild sind letztlich widersprüchlich. Einhellig und voll des Lobes aber sind sie über das Reformprogramm, das er als Statthalter in den folgenden Jahren ganz im Sinne des aufgeklärten Absolutismus verwirklichte.[43] Es zeigte sich, daß Dalberg ein äußerst talentierter und geschickter Verwaltungsjurist war, der tüchtig und fortschrittlich in einem überschaubaren Rahmen handeln konnte. Das war eine seiner Hauptfähigkeiten, die er nach seinen „Erfurter Lehrjahren", wie sich später herausstellen sollte, auch als Kurfürst in Regensburg und Großherzog in Frankfurt bewies.

Das Statthalteramt brachte eine Menge wirtschaftlicher und sozialer Aufgaben mit sich, unter anderem auch das gemischt-konfessionelle Element, mit dem er zurechtkommen mußte. Aber nicht nur dies, Erfurt weckte auch einen ganz besonderen und persönlichen Ehrgeiz in dem jungen Beamten: die Erneuerung der 1754 gegründeten Akademie nützlicher Wissenschaften[44] und die Reform der dahinsiechenden städtischen Universität. Von beiden Aufgaben löste er zumindest die erste mit Bravour. Zwei Jahre nach seiner Ankunft in Erfurt wurde die Akademie wiedereröffnet. Seitdem erschienen auch die sogenannten „Acta Academiae", eine Schriftenreihe, die ihm die sicher nicht unwillkommene Gelegenheit bot, eigene Beiträge zu veröffentlichen.[45] In der Universität kamen seine Reformvorschläge jedoch nicht zum Tragen.[46] Sie ließen sich erst später bei der Neuorganisation der Mainzer Karls-Universität verwirklichen.[47] Hingegen wurde er 1784 Rektor der Würzburger Universität. Diese verantwortungsvolle Position, die er vier Jahre lang innehatte, war ihm durch seine Mitgliedschaft im Würzburger Domkapitel zugefallen, wo er von 1780 bis 1787 zusätzlich auch das Amt des sogenannten Domscholasters ausübte[48] – eine Art Unterrichtsminister des Domstifts. Für viele Domkapitulare bedeutete diese Würde damals nur eine einträgliche Pfründe, nicht aber für Dalberg. Als Würzburger Domscholaster unternahm er ausgedehnte Inspektionsreisen, meistens allein zu Pferd; ein erhalten gebliebenes Bruchstück seines damaligen Reisetagebuchs zeigt, wie sehr er bei dieser Gelegenheit bemüht war, Ungerechtigkeiten, Mißstände in der Verwaltung und Unordnung abzustellen. Er war empört, wenn die Insassen eines Spitals schlecht verpflegt wurden, dagegen der Spitalverwalter – wie Dalberg notierte – „umso vergnügter und wohlgenährter" aussah. Er überprüfte sorgfältig die Archive, entrüstete sich, sofern er auf „Unordnung, Staub und Würmer" sowie auf „dünne Entschuldigungen" für Versäumnisse traf. Er kontrollierte auch die Seelsorger und war dann zufrieden, wenn ein Dorfpfarrer „gut und faßlich predigte, gegen Gleißner und Halbchristen, im wahren Geist des Christentums".[49]

Wenn Dalberg hier vom „wahren Geist des Christentums" sprach, dann meinte er das durchaus ehrlich, obwohl er in seiner Jugend als ein ausgesprochener Freidenker galt. Das Zeitalter in das er hineingeboren wurde, war alles andere als fromm. Die geistige Elite, die Mitglieder der Adelskirche, Domherrn und Fürstbischöfe eingeschlossen, dachten überwiegend aufgeklärt. Man glaubte in erster Linie an die Vernunft, und viele der Domkapitulare – wie übrigens auch Dalberg – waren theologisch kaum ausgebildet. Ihre Religion glich nicht selten einer etwas verschwommenen Philanthropie mit christlich-abendländischem Hintergrund. Man sprach viel von Humanität, Weltbürgertum, Naturnähe, man postulierte die Gleichheit aller Menschen vor Gott, verleugnete aber das Irrationale, das Mystische und das Wunderbare. Der Rationalismus der Zeit konnte deshalb nur schwer mit den eigentlichen Grundsätzen des Katholizismus und seiner Glaubenslehre vereinbart werden. Eine der Folgen war, daß im Zeitalter der Vernunft und Vernunftgläubigkeit ein neuer reformatorischer Geist erwachte, der nicht nur die vorhandenen kirchlichen Mißbräuche anprangerte – was auch im Sinn der katholischen Aufklärung war –, sondern darüber hinaus die gesamte Reichskirche in ihren Grundfesten erschütterte. Bereits 1763 – Dalberg stand gerade am Beginn seiner Beamtenlaufbahn in Mainz – hatte der Trierer Weihbischof Nikolaus von Hontheim[50] unter dem Pseudonym „Febronius" die berühmt gewordene Streitschrift „De statu ecclesiae" veröffentlicht, welche die alten Rechte der Reichskirche gegen die Oberherrschaft des Papstes verteidigte und wiederhergestellt sehen wollte, und dies vor allem im Hinblick auf eine von ihm geforderte Wiedervereinigung der christlichen Konfessionen im Reich.[51] Dem Papst sollte lediglich eine Art von „Oberaufsicht" und Ehrenprimat belassen werden.[52] Die Schrift löste eine heftige Diskussion innerhalb der Kirche aus, die dann in den sogenannten „Gravamina" (1769) und der „Emser Punktation" (1786) zu einer „Los-von-Rom-Bewegung" führte und in der Forderung nach einer de facto unabhängigen deutschen Nationalkirche gipfelte.[53] Dalberg, der sich als junger Domher dieser vom Mainzer Kurfürst-Erzbischof nachhaltig unterstützten Strömung begeistert anschloß, griff damals einen der wesentlichsten Reformvorschläge Hontheims auf und verfaßte einen „Entwurf zur Religionsvereinigung"[54], den er auch Johann Gottfried Herder[55] zur Begutachtung vorlegte. Ein solcher Plan aber grenzte in den Augen der Kurie schon fast an Ketzerei.

Freimaurer und Illuminat

Für noch gefährlicher aber hielt das Papsttum die Freimaurer, die seit der ersten Hälfte des 18. Jahrhunderts – trotz mehrerer Bannbullen – eine enorme Anziehungskraft besonders auf die gebildeten und adeligen Stände besaßen. Friedrich der Große, ein entschiedener Aufklärer und Deist, war Freimaurer geworden, und seine Protektion hatte dem Orden eine rasche Ausbreitung über das ganze Reich ermöglicht. Selbst Domkapitulare ließen sich aufnehmen. Auch Dalberg wurde 1781 in Worms als sogenannter „Erster Meister vom Stuhl" zum Logenbruder dieser Geheimgesellschaft. Er dichtete und komponierte sogar ein Freimaurerlied, das bis heute erhalten geblieben ist, und gründete schließlich 1787 in Erfurt die Loge „Karl zu den drei Rädern" – eine schmeichelhafte Hommage, die ihm und Kurmainz zu Ehren sowohl seinen Namen als auch das Wappensymbol des Kurstaats in sich vereinigte.[56]

Das Logentum der Freimaurer war zunächst eine geistige und soziale Strömung. Die Überwindung der Standesgrenzen zwischen Adel und gehobenem Bürgertum, eines der Hauptanliegen der Aufklärung, ließ sich in der Gemeinschaft des Ordens verwirklichen. Gegen Ende des 18. Jahrhunderts aber geriet das Freimaurerwesen – wie viele ursprünglich geistigen und vom Erneuerungswillen getragenen Ideen – mehr und mehr zu einer Mode, bei der letztlich nur die äußere Form, die Exklusivität und die Geheimnistuerei ausschlaggebend werden sollten. Ausgesprochen radikal-aufklärerisch und potentiell revolutionären Charakter besaß dagegen der 1776 gegründete pseudo-freimaurerische Illuminaten-Orden des Ingolstädter Universitätsprofessors Johann Adam Weishaupt.[57] Die Illuminaten waren mit dem Ziel angetreten, ihre Mitglieder in die höchsten Staatsstellen einzuschleusen, um so einen Umsturz – eine Revolution von oben – einzuleiten.[58] Mainz galt als eine der Hochburgen des Ordens und der leicht beeinflußbare Dalberg schloß sich 1784 – wohl etwas ahnungslos über die wahren Ziele – unter dem Decknamen „Baco von Verulam"[59] der Bewegung an.[60]

Der päpstliche Nuntius für Deutschland, der damals in Köln saß, betrachtete die allgemeine Entwicklung innerhalb der Reichskirche anfangs mit Skepsis, später mit Ablehnung und schließlich voller Entsetzen. Über den Freimaurer und Illuminaten Dalberg berichtete er nichts Gutes[61], so daß dieser – obwohl er aus dem Orden schon bald wieder austrat – für das Papsttum seitdem als höchst verdächtiger und gefährlicher Umstürzler galt. Noch nach vielen Jahren sah die Kurie in Dalbergs Zugehörigkeit zum Freimaurer- und Illuminatenorden die eigentliche Erklärung für seine verdächtig guten Beziehungen zu Napoleon.[62] Selbst nachdem er längst Kurfürst, Erzbischof und Erzkanzler war, steckten die Berichte des Nuntius noch voller Gehässigkeiten: „Er beschäftigt sich nur mit der weltlichen Regierung", hieß es da beispielsweise, „mit den Finanzen, der Politik, dem Theater, der Tafel und mit seiner Manier, ein Schriftsteller sein zu wollen".[63] Andere katholisch-kirchliche Kreise werden ihn gar noch als „Monster von einem Bischof" und „Don-Quichotte der Aufklärung" bezeichnen.[64] Das Mißtrauen Roms, in jenen aufgeklärten Erfurter „Lehrjahren" entstanden, konnte Dalberg später nie mehr überwinden.

Weimarer Jugendsünden

Andere Jugendsünden wie Liebeleien, Ausschweifungen und Künstlerfreundschaften hatte man dagegen vergessen, zumindest aber geflissentlich übersehen. Dalberg war als Statthalter in Erfurt gleichzeitig kurzmainzischer Gesandter an den kleinen Höfen von Gotha und Weimar, und der amüsante und geistreiche Domherr gefiel dort als ein gern gesehener Gast, besonders am freizügigen Musenhof der Herzogin Anna-Amalia, die ihn

Carl Theodor von Dalberg als junger kurmainzischer Verwaltungsjurist im Alter von 32 Jahren.

mit Vorliebe ins Vertrauen zog. Er traf dort Wieland, den er eigentlich für die Erfurter Universität hatte gewinnen wollen, der aber lieber Hauslehrer des jungen Erbprinzen Carl August geworden war, dann den gebildeten Graf Görtz[65], der aus fränkischem Reichsadel stammte und gute Beziehungen zum Mainzer Domkapitel besaß. Graf Görtz – ein Freimaurer wie Dalberg – war in Weimar zum Leiter der gesamten Prinzenerziehung aufgerückt, dabei jedoch von dem Ehrgeiz besessen, sich zum Chef des herzoglichen Ministeriums aufzuschwingen. Von ihm wurde eine Hofintrige gesponnen. Der Erbprinz sollte – so war der Plan des Grafen – vorzeitig für mündig erklärt werden, die Nachfolge der Herzogin-Regentin antreten und dann – so hoffte Görtz aufgrund seines Einflusses auf den noch unreifen Siebzehnjährigen – ihm als Minister die ganze Regierung überlassen. Die Herzogin, der Görtz verhaßt war, wandte sich hilfesuchend an Dalberg. Dieser riet ihr, den Erbprinzen vorerst auf eine Kavaliersreise nach Paris zu schicken. Unabsichtlich wurde Dalberg damit zum Initiator einer höchst folgenreichen Begegnung, die alle Pläne und Intrigen des Grafen über den Haufen werfen sollte. Während seiner Kavaliersreise lernte nämlich Carl August in Frankfurt Goethe kennen. Der künftige Weimarer Herzog war von dem Dichter des Werther so beeindruckt, daß er ihn – und nicht etwa Görtz – für seine spätere Regierung berufen wollte. Zwei Monate bevor er die Nachfolge in Weimar antrat, wurde der Graf entlassen. Trotzdem mußte die Berufung Goethes im Oktober 1775 gegen den Widerstand des ganzen Hofes durchgesetzt werden, und Dalberg, der ebenfalls ein großes Faible für das Dichtergenie besaß, hatte seinen ganzen Einfluß auf die Hofkreise aufzubieten, damit Carl August seinen Plan in die Tat umsetzen konnte. Graf Görtz ging – voller Ingrimm zunächst – in die diplomatischen Dienste des Berliner Hofes. Er wurde später ein tüchtiger und höchst einflußreicher preußischer Reichstagsgesandter in Regensburg, wo er Dalberg in seiner Eigenschaft als Kurfürst-Erzkanzler wiedersehen sollte.

Zunächst aber begann jetzt im ländlich-schläfrigen Weimar ein ausgelassenes Sturm- und Drang-Treiben. Der sechsundzwanzigjährige Goethe, noch ganz „geniemäßig" im Auftreten – so pflegte man damals das unbürgerliche Erscheinungsbild junger Künstler zu bezeichnen –, dann der eben achtzehnjährige Carl August, ein etwas derber, hemdsärmeliger Naturburschentyp, und schließlich Dalberg, einunddreißig Jahre alt, wesentlich vornehmer im Auftreten als seine Freunde, mit gepuderter Perücke und feinem Spitzenjabot – die drei vom Spiel des Zufalls zusammengewürfelten Kumpane bildeten fürwahr ein merkwürdiges Trio. Goethes Tagebücher sind voll von kurzen, frisch hingeworfenen Notizen über gemeinsame Unternehmungen, Jagdausflüge, Abenteuer mit Mädchen oder nächtliche Burgbesteigungen: „Mit dem Herzog, Dalberg, Treba Lyncker in die Cammerberger Kohlenwerke. Scheibenschießen. Abends lang mit Dalberg über Zeichnung, Dichtkunst und Komposition".[66] Oder: „Viel geschwatzt auf dem Pirschgang mit dem Stadthalter und folglich nichts geschossen".[67] Am 4. Juli 1777 notierte er über einen Ausflug nach Dornburg: „Schloß Cuniz erstiegen, nachts auf der Streu mit dem Herzog, dem Prinzen, Dalberg und zwei Einsiedels"[68], und am 2. Mai 1780: „Besuch in Erfurt. Kam Abends zum Stadthalter zurück und wir durchschwatzten viel politische, philosophische und poetische Dinge. Tanzten auch einmal beim Grafen Ley".[69] So geht es fort. Konventionen und Autoritäten waren verpönt, man schlief zusammen auf dem Strohsack, denn Genie und Natur galten als die einzigen wahren Maßstäbe in jenen ausgelassenen Weimarer Jugendjahren.

Gespräche mit Goethe

Dalberg, der seine Studentenzeit noch brav und ganz unter der Aufsicht seines strengen Lehrers Johann Wilhelm Dahmen hatte zubringen müssen, ließ sich von den jüngeren Freunden nur allzu gern mitreißen, ganz besonders von Goethe, dessen Lebensart ihn bezauberte. Jede Gelegenheit nahm er wahr, um mit dem jungen Dichter zu diskutieren oder gemeinsam zu zeichnen. Für Goethe, der in seiner Nähe keine anderen Genies brauchen konnte – er war sich selbst Genie genug –, war Dalberg wiederum der ideale Gesprächspartner. „Durch die Erzählungen aus seinem mannigfaltigen politischen Treiben", schrieb er an Charlotte von Stein, „hebt er meinen Geist aus dem einfachen Gewebe, in das ich mich einspinne, das – obgleich es auch viele Fäden hat – mich doch zu sehr nach und nach auf einen Mittelpunkt bannt. Er hat eine treffliche Gewandtheit in bürgerlichen und politischen Dingen und eine beneidenswerte Leichtigkeit."[70] Auch Goethe war von Dalberg angetan. Er bewunderte dessen leichte Eleganz, eine Eigenschaft, die er selbst nicht besaß.

Aber es ging nicht nur um Pirschgänge, Scheibenschießen und Tanzereien, die beiden nahmen sich auch ernster Probleme an. So setzten sie beispielsweise gemeinsam beim Herzog die Berufung Herders zum Superintendenten in Weimar durch.„Der Stadthalter von Erfurt hat das beste von dir gesagt, und bestätigt dem jungen Fürsten deinen Geist und Kraft", schrieb Goethe am 2. Januar 1776 an Herder.[71] Im Sommer 1779 konnte der Statthalter den Dichter überreden, die geplante Iphigenie endlich einem größeren Publikum zugänglich zu machen.[72] Goethe war zunächst noch unsicher, begann aber dann mit der Arbeit, wobei er Dalberg regelmäßig aus seinen Manuskripten vorlas. Die Freundschaft zwischen den beiden hatte Bestand, selbst als sich ihre Wege trennten. Goethe schrieb noch im Jahr 1812: „Je mehr ich dankbar empfinde, wie viel ich diesem außerordentlichen Manne in meiner Jugend schuldig geworden, desto mehr freut mich, daß Zeit und Entfernung, ja so mancher Wechsel der Dinge nichts an einem Verhältnis ändern konnten, das auf wahren Grund gebaut war."[73]

Drei Jahre nach Goethe traf Dalberg auf Friedrich Schiller. Die Verbindung zu ihm war anderer Natur, weniger freundschaftlich, weniger partnerschaftlich, sie fand mehr auf der Ebene von Künstler und Mäzen statt. Der neunundzwangzigjährige Schiller, der eben im benachbarten Jena eine bescheidene Professur erhalten hatte, erhoffte sich von der Vermittlung Dalbergs berufliche Vorteile. Dalberg war damals bereits zum Koadjutor und damit zum künftigen Kurfürst von Mainz gewählt worden, und Schiller spekulierte auf eine feste und gut dotierte Anstellung. Den ersten Kontakt zwischen dem jungen Dichter und dem künftigen Kurfürsten brachte die temperamentvolle Caroline von Dacheröden[74] zustande, eine aufgeklärt-emanzipierte höhere Tochter des ausgehenden 18. Jahrhunderts. Sie war die Freundin von Schillers Braut Lotte und gleichzeitig eine entfernte Verwandte Dalbergs, bei dem sie regelmäßig Zeichenunterricht nahm. Am 4. Dezember 1789 trafen sich Dalberg und Schiller auf ihre Vermittlung. Es war in Jena anläßlich einer Zusammenkunft sämtlicher dortiger Universitätsprofessoren – „eine schreckliche Gesellschaft"[75] – wie sich Schiller später erinnerte. Dalberg, trotzdem heiter und gelassen, fand rasch ein gemeinsames Thema: „Die Räuber", ein Stück, das ihn, von seinem Bruder Heribert am 13. Januar 1782 im Mannheimer Nationaltheater uraufgeführt, begeistert hatte. Schiller war zu seinem Bühnenstück durch eine Skandalgeschichte angeregt worden, in die – obgleich nur ganz am Rande – auch Dalberg verwickelt war. Es handelte sich um den Fall des Grafen Karl Anton von Sickingen, der mit alchimistischen Experimenten Gold machen wollte. Seine beiden Söhne Wilhelm Friedrich und Karl Heinrich, die fürchteten, der Vater werde auf diese Weise das ganze Familienvermögen verschleudern, hatten den alten Mann entführen lassen und in einem Gewölbe der Sauerburg bei Lorch gefangengesetzt. Als Dalberg von dem Vorfall erfahren hatte, war er sofort nach Wien gereist, um dort ein kaiserliches Mandat zur Befreiung des alten Grafen zu erreichen.[76] Sein Rettungsversuch schlug jedoch fehl – Graf Sickingen starb im Verlies, und Dalberg geriet, da einer der Söhne, Wilhelm Friedrich von Sickingen, kurmainzischer Staatsminister gewesen war, noch in erhebliche berufliche Schwierigkeiten.

Als Schiller jetzt – lange Zeit nach dem Vorfall und der Fertigstellung des Dramas – von Dalbergs Gerechtigkeitssinn erfuhr, verneigte er sich mit Hochachtung. Er war auch, was seine Anstellung betraf, sehr optimistisch und schilderte daher in einem Brief an seinen Freund Christian Gottfried Körner ausführlich den Eindruck, den ihm Dalberg gemacht hatte: „Von dem Coadjutor kann ich alles hoffen. Er hat sich von freyen Stücken gegen mich über den bewußten Punkt herausgelassen, und mir in bestimmen Worten gesagt, daß er darauf zähle, mich in Mainz um sich zu haben, und mir eine Existenz, wie sie für mich gehöre, dort zu verschaffen. Er wüßte auch nicht, setzte er hinzu, wozu den Fürsten ihre Hilfsmittel nützten, wenn sie sie nicht dazu gebrauchten, vortreffliche Menschen um sich zu versammeln. Aber auch ohne jede Privatrücksicht ist der Coadjutor ein überaus interessanter Mensch für den Umgang, mit dem man einen herrlichen Ideenwechsel hat. Ich habe wenige Menschen gefunden, mit denen ich überhaupt so gern leben möchte, als mit ihm. Er hat meinen Geist entzündet, und ich, wie mir vorkam, auch den seinigen. Zwar scheint er mir etwas unstetes und schwankendes zu haben, und darum dürfte er nicht dazu gemacht seyn, eine Materie mit Gründlichkeit zu erschöpfen, aber seine Blicke sind hell, rasch und weit verbreitet, und dies macht ihn desto genießbarer im Gespräch. Meine Frau und Schwägerin hat er sehr lieb, und sie haben ihn wirklich erobert. Er malt gar schön, und erlaubte den beiden, ihn malen zu sehen. Er legte ein Gemälde an, welches auf unsere Heirath Beziehung hat. Es ist ein Hymen, der unsere Namen und die Attribute des Trauerspiels und der Geschichte trägt. Das Gemälde ist Lottchen bestimmt, und in 14 Tagen sollen wir's haben."[77] Trotzdem sollten sich Schillers Erwartungen nicht erfüllen. Dalberg wurde erst viel später, als der Dichter gehofft hatte, Kurfürst in Mainz. Er unterstützte ihn aber nach seiner Regierungsübernahme mit einer Jahresrente von 600 Talern, die er nach Schillers frühem Tod an die Witwe weiterbezahlte.[78]

Wie die Begegnung mit Schiller so war auch das wenig später erfolgte Zusammentreffen mit Wilhelm von Humboldt von der munteren Dacheröden nicht ganz ohne Absicht eingefädelt worden, wiederum standen zunächst einmal die Motive einer künftigen beruflichen Anstellung – diesmal der Humboldts – im Vordergrund. Wilhelm von Humboldt und Caroline von Dacheröden verlobten sich am 16. Dezember 1789 in Erfurt während eines Balls im Hause Dalbergs. Carolines Vater, ein pensionierter preußischer Kammerpräsident, wollte aber von einem stellungslosen Schwiegersohn nichts wissen, bis schließlich Dalberg seine Bedenken zerstreuen konnte. Nach der Heirat hätte der Statthalter dem jungen Paar sogar eine Wohnung in seinem Erfurter Palais eingeräumt, ein Angebot, das der Herr Kammerpräsident dann aber entrüstet zurückwies. Ein frisch getrautes Paar und ein Domherr unter einem Dach, so meinte er, das würde dann doch zu weit gehen, und gab eine großzügige Mitgift. Für Humboldt hatte Dalberg – sobald er erst einmal Kurfürst geworden sei – eine Stellung als Sekretär vorgesehen. Der begabte junge Mann, der bald preußischer Gesandter in Rom werden sollte, schätzte Dalberg nicht nur wegen dessen Großzügigkeit. Später meinte er in einem Brief über ihn: „Sein Umgang ist mir umso angenehmer gewesen, als unsere Gespräche meist wissenschaftlich, aus dem Fach der praktisch, vorzüglich politischen Philosophie, worin er unstreitig am meisten bewandert ist, hergenommen sind und als reine, auch bloß theoretische Prinzipien doch noch mehr reizen, wo ihre Anwendung so nahe liegt."[79] Der Statthalter – von den Fähigkeiten Humboldts ebenfalls überzeugt – bat ihn, seine „Ideen über die eigentlichen Grenzen der Wirksamkeit des Staates" aufzusetzen. Diese Schrift, die ihn anschließend zu einer geistvollen Erwiderung anregte[80], wurde Humboldts erste bedeutende staatsphilosophische Abhandlung.

Caroline von Lengenfeld

Ebenso wichtig aber wie die Begegnung mit den großen Dichtern und Philosophen seiner Zeit war ihm die Freundschaft mit der jungen und talentierten Caroline von Lengenfeld[81], der Schwester von Schillers Lotte. Bereits mit siebzehn Jahren auf Befehl ihres Vaters verheiratet, lebte sie in unglücklicher Ehe mit dem langweiligen Legationsrat von Beulwitz, bis die gefühlvolle Frau, die zuerst heimlich in Schiller verliebt gewesen war, plötzlich ihr Herz für Dalberg entdeckte. Ihre Empfindungen für diesen stets geistreichen und liebenswürdigen Kavalier waren so heftiger Natur, daß ihre Freundin Caroline von Dacheröden gar um den Verstand der Verliebten fürchten mußte.[82] Dalberg, der von ihr den Kosenamen „Goldschatz“ erhalten hatte, gestand zwar, er habe „noch keine Frau von wahrem Charakter“ gekannt und darum „sei ihm vieles so neu“[83], hüllte sich aber dann in Schweigen. Was seine Neigungen für das zarte Geschlecht betraf, so unterschied er sich nicht wesentlich von vielen jungen Domherrn des 18. Jahrhunderts. Trotzdem galten für ihn die Prinzipien seines geistlichen Standes, und das Gelübde der Ehelosigkeit stand daher stets einer engeren Bindung an eine Frau im Wege. Zudem war Dalberg – im Gegensatz zu manchen seiner Standesgenossen – moralisch und ernsthaft, eine Mätresse, wie sie beispielsweise noch der prunkliebende Mainzer Kurfürst-Erzbischof Erthal hatte, wäre für ihn nicht in Frage gekommen. Auch Caroline hätte sich höchstwahrscheinlich nicht mit dieser Rolle begnügt. Die unglücklich Verliebte, die wenige Jahre später den damals viel beachteten Roman „Agnes von Lilien“ schrieb, wurde dennoch Dalbergs beste und treueste Freundin. 1794 heiratete sie schließlich in zweiter Ehe ihren Vetter, den Weimarer Oberhofmeister Wilhelm von Wolzogen, und zog, nachdem sie 1809 Witwe geworden war, mit ihren Kindern in Dalbergs künftige Residenzstadt Aschaffenburg. Dort blieb sie ihm bis zu seinem Tod freundschaftlich verbunden. Er hatte sie dazu ausersehen, einmal seine Biographie zu schreiben.[84] Caroline verfolgte den Plan, bis ihr Humboldt aus politischen Gründen davon abriet.[85]

Die glückliche und sorglose Zeit in Weimar aber konnte Dalberg nicht darüber hinwegtäuschen, daß – trotz seiner Erfolge als Statthalter in Erfurt und Domscholaster in Würzburg – seine Karriere ins Stocken geraten war. Mit achtundzwanzig Jahren hatte er als Statthalter begonnen und in seinen Vierzigern saß er immer noch auf diesem Amt. Der entscheidende Grund, warum er hier beruflich auf der Stelle trat, war der bereits 1774 erfolgte Regierungswechsel in Mainz gewesen. Zwei Jahre schon nach seinem Erfurter Dienstbeginn hatte der ihm wohlgesonnene Kurfürst Emmerich Joseph von Breidbach-Bürresheim das Zeitliche gesegnet, und bei der anschließenden Wahl des Nachfolgers durch das Mainzer Domkapitel beging der dalbergische Familienverband einen schweren und folgenreichen Fehler: obwohl sich bereits eine sichere Zweidrittel-Mehrheit für den vom Wiener Hof favorisierten Domherrn Friedrich Karl von Erthal abzeichnete, kandidierten auch die beiden Dalbergs – Onkel wie Neffe –, fielen aber glatt durch.[86] Der neue Kurfürst Erthal betrachtete den Statthalter seitdem nicht ganz ohne Grund als einen politischen Gegner, den er lieber nicht in die Mainzer Regierung holte, sondern weitab vom Schuß in der Provinz auf seinem Statthalteramt schmoren ließ. Dalberg hätte dort alt und grau werden können, wenn sich die politische Situation im Reich nicht überraschenderweise ganz plötzlich zu seinen Gunsten entwickelt hätte.

Spätestens mit dem Frieden von Hubertusburg, der am 15. Februar 1763 den Siebenjährigen Krieg beendet und Schlesien endgültig Preußen zugesprochen hatte, war offenkundig geworden, daß sich im Heiligen Römischen Reich in Zukunft zwei rivalisierende deutsche Großmächte gegenüberstehen werden – Preußen und Österreich. Dieser Dualismus ließ aber nicht nur die alten konfessionellen Gegensätze zwischen dem protestantischen Norden und dem katholischen Süden wieder aufbrechen, sondern trug auch die Möglichkeit einer Spaltung des Reiches in sich. Eine solche Gefahr drohte, als Kaiser Joseph II. nach dem Aussterben der altbayerischen Wittelsbacher im Jahr 1777 dem pfälzischen Kurfürsten Karl Theodor sein Erbe streitig machte und Teile Niederbayerns und der Oberpfalz besetzte. Unter den deutschen Fürsten regten sich Solidarität und Widerstand. Um sich vor weiteren Zugriffen Josephs zu schützen, gründeten sie den Fürstenbund. Friedrich der Große setzte sich geschickt an die Spitze dieser Oppositionswelle, und Kaiser Joseph mußte im Bayerischen Erbfolgekrieg, der als Kartoffelkrieg in die Geschichte einging, beschämt zurückstecken. Die Angstvorstellung aber, daß sich Österreich und Preußen – ähnlich wie bei der ersten Teilung Polens – hätten einigen können, rief bei den vielen kleineren Reichsständen trotz der Niederlage Josephs großen Schrecken hervor und stärkte somit der antikaiserlichen Fürstenopposition den Rücken. Als dann der Kaiser in seinem übertriebenen Reformeifer noch dazu überging, die Machtbefugnisse des Mainzer Erzkanzleramtes zu beschneiden und überdies im Zug der sogenannten Diözesanregulierung alle österreichischen Gebiete des Bistums Passau für sich abtrennte, entfremdete er sich auch den ihm bis dahin treu ergebenen Kurfürst Erthal. Im Oktober 1785 schloß sich dieser dem Fürstenbund an.[87]

Dalbergs Eintritt in die Geschichte

Erthals Beitritt zu dem bislang überwiegend protestantischen und preußisch geführten Bund hatte weitreichende Konsequenzen, die letztlich auch Dalberg betrafen. Das Mainzer Domkapitel, das im Gegensatz zu Erthal kaisertreu geblieben war, hatte die politische Wendung seines Erzbischofs nicht mitgemacht, was wiederum bedeutete, daß die Koalition zwischen dem Kurmainzer Erzkanzler und dem Fürstenbund spätestens mit Erthals Tod hinfällig geworden wäre. Die einzige Möglichkeit, die der Preußenkönig hatte, einen bevorstehenden Abfall von Mainz zu verhindern, war die rechtzeitige Wahl eines kurfürstlichen Nachfolgers, eines sogenannten Koadjutors[88], der zuverlässig genug war, um die politische Linie Erthals fortzusetzen. Aber auch der Wiener Hof wünschte die Wahl eines Mainzer Koadjutors, natürlich um das Gegenteil zu erreichen: der künftige Kurfürst-Erzbischof sollte die Entscheidung Erthals sofort rückgängig machen und Kurmainz wieder dem Kaiser zuführen. Beide Parteien – der preußisch geführte Fürstenbund und die Wiener Hofburg – wollten kurioserweise denselben Kandidaten zum Koadjutor wählen lassen: den Erfurter Statthalter Karl von Dalberg. Wie konnte es zu dieser merkwürdigen Einmütigkeit kommen?

Daß die Wahl der beiden rivalisierenden Parteien auf Dalberg fiel, lag näher, als es auf den ersten Blick hin scheinen mag. Immerhin verfügte er über weitreichende politische Beziehungen, und zwar in mehreren Richtungen. In Wien hatte er in der Person des Staatskanzlers Kaunitz einen einflußreichen Protektor, während er gleichzeitig in der Fürstenbundpartei den Weimarer Herzog Carl August auf seiner Seite wußte[89], und dieser gehörte wiederum zur persönlichen Entourage des preußischen Kronprinzen. Dann war auch die Familie nicht untätig. Sein Bruder Heribert von Dalberg ließ seine Verbindungen zu den führenden Köpfen der Fürstenbundpartei spielen, so etwa zu den tüchtigen Reformministern Johann Christian von Hofenfels[90] im Herzogtum Zweibrücken und Wilhelm von Edelsheim[91] am badischen Hof in Karlsruhe. Auch im Mainzer Domkapitel begann sich nach dem Beitritt Erthals zum Fürstenbund eine Mehrheit für Dalberg abzuzeichnen.[92] Er galt dort ohnehin wegen seiner politischen Fähigkeiten und guten Kontakte als der geeignetste Mann.[93] Diese Ausgangslage vom Herbst 1785 war so überaus günstig für ihn, daß er wahrscheinlich auch ohne Einflußnahme von außen gewählt worden wäre. Er selbst verbat sich strikt jede Einmischung der Fürstenbundpartei und des Wiener Hofes, da er die bei solchen Wahlen üblichen Bestechungsversuche weder mit dem Kanonischen Recht noch mit den Bestimmungen der Reichsverfassung für vereinbar betrachtete. In diesem Sinn schrieb er auch an den preußischen Minister Ewald Graf von Hertzberg[94], aber auch an seinen Freund Carl August.[95] Der Berliner Hof war einverstanden, ließ jedoch unmißverständlich durchblicken, daß Dalberg zumindest neutral bleiben müsse.[96]

Weder Hertzberg noch Carl August ahnten zu diesem Zeitpunkt, daß sich der österreichische Staatskanzler Kaunitz seinen Günstling Dalberg ebenfalls als Koadjutor ausgesucht und sich mit ihm längst ins Benehmen gesetzt hatte.[97] Kaunitz war es im Zusammenhang mit den Vorbereitungen zur Wahl nochmals gelungen, seinen alten Rivalen, den Reichsvizekanzler Colloredo auszumanövrieren, der der Hofburg den absolut kaisertreuen Domherrn Fechenbach[98] als Kandidaten für die Koadjutorwahl empfohlen hatte. Ähnlich wie der preußische Minister Hertzberg versprach Kaunitz, die Wahl nicht weiter zu beeinflussen. Er war sich ziemlich sicher, daß sein Favorit gewählt werden würde, ließ sich

Carl Theodor von Dalberg als Statthalter von Erfurt im Alter von 44 Jahren.

aber – umgekehrt wie Hertzberg – von Dalberg versprechen, sich unter keinen Umständen den Einflüssen des preußischen Fürstenbundes zu öffnen.[99] Dalberg glaubte, die Zügel in beiden Richtungen halten zu können. Ohne sich dabei weder für die eine noch für die andere Partei eindeutig festzulegen, hielt er sich für den neutralen und über den rivalisierenden Mächten stehenden Kandidaten. Das war ein Wunschtraum.

Seiner Wahl stand eigentlich nichts mehr im Wege, bis sich plötzlich mit dem Tod Friedrichs des Großen am 17. August 1786 die Aussichten Dalbergs merklich verdunkelten. Der Grund war, daß Hertzberg – der inzwischen von Dalbergs Verbindungen nach Wien erfahren hatte – hinter dem Rücken des neuen preußischen Königs, Friedrich Wilhelm II., der eine schwächliche und einfältige Figur war, den Domherrn Christoph von Dienheim[100] favorisierte. Dienheim war persönlich unbedeutend, dafür aber um so willfähiger und deshalb der Favorit des alternden Mainzer Kurfürsten. Aber auch im Domkapitel war ein Gesinnungswandel eingetreten. Mit heimlicher Unterstützung des Reichsvizekanzlers Colloredo hatte sich dort eine Anhängerschaft für den kaisertreuen Mainzer Domherrn Fechenbach formiert. Der Umschwung war letztlich dadurch zustande gekommen, weil Dalberg – als er die Domherrn eindringlich vor den Gefahren des Stimmenkaufs warnen wollte – ungeschickterweise seine Verbindungen zur Fürstenbundpartei publik gemacht hatte – ein Umstand, den Colloredo sofort geschickt ausnützte.[101]

Obwohl also inzwischen noch zwei inoffizielle und miteinander konkurrierende Kandidaten auf der Bildfläche erschienen waren – Dienheim für den Fürstenbund und Fechenbach für den Wiener Hof –, blieb zunächst nach außen hin alles beim alten. Dalberg besaß weiterhin die Unterstützung des österreichischen Staatskanzlers Kaunitz, aber auch die Protektion der Fürstenbundpartei des Herzogs Carl August und des Königs Friedrich Wilhelm.[102] Der preußische König erklärte sich sogar in einer Geheiminstruktion bereit – allerdings ohne seinen Minister Hertzberg zu informieren –, die Wahl Dalbergs notfalls auch mit Bestechungsgeldern durchzusetzen und anschließend für seine finanzielle Ausstattung zu sorgen.[103] Damit war jedoch genau die Situation eingetreten, die Dalberg um jeden Preis verhindern wollte: die Rivalität von zwei Hofparteien, die das Mainzer Domkapitel in seiner Wahlfreiheit beeinträchtigen und mit Hilfe von sogenannten „metallenen Hilfstruppen“[104] – wie Carl August den Einsatz von Geld in solchen Fällen nannte – ihren Kandidaten zum Sieg verhelfen wollten.

Dalberg, der sich gut in der Rolle eines neutralen Allparteien-Koadjutors gefallen hatte, wollte diese Entwicklung aufhalten, brachte sich jedoch dabei in eine mehr als schwierige Lage. Nachdem er sich geweigert hatte, sich mit einer geheimen Unterschrift auf den Fürstenbund festzulegen, konnten ihn selbst Carl August und der preußische König nicht mehr länger als ihren Mann halten. Die Fürstenbundpartei beschloß jetzt, die zur Wahl des Koadjutors erforderlichen Stimmen für den von Hertzberg favorisierten Dienheim einzukaufen. Auf der anderen Seite war auch der Wiener Hof inzwischen von Dalberg abgerückt, nachdem er als nicht genügend kaisertreu eingestuft worden war. Neben Dalberg standen jetzt noch Dienheim und Fechenbach offiziell zur Wahl. Die Folge war, daß keiner von den drei Kandidaten die erforderliche einfache Mehrheit von dreizehn Stimmen besaß. Dienheim hatte selbst mit Hilfe der vom Fürstenbund bezahlten Bestechungsgelder in Höhe von siebzigtausend Florins nur zehn von insgesamt vierundzwanzig Stimmen gewinnen können. Fechenbach, vom Wiener Hof inzwischen als der Mann des Kaisers lauthals unterstützt, gebot über sieben Stimmen. Die Anhängerschaft Dalbergs war auf magere vier Stimmen zusammengeschrumpft. Drei Domherrn schlossen sich zu einer Sperrminorität zusammen. Sie spielten das Zünglein an der Waage.

Im Boudoir der erzbischöflichen Mätresse

In dieser Pattsituation machten die Fürstenbundpolitiker einen unverzeihlichen Fehler. Sie beauftragten die erzbischöfliche Mätresse Gräfin Coudenhove, die mit ihnen unter einer Decke steckte, dem Domherrn Dalberg ein politisches Geschäft anzubieten. Es war in jener Gewitternacht vor dem Palmsonntag des Jahres 1787, der alles entscheidenden Nacht vor der Wahl. Um Dienheim durchzubringen, fehlten mindestens drei Stimmen – und die sollten von Dalberg kommen. Falls er sein Votum und das seiner Getreuen dem Kandidaten der Fürstenbundpartei zuführen würde, so versicherte ihm die Gräfin mit einigem Geschick, würde man ihm dafür das demnächst freiwerdende Amt des Reichsvizekanzlers zuschanzen und ihm außerdem die volle Unterstützung bei der in Würzburg bevorstehenden Bischofswahl zusichern.[105] Reichsvizekanzler und Fürstbischof – Dalberg hätte nur zuzugreifen brauchen. Man weiß nicht, ob die Mätresse noch andere Angebote machte, als sie ihn zu dieser geheimen Verhandlung in ihr Schlafzimmer bitten ließ – überzeugen konnte sie ihn jedenfalls nicht. Im Gegenteil – der raffiniert eingefädelte Bestechungsversuch wurde zu seiner großen Chance, die er sofort entschlossen nutzte. Den Fechenbach-Anhängern erklärte er nämlich, er halte Dienheim nicht nur für unwürdig und ungeeignet, sondern betrachte auch den Stimmenkauf der Fürstenbundpartei, die es nachweislich sogar bei ihm versucht hatte, als schweren Verstoß gegen das Kanonische Recht. Dalberg war mit einem Schlag von dem Verdacht befreit, ein heimlicher Parteigänger des Fürstenbundes zu sein. Das hatte zur Folge, daß zunächst die Sperrminorität zu ihm überging und dann die kaisertreuen Fechenbach-Anhänger, denen Dalberg das geringere Übel zu sein schien als Dienheim. Der Unbestechliche besaß damit die erforderliche einfache Mehrheit von vierzehn Stimmen.[106]

Um dem Fürstenbund die Blamage einer schmählichen Niederlage zu ersparen, übertrug die kurfürstliche Mätresse – Ironie des Schicksals – die für Dienheim eingekauften Stimmen ebenfalls schnell noch auf Dalberg, so daß er dadurch einstimmig gewählt war. Dieses Wahlergebnis war eine solche Sensation, daß sie zunächst kaum jemand glauben wollte. Der preußische König meinte in seiner Einfalt, als er in Berlin die Nachricht erfuhr, die Namen Dalberg und Dienheim seien vielleicht in der Eile nur verwechselt worden.[107] Die Äußerung des Weimarer Herzogs Carl August, „kein ehrlicherer Koadjutor ist seit langer Zeit auf ehrlichere Weise durch ehrlichere Leute zustande gebracht worden als Dalberg“[108], mag zwar auf die Person des Gewählten zutreffen, bestätigt aber ansonsten höchstens das schlechte Gewissen, das den erfolglosen Fürstenbundpolitiker in dieser Stunde geplagt haben muß. Aus ehrlichem Herzen hingegen schrieb Carl Ludwig von Knebel, Goethes „Urfreund“: „Es ist doch gut, wenn ein Mann von Kopf und Herz auch einmal eine Hauptrolle in dieser bunten Welt mitspielen darf, wo die besten Rollen gemeiniglich an die Ohnmächtigsten kommen“.[109]

Dalbergs Wahl zum Koadjutor aber war weniger ein Triumph der politischen Moral, wie es für Knebel den Anschein hatte. Der Mainzer Universitätsprofessor Matias Metternich, später Mitglied der Klubisten und Demokraten, erklärte die Umstände, die zur Wahl Dalbergs geführt hatten, auf seine Weise: „Um mich auf das gelindeste auszudrücken, so hatten wir es dem blinden Glücke zu verdanken, daß ein Dalberg gewählet wurde. Die Kabale stritt gegen die Kabale, die eine Kabale hielt der anderen das Gleichgewicht ... Der heimliche Haß, womit kleine Geiste den großen Mann immer verfolgen, hätte ihn schwerlich emporkommen lassen“.[110]

Die kleinen Geister bekamen aber rasch wieder Oberwasser, und auch ihr heimlicher Haß sollte sich schon bald entladen. Es war ein schwerer Schlag für Dalberg – und gewissermaßen erschien es auch paradox –, daß er trotz seiner einstimmigen Wahl nachträglich am 11. Juni 1787 die Beitrittsurkunde zum Fürstenbund unterschreiben mußte. Schuld daran hatte in erster Linie Papst Pius VI., den die schlauen Fürstenbundpolitiker in letzter Minute dazu gebracht hatten, die apostolische Bestätigung der Wahl nur dann zu erteilen, wenn Dalberg vorher dem Bund beitrete.[111] Daß der Papst hier mit dem protestantischen

Berliner Hof, der noch von seinem Vorgänger heftig befehdet worden war, gemeinsame Sache machte – und zwar gegen die Apostolische Majestät in Wien –, das lag zumindest teilweise an dem rigorosen wie unüberlegten Vorgehen Josephs II. bei seiner eigenmächtigen Diözesaneinteilung in den Habsburgerlanden.[112] Dalberg redete sich darauf hinaus, Fürstenbund und Kaiser bald zusammenführen zu können, ein zwar gutgemeintes, aber nichtsdestotrotz illusorisches Vorhaben. Unabhängig davon aber rückte er mit seiner kurz darauf auch in Worms und Konstanz erfolgten Wahl zum Koadjutor zu einer Art „Spitzenreiter" unter den reichsritterlichen Pfründeninhabern auf.[113] Als Mainzer „Kur- und Kronprinz" war er jetzt eine wichtige Figur in dem politischen Schachspiel, das im mittleren Europa des ausgehenden 18. Jahrhunderts gespielt wurde. Seine politische Laufbahn hatte begonnen.

Carl Theodor von Dalberg, Koadjutor von Mainz und Worms, Titularerzbischof von Tharsus, im Alter von 52 Jahren.

„Der Stadthalter ist doch eigentlich auch kein rechtes Kind dieser Welt, und so klug und brav seine Pläne sind, fürcht ich doch, es geht einer nach dem andern zu scheitern.“
Goethe an Charlotte von Stein, 5. Mai 1780

II. DER WEG IN DIE POLITIK

Dalbergs Pläne zur Reichsreform

Nach seiner Wahl zum Koadjutor stieg der inzwischen dreiundvierzigjährige Dalberg auch auf der geistlichen Karriereleiter rasch nach oben. Am 3. Februar 1788 erhielt er die für das Koadjutor-Amt obligatorische Priesterweihe, und schon wenige Monate später – am 31. August des gleichen Jahres – wurden ihm auch noch Pontifikalring und -stab eines Titular-Erzbischofs von Tharsus verliehen.[1] Der verschwenderische Kurfürst Erthal, der seinen künftigen Nachfolger in der Muttergottespfarrkirche von Aschaffenburg selbst zum Bischof weihte, sparte nicht mit Glanz und Pracht. Der gesamte Kurmainzer Hofstaat war versammelt, und als Dalberg feierlich in die Kirche einzog, ertönten Pauken und Trompeten. Offizielle Briefe unterzeichnete er seitdem nicht mehr wie bislang als „Statthalter von Erfurt“, sondern als „Coadjutor von Mainz und Worms“.[2] Die neue Würde aber war für ihn kein leerer Titel. Sie weckte auch neuen politischen Ehrgeiz. Im Vollgefühl seiner künftigen Stellung als Erzkanzler des Heiligen Römischen Reiches trat er nunmehr an, den Fürstenbund vom preußischen Joch zu befreien und mit dem Kaiser auszusöhnen. Sein Arbeitseifer war so enorm, daß er neben seinen Verpflichtungen, die ihm das Statthalteramt weiterhin auferlegte, innerhalb eines Jahres gleich mehrere umfangreiche politische Schriften verfaßte,[3] darunter einen Reichsreformplan,[4] der auf eine Erneuerung der Justizverfassung im Reich abgezielt war. Immer noch unterstützt von seinem alten Gönner, dem österreichischen Staatskanzler Kaunitz, versuchte er mit allen Mitteln, das Interesse von Kaiser Joseph II., der sich engstirnig nur um seine habsburgischen Erbländer kümmerte, wieder auf das Reich und die Reichspolitik zu lenken. Der verhängnisvolle preußisch-österreichische Dualismus sollte auf diese Weise überwunden werden.

Es ist wohl inzwischen keine Frage mehr, daß dieser Politik Dalbergs ein glühender Reichspatriotismus zugrunde lag, der durchaus „einen echten Anfang der Reichsreform“ hätte bewirken können.[5] Daß der Plan trotzdem fehlschlug, lag zum erheblichen Teil daran, daß der Koadjutor in seiner fast schwärmerischen und kritiklosen Verehrung für den Reformkaiser nicht ahnte, in welchem Maß Joseph inzwischen das gegen Dalberg gerichtete Mißtrauen der Reichshofkanzlei Colloredos übernommen hatte. Der Kaiser war fest davon überzeugt, der Koadjutor treibe eine gegen den Wiener Hof gerichtete Politik.[6] Der ganz zu Unrecht Verdächtigte wußte auch nicht, daß sein Förderer Kaunitz vom Kaiser bereits insgeheim fallengelassen war.[7] Als der Staatskanzler, auf dessen Unterstützung Dalberg weiterhin baute, den Reichsreformplan in der Wiener Hofburg vorlegte, wischte ihn Joseph vom Tisch und ließ ihn boshafterweise ausgerechnet durch die Reichshofkanzlei „als ein bloßes Hirngespinst“ ablehnen.[8] Zu allem Unglück kam noch hinzu, daß eben zu diesem Zeitpunkt Dalbergs zunächst geheimgehaltener Beitritt zum Fürstenbund in Wien bekannt geworden war. Das von Colloredo geschürte Mißtrauen des Kaisers erhielt seine prompte Bestätigung; Joseph war darüber so empört, daß er auf Dalbergs Reichsreformpläne nicht einmal mehr eine Antwort geben wollte, es sei denn – wie er an den Rand schrieb – die Replik „müßte so eingerichtet sein, daß ich ihm meine Verachtung über seine entlarvte Falschheit bezeige.“[9] Das Klima zwischen dem Reichsoberhaupt und dem künftigen Reichserzkanzler war damit hoffnungslos vergiftet – und blieb es auch. Von einer Aussöhnung der Hofburg mit dem Fürstenbund konnte keine Rede mehr sein.

Aus ähnlicher Ursache scheiterte auch die im Dezember 1788 erfolgte und von Kaunitz unterstützte Bewerbung Dalbergs um das eben frei gewordene Amt des Reichsvizekanzlers.[10] Josef II. ernannte stattdessen den „allgemein als unfähig und phantasielos“[11] bekannten Franz Gundaker von Colloredo-Mansfeld[12], den Sohn des bisherigen Amtsinhabers. Dalberg blieb trotz seiner hohen Stellung als Koadjutor von Mainz im Grunde genommen weiterhin „nur“ Statthalter in Erfurt, denn auch Kurfürst Erthal hegte ihm gegenüber immer noch alte Vorurteile, wobei sicherlich auch eine gehörige Portion Eifersucht auf den tüchtigen „Kurprinzen“ mit im Spiel war. Dalberg sollte um jeden Preis von der Mainzer Regierung und damit von höherer politischer Verantwortung ferngehalten werden. „Da er Statthalter von Erfurt ist“, meinte der preußische Gesandte Johann Friedrich vom Stein bald nach der Koadjutorwahl, „giebt es keinen Grund, warum er nicht bis zum Tode des Kurfürsten ruhig dort bleiben sollte...“[13]

Dem Stoiker Dalberg blieb nichts anderes übrig, als sich mit der hoffnungslos scheinenden Lage abzufinden. Seinem Freund Carl August von Weimar bekannte er, daß – wie er schrieb – „ich mich in mein kleines Verhältnis vergnügt einschränke und mich so herzlich gern mit dem wenigen Guten beschäftige, was ich da würklich ausführen kann.“[14] Dalberg fühlte sich nicht als tragischer Held. Die Niederlagen und Enttäuschungen des Lebens bewirkten bei ihm philosophische Gelassenheit, einen stillen Rückzug in gewissenhaft erfüllte Amtspflichten. Auch sein sprichwörtlicher Optimismus, eine Eigenschaft, die ihn für viele so anziehend machte, ließ ihn dann nicht im Stich. Kein Geringerer als Wieland bestätigte dieses Charakterbild: „Einen fröhlicheren Erzbischof... habe ich in voriger Woche an dem Herrn Erzbischof von Tarsus, Coadjutor von Mainz, Worms und Konstanz, zu sehen das Vergnügen gehabt... Er ist (wie billig, da er gewiß einer der besten Sterblichen ist) in allem sich selbst gleich geblieben, und ich habe ihn nie mehr und vergnügter lachen und cachinnieren hören als an jenem selbigen Nachmittag und Abend: denn er blieb beim Souper und ging erst um 10 Uhr wieder ab.“[15]

„Koadjutor der deutschen Literatur“

Dalberg, wegen seiner Beziehungen zu Goethe, Schiller und Humboldt, damals auch als „Koadjutor der deutschen Literatur“ bekannt, war der Hoffnungsfunke der jungen, reichspatriotisch gesonnenen Deutschen. Seine Moral und Freiheit des Denkens, mit denen er sich über die Intrigen der Höfe hinweggesetzt hatte, sein großer Eifer in der von vielen Zeitgenossen ersehnten Reichsreform, seine unkomplizierte und natürliche Art, die frei war von allen höfischen Schnörkeln und aristokratischem Standesdenken, dies alles waren Charaktermerkmale, die ihm gerade bei der Jugend die stärksten Sympathien einbrachten. Er war – wie der Reichsfreiherr Hans Christoph von Gagern[16] bewundernd feststellte – „ein dem größeren Theil von Deutschland schon theurer Name“.[17]

Ein halbes Jahr später fiel in Paris das berühmt-berüchtigte Staatsgefängnis der Bastille unter dem Ansturm der Volksmassen. Die Französische Revolution, von den meisten deutschen Intellektuellen und auch vom Weimarer Kreis zunächst mit großer Begeisterung aufgenommen, begrub jedoch bald alle Hoffnungen, die man auf Dalberg und auf seine Idee der Reichserneuerung gesetzt hatte. Die Kanonade von Valmy am 20. September 1792 ist nicht zuletzt durch das Goethe-Wort von der „neuen Epoche der Weltgeschichte“ zum großen historischen Moment geworden. Zwei Wochen nach Valmy mußte Kurfürst Erthal, obwohl er im Krieg gegen Frankreich neutral geblieben war, aus seiner Residenz flüchten. Die gewaltige Festung Mainz, das Bollwerk des Reiches, kapitulierte vor der Revolutionsarmee. Während jedoch das Ancien Régime des alten Europas ins Wanken geriet, blieb Dalberg – und darin gleicht er Goethe – von den neuen Freiheitsparolen auffallend unberührt[18], ganz im Gegensatz etwa zu seinen Freunden Schiller, Herder und Humboldt. Für Massenbewegungen fehlte ihm jegliche Sympathie. Die Revolution erschien ihm nur als ein wirres und wüstes Durcheinander, ein Geschrei vieler Stimmen, die sich gegenseitig befehden, ein Grund auch, warum er später in Napoleon den großen Ordnungsstifter sehen wollte. Er schwieg, als in Mainz die Klubisten und Demokraten der „Gesellschaft der Freunde der Freiheit und Gleichheit" lauthals nach ihm riefen, ihn als „Volksbeglücker"[19] feierten und sogar als konstitutionellen Kurfürsten einzusetzen versuchten.[20] Als dann während einer Abendgesellschaft in seinem Erfurter Palais die Nachricht von der Flucht Ludwig XVI. und seiner Gefangennahme eintraf, trat er auf den Balkon und meinte gedankenvoll: „Was sind die Begebnisse dieser kleinen Erde gegen den unermeßlichen Himmel? Ein König und eine Königin, ihr Reich fliehend, was ist das gegen die Welten über uns? Alles erscheint uns klein und vorübergehend, unser Lebens-Moment vor allem, gegen den unwandelbaren Himmel."[21]

Doch Dalberg war nicht nur Philosoph. Wenn es zu handeln galt, dann konnte er auch tatkräftig bei der Sache sein. Er zögerte nicht, nachdem der Konstanzer Fürstbischof vor einem zu befürchtenden Einfall der Revolutionstruppen in den Breisgau die Flucht ergriffen hatte, sofort nach Meersburg zu eilen, wo es ihm gelang, innerhalb weniger Monate die desolaten Zustände des Hochstifts wieder einigermaßen in Ordnung zu bringen. Mehr noch: weil die Grenzen des Bistums Konstanz bis Zürich reichten, konnte er dort gefahrlos mit dem in der Schweiz akkreditierten Gesandten Frankreichs Verbindung aufnehmen und auf diesem Weg geheime Friedensverhandlungen einleiten. Kurfürst Erthal hatte, nachdem Mainz am 23. Juli 1793 von den Preußen zurückerorbert worden war, seinen Koadjutor zu einem solchen Schritt ausdrücklich ermächtigt.[22] Und damit befand sich Dalberg plötzlich wieder mitten in der hohen Politik.

Zum Scheitern verurteilt?

Das Reich sehnte sich nach Frieden, und Dalberg, der wie kaum eine Person der Reichskirche den Geist der Zeit erfaßt hatte, ließ am 14. Oktober 1794 am Reichstag in Regensburg seinen großen Friedensplan vorlegen. Franz II., seit 1792 deutscher Kaiser, sollte damit ermächtigt werden, unverzüglich Friedensverhandlungen aufzunehmen.[23] Daß auch der Friedensplan scheiterte, lag sicherlich nicht nur daran, daß er „wenig ausgegoren" war[24], sondern an der Halsstarrigkeit des Wiener Hofes und der Engherzigkeit des Kaisers. Der Antrag wurde zwar vom Reichstag einstimmig angenommen, doch die Hofburg verspielte die Chance eines akzeptablen Reichsfriedens, weil sie auf die von Frankreich bereits eroberten linksrheinischen Gebiete unter keinen Umständen verzichten wollte. Stattdessen gelang es Preußen, einen vorteilhaften Sonderfrieden mit Frankreich zu schließen. Der Berliner Hof zog sich aus der Koalition zurück und verzichtete auf alle seine linksrheinischen Territorien. Das Äquivalent dafür war in einem Geheimartikel festgelegt: Entschädigung aus geistlichen Fürstentümern. Das aber bedeutete Säkularisation.

Die der Reichskirche drohende Gefahr der Enteignung war allerdings nicht ganz so plötzlich aufgetreten. Im Grunde genommen existierte sie schon seit dem Westfälischen Frieden. Besonders seit Beginn des 18. Jahrhunderts war die Forderung nach Verstaatlichung von Kirchengut immer deutlicher ausgesprochen worden, und daß der Dresdner Hof die kurmainzische Enklave Erfurt schon im Jahr 1740 verstaatlichen wollte, ist nur ein Beispiel von vielen.[25] Auch die Diözesanregulierung Josephs II., in deren Verlauf 1784 ein großer Teil des Passauer Bistums österreichisch geworden war, war letztlich nichts anderes als eine Säkularisation. Das alles aber schien nur als ein Vorspiel gegenüber dem, was der Reichskirche jetzt mit dem Verzicht auf das linksrheinische Deutschland bevorstand.

Bei dem designierten Kirchenfürsten Dalberg löste diese Gefahr einen grundlegenden Sinneswandel aus — aus dem Friedenspolitiker wurde ein überzeugter Befürworter des Krieges. Der Krieg, den das Reich gegen die Revolution führte, war für ihn jetzt ein Krieg gegen die Säkularisation. „Wer sich zum Schaf macht, den fressen die Wölfe", erklärte er heftig, als er im November 1796 wieder nach Erfurt zurückgekehrt war, und gratulierte den Mainzern, sich von jedem Sonderfrieden mit den Franzosen ferngehalten zu haben.[26]

In dem gleichen Maße, in dem er sich bislang um Friedensverhandlungen bemüht hatte, versuchte er nunmehr energisch, das brüchig gewordene Kriegsbündnis gegen Frankreich zu stärken. So wollte er im Frühjahr 1797 einen Bund der geistlichen Fürsten schaffen, dessen Basis eine Koalition zwischen dem Kurfürstentum Mainz und dem Fürstbistum Konstanz sein sollte. Aber die Erfolgsaussichten waren gering. Er hatte bereits Mühe, Kurfürst Erthal von der Notwendigkeit eines solchen Zusammengehens zu überzeugen.[27] Als weitere Bündnispartner waren das Fürstbistum Würzburg vorgesehen, wo sein Mitkapitular Fechenbach 1796 Fürstbischof geworden war, sowie weitere Hochstifte, in denen er Einfluß zu haben glaubte.[28] Gleichzeitig ließ er im Reichstag am 22. März 1797 den verwegenen Antrag stellen, dem Erzherzog Karl die uneingeschränkte Befehlsgewalt als einer Art Reichsdiktator zur Führung eines Volksheeres zu übertragen.[29] „Levée en masse" hieß das neue Konzept. Dalberg wollte Frankreich mit seinen eigenen Waffen schlagen. Erzherzog Karl war der einzige wirkliche Militärstratege, den das Reich damals besaß, doch Dalbergs Rettungsversuche kamen zu spät: man war kriegsmüde geworden, die Fürsten, besonders die geistlichen, waren völlig apathisch, und Kaiser Franz war ein pedantischer und auf seinen fähigeren Bruder eifersüchtiger Tropf. Die Franzosen überschritten daher im April 1797 abermals den Rhein, Mainz war wieder umzingelt und wurde schließlich zum zweitenmal übergeben. Am 18. April 1797 schloß Österreich, das inzwischen auch in Italien besiegt war, den sogenannten Präliminarfrieden von Leoben. Die Wiener Kriegspartei mußte nun kleinlaut hinnehmen, was sie noch vor zwei Jahren um keinen Preis der Welt akzeptieren wollte: den Verzicht auf das linksrheinische Deutschland. In Mainz, der Residenzstadt von Dalbergs künftigem Kurfürstentum, marschierten französische Truppen ein. Die Entschädigung der weltlichen Fürsten für ihre linksrheinischen Verluste mit geistlichen Territorien wurde vom Reichsoberhaupt insgeheim abgesegnet. Dalberg, der sich für den Krieg gegen Frankreich stark gemacht hatte, mußte sich nach dem Friedensschluß abermals von der politischen Bildfläche zurückziehen.
Bis jetzt hatte er nur Mißerfolge geerntet. Sein Reichsreformplan war gescheitert, seine Bewerbung als Vizekanzler war abgelehnt worden, seine Anträge vor dem Reichstag waren zu den Akten gelegt worden, seine Friedens- und Kriegspläne ein Stück Papier geblieben. Doch Dalberg resignierte nicht. Als jetzt am 9. Dezember 1797 in Rastatt ein Gesandtenkongreß des Reiches zusammentrat, um mit Frankreich die Einzelheiten des Friedensschlusses auszuhandeln und den Umfang der Entschädigungen für die linksrheinischen Gebiete festzulegen, bewarb er sich bei Kurfürst Erthal um die Stellung eines kurmainzischen Verhandlungsbevollmächtigten. Er bestürmte ihn geradezu, Kurmainz solle sich vom russischen Hof eine Garantie geben lassen, „damit die ganze Reichsverfassung bestmöglichst erhalten werde".[30] Dalberg hatte die Lage richtig erkannt, denn Rußland – seit dem Teschener Frieden zur europäischen Garantiemacht aufgestiegen – war ein Befürworter der bestehenden Reichsverfassung und neigte auch zu einer Erhaltung der geistlichen Fürstentümer. Doch aller Eifer war umsonst. Dem egozentrischen Erthal ging es kaum um die Verfassung von Kirche und Reich. Er wollte nur noch den eigenen Kurstaat gerettet sehen und verbot daher dem Koadjutor ausdrücklich, nach Rastatt zu gehen. Dalberg hatte wieder einmal keine andere Wahl, als sich ins Unvermeidliche zu schicken. Aber wieder ließ er den Mut nicht sinken, wieder zog er sich zurück und wieder notierte er voll innerer Gelassenheit: „Da mein Schicksal nun einmal gebietet, daß ich in diesem entscheidenden Zeitpunct nur stiller Beobachter seyn soll, so hab ich täglich die Gelegenheit, vielfältig zu bemerken, daß die teutschen Völker sehnlichst die Beybehaltung der bisherichen Verfassung wünschten."[31] Auf dem Rastatter Friedenskongreß verhandelte man über die Erhaltung einer Verfassung, die von Österreich und Preußen bereits ausgehöhlt worden war, und die Kirchenfürsten, für deren Fortexistenz sich Dalberg einsetzte, waren überwiegend zu träge und lethargisch, um noch für die Interessen der Reichskirche zu kämpfen, ja selbst für die eigenen unternahmen sie kaum etwas. Dalberg kämpfte auf einsamem Posten für eine Sache, die im Grunde bereits aufgegeben war. „Kein rechtes Kind dieser Welt" – so hatte ihn Goethe schon vor Jahren vorausschauend genannt und dabei

prophezeit: „Und so klug und brav seine Pläne sind, fürcht ich doch, es geht einer nach dem andern zu scheitern."[32] War seine Politik schon von Anfang an zum Scheitern verurteilt?

Der erste Reichs-Erbritter als „französischer Bettler"

Um wenigstens etwas für „das Schicksal des verlassenen Hochstifts Konstanz, dem niemand das Wort spricht"[33], zu tun, entschloß er sich im Februar 1798 zu einer diplomatischen Mission in Wien.[34] Sein Beweggrund war diesmal weniger von reichspatriotischen Erwägungen, als mehr von ganz handfesten materiellen Interessen getragen. Als Koadjutor des greisen Konstanzer Fürstbischofs Maximilian von Rodt[35] hatte er nämlich berechtigte Hoffnungen, schon bald das dortige Fürststift übernehmen zu können, und das wäre auch wichtig und notwendig für ihn gewesen: Dalberg befand sich in Geldnöten. Die französische Regierung hatte zu diesem Zeitpunkt die linksrheinischen Besitzungen der Familie beschlagnahmt[36], der König von Preußen die einst übernommenen Zahlungen für seine Apanage als Koadjutor eingestellt, und Kurfürst Erthal, der inzwischen mit seinem ganzen Hofstaat nach Aschaffenburg geflüchtet war, zahlte nur das Gehalt für den Erfurter Statthalterposten. Die Einkünfte aus Dalbergs Mainzer Dompräbende waren weitgehend versiegt, so daß er nicht ganz zu Unrecht fürchten mußte, als „der erste Reichs-Erbritter ein französischer Bettler" werden zu müssen.[37] Aus Existenzgründen war er darauf angewiesen, sein von der Säkularisation bedrohtes Hochstift Konstanz zu retten. Doch die Verhandlungen, die er ungeschickterweise mit dem ihm gegenüber ohnehin mißtrauischen Wiener Hof aufnahm, führten nicht zum gewünschten Erfolg. „Die Sache . . . wird mich meine Constanzer Coadjutorie kosten", klagte er enttäuscht wenige Monate später.[38] Er konnte das Fürstbistum zwar zwei Jahre später doch noch übernehmen, verlor es aber bereits 1802 durch die Säkularisation an Baden.[38a]

Im Herbst 1798 begann sich eine neue Koalition im Reich abzuzeichnen. Der Koadjutor drängte seinen Kurfürsten abermals zum Krieg gegen Frankreich und zu einem Bündnis mit Preußen.[39] Erthal aber hatte sich inzwischen – was Dalberg nicht wußte – aus der antifranzösischen Frontlinie zurückgezogen und sich den Herren des Direktoriums in Paris angenähert. Um zu verhindern, daß der Koadjutor den neuen Kurs durch allzu lautes Kriegsgeschrei kompromittieren konnte, berief er ihn kurzerhand aus Wien ab und schickte ihn wieder in die Erfurter Statthalterei.[40] Und wieder fügte sich Dalberg in sein Schicksal mit Gelassenheit. Mitten im Kanonendonner des zweiten Koalitionskrieges verfaßte er dort in aller Seelenruhe eine Schrift „Über die Brauchbarkeit des Steatitis zu Kunstwerken der Steinschneider"[41], so als ob ihn die Ereignisse, die damals die Welt bewegten und letztlich auch seine eigene Existenz betrafen, gar nichts angingen. Diese für ihn so charakteristische Verbindung von Stoikertum und Optimismus fiel besonders Humboldt auf: „Er fühlt alles und fühlt es oft stark, aber er weiß ihm bald mit Standhaftigkeit, bald mit einem wirklich unerschöpflichen Schatz natürlicher froher Laune entgegenzugehen . . . (so) daß er keine der Leidenschaften, welche die politischen Dinge jetzt so bunt hin- und herziehen, teilt . . . (und) das große Interesse, das er notwendig bei jedem Ausgange haben muß, ihn so gar nicht in der ruhigen Betrachtung stört."[42]

Doch solche Besinnungspausen waren stets nur von kurzer Dauer. Am 31. Dezember 1799 hatte der Konstanzer Fürstbischof das Zeitliche gesegnet, und Dalberg konnte jetzt endlich einen Teil des ersehnten Erbes antreten. Obgleich er seine materiellen Sorgen dadurch zunächst los war, berechtigte der Besitz des Fürstbistums kaum zu hochfliegenden Plänen. Es war stark verschuldet, und die benachbarte Helvetische Tochterrepublik erhob mit Unterstützung Frankreichs Anspruch auf den zwischen Konstanz und Zürich liegenden Teil des Bistums. Die Situation war abermals prekär, hatte aber auch etwas Gutes: In seinem Kampf um das Fürstbistum Konstanz gewann er seinen treuesten Freund – Ignaz Heinrich von Wessenberg.[43] Der junge Reichsfreiherr, der in Dillingen und Würzburg bei Johann Michael Sailer[44], dem Überwinder der streng-rationalistischen Aufklärung, studiert hatte, war inzwischen Domherr in Konstanz und Augsburg geworden. Er war außerdem Mitglied der nach Augsburg geflüchteten Regierung des Trierer Kurfürst-Erzbischofs Clemens Wenzeslaus.[45] Dalberg suchte ihn dort auf und im Hotel „Drei Mohren" übertrug er dem gerade sechsundzwanzigjährigen Theologen das Generalvikariat für das Bistum Konstanz.[46] Mit Wessenbergs Unterstützung wollte Dalberg auch das Projekt eines Geistlichen Fürstenbundes nochmals aufgreifen. „Dieser Prälat" – so meldete der französische Geschäftsträger am Reichstag über den Fürstbischof Dalberg nach Paris – „ist einer von denen, die mit größter Anstrengung gegen die Säkularisation arbeiten."[47] Seit er Fürstbischof von Konstanz geworden war, richteten sich alle Hoffnungen auf Erhaltung der geistlichen Fürsten auf ihn[48] – die letzten Hoffnungen. Zwar wurden auf seine Initiative hin auch Freising-Regensburg, Eichstätt, Würzburg und Speyer für eine Liga gewonnen, mit der Dalberg auf die noch offene Frage der Entschädigung weltlicher Fürsten einzuwirken hoffte. Man wollte ein gemeinsames Promemoria vorlegen, in dem die Verhältnisse der Hochstifte „mit Bescheidenheit, Würde und Anstand dargestellt werden" sollten.[49] Und schließlich räumte auch Wessenberg dem Vorhaben gewisse Chancen ein, wenn man, wie er vorgeschlagen hatte, Dalberg zu Verhandlungen nach Paris gesandt hätte. Doch nichts dergleichen geschah. „Die Sache scheiterte", wie der Generalvikar schrieb, „an kleinen Eifersüchteleien."[50]

Letztendlich aber schuf der Friedensvertrag von Lunéville (9. Februar 1801) vollendete Tatsachen und kam damit allen weiteren Bemühungen Dalbergs zuvor. Das gesamte linksrheinische Deutschland fiel endgültig an Frankreich, und die dadurch entstehenden Verluste der Erbfürsten sollten unter Aufsicht der französischen Regierung ausgeglichen werden. Aber womit? In dem Vertrag war von einer „collectivement" vom Reich zu erbringenden Entschädigung die Rede, und der optimistische Dalberg glaubte zunächst, daß die Reichskirche nur einen gewissen Teil beizutragen habe. In diesem Sinn ist auch seine im September 1801 anonym erschienene Schrift „Über die Bestimmung der Entschädigungsmittel für die Erbfürsten"[51] zu verstehen. In Wahrheit aber hatte das Pariser Ministerium bereits ganz andere Entscheidungen getroffen. Kein Fetzen kirchlichen Landes sollte übrigbleiben. Die deutschen Fürsten witterten die große Chance, endlich das ganze Vermögen der Reichskirche in die Tasche stecken zu können. Damit war das letzte Kapitel in der Geschichte des Fürstbistums Konstanz zugeschlagen. Aber nicht nur das – auch der Mainzer Kurstaat schien aufs höchste gefährdet.

Überraschende Rettung der Mainzer Kurwürde

Bei den Verträgen, die Österreich 1797 mit Frankreich geschlossen hatte, war man noch davon ausgegangen, die drei geistlichen Kurfürstentümer Mainz, Trier und Köln von der Säkularisation auszunehmen.[52] Der Friede von Lunéville aber hatte dieses heiße Eisen bereits ausgeklammert.[53] Ob Dalberg überhaupt noch Kurfürst und Erzkanzler des Reiches werden konnte, diese Frage hing jetzt von ganz anderen Dingen ab, zunächst von den Verhandlungen, die seit dem Sommer 1801 in Paris hinter verschlossenen Türen stattfanden. Preußen, einer der Hauptgegner der Reichskirche, drängte dort auf eine Säkularisation ohne Ausnahmen.[54] Die Hofburg ließ zwar nach außen verlauten, sie würde sich für eine Erhaltung der geistlichen Kurfürsten entschlossen einsetzen, aber in erster Linie ging es ihr nur um die Interessen der habsburgischen Hausmacht.[55] Mit der vom Wiener Hof ungeschickterweise und übereilt lancierten Wahl des Erzherzogs Anton Victor[56] zum Kurfürst-Erzbischof von Köln (9. September 1801) glaubte man in Wien, und das war in diesem Zusammenhang für die Hofburg das Wichtigste, dem Haus Österreich zumindest die Kölner Kur, die zuletzt Max Franz von Habsburg[57] innegehabt hatte, gerettet zu haben. Die französische Regierung neigte den preußischen Intentionen zu. Jacques Mathieu[58], Souschef im Pariser Außenministerium, hatte bereits im April 1801 einen Plan vorgelegt, in dem das ganze Reich unter Ausschluß der Großmächte Preußen und Österreich in eine Föderation von neun Großherzogtümern aufgeteilt und sämtliche geistlichen Fürstentümer einschließlich der Kurstaaten säkularisiert werden sollten.[59] Rußland, das als europäische Garantiemacht ebenfalls in die Entscheidungen miteinbezogen war, protestierte zwar gegen eine so grundlegende Umgestaltung des Reiches, und der russische Botschafter in Paris, Staatsrat Alexander Graf von Markow, setzte sich energisch für den Fortbestand der Reichsverfassung ein[60], ebenso wie sich der russische Botschafter in Wien, Fürst Andreas von Rasumowsky[61] für die Fortexistenz der drei geistlichen Kurfürsten aussprach.[62] Doch die Hofburg war unfähig oder auch unwillig, den Faden aufzugreifen.[63] Die für Dalberg so wichtige Frage der geistlichen Kurstaaten wurde auf dieser Ebene nicht weiterverhandelt.

Während in Paris und Wien die Diplomaten tagten, hatte der um das politische Überleben kämpfende Mainzer Kurfürst Erthal zur Selbsthilfe gegriffen und seinen Gesandten Graf Karl von Beust[64] in geheimer Mission in die französische Hauptstadt geschickt. Der Graf hatte die Taschen voller Gold, Kurfürst Erthal, in dessen Auftrag er handelte, war damit dem Vorbild der meisten deutschen Fürsten gefolgt, die über ihre Agenten in Paris mit erheblichen Bestechungsgeldern vorteilhafte Entschädigungsverträge auszuhandeln versuchten.[65] Der Graf gab schon am 8. Mai 1801 eine erste Erfolgsmeldung. Er hatte eine Million Livres versprochen und damit erreicht, daß das Kurfürstentum Mainz künftig aus den Hochstiften Bamberg und Würzburg zusammengesetzt werden sollte – als Entschädigung für seine linksrheinischen Teile, die einschließlich der Stadt Mainz französisch bleiben sollten.[66] Erthal zögerte zunächst, einem solchen Abkommen zuzustimmen, und als er schließlich Ja und Amen sagte[67], machten die sogenannten „personnes essentielles" des Pariser Ministeriums einen Rückzieher[68], denn die fränkischen Kompensationsobjekte wurden inzwischen von Preußen reklamiert. Ein schließlich im Jahr 1802 ausgehandelter Vertrag konnte von Kurmainzer Seite nicht mehr ratifiziert werden, weil Erthal bereits im Sterben lag und sein Koadjutor Dalberg in diese Geheimverhandlungen nicht eingeweiht war.[69] Es hatte daher den Anschein, als würde die von Preußen geforderte und von Mathieu nachdrücklich unterstützte Auflösung aller geistlichen Kurstaaten – also auch von Mainz – Wirklichkeit werden.

Wider alle Erwartungen aber hat dann Kurmainz in dem Wirrwarr der Bestechungen, Geheimverhandlungen und Entschädigungsangebote doch noch überlebt. Preußen lenkte überraschenderweise ein und verzichtete in dem mit Frankreich geschlossenen Geheimabkommen[70] (23. Mai 1802) auf die fränkischen Hochstifte Bamberg und Würzburg, mit denen jetzt Bayern schadlos gehalten werden konnte. Eine unmittelbare Folge dieser Übereinkunft war, daß in dem französisch-russischen Entschädigungsvertrag[71] (3. Juni 1802), der die territoriale Neuordnung des Reiches in den Grundzügen festlegte, der Mainzer Kurstaat als einziges geistliches Fürstentum von der Säkularisation verschont blieb. Dalberg, der schon wenige Wochen später die Regierung antrat, ahnte damals noch nicht, wieviel verschiedenartigen und teilweise widersprüchlichen Faktoren er die Rettung seiner Kurwürde letztlich zu verdanken hatte.

Napoleon Bonaparte, Erster Konsul von Frankreich, überquert im Mai 1800 den Großen St.-Bernhard-Paß.

„An Bonaparte schicke ich auf Anrathen verschiedener Gelärten matematische und philosophische Schriften, die lediglich Beziehung auf seine wissenschaftlichen Verhältnisse, auf seine und meine literarischen Freunde haben."

Dalberg an Albini, 28. Dezember 1797

III. KONSUL BONAPARTE UND DER ERZKANZLER

Als im März 1796 ein junger korsischer General mit einer zerlumpten französischen Armee über die Alpen nach Italien zog und dort Sieg um Sieg erfocht, wurde Europa zum ersten Mal auf einen gewissen Buonaparte aufmerksam. Bis zu diesem Zeitpunkt kannte ihn, abgesehen von einigen Militärs und Konventsabgeordneten, niemand. Nach seinem glänzenden Sieg von Lodi (10. Mai 1796) aber wurde der „Petit Corporal" mit einem Schlag eine Berühmtheit. Die Franzosen marschierten in Mailand ein, und der General hielt in Schloß Mombello Hof, als wäre er ein souveräner Fürst. Die Dichter feierten ihn als „Epaminondas", als „Miltiades", „Xeneophon" und „Prometheus". Der zum antiken Helden hochstilisierte Bonaparte besiegte dann im Januar 1797 die Österreicher bei Rivoli und im April schloß er eigenmächtig den Vorfrieden von Leoben, der dem Reich die linksrheinischen Gebiete kostete. Bei seiner Rückkehr nach Paris am 5. November 1797 wurde ihm zu Ehren gar ein „Altar des Vaterlandes" errichtet. Ein Chor von Konservatoriumsschülern sang zu seiner Begrüßung die „Hymne auf die Freiheit".

Ein Bücherpaket nach Paris

Fern von diesen Ereignissen saß in Erfurt der Statthalter und Koadjutor Karl von Dalberg und dachte nach. Er dachte an die Glückseligkeit der Menschen, an politische Reformen, an Revolution, Umsturz und Chaos und an den General Bonaparte, den kommenden Mann Europas. Ihm, den er schon in wenigen Jahren mit Perikles vergleichen sollte[1], gedachte er sich mit ein paar ausgewählten eigenen Werken vorzustellen.[2] Kurzentschlossen stellte er ein Bücherpaket zusammen und ließ es mit der nächsten Post nach Paris abgehen. „An Bonaparte schicke ich auf Anrathen verschiedener Gelärten matematische und philosophische Schriften, die lediglich Beziehung auf seine wissenschaftlichen Verhältnisse, auf seine und meine literarischen Freunde haben"[3], so teilte er am 28. Dezember 1797 mit. Höchstwahrscheinlich ist die Sendung zu Beginn des nächsten Jahres – also noch vor Bonapartes Aufbruch in den ägyptischen Feldzug vom Mai 1798 – in der französischen Hauptstadt eingetroffen. Der General wird die Schriften wohl gelesen haben, denn er las im allgemeinen sehr viel, besonders viel über Chemie und Mathematik, und an Bord seines Schiffes, das ihn nach Ägypten führte, befand sich eine Bibliothek mit 500 Bänden.

Mit einem Bücherpaket begann also eine der merkwürdigsten und auch am meisten mißverstandenen Beziehungen der Epoche: hier ein junger siegreicher Offizier, der in einer abenteuerlichen Karriere vom Unterleutnant zum General aufgestiegen und die militärische Stütze der französischen Regierung geworden war – bald sollte er ihr Meister werden –, dort ein ehrwürdiger Prälat aus altem deutschen Reichsadel, der – obwohl schon längst die Lebensmitte überschritten – immer noch geduldig auf die Regierungsnachfolge im Mainzer Kurfürstentum wartete. Die beiden kannten einander noch nicht und doch sollten sie schon in wenigen Jahren Geschichte machen: der eine als der große Sohn der Revolution, der andere als der Repräsentant der untergehenden Reichsidee.

Aus der Zeit nach seiner Rückkehr aus Ägypten und seinem Staatsstreich vom 9. November 1799, der ihn zum Ersten Konsul machte, ist eine der ersten Äußerungen Napoleons über den Koadjutor Dalberg überliefert. Er schätze den alten deutschen Reichsfreiherrn und künftigen Kurfürsten, und zwar „wegen seines hohen Rufes als tugendhafter und kluger Regent, wie als Gelehrter".[4] So jedenfalls berichtet uns der Marchese Girolamo Lucchesini[5], der damals als preußischer Gesandter in Paris die für den Berliner Hof so vorteilhaften Verträge ausgehandelt hatte. Aber auch der Konstanzer Generalvikar Wessenberg bestätigte in seinen Aufzeichnungen, daß sein Freund und Gönner Dalberg „schon damals die persönliche Achtung Buonaparte's besaß".[6] Weitere Zeugen sind der russische Gesandte in Paris, Baron Alexander von Markow, der in seinen Berichten sogar von einem ganz persönlichen Interesse des Ersten Konsuls an Dalberg sprach[7], der Abteilungsleiter Jacques Mathieu aus dem französischen Außenministerium[8] und schließlich Graf Beust, der aus Paris am 14. September 1801 nach Aschaffenburg mitgeteilt hatte, Bonaparte wolle der Erhaltung von Kurmainz nichts in den Weg legen, weil in der Person Dalbergs ein „unbedenklicher" Nachfolger feststünde.[9] Das Wort „unbedenklich" mag in diesem Zusammenhang einigermaßen überraschend klingen, nachdem der Koadjutor bislang doch alles andere als ein Parteigänger Frankreichs gewesen war. Vermutlich aber hatte gerade sein energisches Auftreten dem Ersten Konsul imponiert. Der aufgeklärte und politisch engagierte Dalberg war in seinen Augen eine herausragende Figur, die sich nur allzu deutlich von den wankelmütigen und lethargischen geistlichen Fürsten des Reiches abhob.

Die Zeitgenossen, denen diese Affinitäten verborgen geblieben waren, vermuteten, daß die Mainzer Kur nur kraft ihrer Personalunion mit dem in der Verfassung verankerten Erzkanzleramt überlebt hatte – eine Erklärung, die noch heute regelmäßig herangezogen wird.[10] Man übersah dabei nur, daß das verfassungsrechtlich gesehen zweifellos wichtige Erzkanzleramt auch auf eine andere Kurwürde übertragbar gewesen wäre. Daß sich der Trierer Kurfürst Clemens Wenzeslaus nach dem Tod Erthals Hoffnungen darauf gemacht hatte, zeigt, daß eine solche Lösung durchaus im Bereich des Möglichen gelegen wäre.[11] Entscheidend war aber der Erste Konsul von Frankreich, der als Sieger über das Heilige Römische Reich in allen wesentlichen Dingen das Sagen hatte. Und dieser Konsul Bonaparte bevorzugte Dalberg. Für seine Sympathie mögen auch gewisse weitläufige persönliche Verbindungen ins Gewicht gefallen sein. Napoleon war seit dem 9. März 1796 mit Josephine Beauharnais[12] verheiratet, Dalberg wiederum stand seit Jahren in freundschaftlichem Kontakt[13] mit Fanny Beauharnais[14], einer Verwandten von Josephine, in der er offensichtlich eine höchst einflußreiche Fürsprecherin besaß. Wie sehr der mächtigste Mann Frankreichs den Mainzer Koadjutor favorisierte, bewies Napoleon, als er am 12. Januar 1802 die Freigabe der bislang sequestrierten Besitzungen der Dalbergs im Linksrheinischen verfügte.[15] Doch Napoleon wäre nicht Erster Konsul von Frankreich geworden, wenn er mit seiner Wertschätzung für fähige Persönlichkeiten nicht auch politische Ziele verbunden hätte. Daß dieser engagierte Reformpolitiker, den man als „Koadjutor der deutschen Literatur" und „Volksbeglücker" rühmte, schon bald der deutsche Reichserzkanzler sein sollte, war für Bonaparte letztlich ausschlaggebend. Dalberg galt ihm als profilierter Vertreter jener aufgeklärt-liberalen und frankophilen Politiker-Generation, die sich dem konsularischen Frankreich als künftige Partner eines deutsch-französischen Zusammenspiels quasi von selbst anbot.[16]

Der Kurmainzer Staatsminister Albini

Während Ende Mai 1802 bekannt wurde, die Mainzer Kur sei allen Unkenrufen zum Trotz erhalten geblieben, hielt sich Dalberg gerade in seiner Konstanzer Bischofsresidenz in Meersburg auf. Er hatte nach genau dreißigjähriger Amtszeit sein Statthalteramt verlassen – diesmal für immer, denn Erfurt war kurz zuvor mitsamt dem kurmainzischen Eichsfeld preußisch geworden. Von Meersburg aus gratulierte er Erthal zur Rettung der Mainzer Kurwürde und schrieb ihm, daß er von den politischen Hintergründen dieser Entscheidung noch gar keine Ahnung habe und daß sie ihm ein „undurchdringliches Geheimnis" seien.[17] Ob er wirklich so ahnungslos war, wie er tat, ist fraglich. Immerhin muß er gewußt haben, daß der dreiundachtzigjährige Erthal zu diesem Zeitpunkt bereits todkrank in Aschaffenburg darniederlag, denn der „Kurprinz“ Dalberg wartete zu diesem Zeitpunkt in respektvollem Abstand auf den Tag der Übernahme der Regierung. Er hatte sich schon gut darauf vorbereitet, hatte sich auch Gedanken über seine künftige Regierungsmannschaft gemacht und daher Verbindung zu einem Mann aufgenommen, den er bereits kannte und schätzte und der sein künftiger Staatsminister werden sollte. Es war der Freiherr Franz Joseph von Albini[18], Sohn eines kleinen kurhessischen Beamten, der Assessor am Reichskammergericht in Wetzlar geworden war und dann – von Dalberg unterstützt – die Stellung eines sogenannten lateinischen Referendars in der Wiener Reichshofkanzlei erhalten hatte[19], weil sich Dalberg in dem tüchtigen Juristen einen Anwalt seiner Reichsreformpläne erhofft hatte.[20] Anläßlich der Vorbereitungen zur Kaiserwahl von 1790 zum Hofkanzler in Mainz aufgestiegen, hatte Albini dort die Verwaltung reorganisiert, die mißliche Vetternwirtschaft der Hofpartei unterdrückt und das sogenannte „Küchenkabinett“ der Gräfin Coudenhove beendet.[21] Dalberg hatte schon damals den Hofkanzler häufig ins Vertrauen gezogen, hatte mit ihm zusammen Pläne für Hilfsmaßnahmen in dem zerstörten Mainz entwickelt und sich seiner als Mittelsmann zu seinem Bruder Heribert von Dalberg in Mannheim bedient. Um ihn an sich zu binden, hatte er ihm, nachdem Albini von Kurfürst Erthal mit zwei Rittergüttern belehnt worden war, für die Zukunft noch ein größeres Gut in Aussicht gestellt.[22] Der Hofkanzler, der in Mainz die Volksbewaffnung gegen die Franzosen organisiert („Korps der Albinischen Jäger“) und als Kommandeur selbst den Landsturm bei Höchst, Rödelheim und Aschaffenburg ins Gefecht geführt hatte, war bereits vor Dalbergs Regierungsantritt der führende Kopf des Mainzer Ministeriums geworden. Während des Rastatter Kongresses, dem er als kurmainzischer Bevollmächtigter präsidiert hatte, war er mit Billigung Erthals in eine politische Richtung gegangen, die im wesentlichen auf die Bildung einer dritten Kraft im Reich ausgerichtet war: einen Bund der deutschen Kleinstaaten, der unter dem Schutz und der Garantie Frankreichs in der Lage sein sollte, den unheilvollen Gegensatz zwischen Preußen und Österreich zu entschärfen und eine Nord-Süd-Teilung des Reiches zu verhindern.[23]

Den richtigen Mann an die richtige Stelle zu setzen, ist ein Zeichen von Klugheit und Vernunft, und so versprach Dalberg Albini schon im Juni 1802, vier Wochen vor Erthals Tod, daß er das Amt des dirigierenden Ministers behalten könne.[24] Albini fand sehr rasch Gelegenheit, dem künftigen Kurfürsten seine politische Geschicklichkeit und seine Loyalität unter Beweis zu stellen. Als Erthal am 25. Juli 1802 im Aschaffenburger Schloß starb, schickte er eilends einen Kurier zu Dalberg nach Meersburg, ließ die Stadttore von Aschaffenburg schließen, vereidigte persönlich die Truppen auf den neuen Kurfürsten und sandte an sämtliche Verwaltungsbehörden die offizielle Bekanntmachung, daß nunmehr Carl Theodor von Gottes Gnaden Kurfürst von Mainz und Erzkanzler des Reiches sei.[25] Diese Maßnahmen Albinis sind aus einer brisanten Situation zu verstehen. Die politische Zukunft von Kurmainz war trotz der vorläufigen französischen Zusagen noch weitgehend ungesichert. Preußische Truppen hätten möglicherweise – wie etwa in Köln geschehen – das kurmainzische Territorium besetzen können, obwohl hier wie in Köln ein gewählter Nachfolger zur Regierungsübernahme bereitstand. Dalberg selbst hatte befürchtet, er könne nach Erthals Tod an der Übernahme der Regierung gehindert werden.[26]

Der neue Kurfürst ging von Meersburg zunächst nach Regensburg, wo er sich am 31. Juli 1802 den Reichstagsgesandten als neuer Erzkanzler und Direktor des Reichstags präsentierte. Die anschließend von ihm vorgenommene Ernennung des kurböhmischen Gesandten, Ferdinand Graf von Colloredo-Mansfeld[27], zum interimistischen Direktorialminister war eine kluge diplomatische Geste, die geeignet war, den mißtrauischen kaiserlichen Hof in Wien zu beruhigen. Colloredo, ein Sohn des amtierenden Reichsvizekanzlers, berichtete auch prompt an die Hofburg, daß der Kurfürst „stets bemüht sein würde, wie es die Pflicht eines Reichserzkanzlers wäre, alles von ihm Abhängende zur Aufrechterhaltung der deutschen Konstitution beizutragen“.[28] Nach kurzem Aufenthalt reiste Dalberg nach

Aschaffenburg weiter. Dort übergab ihm Albini die Regierung des Kurstaats, Albini erhielt aus seinen Händen die Ernennung zum Kurmainzer Direktorialminister und Bevollmächtigten für die Reichsdeputation.

Die Regensburger Reichsdeputation

Die Reichsdeputation, die jetzt am 24. August 1802 in Regensburg zusammentrat, hatte die undankbare Aufgabe, über den französisch-russischen Entschädigungsvertrag zu bestimmen, unter anderem auch über das künftige Schicksal von Dalbergs Kurstaat. Sie setzte sich aus den Vertretern von insgesamt acht Reichsständen zusammen: Preußen, Bayern, Württemberg, Hessen-Kassel, Kurböhmen, Kursachsen, dem Deutschen Orden und Kurmainz. Daß Kurmainz selbst in dieses entscheidende Gremium berufen war, verdankte Dalberg einem Mehrheitsbeschluß des Reichstages, der schon im Sommer 1801 gefällt worden war.[29] Als jedoch die Deputation nach langem Zögern des unentschlossenen Kaisers Franz endlich im August 1802 zusammentrat, hatten die meisten der deutschen Fürsten bereits in geheimen Verträgen ihre Entschädigungen mit Frankreich ausgehandelt. Dadurch aber wurde die ganze Deputation im Grunde zur Farce, denn bis auf ein paar noch ungelöste Detailfragen hatte sie gar keine andere Möglichkeit, als den bereits getroffenen Übereinkünften nachträglich zuzustimmen. Für Dalberg aber war eine dieser noch ungelösten Detailfragen von geradezu existentieller Bedeutung. In dem französisch-russischen Entschädigungsplan war nämlich nur pauschal beschlossen worden, das Kurfürst-Erzkanzleramt von Mainz nach Regensburg – an den Sitz des Reichstages – zu verlegen. Der Erzkanzler sollte neben Aschaffenburg, dem letzten ihm erhalten gebliebenen Rest des Mainzer Kurfürstentums, mit den Einkünften der Regensburger Reichsstifte und des dortigen Fürstbistums versorgt werden.[30] Völlig ungeklärt aber war die künftige Position Dalbergs in der Fürstenhierarchie des Reiches geblieben. Sollte er – wie von etlichen französischen Politikern und auch von der Reichsdeputation gefordert – nur noch ein gut dotierter oberster Reichsbeamter sein[31] oder konnte er weiterhin – wie Dalberg es verlangte – mit einem eigenen Kurfürstentum als „erster Mann der Nation"[32] souverän und unabhängig an die Spitze der Reichsfürsten und des Kurfürstenkollegs treten?

Die Entscheidung dieser Frage hing an einem dünnen Faden. Albini, der wenige Tage vor der Zusammenkunft der Reichsdeputation in Regensburg eintraf, hatte das Risiko, das eine solche Versetzung des Erzkanzlers in sich barg, längst erkannt und diese einschneidende Veränderung auch mit allen Mitteln zu verhindern gesucht.[33] Bislang war der Erzkanzler in Personalunion mit der Mainzer Kurwürde verbunden und das Amt als solches dadurch abgesichert. War jedoch das alte Kurmainz ohne ein entsprechendes Äquivalent aufgelöst, dann drohte die Gefahr, daß der nach Regensburg versetzte Dalberg nur noch als eine Art „Amts-Kurfürst" gelten und – wie jedes Amt – eines Tages überflüssig werden könnte. Aus diesem Grund setzte Albini jetzt alle Hebel in Bewegung, dem Erzkanzler einen eigenen Staat zu sichern und die vorläufig ganz vagen französischen Versprechungen in eine sichere Garantie zu verwandeln.[34]

Als Ende August 1802 in Regensburg die Verhandlungen aufgenommen wurden, legten der französische Diplomat Antoine Laforest[35] und der russische Gesandte Baron Karl Heinrich von Bühler[36] als Vertreter der vermittelnden Mächte Frankreich und Rußland der Reichsdeputation den sogenannten Entschädigungsplan vor. Die Deputierten von Preußen, Bayern, Württemberg und Hessen-Kassel, deren Kompensationen bereits in Paris in Vorverträgen geregelt waren, stimmten sofort zu. Kurböhmen, Kursachsen und der Deutsche Orden – politisch mit Habsburg liiert – lehnten ab. Albini verhielt sich ausweichend. Um Zeit zu gewinnen, enthielt er sich zunächst der Stimme. Dalberg, der nicht wußte, wie klein der politische Spielraum der Deputation und seines Ministers war, hatte Albini vor Beginn der Konferenzen angewiesen, möglichst viel der geistlichen Besitzungen vor der Säkularisation zu retten.[37] Als ihm dann wenige Wochen später der wahre

Umfang des Entschädigungsplanes erstmals bekannt wurde, verkündete er im Brustton der Überzeugung, eher untergehen zu wollen, als zum Judas zu werden und – um den Preis der eigenen Entschädigung – seine Kirche zu verraten.[38] Der Erzkanzler beabsichtigte, in einer Koalition mit Kurböhmen, Kursachsen und dem Deutschen Orden in der Deputation ein Patt herzustellen, wobei er sich der Illusion hingab, Frankreich und Rußland zur Vorlage neuer Vorschläge zwingen zu können. In diesem Sinn sind auch seine Memoranden abgefaßt, die er daraufhin an Albini sandte und nach denen sich der Staatsminister bei den weiteren Konferenzen richten sollte.[39]

Als der Entschädigungsplan in der ersten Sitzung nicht die erforderliche einfache Mehrheit fand, erhob der Erzkanzler – in seiner politischen Haltung bestärkt – die zwar logische, aber letztlich doch illusionäre Forderung, man müsse vor der Verteilung der Kirchengüter an die weltlichen Fürsten erst einmal deren tatsächliche Einbußen in genauem Umfang feststellen, wobei er meinte, daß die Entschädigungen nicht größer sein dürften als die linksrheinischen Verluste.[40] Seine pathetischen Wendungen wie „Tod oder Vernichtung sind eher zu dulden, als solcher Schimpf!"[41] waren Ausdruck seiner tiefen Empörung über die drohende Ungerechtigkeit. Seine Gedankengänge waren – per se gesehen – durchaus richtig, vernünftig und logisch, und man hätte auch sehr leicht ausrechnen können, daß die verlangten Entschädigungen weit über die wirklich erlittenen Einbußen hinausgingen. Dalberg übersah jedoch, daß es hier nicht um Gerechtigkeit, sondern um Politik ging. Der ganze Entschädigungsplan war nicht, wie er annahm, eine Verhandlungssache, sondern ein Diktat des Siegers. Durch Albini, der in einem vertraulichen Gespräch von Laforest über dieses Fait accompli aufgeklärt wurde, mußte er schließlich erfahren, daß es sich hierbei nicht um „bloße Projekte, sondern (um) seit ihrer Ratifikation wirklich pacificirte Dokumente" handle.[42]

Dalberg bekommt die Reichsstadt Regensburg

Albini war zu einer Kursänderung gezwungen. Ohne sich mit Dalberg noch lange zu verständigen, bot er Laforest, der im wesentlichen die Verhandlungen leitete, ein politisches Geschäft an: Er wollte sich nicht länger gegen den Entschädigungsvertrag sperren, wenn Frankreich zu einem Entgegenkommen in der Frage des künftigen Kurstaats bereit sei. Der politisch versierte Taktiker Albini, der sich persönlich gut mit Laforest verstand[43], hatte richtig gerechnet. Die Politiker wollten die ganze Angelegenheit so schnell wie möglich unter Dach und Fach bringen. Laforest versprach für Albinis Votum neben dem Regensburger Fürstbistum und den dortigen Reichsstiften auch das Gebiet der Reichsstadt Regensburg.[44] Auf diese Weise kam ein in sich geschlossenes kurfürstliches Territorium zustande, das neben dem Fürstentum Aschaffenburg einen souveränen geistlichen Staat bilden konnte. Gleichzeitig ließ Albini die Versorgung der gesamten Geistlichkeit und der kirchlichen Beamtenschaft im Reich, an deren Lebensunterhalt zu diesem Zeitpunkt offenbar noch gar niemand gedacht hatte, sicherstellen.[45] Als er dann noch von Laforest eine Garantie für das weitere Funktionieren der kirchlichen Verwaltung innerhalb der bestehenden Diözesangrenzen erreicht hatte[46], stimmte er am 8. September 1802 dem Entschädigungsplan zu, der damit durch einfache Mehrheit von fünf bei insgesamt acht Stimmen angenommen war.

Albini, der beim Zustandekommen von Dalbergs künftigem Kurstaat Entscheidendes geleistet hatte, mußte in Regensburg in fast ärmlichen Verhältnissen leben. Um sich den notwendigen Hausrat anzuschaffen, war er auf Kredite angewiesen. Schließlich schrieb er nach Aschaffenburg um Pferde, damit er seinem Rang als Direktorialminister entsprechend anspannen lassen könne. Dalberg antwortete prompt: „Herr von Albini leistet dem Kurstaate die wichtigsten Dienste; nebstdem, daß in dem äußeren Anstande nichts versäumet werden darf, so ist es auch Pflicht der Dankbarkeit, bei so mühsamen Geschäften demselben das Leben so angenehm zu machen als möglich ist."[47] Der Erzkanzler befahl dem Hofkämmerer, auch dafür Sorge zu tragen, daß guter Wein nach Regensburg geschickt werde. Nolens volens sanktionierte er Albinis Votum in der Reichsdeputation – auch wenn er ihm noch vor einigen Wochen geschrieben hatte: „Der ehrliche standhafte Mann kann Schwarzbrod essen und alles erdulden, aber seine Pflichterfüllung versäumen? das kann er nie!"[48] Wenn es darauf ankam, war Dalberg sehr wohl in der Lage, sich den Verhältnissen anzupassen. Kurz und bündig ließ er jetzt seinen Minister wissen: „Die Vermittelung erkläre sich bestimmt und ostenibel, daß der Plan so wie er ist, zur Beruhigung von Europa nöthig ist – so tret ich bei: die Sach ist fertig."[49]

Der Erzkanzler war angesichts seiner unsicheren politischen Zukunft doch etwas nervös geworden und deshalb auf den Kompromiß-Kurs Albinis eingeschwenkt. Nach seinem Placet ließ die Belohnung nicht lange auf sich warten. Laforest legte einen neuen Entwurf des Entschädigungsplanes vor, in dem Dalbergs künftige Funktion als Kurfürst und Erzkanzler sowie seine kirchliche Stellung als Metropolitan-Erzbischof und Primas von Deutschland unumstößlich festgelegt waren. Seine Position als souveräner Landesherr war mit einem kurfürstlichen Territorium, dem sogenannten Kurstaat Regensburg-Aschaffenburg-Wetzlar, abgesichert.[50] Dalberg zeigte sich hochzufrieden. Neidlos erkannte er diesen Erfolg als Verdienst Albinis an. Er verdoppelte sein Gehalt und meinte dazu: „Die Rettung des Kurstaats war zweimal Ihr Werk!"[51] Dalberg brannte darauf, jetzt – nachdem seine kurfürstliche Würde, sein Erzkanzleramt und sein Kurstaat von den vermittelnden Mächten offiziell bestätigt waren – endlich in der großen Politik tätig zu werden. „Meine Regenten-Pflichten werde ich treulich erfüllen" – so äußerte er zu Albini – „aber Lieblings-Geschäfte sind für mich Erz-Kanzlariat- und Metropolitan-Besorgnisse."[52] Regentenpflichten, so dachte er wohl, hatte er gewiß lange genug erfüllt – in Erfurt, in Würzburg, in Konstanz und zuletzt in Aschaffenburg. Nun drängte sein angestauter Ehrgeiz mit aller Vehemenz zu den Aufgaben im Reich und in der Reichskirche, die er in den letzten Jahrzehnten nicht hatte anpacken können. Was Dalberg jedoch in seiner Begeisterung völlig übersah, das waren die fiskalischen Grundlagen, ohne die seine „Erz-Kanzlariat- und Metropolitan-Besorgnisse" weiterhin politische Träumereien bleiben mußten. Eine Million Florins waren ihm zwar als Einkünfte aus Domänen und Abgaben für seinen Staatshaushalt versprochen worden, aber nur 650 000 fl. waren tatsächlich zu erwarten – und dies bei optimistischer Schätzung. Der Fehlbetrag von 350 000 fl. brachte Laforest, der sich für Dalberg starkgemacht hatte und sich ihm gegenüber auch verpflichtet fühlen mußte, in gewisse Bedrängnis.[53]

Das Defizit in der erzkanzlerischen Haushaltskasse war zustande gekommen, weil die zunächst für Dalberg vorgesehenen, innerhalb Bayerns gelegenen Klöster inzwischen von der Münchener Regierung beansprucht wurden, nachdem diese die ihr ursprünglich versprochenen Hochstifte Passau und Eichstätt an den Habsburger Großherzog Ferdinand von Toskana hatte abtreten müssen. In den folgenden Monaten wurden von der Reichsdeputation eine Reihe von Möglichkeiten diskutiert, wie man die Finanzlücke für Dalberg am besten schließen könnte. Sie reichten vom Gebietstausch[54], der Wiedereinführung einer Reichsmatrikelsteuer, den sogenannten Römermonaten[55], bis zum Einzug erledigter Reichslehen[56] und der abwegigen Idee, das Hochmeisteramt des Deutschen Ordens mitsamt seinen Einkünften dem Erzkanzler zu übertragen.[57]

Dalberg, der noch vor wenigen Wochen verkündet hatte, die Kirche nicht um den Judaslohn einer Million zu verraten[58], befürchtete jetzt den Bankrott des Kurstaats. Er verlangte von Albini, „daß kein Conclusum bei dem Reichstage finaliter gezogen werde", ohne daß die fehlenden 350 000 fl. auf dem Tisch lägen. Und er schloß seine Weisung mit der ziemlich großsprecherischen Erklärung: „Darauf bestehe ich, wenn es mich meinen Kopf kosten sollte."[59] Albini griff wieder auf seine bewährte Taktik zurück. Für seine Zustimmung zum endgültigen Konklusum des am 23. November 1802 neu gefaßten Entschädigungsplanes forderte er von Laforest die versprochene ganze Million.[60] Der französische Bevollmächtigte gab ihm eine Garantieerklärung, und damit war der Entschädigungsplan angenommen.

„. . . *hoffe ich noch auf Buonaparte*"

Dalberg hatte inzwischen versucht, sich auf anderer Ebene für einen Erfolg seiner Absichten einzusetzen. Mit dem Ausdruck von Bewunderung und etlichen Wendungen honigsüßer Schmeicheleien hatte er in einem persönlichen Handschreiben den Ersten Konsul für die ökonomische Sicherung seines Kurstaats gewinnen wollen.[61] Genutzt hat der Brief zunächst wenig, ebenso wenig wie die Note, die er anschließend von seinem Gesandten dem französischen Außenminister Talleyrand überreichen ließ.[62] Der kurmainzische Gesandte wurde am Pariser Ministerium nicht einmal als bevollmächtigter Diplomat anerkannt, die Post aus Regensburg blieb daher liegen. Er konnte sich erst akkreditieren, nachdem Albini dem Entschädigungsplan zugestimmt hatte.[63] Erst jetzt standen dem Gesandten die Türen zu den Tuilerien offen, erst jetzt bekam dieser eine Audienz bei Napoleon und erst jetzt konnte Dalberg höherenorts politisch operieren. Beim Empfang in den Tuilerien soll sich der Erste Konsul sehr anerkennend über den Erzkanzler geäußert haben.[64] Der preußische Gesandte Lucchesini, der an der Audienz ebenfalls teilgenommen hatte, berichtete folgendes: „Bei der letzten Audienz des diplomatischen Korps hat Graf Beust dem Ersten Konsul seine Beglaubigung als bevollmächtigter Minister des Kurfürst-Erzkanzlers überreicht. General Bonaparte erklärte ihm, daß die zwei vermittelnden Mächte und besonders Frankreich an einer ehrenvollen und unabhängigen Existenz des Erzkanzlers interessiert seien. Dieser solle in Zukunft sich mit allen ihm zu Gebote stehenden Mitteln im Reichstag dafür einsetzen, daß das Reich in seinem eigenen Interesse an keinen fremden Kriegen mehr teilnimmt." Lucchesini kommentierte die Worte Napoleons mit dem lapidaren, aber prophetischen Satz: „Mir scheint, daß die Idee eines neutralen Bündnissystems der deutschen Mittelmächte für den Fall eines neu ausbrechenden Krieges zwischen Frankreich und Österreich ganz nach dem Geschmack des Ersten Konsuls ist."[65] Nach der freundlichen Aufnahme durch Napoleon unterbreitete Graf Beust im Auftrag Dalbergs dem Ersten Konsul das von Albini bereits vor Jahren entworfene Konzept eines Dritten Deutschlands – eines Neutralitätsbundes der deutschen Klein- und Mittelstaaten, der unter der Garantie des französischen Nachbarn seine Unabhängigkeit von den Großmächten Österreich und Preußen bewahren sollte[66] – die politische Beziehung zwischen Dalberg und Napoleon hatte begonnen.

Schon bald nach der Audienz seines Gesandten erhielt der Erzkanzler ein Schreiben des Ersten Konsuls, das leider verlorengegangen ist. Nur die Antwort Dalbergs blieb erhalten. Sie war überschwenglich ausgefallen. Dalberg dankte Napoleon für die Wiederherstellung der deutschen Einheit, von der er sich ein Aufblühen des Handels, die Erhaltung der Religion und die Befestigung der Gewissensfreiheit erwartete[67] – die großen Ziele und Wünsche des Erzkanzlers, die er jetzt mit Hilfe Napoleons im Reich zu verwirklichen trachtete. An Albini schrieb er: „Sagen Sie Laforest: Ich verlasse mich ganz auf Bonaparte, überließe ihm die Bestimmung lediglich, wünsche sein Entschädigungswerk auszuführen, sobald es durch Dotierung des Erzkanzlers (als übrigen Punkt) vollendet sei . . . Einzig hoffe ich noch auf Buonaparte, der ein großer Mann ist."[68] Der Erzkanzler ahnte in seiner Begeisterung nicht, daß der französische Konsul den Plan vom Dritten Deutschland ganz anders als er selbst auslegen würde, daß er schon bald aus dem von Dalberg vorgeschlagenen friedlichen Neutralitätsbund eine Kriegskoalition schmieden würde. Der Erzkanzler hatte, ohne es vorauszusehen, im November 1802 den Keim für den späteren Rheinbund gesetzt.

Napoleons Protektion zahlte sich aus – zunächst jedenfalls. Eine Woche später schon beschloß die Reichsdeputation auf einen Wink aus Paris, zur Komplettierung der erzkanzlerischen Finanzen die eben erst abgeschafften Rheinzölle wiedereinzuführen.[69] Der Kurfürst quittierte diese Entscheidung nicht ohne Ironie: „In dem Evangelium wurde der Zöllner Apostel – hier wird der Primas zum Zöllner!"[70] Aber Dalberg brauchte keine Skrupel zu haben, die Hilfe aus Paris anzunehmen. Hatte ihm doch der Wiener Hof mit zynischer Kälte zu Beginn der Verhandlungen erklären lassen, es bliebe dem Erzkanzler wohl nichts anderes übrig, als aus dem Schutt zu retten, was möglich sei.[71] Daran hat er sich gehalten, und er hat mit Hilfe von Napoleons Protektion und Albinis Tatkraft aus dem Schutt einen neuen Kurstaat geschaffen. „Ich werde mich freuen, dem Herrn Minister auf der letzten Post vor Regensburg zu begegnen. Wir beide fahren besonders in ihrer Chaise", schrieb er am 27. Dezember 1802 an Albini.[72] Drei Tage später traf der neue Kurfürst-Erzkanzler unter dem Pseudonym eines „Graf von Lohr" bei dunkler Nacht in der Reichstagsstadt – seiner künftigen Wirkungsstätte – ein. Er hatte einen Decknamen gebraucht, um höfisches Zeremoniell zu vermeiden. „Allen Empfang ohne Ausnahme verbit' ich mir!" so lautete die Anweisung an sein Ministerium in Regensburg. Dalberg, der auch als junger Statthalter unter einem Pseudonym in seiner Erfurter Residenz eingetroffen war, stand jetzt vor der großen Aufgabe seines Lebens.

„Er wollte stets das Gute, war wohltätig über seine Kräfte, treu seinen Freunden, uneigennützig und liberal in seinen Handlungen, kraftvoll im Unglück, liebenswürdig und zerstreut in Gesellschaft."

Kaspar Graf von Sternberg

IV. KURFÜRST VON REGENSBURG

Carl Theodor Anton Maria von Dalberg, von Gottes Gnaden letzter Kurfürst von Mainz, war fast sechzig Jahre alt, als er erster und einziger Kurfürst von Regensburg wurde.[1] Sein Titel klang zwar nicht weniger ungewöhnlich als der des gleichzeitig von Napoleon geschaffenen Kurfürsten von Salzburg; aber angesichts der Auflösung aller geistlichen Herrschaften konnte Dalberg diese Würde als eine Gnade empfinden, die ihm wohl weniger der Allmächtige als der französische Konsul hatte zuteil werden lassen. Daß diese Bevorzugung letztlich ein höchst geschickter Schachzug der napoleonischen Politik war, wußte er vermutlich nicht. Ihm war verborgen geblieben, daß Bonaparte mit der Verlegung des kurfürstlichen Regierungssitzes vom Rhein an die Donau in erster Linie nur die Vergangenheit des ehemaligen Mainzer Kurstaats auszulöschen hoffte. Der Großteil jenes ehrwürdigen geistlichen Kurfürstentums Mainz war französisches Staatsgebiet geworden. Mainz hieß inzwischen Mayence und war die Hauptstadt des Departements Mont-Tonnère. In der protestantischen Reichsstadt Regensburg hingegen erinnerte kaum etwas an kurmainzische Traditionen, dabei war die Stadt als Sitz des Reichstages[2] ein wichtiges politisches Zentrum des Reiches, das keine Hauptstadt hatte. Schließlich lagen innerhalb der Mauern Regensburgs große Reichsstifte mit reichem Gutsbesitz, mit denen Napoleon den Erzkanzler für das verlorene Mainz einigermaßen entschädigen konnte.[3] Daß er ihm neben Regensburg noch das ehemalige kurmainzische Vizedomamt Aschaffenburg mit den einträglichen Oberämtern Lohr und Orb als Fürstentum überlassen hatte[4], änderte nichts an der Tatsache, daß Dalberg nicht mehr als Kurfürst von Mainz galt, sondern „ex jure novo"[5] ausgestattet war – ein Grund auch, warum Napoleon die zunächst für den Erzkanzler vorgesehene Bezeichnung „Kurfürst von Aschaffenburg" streichen und dafür „Kurfürst von Regensburg" einsetzen ließ.[6]

Die Reichsstadt am Rande des Ruins

Als Dalberg in seiner neuen Residenzstadt eintraf, fand er eine verarmte Bevölkerung, leere Kassen und einen hoffnungslos veralteten Verwaltungsapparat vor. Die seit dem Ende des 15. Jahrhunderts zunehmend verschuldete Reichsstadt mußte bereits die Hälfte ihrer Einnahmen für die Zinstilgung verwenden.[7] Die Ursache dieser ausweglos scheinenden Misere lag bis zu einem gewissen Grad beim Münchener Hof, der die begehrte Enklave Regensburg wirtschaftlich abgeschnürt hatte[8], sie lag aber auch an der höchst komplizierten und verworrenen politisch-rechtlichen Situation innerhalb der Stadt: Die wenigen Leute, die Geld hatten, und das waren in der Regel die Reichstagsgesandten mit großer Dienerschaft, lebten als „Ausländer" überwiegend steuerfrei, während die Mehrheit der arbeitenden Bevölkerung, und das waren die Untertanen der Stifte und Klöster, wiederum nur ein kleines Schutzgeld zahlen mußten. „Kein Zeichen von Leben, Tätigkeit und Wohlstand", hatte der gelehrte Hofmeister Carl Gottlob Küttner berichtet, als er ein paar Jahre vor Dalbergs Ankunft durch die Stadt gekommen war. „In Regensburg war nichts fabriziert, das in Betrachtung käme, und der Handel scheint gerade so groß zu sein, als es die Bedürfnisse des bloßen Ortes erfordern".[9] Die einst so mächtige mittelalterliche Fernhandelsstadt und stolze Reichsstadt Regensburg stand am Rande des Ruins. Selbst der französische Bevollmächtigte Laforest kam nicht umhin, bestürzt nach Paris zu melden: „Das völlige Fehlen jeglicher öffentlicher Wohlfahrt, der schlechte Zustand der Straßen und Wege, der mehr und mehr zunehmende Mangel finanzieller Ressourcen lassen diese Stadt in einen wahrhaft erbärmlichen Zustand fallen."[10]

Nicht nur die französischen Diplomaten, auch die Regensburger Bürgerschaft setzte große Hoffnungen in den neuen Regenten, dem als ehemaliger Statthalter von Erfurt der Ruf vorausgeeilt war, ein tatkräftiger Reformpolitiker zu sein. „Bis auf einige alte Magistratsbeamte, die jetzt ihre Vorherrschaft aufgeben müssen", so berichtete Laforest weiter, „ist man in der Stadt voller Freude". Jetzt konnte und mußte Dalberg beweisen, daß er zu Recht Kurfürst geworden und vor allem, daß er es geblieben war.

In Regensburg fehlte es an allen Ecken und Enden. Eine staatliche Sozialfürsorge existierte nicht.[11] Kranken-, Waisenhäuser und Schulen wurden dringendst benötigt, die Staatsverschuldung war horrend, die Volksbildung lag im Argen und die Wirtschaft befand sich auf einem bedenklichen Tiefpunkt. Überdies war das gesamte Regensburger Gebiet seit Jahrhunderten in mehrere kleine und kleinste Herrschaftsbereiche aufgesplittert, die voneinander unabhängig waren — Reichsstifte, Klöster, Kollegiatstifte, verschiedene Reichsherrschaften, das Hochstift und die protestantische Reichsstadt, die alle eigene Verwaltungen, ein eigenes Finanzwesen und ein eigenes Rechtssystem besaßen.[12] Regensburg galt — en miniature — als ein getreues Spiegelbild des Alten Reiches. Hier Ordnung zu schaffen, war gewiß keine leichte Aufgabe, unmöglich auch, um von einem allein bewältigt zu werden. Glücklicherweise aber brachte Dalberg nicht nur reiche Erfahrungen und gründliche Kenntnisse mit, sondern auch zwei ausgezeichnete Mitarbeiter: den tatkräftigen Minister Albini, den er zum Gouverneur des Regensburger Fürstentums bestimmte, und rasch zeigte sich, daß auch die Ernennung von Karl Christian Graf von Bentzel[13] zum Staatssekretär und Regensburger Regierungskommissar ein ausgesprochener Glücksgriff war. Bentzel hatte Dalberg bereits in Erfurt als Regierungsrat zur Seite gestanden, nachdem er als Sohn des angesehenen Mainzer Hofkanzlers Franz Anselm Graf von Bentzel durch die hohe Schule der kurmainzischen Verwaltung gegangen war. Mit der sogenannten Verfassung vom 14. Juli 1803[14], einem mustergültigen Organisations-Reskript im Stil des aufgeklärten Absolutismus[15], das unter anderem Religionsfreiheit gewährte und das Bürgerrecht erweiterte[16], legte Bentzel gewissermaßen den Grundstein für alle in den folgenden Jahren in Regensburg eintretenden Verbesserungen.

Aber auch vor Ort fand Dalberg tüchtige Persönlichkeiten vor, die er mit sicherem Blick auf verantwortungsvolle Posten hob. Einer der besten Männer war der aus Böhmen stammende Domherr Kaspar Graf von Sternberg[17], der am Collegium Germanicum in Rom studiert und seitdem in der Verwaltung des Regensburger Hochstifts gearbeitet hatte. Er war ein ausgezeichneter Jurist, ein glänzender Verwaltungsfachmann und zudem ein hervorragender Naturwissenschaftler, der bei der bayerischen Regierung als Bevollmächtigter für Konkordatsverhandlungen in Rom im Gespräch war. Der Fürst übertrug ihm die Leitung des sogenannten Landesdirektoriums, der obersten Behörde des Regensburger Fürstentums, beauftragte ihn darüber hinaus mit wichtigen diplomatischen Missionen und vertraute ihm auch die Kommissionen an, welche die diffizile Aufgabe hatten, die Entschädigungen für die linksrheinische Geistlichkeit einzusammeln und zu verteilen. Sternberg hat in seinen Memoiren sein Verhältnis zu Dalberg distanzierter dargestellt, als es vermutlich gewesen war. Dessen ungeachtet lieferte er dort eine mit großem Einfühlungsvermögen geschriebene Charakterisierung des Kurfürsten, die man Dalbergs Regententätigkeit gleichsam als Motto voranstellen könnte: „Er wollte stets das Gute, war wohltätig über seine Kräfte, treu seinen Freunden, uneigennützig und liberal in seinen Handlungen, kraftvoll im Unglück, liebenswürdig und zerstreut in Gesellschaft."[18]

Neben Sternberg aber gab es noch eine Reihe weiterer qualifizierter Leute, und es sollte sich bald herausstellen, daß die bislang herrschenden Mißstände wohl kaum auf einen Mangel an geschickten Beamten zurückzuführen waren. Es hatte lediglich eine dirigierende Hand gefehlt, die klug die verschiedenen Kräfte ordnen, zusammenfassen und am richtigen Platz einzusetzen verstand. Dalberg bewies sofort, daß er diese Fähigkeit besaß. Er schuf ein Landesdirektorium[19], ernannte Sternberg zu dessen Leiter und berief die führenden Köpfe der großen Reichsstifte, des Hochstifts und des reichsstädtischen Magi-

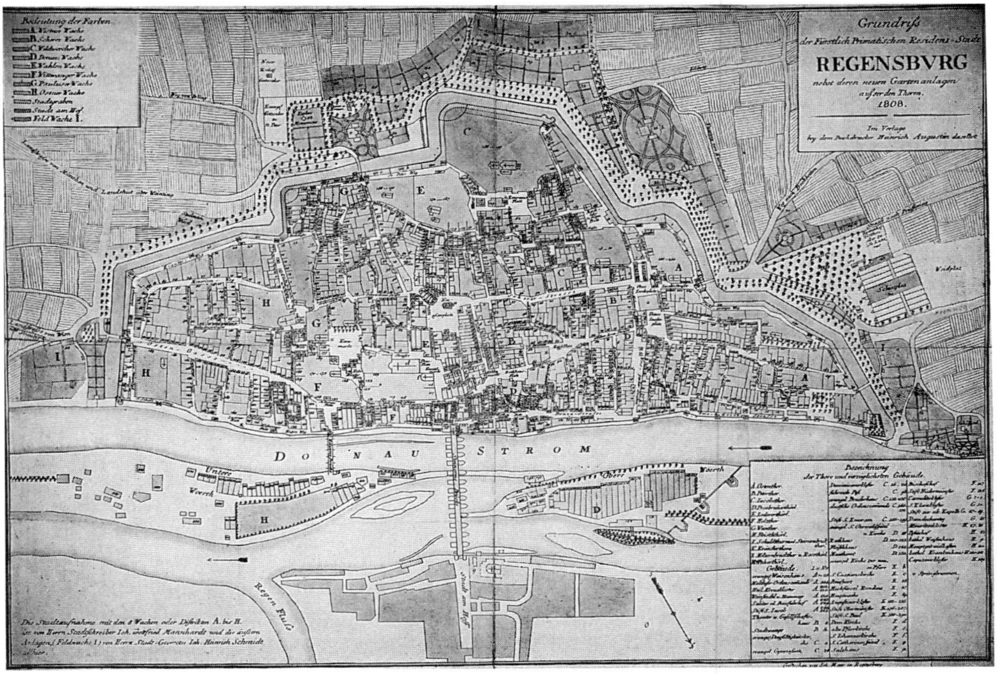

Grundriß der fürstprimatischen Residenzstadt Regensburg, 1808.

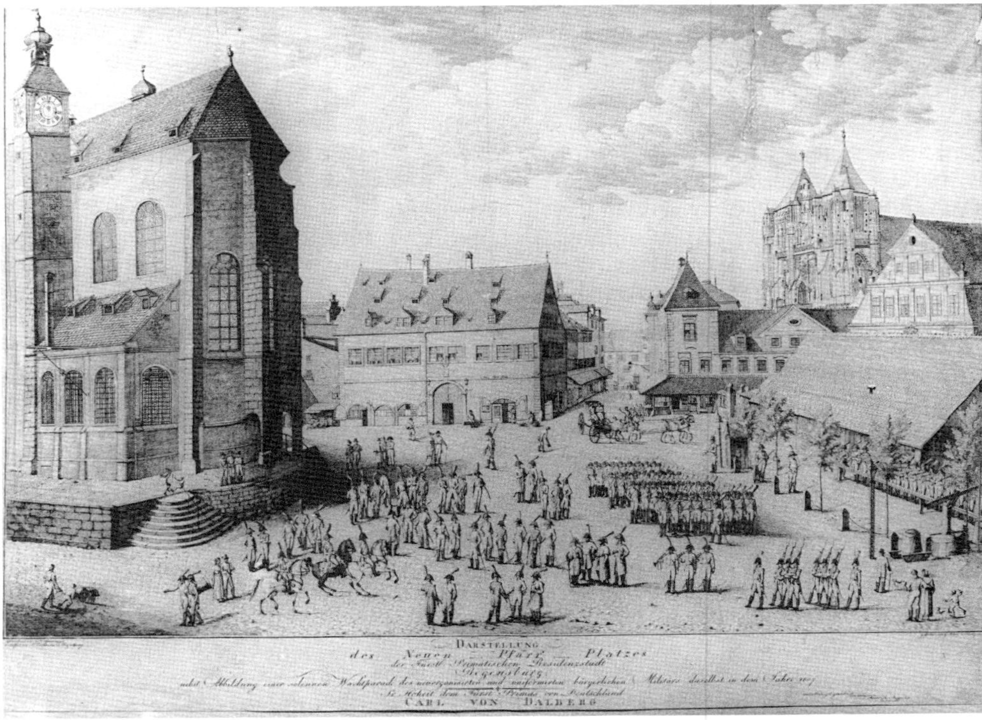

Die neue Bürgerwehr des Fürstentums Regensburg vor der Alten Wache auf dem Neupfarrplatz, 1807.

strats in diese sogenannte Kollegial-Regierung. Hier saß der erfahrene Stiftskanzler von St. Emmeram neben dem protestantischen Syndikus, der geschmeidige fürstbischöfliche Hofrat neben dem leicht aufbrausenden Archivarius der Reichsstadt, alles bürgerliche Theologen oder Juristen, die jetzt gemeinsam dem öffentlichen Wohl dienten.

Dalberg als Reformer des aufgeklärten Absolutismus

Die Reform des Bildungswesens – das Lieblingskind der Aufklärung – lag Dalberg ganz besonders am Herzen. Schon in jungen Jahren hatte er sich mit dem Thema Erziehung gründlich befaßt, 1774 war sein erster Aufsatz dazu erschienen.[20] In seinen „Betrachtungen über das Universum"[21] hatte er seine Ideen weiterentwickelt. Seine Gedankengänge aber waren nicht nur graue Theorie geblieben, sondern auch in die Praxis umgesetzt worden. Sowohl als Statthalter in Erfurt als auch als „Unterrichtsminister" im Fürstbistum Würzburg hatte er, lange noch bevor er Kurfürst war, Erfahrungen im Schulbereich sammeln können.[22] Die eigentliche Grundlage seiner Kenntnisse aber waren, wie er selbst später zugab, „die Chur-Maynzischen Schulanstalten", die er „als ein ohnverbesserliches Muster eines fürtrefflichen Sistems" beschrieb.[23] Dieses beachtliche Reformwerk des Mainzer Kurfürsten Emmerich Joseph aus dem Jahr 1770[24] sollte jetzt – über dreißig Jahre später – in Regensburg noch reiche Früchte tragen.[25] Für den Schulbereich gewann Dalberg den energischen Joseph Puchner[26], einen Benediktiner, der bereits früher in der Klosterschule von St. Emmeram auf Wunsch des dortigen Fürstabts Reformen durchgeführt hatte. Der Kurfürst übertrug ihm die Leitung einer neu gegründeten Schulkommission, der die Aufsicht über das gesamte Schulwesen oblag.[27] Rasch kam es auch hier zu gewichtigen Neuerungen: die allgemeine Schulpflicht wurde – gleichzeitig mit Bayern – eingeführt[28], die Prüfungen an den Schulen fanden öffentlich statt, die Ausbildung der Lehrer wurde verbessert, die Gehälter erhöht und auch Pensionen bewilligt. Außerdem ließ Dalberg mehrere Schulen bauen, was wiederum eine grundlegende Voraussetzung für einen geregelten Unterricht war.[29]

Während es im Schulbereich schon vor Dalbergs Regierungsantritt vereinzelte Reformansätze gegeben hatte, befand sich das gesamte Gesundheitswesen in einem mehr als bedenklichen Zustand. Nur jeder dritte Regensburger wurde älter als fünfzig Jahre. Ein Drittel der Bevölkerung starb vor dem 13. Lebensjahr. Die häufigsten Todesursachen waren gefährliche Seuchen wie Blattern, Infektionskrankheiten wie Scharlach und Ruhr, aber auch Keuchhusten, Knochenbrand, Nervenfieber, Blutsturz und Auszehrung führten in zahlreichen Fällen zu einem vorzeitigen Ende.[30] Eine der Hauptursachen der hohen Kinder- und Säuglingssterblichkeit bestand in der besorgniserregenden Ernährungslage der unteren Bevölkerungsschichten sowie in mangelnder Hygiene und schlechten Lichtverhältnissen in den überalterten Häusern.[31] Um hier Abhilfe zu schaffen, begründete der Kurfürst anstelle des alten reichsstädtischen Collegium medicum, das sich schon vor seinem Regierungsantritt sang- und klanglos aufgelöst hatte, einen modernen Sanitätsrat[32], in den er alle an Universitäten ausgebildeten Mediziner und Pharmazeuten der Stadt – insgesamt fünfzehn Personen – berief. Darunter waren auch ganz hervorragende Ärzte, wie zum Beispiel der Stadtphysikus Johann Jakob Kohlhaas[33], Herausgeber der von 1774 bis 1804 erschienenen „Medicinisch-practischen Jahrgänge", dann der später geadelte, aus einer berühmten Ärztefamilie stammende Johann Ulrich Gottlieb Schäffer[34] oder der Apotheker David Heinrich Hoppe[35], der sich 1790 als Gründer der ersten botanischen Gesellschaft Europas einen Namen gemacht hatte.[36] Im Sanitätsrat befand sich auch noch ein Vertreter der sogenannten bürgerlichen Wundärzte, die damals die chirurgischen Eingriffe vornahmen, deren hauptsächlicher Erwerb jedoch meistens von der gleichzeitig betriebenen Barbierstube abhing. Das Gremium des Sanitätsrats – wohl ein Vorläufer der modernen Ärztekammer – verfolgte unnachsichtig die Kurpfuscher und Quacksalber, die besonders in den Klöstern und exterritorialen Gesandtschaften immer noch ihr Unwesen trieben.[37] Auf Vorschlag des Sanitätsrats wurde auch eine gesetzliche Leichenschau eingeführt.[38] Dalberg, der selbst jedes Zulassungsgesuch der Chirurgen – ja sogar der Hebammen – prüfte, beauftragte das Gremium schließlich, Gutachten und Vorkehrungen für eine gesetzliche Pockenschutzimpfung zu treffen[39], die damals auch in Bayern eingeführt wurde. Für die Erweiterung und den Neubau von Krankenhäusern[40] spendete er – „wohltätig über seine Kräfte“ – erhebliche Summen aus seiner Privatschatulle.[41] Bald schon waren die gefährlichen Quacksalber verschwunden und das Los zahlreicher Kranker war entscheidend verbessert. Kohlhaas, der Direktor des Sanitätsrats und selbst ein energischer Gegner der Kurpfuscher, huldigte dem Fürsten mit den dankbaren Worten: „Dalbergs Geist wirkte auf uns und seine Liebe zum Menschenleben und zur Ordnung in jedem Stande.“[42] Wieder einmal hatte sich gezeigt, daß es im Grunde meistens nicht an guten Leuten und am guten Willen fehlt, wenn ein führender Kopf mit gutem Beispiel vorangeht.

Nicht weniger als Schule und Volksgesundheit ließ sich Dalberg die Reform der Rechtsprechung angelegen sein. Er war ja selbst promovierter Jurist und als Statthalter in Erfurt mit dem Entwurf für ein neues Strafrecht[43] an die Öffentlichkeit getreten. In Regensburg ging es ihm jetzt in erster Linie um die Trennung von Justiz und Verwaltung, die 1803 auch von Staatsminister Montgelas in Bayern vorgenommen wurde und die ein wesentlicher Punkt des Regensburger Organisations-Reskripts Graf Bentzels war. Um eine sinnvolle Vereinheitlichung des gesamten Justizwesens zu erreichen, bestellte Dalberg ein Oberlandesgericht[44], in das er studierte Regensburger Juristen – ausnahmslos Bürgerliche – einsetzte, die vorher im reichsstädtischen Magistrat oder in der einst fürstbischöflichen Verwaltung tätig gewesen waren. Er richtete sich dabei im wesentlichen nach den Vorschlägen Bentzels. Lediglich bei der personellen Besetzung des Präsidentenpostens folgte er nicht dem gutgemeinten Rat des Grafen, der den ehemaligen Stiftskanzler von Niedermünster, Michael Mayr, mit der Begründung empfohlen hatte, daß dazu „vorzüglich Erfahrung, Festigkeit und Geistesblick erfordert wird“.[45] Dalberg hielt sich stattdessen an die Gepflogenheiten des alten Kurmainzer Hofgerichts und ernannte anstelle des etwas querköpfigen Juristen Mayr den adeligen Domherrn Franz Anton Freiherr von Tänzl auf Tratzberg[46] zum Präsidenten. Wie diese noch ganz traditionsbehaftete Entscheidung besaßen auch andere seiner Reformmaßnahmen mitunter einen etwas zwitterhaften Charakter. So gab es beispielsweise am Oberlandesgericht – trotz der angestrebten Vereinheitlichung der Rechtsprechung – einen eigenen Justizsenat für einen privilegierten Personenkreis von Adeligen und Hofleuten.[47] Zudem erlaubte natürlich der Mangel an ausgebildeten Juristen keine vollständige Trennung von Justiz und Verwaltung. Zumindest in der ersten Instanz der Zivilgerichtsbarkeit mußte es daher beim alten bleiben, ebenso in der geistlichen Gerichtsbarkeit, die vorerst weiterbestand.[48]

Fürst, Bischof und Schriftsteller in einer Person

Auch sonst ist sein Wirken in Regensburg von allerhand merkwürdigen Provisorien und Sonderregelungen begleitet, die jedoch für eine Übergangszeit, in der Dalberg tätig war, ausgesprochen typisch sind. Der Kurfürst, der nach dem Tod des Regensburger Fürstbischofs Joseph Konrad Freiherr von Schroffenberg[49] am 4. April 1803 nicht nur Landesherr, sondern auch der vom Papst bestätigte geistliche Administrator des Bistums geworden war[50], hatte mehrere, im Grunde ganz verschiedene Aufgaben zu erfüllen. „Es stecken drei bis vier Personen in ihm“, schrieb damals Talleyrands Geheimagent Jean-Marie Baudus:[51] „Der Aristokrat, der Schriftsteller, der Bischof und der Souverän – und die haben es mitunter etwas schwer, sich in ein und derselben Haut zu arrangieren.“[52] Baudus – bereits Psychologe, dachte und fühlte als ein Mensch der Moderne. Ein Mann wie Dalberg, in seinem Wesen noch ganz der klassische Typ des 18. Jahrhunderts, ließ sich für ihn nicht so leicht einordnen, und Baudus begriff nicht, daß der Kurfürst problemlos gleichzeitig weltlicher Landesherr, geistlicher Hirte, gelehrter Schriftsteller und überdies auch noch Privatmann sein konnte. Er hatte mit dieser Mehrfach-Rolle keine seelischen Konflikte, auch wenn es dabei zu gewissen Brüchen, Inkonsequenzen und – an den Erfordernissen der Zeit gemessen – Anachronismen kam, die uns modernen Menschen teilweise sogar kurios erscheinen mögen. Ungewöhnlich war zum Beispiel der Umstand, daß das Regensburger Domkapitel trotz allgemeiner Säkularisation unter dem geistlichen Fürsten Dalberg als einziges adeliges Domstift der Reichskirche völlig unangetastet weiterfunktionierte[53], ein Kuriosum, das erst der bayerische Konkordatsabschluß von 1817/21 beseitigte. Merkwürdig erscheint die Tatsache, daß Dalberg in seiner Eigenschaft als Landesherr auch die Aufgabe eines Summus episcopus der evangelischen Gemeinde Regensburgs zu übernehmen hatte und dabei doch gleichzeitig ein katholischer Erzbischof war.[54] Nicht weniger erstaunlich mutet es an, daß er der Administrator des Bistums Regensburg wurde, das fast völlig unter bayerischer Landeshoheit stand, und zudem Erzbischof eines Regensburger Erzbistums, das wiederum identisch mit seinem Kurfürstentum war. Der Fürst meisterte diese Doppelrollen mit Bravour, denn aus seiner Erfurter Zeit, wo ebenfalls eine starke protestantische Bürgerschaft vorhanden war, besaß er – was den Umgang mit den Protestanten betraf – genügend Erfahrung und Geschick, die er unter anderem auch dadurch bewies, daß er die Schulen der evangelischen Gemeinde nicht der staatlichen Schulkommission unterstellte, sondern weiterhin dem Konsistorium überließ.[55] Auf diese Weise herrschte bestes Einvernehmen zwischen dem katholischen Kurfürst-Erzbischof und den Protestanten.[56]

Die Last der Regierungsarbeit und die große Zahl seiner Verpflichtungen ließen ihm allerdings kaum Zeit, sich noch mit seinem ganz persönlichen Steckenpferd zu befassen, das Baudus ebenfalls angesprochen hatte: die Schriftstellerei. Kein einziges Buch, nicht einmal einen Aufsatz, hat er, der so gern gelehrte Schriften verfaßte, in den ersten vier Jahren seiner Regierung herausgegeben. Obgleich er den Gelehrten vorerst zurückstellen mußte, förderte er doch mit großem Einsatz die Wissenschaften, die in Regensburg – ganz im Gegensatz zur wirtschaftlichen Entwicklung – bereits in der Phase der Spätaufklärung gegen Ende des 18. Jahrhunderts einen beachtlichen Aufschwung genommen hatten.[57] Hoppes Botanische Gesellschaft, die Klosterakademie von St. Emmeram[58], die gelehrte Schottenabtei St. Jakob[59], allesamt weit über Regensburgs Mauern hinaus wirkend, sind nur Beispiele aus der Fülle. Klösterliche und bürgerliche Gelehrte arbeiteten hier ebenso zusammen wie katholische und protestantische Historiker und Naturwissenschaftler.[60] Es herrschte ein Geist von Toleranz, der Dalbergs innerstem Wesen entsprach und der sich fruchtbar auf allen Gebieten der Wissenschaft erwies. Der Kurfürst unterstützte den St. Emmeramer Naturforscher Placidus Heinrich[61], der nach einer Professur an der Ingolstädter Universität seit 1798 an der Regensburger Klosterakademie wirkte. Nicht zuletzt dank Dalbergs jährlicher Zuwendungen in Höhe von 600 Gulden war es dem Gelehrten möglich, eine neue „Bestimmung der Maße und Gewichte des Fürstentums Regensburg“[62] aufzustellen. Dies war eine Vereinheitlichung des Maßsystems, die sich an dem Vorbild des modernen französischen mètre orientiert hatte und für die er von seinem Kurfürsten mit der Großen Verdienstmedaille ausgezeichnet wurde.[63] Dalberg, der als Mann der Aufklärung ein starkes persönliches Interesse an den Naturwissenschaften besaß – man erinnert sich seiner Erfurter Akademiepläne –, plante auch in Regensburg eine Naturwissenschaftliche Akademie errichten zu lassen. Graf Sternberg, von ihm als erster Präsident vorgesehen, erhielt den Auftrag, einen Organisationsplan auszuarbeiten.[64] Diese Akademie, die wegen der politisch unruhigen Zeiten und bald neu ausbrechenden Feldzüge nur in ihrer botanischen Klasse bestand und sich 1810 auflöste, hätte ohne Schwierigkeit zum Kristallisationspunkt des wissenschaftlichen Lebens in und um Regensburg werden können.

Das unter Dalberg errichtete Kepler-Denkmal in Regensburg.

Regensburg wird Residenzstadt

Die Stadt fing bald nach Dalbergs Regierungsantritt an, sich zu verändern – zuerst äußerlich. Als der Kurfürst sein Reformwerk begann, war Regensburg noch ganz und gar mittelalterlich geprägt – umschlossen von einem intakten Befestigungsring und an den Winterabenden nur notdürftig beleuchtet von einigen primitiven Holzfackeln. Das Gewirr der engen Straßen und Gassen war unübersichtlich, so daß Fremde mitunter große Mühe hatten, sich zurechtzufinden. Neben den zum großen Teil heruntergekommenen mittelalterlichen Patrizierburgen duckten sich die rußgeschwärzten Häuser der Bürger und Handwerker. Etliche der Wege waren ungepflastert, die Straßen verdreckt vom Unrat der Menschen und Haustiere.[65] Dalberg, der – als er noch Statthalter in Erfurt gewesen war – eine Schrift über die Baukunst verfaßt hatte[66], rief Emanuel d'Herigoyen[67] an seinen Hof und ernannte ihn zum Stadt- und Landbaumeister des Fürstentums. Der aus Lissabon stammende Architekt, einer der großen Baumeister eines dem französischen Stil nachempfundenen Klassizismus, verwandelte das mittelalterliche Regensburg innerhalb weniger Jahre in eine Residenzstadt ganz in der Art des napoleonischen Empire.

Um Arbeitsmöglichkeiten zu schaffen und gleichzeitig der Staatskasse für die beabsichtigten Baumaßnahmen eine Einnahmequelle zu erschließen, begann man als erstes damit, die längst überflüssig gewordenen mittelalterlichen Befestigungsanlagen abzureißen und den gewonnenen Platz als Baugrund zu verkaufen. Außerdem konnte damit Raum für eine Erweiterung der Grünanlagen gewonnen werden.[68] Ähnliches hatte Dalberg bereits in Erfurt ausprobiert, als er dort den Abbruch der sogenannten Schwedenschanze befohlen hatte. Der Stadtgraben, der den Regensburgern bislang zum Gemüsebau verpachtet war, wurde parzelliert und konnte von den Pächtern per Vorkaufsrecht günstig erworben werden.[69] Die Stadt, bislang eingezwängt in den mittelalterlichen Mauergürtel, begann ins Grüne zu wachsen. Für Graf Sternberg errichtete der Hofarchitekt dort ein klassizistisches Gartenkasino[70], für den Hofrat Georg Friedrich von Müller[71] eine Villa – heute Naturkundemuseum am Herzogspark – und für den schwerreichen jüdischen Hoffaktor Philipp Reichenberger[72] ein prächtiges Palais, das jetzige Dörnberg-Palais. Direktorialrat Johann Heinrich Koch gab eine Porzellanfabrik in Auftrag und der Handelskaufmann Baron Thon-Dittmer, mehrfacher Millionär, ließ mitten im alten Stadtkern ein Patrizierhaus zu einem Empire-Palais umbauen. Freilich konnte sich nicht jeder eine Villa im Grünen leisten, und um auch etwas für die einfacheren Bürger zu tun, ließ Dalberg die von Fürst Carl Anselm von Thurn und Taxis[73] begonnene Alleepromenade entlang der Stadtmauer fortführen und – wieder ganz im Stil des Empire – mit einem Obelisken schmükken. Zum Unterhalt der Parkanlagen stiftete er jährlich zweitausend Gulden.[74]

Ein Mäzen der Künste

Noch großzügiger erwies sich der Fürst beim Bau eines neuen Theater- und Gesellschaftshauses, das ebenfalls allen Bürgern offenstehen sollte. Das alte fürstlich thurn- und taxissche Hoftheater[75] hatte erst vor einigen Jahren mit einem Konkursverfahren ein unrühmliches Ende genommen.[76] Dalberg stellte für den Theaterneubau kostenlosen Baugrund aus dem Staatsärar zur Verfügung und spendete außerdem den stolzen Betrag von siebenundzwanzigtausend Gulden aus seiner Privatkasse.[77] Mit einem szenischen Prolog, der bezeichnenderweise „Die Weihe des Tempels" hieß, wurde das neue Theater am 7. September 1804 feierlich eröffnet. Es folgt dann das Lustspiel „Der Puls", das der Münchener Theaterintendant Julius Mario von Babo gedichtet hatte.[78] Um den Spielbetrieb zu sichern, gab Dalberg jährlich 1000 Gulden Zuschuß.[79] Die Leitung des Theaters, die sogenannte „Theater-Commission", ließ er nach dem Weimarer Vorbild Goethes einrichten[80], während er mit der 1805 veranlaßten Gründung einer eigenen Theaterschule[81] in die Fußstapfen seines Bruders Heribert, des Intendanten des Mannheimer Nationaltheaters, trat. Der Unterricht für insgesamt sechsundzwanzig Schüler und Schülerinnen – der Jüngste war zwölf Jahre – wurde kostenlos erteilt. Damit die Platzanlage vor dem neuen

Das neue Theater- und Gesellschaftshaus in Regensburg (Ansicht vom heutigen Bismarckplatz).

Das neue Theater- und Gesellschaftshaus mit offener Durchfahrt für Kutschen (Ansicht vom heutigen Arnulfsplatz).

Theater architektonisch abgeschlossen werden konnte, baute der Hofarchitekt noch ein weiteres repräsentatives klassizistisches Palais, das auf Dalbergs Wunsch zum Sitz der französischen Gesandtschaft wurde – eine Geste, die nicht nur eine geschickte Schmeichelei war, sondern auch künftige politische Entwicklungen vorausahnen ließ.

Die französische Legation, die mit einem größeren Stab von Diplomaten in Regensburg saß, zeigte sich bereits beeindruckt, noch bevor sie das neue Gebäude bezogen hatte. Mit großer Genugtuung hatte man beobachtet, wie das verarmte Regensburg zunehmend aufblühte, so daß eine Lobeshymne nach der anderen nach Paris abging. Vom „Geist der Ordnung und der Ökonomie" war die Rede, der die Regierung des Kurfürst-Erzkanzlers auszeichne, aber auch von einem „neuerlichen Beweis seiner verantwortlichen Gesinnung" gegenüber den ihm anvertrauten Untertanen.[82] Und wirklich: Von früh bis spät saß dieser Mann über den Vorschlägen seiner Ministerien, prüfte aufmerksam alle Berichte und Projekte und zeichnete selbst die Baupläne seines Hofarchitekten ab. Nur mit solchem Einsatz glaubte Dalberg, die Versäumnisse von über hundert Jahren aufholen zu können. Zur Feststellung einer einheitlichen Grund- und Vermögenssteuer mußte er einen genauen Häuser-Kataster anlegen lassen.[83] Dieser Kataster ermöglichte gleichzeitig eine erste durchgehende Numerierung nach Buchstaben und Ziffern, das sogenannte Litera-System, das zum Teil bis in unser Jahrhundert Gültigkeit haben sollte.[84] Im Finanzwesen war er so sorgfältig wie sparsam. „Er selbst durchgeht die mindeste Rechnung der Beamten, Pröbste und Kastner", schrieb der St. Emmeramer Prior Roman Zirngibl.[85] Die wirtschaftliche Entwicklung der ersten Regensburger Regierungsjahre verlief auch aufgrund der relativ stabilen politischen Lage günstig. Die öffentlichen Einnahmen stiegen, die Schulden der ehemaligen Reichsstadt sanken.[86] Um Besitz und Wohlstand zu sichern, erließ der Fürst eine Feuerverordnung, die Bauvorschriften, Verbesserungen für Löschgeräte und sogar Anweisungen für Rettungsarbeiten enthielt.[87] Die Gefahr von Feuersbrünsten war damals noch sehr groß. Dalberg, der im Jahr 1772 bei seinem Eintreffen in Erfurt Zeuge eines verheerenden Großbrandes gewesen war und seinerzeit selbst bei den Löscharbeiten mitgeholfen hatte, wollte eine ähnliche Katastrophe in Regensburg um jeden Preis vermeiden. Seine Feuerverordnung gründete daher im wesentlichen auf den Erfurter Lehrjahren, ähnlich wie die auf seine Anregung hin entstandene Feuerversicherungsgesellschaft[88] und die für Neubauten gewährte zehnjährige Steuerbefreiung, mit der die Bauwirtschaft belebt werden sollte.[89]

Das Vorbild der deutschen Reformzeit

Diese Methode einer „Reform von oben", die Dalberg mit Umsicht und Bedacht in seinem abgewirtschafteten Kurfürstentum höchst erfolgreich in die Tat umsetzte, war freilich nicht seine eigene Erfindung. Im wesentlichen folgte er darin dem Vorbild etlicher aufgeklärt-absolutistischer Fürstenpersönlichkeiten, die mit ihren Reformen die Grundlage eines modernen Staatswesens in Deutschland geschaffen und die gewaltsame Umwälzung des Reiches verhindert hatten. Auf dieser Basis hatten auch die hellsten Köpfe der deutschen Reformzeit gearbeitet: Hardenberg, der im letzten Jahrzehnt des 18. Jahrhunderts die fränkischen Markgrafentümer für Preußen reorganisierte, oder der befähigte bayerische Minister Montgelas, der in München die Entwicklung des alten Kurbaiern zum modernen Flächenstaat vorantrieb. Dalberg und seine Minister, obgleich sie später nicht so berühmt geworden sind wie Hardenberg, Reitzenstein, Montgelas oder der Reichsfreiherr vom Stein, standen jenen im Grunde nicht nach. Das zeigte sich in einer Reihe weiterer Maßnahmen, die im Regensburger Fürstentum entscheidende Verbesserungen erbrachten. Die Commerzial-Deputation[90] gehört dazu, eine ebenfalls nach Erfurter Vorbild geschaffene Vereinigung von Großkaufleuten, welche die Wirtschaft ankurbeln sollte und neben der gleichzeitig noch weiterbestehenden mittelalterlichen Kramerinnung eine Art Vorläuferin der modernen Handelskammer war[91]; aber auch die Errichtung einer staatlichen Ziegelei, in der die Arbeitslosen beschäftigt wurden[92], oder die

Volksküche, in der sich die Armen jeden Tag einmal kostenlos sattessen konnten. Es gab die „Rumfordsche Suppe“, benannt nach ihrem Erfinder Graf Rumford, der 1790 in München eine der ersten Armenküchen gebaut hatte, ein Eintopf aus Kartoffeln, Graupen, Erbsen und 15 Gramm Fleisch, der mit Essig oder sauerem Bier gewürzt war, wohl besser und gesünder als mancher Teller Klostersuppe, mit denen die ärmsten der Armen bislang vorlieb hatten nehmen müssen.[93]

In einer Beschreibung des Regensburger Fürstentums, die über die Münchener Nuntiatur im März 1804 nach Rom gelangte, heißt es: „Nach umfangreichen Reformarbeiten zugunsten des allgemeinen Wohls hat der Kurfürst-Erzkanzler seine besondere Aufmerksamkeit auch auf die Armen und Arbeitslosen gerichtet. Der Erfolg seiner Maßnahmen bestätigt nicht nur seinen Eifer, sondern stellt auch einen Beweis seiner stets humanitären Haltung dar. Seit dem 1. August 1803 sieht man keinen einzigen Bettler mehr in der Stadt, obwohl doch vorher deren unzählige waren. Er hat eine Unterstützungskasse eingerichtet sowie eine Armenkommission unter der Leitung des Grafen Bentzel, der aufgrund seiner Qualitäten, seiner Talente und seines Eifers das Vertrauen des Erzkanzlers wahrhaftig verdient hat. Die Kommission sorgt regelmäßig für Ernährung und Unterhalt von über zweitausend Armen, unabhängig vom Alter, vom Geschlecht und der Religionszugehörigkeit.“[94] Selbst die kaiserliche Diplomatie, die der Wiener Hofburg treu ergeben und daher gegenüber Dalberg eher skeptisch eingestellt war, notierte anerkennend, daß „die Pläne und Entwürfe des Herrn Kurfürsten Erzkanzlers nunmehr allenthalben mit Ordnung in Ausübung und Fortgang gebracht, zum Theil schon (mit) guten Erfolgen belohnt, und dadurch die Existenz eines der ersten Fürsten des Reiches immer mehr befestigt“ sei.[95] Solche Berichte klangen freilich anders als die Schreckensmeldungen und abfälligen Urteile, die noch wenige Jahre zuvor über Regensburg verbreitet worden waren. „Stadt der Bettler“ war sie genannt worden[96], ein armseliger Ort, an dem die gelehrten Herren Reiseschriftsteller „nichts nach der neuen Bauart eingerichtetes“[97] gefunden hatten. Das alles hatte sich inzwischen gründlich geändert. Dalberg hatte das Gute nicht nur gewollt – wie Sternberg später meinte –, er hatte es zeitweise tatsächlich erreicht und er hatte nicht zuletzt dadurch, wie ihm die Diplomatie bestätigte, seine Stellung als erster Fürst des Reiches befestigt. Dieser erstaunliche Mensch, der mit einem heute unvorstellbaren Arbeitseifer und stoischem Gleichmut binnen weniger Jahre eine marode, verarmte und mittelalterliche Stadt in ein modernes Gemeinwesen verwandelte, war nicht nur der letzte geistliche Fürst des Reiches, sondern auch der letzte bedeutende Souverän des aufgeklärten Absolutismus, und das Fürstentum Regensburg das zuletzt geschaffene Staatsgebilde dieser an Widersprüchen so reichen Epoche der deutschen Geschichte.

Dalbergs privater Lebensstil

Selbst in seinem privaten Lebensbereich folgte Dalberg bis ins kleinste Detail den Idealen der Aufklärung und seinen großen Vorbildern Friedrich der Große und Joseph II. Wie diese, so liebte auch Dalberg kleine, einfache Geselligkeiten. Er wurde Mitglied der 1801 in Regensburg gegründeten Lesegesellschaft „Harmonie“, in der Adel und bürgerliche Oberschicht der Stadt zusammenfanden.[98] Dreimal die Woche hielt er öffentliche Audienz, eine Art Bürgersprechstunde, zu der jedermann Zutritt hatte und bei der jeder sein Anliegen vortragen konnte. Dienstags und donnerstags gab er bescheidene Tafelrunden oder Gesellschaftsabende, zu denen man in zwangloser Form ohne Rücksicht auf Standesgrenzen eingeladen wurde. Schon als Statthalter in Erfurt hatte Dalberg diese sogenannten „offenen Assembleen“ eingeführt, die wohl auch seine ureigene Erfindung gewesen sind[99] und von denen der Erfurter Stadtrat Konstantin Beyer seinerzeit folgendes zu erzählen wußte: „Das steife Complimenten- und Ceremonien-Wesen nahm nach und nach ab – der Konversationston, der ehemals hier noch sehr zurück war, wurde geschliffener, kultivierter – mancher brauchbare gute Kopf wurde dadurch dem Koadjutor bekannt – die hier ankommenden Fremden fanden einen Zirkel, wo sie sich orientieren,

Kurfürst Carl Theodor von Dalberg mit der erzbischöflichen Mitra, Pektoralkreuz und dem Kurhut.

Bekanntschaften stiften und die Zeit ihres Aufenthalts sich angenehm machen konnten. Aller Rang war beiseite gesetzt – und Prinzen, Generäle, Kammerherrn gingen traulich unter dem Gewühle von oft ganz gemeinen, unbedeutenden Weltbürgern herum, keins kümmerte sich um das andere – man spielte Pfänder – schäkerte – lachte – sang – Dilettanten klimperten auf dem Klavier – die Steifesten der Gesellschaft setzten sich an den Kartentisch – und die paar Stunden verflossen in einem lieblich süßen Taumel."[100]
Ganz so unbekümmert und lieblich süß darf man sich die Assembleen in Regensburg natürlich nicht mehr vorstellen. Der unbeschwerte Taumel des Rokoko-Zeitalters war mit der Französischen Revolution verflogen, und die Gesellschaftsabende in Dalbergs Residenz besaßen mehr den Charakter gelehrter Zirkel als den galanter Unterhaltungen. Wie die französische Legation berichtete, waren nämlich neben den unvermeidlichen adeligen Hofkavalieren auch immer bürgerliche Wissenschaftler, klösterliche Gelehrte und protestantische Theologen zu Gast, mit denen der Erzkanzler oft stundenlang Gespräche führte.[101] In jedem Fall aber war es ein ganz anderer Stil, als der, welcher noch am Hof des gleichfalls in Regensburg residierenden Fürsten von Thurn und Taxis herrschte. Dieser besaß als souveräner Reichsfürst, als Generalerbpostmeister des Reiches und als Vertreter des Kaisers am Reichstag eine einmalige Sonderstellung, die ebenfalls zu den Merkwürdigkeiten des Regensburger Kurstaats zu rechnen ist. Er betrieb nicht nur eine glänzende Hofhaltung, die wesentlich aufwendiger als die Dalbergs war und zu der in der Regel nur Adelige zugelassen waren[102], sondern er hatte auch eine eigene Rechtsprechung, die er selbst dann beibehalten konnte, als er sich nach der Reichsauflösung von 1806 Dalbergs Landeshoheit unterwerfen mußte, ein Kuriosum, das sogar später vom bayerischen König bestätigt und bis zur Einführung des Bürgerlichen Gesetzbuches im Jahr 1900 Bestand hatte.[103]
Dalberg, der im Gegensatz zu den Taxisfürsten kaum einen Unterschied zwischen Adeligen und Bürgern machte, war kein Freund des höfischen Lebens. Während bei Kurfürst Erthal, seinem prunkliebenden Mainzer Vorgänger, noch zwanzig Hofköche und vier Kellermeister für das zeitliche, vierzehn Hofkapläne für das ewige Wohl gesorgt hatten, und bei der Kaiserkrönung Leopolds II. im Jahr 1790 in Erthals Gefolge sage und schreibe 1500 Hofchargen mitgezogen waren, darunter sogar ein Kapaunenstopfer und eine Hofamme[104], begnügte sich Dalberg mit drei Köchen und einem Kaplan. „Seine Tafel ist so frugal wie bescheiden", vermeldete der päpstliche Uditore. „Seine Garderobe ist auf das Notwendigste beschränkt. Sein Marstall besteht aus acht Pferden, in seinem Mobiliar sieht man weder überflüssiges noch ausgesuchtes."[105] Die Berichte der französischen Legation klingen ähnlich. „Der Fürst lebt ohne größeres Aufsehen und ohne jeglichen Prunk, aber in einer sehr ehrenvollen Weise und voll der Gastfreundschaft gegenüber den Fremden."[106] Selbst der strenge Schulmann Johannes Schulze[107], der eine Zeitlang mit Dalberg verbunden gewesen war und der einmal Leiter des höheren Unterrichtswesens in Preußen werden wird, erinnerte sich dieser schon fast spartanischen Einfachheit im Hauswesen des Kurfürsten: „Sein Mittagessen, das er im Arbeitszimmer einnahm, ließ er nebst einem Schoppen Landwein aus einem gewöhnlichen Gasthaus holen."[108] So bescheiden wie seine Tafel war auch seine Residenz in der Regensburger Dompropstei, einem schmucklosen klassizistischen Gebäude, weit entfernt von der Pracht des ehemaligen kurfürstlichen Schlosses in Mainz. „Der Kurfürst, der nur drey Zimmer hat, arbeitet immer im Cabinet", heißt es in einem Brief Zirngibls.[109] Dalberg gab mit dieser schlichten Residenz auch einem schon brüchig gewordenen Verständnis von fürstlicher Herrschaft Ausdruck: zurückgezogen auf die Funktion eines pflichtbewußten, sparsamen und fleißigen Regenten, hielt er sich eher an bürgerliche Tugenden. „Der redlich gesinnte, aber arme Kurfürst wird Achtung durch Pflichterfüllung zu erwerben suchen. Äußere Pracht ist für ihn unerreichbar."[110] Das waren seine Worte, die er nach seinem Regierungsantritt an Albini gerichtet hatte – sicherlich auch ein Gebot der Notwendigkeit, wobei es durchaus sein kann, daß er nicht ganz freiwillig auf vieles von dem verzichtet hatte, was für seine kurfürstlichen Vorgänger noch ganz selbstverständlich gewesen war.

Als Erzkanzler des Reiches

In einem Punkt aber sparte Dalberg nicht, und zwar dann, wenn es darum ging, seine Stellung als Erzkanzler des Reiches hervorzuheben. Bei solchen Gelegenheiten war ihm keine Ausgabe zu hoch und kein Zeremoniell aufwendig genug. Als die Gesandten der von Napoleon neu geschaffenen Kurfürstentümer am Regensburger Reichstag in das kurfürstliche Kollegium eingeführt wurden, ließ er sogar die barocken Traditionen des großen spanischen Hofzeremoniells wieder aufleben. Die umständliche Zeremonie begann mit einer Auffahrt der kurfürstlichen Gesandten in sechsspännigen Karossen – allen voran die von Dalberg. Dann begab man sich zum Reichssaal des Regensburger Rathauses, und erst nachdem die angestammten Würdenträger des Kollegiums ihre Plätze eingenommen hatten – der Erzkanzler natürlich in der Mitte –, konnten auch die Vertreter der neuernannten Kurfürsten am Rathaus vorfahren. Im Reichssaal geleitete der Kanzler des Reichserbmarschalls die vier Neulinge zu den auf der samtbezogenen Kurfürstenbank sitzenden Vertretern der alten Kurwürden. Die nüchternen französischen Beobachter kommentierten dieses barocke Schauspiel als eine „reine Formsache“[111], nicht voraussehend, daß diese „Formsache“ bald in Frankreich im großen Stil eingeführt werden sollte und daß es im französischen Empire schon im nächsten Jahr ebenfalls einen Reichserzkanzler und Reichsmarschälle geben würde.

Zum Jahreswechsel griff Dalberg auch den seit langem nicht mehr geübten Brauch eines feierlichen Neujahrsempfangs am Reichstag wieder auf. Er lud dazu die Spitzen der Gesellschaft und empfing anschließend das gesamte diplomatische Korps.[112] Das sah nach großem Stil aus, der zu seinem sonst bescheidenen Auftreten und zu seiner sparsamen Hofhaltung gar nicht passen wollte. Dieser Widerspruch aber besteht nur scheinbar. Im Gegensatz zur höfischen Welt des Ancien Régime hatte Dalberg seinen persönlichen Lebensbereich sowie seine Aufgabe als Landesfürst sorgfältig von der Staatszeremonie getrennt. Als Erzkanzler aber empfand er sich als Repräsentant von Reich und Reichsverfassung, und er sah sich als solcher in der langen Kette jahrhundertealter Traditionen und Rechtsnormen. Dies wollte er nach außen hin hervorheben.

Nur ein einziges Mal präsentierte sich Dalberg in einer offiziellen Feierlichkeit auch als Regensburger Landesvater. Der Anlaß dazu war die Vereidigung des Stadtmagistrats und der Bürgerschaft am 23. April 1804 auf ihn als den neuen Landesherrn.[113] Vor der Residenz wurde eigens ein Thronhimmel aufgestellt, unter dem der Kurfürst im Staatsornat – hermelinbesetzter Kurhut und Kurmantel – umgeben von seinem kleinen Hofstaat Platz nahm. Der Minister Albini sprach die Eidesformel vor. Der Stadtkämmerer Johann Christoph Kayser[114] hielt eine schwungvolle Huldigungsrede, und der Alumnen-Chor sang zur Melodie von „God save the king“ eine vom Kämmerer gedichtete Hymne. „Heil Vater Dalberg dir ...“ so klang es aus hundert Kehlen, fast wie 1789, als die Erfurter anläßlich seines Namenstages zur selben Melodie ein Hochlied auf ihren Statthalter angestimmt hatten – „Dir Dalberg unsre Lust, ertön' aus froher Brust ein Lebehoch!“[115] Dalberg versuchte trotz Kurhut und Kurmantel gute Figur zu machen und dem Staatsakt möglichst alle steife Förmlichkeit zu nehmen. Er beteiligte sich sogar beim anschließenden Scheibenschießen und lud dann zu einem sogenannten „Banquet civique“ mit hundert Gedekken, einem Festessen, an dem ohne eine Rangordnung Ratsherren und Bürger teilnahmen. Er selbst saß an der Tafel zwischen dem ältesten Magistratsherrn, einem ehrwürdigen Greis von fast achtzig Jahren, und der jüngsten Ehefrau der geladenen Bürger, einer achtzehnjährigen Regensburgerin – eine Geste, die nicht nur Charme, sondern auch Respekt vor dem aufkommenden Bürgertum bewies und daher von den französischen Beobachtern aufmerksam registriert wurde. „Der Souverän und alle Einwohner dieser Stadt“ – so begann ihr Bericht – „bilden eine große Familie, vereinigt auf dem großen Platz vor der Residenz und einig auch in dem Wunsch nach gemeinsamen Glück und nach der Wohlfahrt dieser alten Stadt.“[116]

Napoleon auf seinem Feldherrnhügel am 23. April 1809 vor Regensburg (heute Unterislinger Weg).

Napoleon nach seiner Verwundung in der Schlacht um Regensburg (heute Ecke D.-Martin-Luther-Str./Hemauerstraße). Sein Leibarzt Dr. Yvan verbindet ihm den rechten Knöchel, während ihm sein Leibmameluck hinter dem Schimmel stehend den Hut reicht.

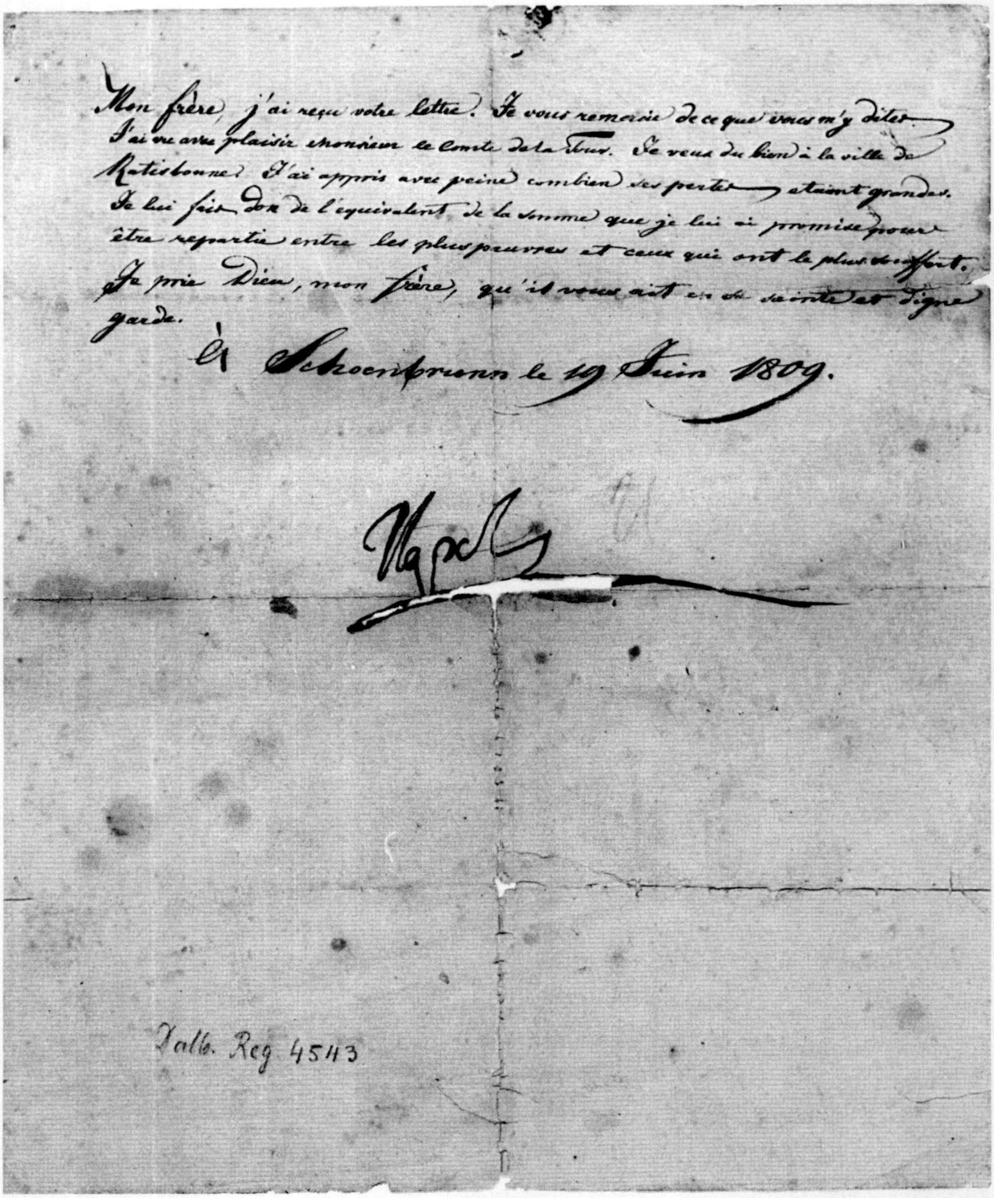

Mon frère, j'ai reçu votre lettre. Je vous remercie de ce que vous m'y dites.
J'ai vu avec plaisir Monsieur le Comte de la Tour. Je veux du bien à la ville de
Ratisbonne. J'ai appris avec peine combien ses pertes étaient grandes.
Je lui fais don de l'équivalent de la somme que je lui ai promise pour
être repartie entre les plus pauvres et ceux qui ont le plus souffert.
Je prie Dieu, mon frère, qu'il vous ait en sa sainte et digne
garde.

À Schoenbrunn le 19 Juin 1809.

Napol

Dalb. Reg. 4543

Napoleons Brief, den er am 19. Juni 1809 aus Schloß Schönbrunn an Dalberg schrieb und in dem er eine Kriegskostenentschädigung für Regensburg versprach, die er jedoch nie bezahlt hat.

Napoleon in Regensburg

Napoleon, der das Fürstentum Regensburg geschaffen hatte, betrat die Stadt nur einmal. Anlaß für seinen Besuch war der Krieg gegen Österreich im Frühjahr 1809. Die österreichische Armee hatte das mit Napoleon verbündete Regensburg besetzt. Der Kaiser eilte herbei und eroberte die Stadt am 23. April 1809 im Sturmangriff.[117] Ein Drittel der Häuser sank dabei in Schutt und Asche. Er wohnte einen Tag in Dalbergs Residenz, nahm am Domplatz eine Truppenparade ab und versprach zwei Millionen Francs als Kriegskostenentschädigung. Dalberg, der während des Feldzugs aus Sicherheitsgründen in seiner Aschaffenburger Residenz geblieben war, sandte den Regensburger Dompropst Graf von Thurn-Wartegg mit einem Bittbrief nach Wien ins Hauptquartier Napoleons.[118] Der Fürst hoffte damit, die von Napoleon versprochene Kriegsentschädigung zu erhalten. Doch der Kaiser, der eben bei Aspern und Eßling seine erste Niederlage hatte einstecken müssen, gab nur leere Versprechungen: „Ich wünsche das Wohl der Stadt Regensburg. Mit Bedauern habe ich zur Kenntnis genommen, wie groß ihre Verluste waren. Ich werde ihr daher einen Ausgleich zukommen lassen in Höhe der Summe, die ich bereits versprochen habe und die unter den Armen und Notleidenden verteilt werden soll."[119] Bezahlt hat er nichts. Die angekündigte Summe wurde später dem Königreich Bayern auferlegt.[120] Dalberg jedoch, der nach dem Friedensschluß nach Regensburg kam, um dort die Hilfsmaßnahmen für die zerstörte Stadt zu organisieren, bewies, daß er – wie Sternberg schrieb – auch „kraftvoll im Unglück" sein konnte. Er spendete große Summen aus seinem Privatvermögen und ließ sogar – im Einvernehmen mit dem Domkapitel – einen Teil des Kirchensilbers für den Wiederaufbau der niedergebrannten Häuser einschmelzen.[121] Für das Regensburger Fürstentum hatte sich die Protektion Napoleons nur sehr bedingt gelohnt – für die politische Stellung Dalbergs als Erzkanzler des Reiches sollte sie hingegen noch von großer Bedeutung sein.

Napoleon I. als Kaiser der Franzosen.

„Ihr Name ist groß geworden im Lauf der Geschichte – aber Sie sind ein Ideologe."
Napoleon zu Dalberg, 16. Januar 1806

V. KAISER UND ERZKANZLER

Während Dalberg als Kurfürst in seinem kleinen Regensburger und Aschaffenburger Ländchen souverän schalten und walten konnte, stieß er in den ihm so wichtigen „Erzkanzlariats- und Metropolitan-Besorgnissen" schon sehr bald an die engen Grenzen, die hier seiner Macht gesetzt waren. Nicht seine kurfürstliche Landesherrschaft, sondern das Erzkanzleramt führte ihn zwangsläufig in eine immer enger werdende Beziehung zu seinem großen Gönner und Protektor. Es begann mit den vielen Fragen, welche die Reichsdeputation im Frühjahr 1803 unbeantwortet gelassen hatte, Fragen, an denen die weitere Zukunft des Reiches hing: die Entschädigung des Reichsadels, die Neueinteilung der Reichskreise, die nähere Bestimmung über die Reichsmatrikel – eine Art Reichssteuer – und die Versorgung der säkularisierten Reichskirche, vornehmlich derjenigen Geistlichen, die nicht den aufgelösten Stiften angehört hatten. In ganz besonderem Maß aber entzündete sich der Streit um die Stimmengleichheit von Protestanten und Katholiken im Fürstenrat des Regensburger Reichstags, denn der Wiener Hof bestand hartnäckig auf einer katholischen Majorität, obwohl die Protestanten nach der Säkularisation die Mehrheit im Reichstag besaßen. Dalberg versuchte auszugleichen, kam aber mit seinem Kompromißvorschlag, der für Stimmengleichheit plädiert hatte, nicht durch. Sowohl der Wiener als auch der Berliner Hof, der die Interessen des protestantischen Lagers, des sogenannten Corpus evangelicorum vertrat, lehnten ab.[1] Wieder schien der alte konfessionelle Gegensatz aufzubrechen, wieder gingen die beiden Großmächte Preußen und Österreich als unversöhnliche Rivalen in Kampfstellung.

Als der Erzkanzler den streitenden Parteien nicht mehr Herr wurde, entsann er sich seines mächtigen Fürsprechers Napoleon. In zwei umfangreichen Memoires entwickelte Dalberg ihm jetzt erneut seine Überlegungen zu dem Problem der sich im Reich gegenüberstehenden Großmächte.[2] Seine politischen Vorstellungen waren – und das zieht sich seit den Zeiten des Fürstenbundes wie ein roter Faden durch alle seine Pläne – auf ein Gleichgewicht der Kräfte innerhalb des Reiches angelegt, auf einen Ausgleich zwischen Preußen und Österreich und auf eine Stärkung des restlichen Deutschland, des von den Franzosen als „Corps Germanique" bezeichneten „Dritten Deutschland". Dieser Plan Dalbergs wurde in Paris höchst bereitwillig aufgenommen, zumal er im Grunde der bereits im 17. Jahrhundert von Kardinal Mazarin begründeten und seitdem traditionellen Linie der französischen Politik entsprach und sich – und das war noch entscheidender – bis zu einem gewissen Grad auch mit den aktuellen Interessen Napoleons vereinbaren ließ. Der mächtigste Mann Frankreichs wollte Preußen und Österreich weiterhin getrennt halten, wohl wissend, daß er es auch der Rivalität Berlins und Wiens zu verdanken haben würde, wenn er zum mächtigsten Mann Europas werden sollte. „Ein längeres Gespräch, das ich mit dem Erzkanzler führen konnte", so berichtete Laforest Anfang Mai 1803 aus Regensburg nach Paris, „vermittelte mir die absolute Zuversicht, daß er nicht nur bereit, sondern auch in der Lage ist, die politischen Pläne des Ersten Konsuls zu unterstützen. Es ist auch ganz in seinem Sinn, mit Hilfe des Corps Germanique einen Ausgleich zwischen Preußen und Österreich herzustellen."[3] Was hier die französischen Diplomaten aus Dalbergs Plänen herausinterpretierten, entsprach jedoch nur zum Teil seinen wirklichen Absichten. Konsul und Erzkanzler waren sich zwar darin einig, daß für die Zukunft des Reiches ein „Drittes Deutschland" entstehen müsse. Der entscheidende Unterschied ihrer Intentionen aber lag darin, daß Dalberg am Prinzip absoluter Neutralität festhalten wollte, während Napoleons Pläne auf eine Militärallianz hinausliefen.

In dieser noch gänzlich unentschiedenen Situation ließ Kaiser Franz voreiligerweise die Reichsdeputation auflösen. Dalberg war damit eines wichtigen Entscheidungsorgans beraubt und die Verhältnisse im Reich trieben prompt dem Chaos zu: Wider alles Recht begann der Wiener Hof, die in Österreich liegenden Güter, die als Entschädigung für den Reichsadel bestimmt waren, rigoros einzukassieren.[4] Zudem brüskierte er Dalberg mit dem Plan, dessen Kurwürde und Erzkanzleramt demnächst auf einen Habsburger Erzherzog zu übertragen.[5] Von München wurden zu diesem Zeitpunkt sehr massive Ansprüche auf das Regensburger Fürstentum erhoben[6], und überdies bezeichnete der Berliner Hof das Amt des Erzkanzlers als eine völlig überflüssige Position.[7]

Dalbergs Hilferuf nach Paris

Wenige Monate später – im Oktober 1803 – brachen gar anarchieartige Zustände aus. Die Landesfürsten, eben durch die Säkularisation reich und mächtig geworden, fingen an, jetzt auch noch die Gebiete der Reichsritterschaft einzuheimsen, obwohl diese kraft Reichsgesetz ausdrücklich in ihren Rechten garantiert und geschützt worden war.[8] Raub, Plünderung und bürgerkriegsähnliche Zustände waren an der Tagesordnung. Schlösser brannten nieder, es kam zu regelrechten Gefechten zwischen den landesherrlichen Truppen und den sich zur Wehr setzenden Reichsrittern. Es gab Tote und Verwundete. Der Berliner Hof ermunterte die „Raubfürsten" sogar noch in ihrem Vorgehen. Kaiser Franz hielt sich zurück. Die Landesherrn hatten also freie Hand, und Dalberg, von Amts wegen als Erzkanzler der oberste Gesetzeshüter und selbst Angehöriger der Reichsritterschaft, hatte nur die Möglichkeit, mit dem Federkiel zu kämpfen. Die Ultima ratio war ein Hilferuf nach Paris. Als Vermittler trat diesmal der französische Geschäftsträger am Reichstag, Theobald Bacher[9], auf den Plan. Bacher war ein aus dem Oberelsaß stammender Diplomat, der als französischer Bevollmächtigter 1795 in Basel die Geheimverhandlungen mit Preußen geführt hatte. Spätestens seit dem Friedenskongreß in Rastatt kannte er Albini, und die seinerzeit am Verhandlungstisch entdeckten politischen Gemeinsamkeiten wurden jetzt mit neuem Leben erfüllt. Bacher machte sich prompt zum Anwalt der erzkanzlerischen Interessen. Er malte dem Ministerium in Paris das Schreckgespenst einer Anarchie an die Wand, in die das Reich in kürzester Zeit versinken würde, falls man Dalberg nicht zur Seite stünde. Schließlich beschwor der Diplomat noch die Gefahr einer Einigung zwischen Preußen und Österreich und einer Nord-Süd-Teilung des Reiches, wenn Frankreich nicht die für den Fortbestand des „Corps Germanique" so wichtige Politik des Erzkanzlers stärken würde.[10]

Bacher hatte Erfolg. Napoleon versprach, die Reichsritterschaft in ihren verbrieften Rechten zu schützen[11], und der Reichstag bildete mit der Zustimmung der Hofburg eine Subdelegation aus Kurböhmen, Österreich, Kursachsen und Baden, die unter Dalbergs Leitung stand und die unter Androhung der Reichsexekution von den Landesfürsten verlangte, die Reichsritterschaft wieder in ihre alten Rechte einzusetzen. Welche großen Hoffnungen man auf seiten des bedrängten Reichsadels auf den Standesgenossen Dalberg setzte, zeigen die Bestrebungen des Reichsfreiherrn Ferdinand von Lamezan. Er hatte angeregt, dem Erzkanzler für seine Verdienste um die Reichsritterschaft ein Denkmal zu setzen. Goethe, der an diesen Plänen regen Anteil nahm und sowohl mit Lamezan als auch mit Wilhelm von Humboldt in dieser Sache korrespondierte, meinte, er habe Dalberg selbst „wegen eigner Bildung und Förderung ein Denkmal zu setzen Ursache".[12] Humboldt war zu diesem Zeitpunkt preußischer Gesandter in Rom, wo er sich – der Anregung Goethes folgend – mit einem bekannten Medaillenstecher in Verbindung setzte.[13] „Ich möchte gern", so schrieb ihm Goethe, „unserem alten Gönner ein solches öffentliches Zeichen des Dankes gebracht wissen, das auch von seiten der Kunst bedeutend wäre".[14] Aus der Ehrenmedaille ist trotz der Bemühungen Goethes und Humboldts nichts mehr geworden. Schuld daran hatte letztlich Napoleon, der sich im Mai 1804 zum Kaiser der Franzosen ausrufen ließ – die Krönung war erst für Dezember vorgesehen – und damit einen neuen Krieg zwischen Frankreich und Österreich heraufbeschwor, einen Krieg, dem schließlich die Unabhängigkeit der Reichsritterschaft zum Opfer fallen sollte.

Frankreich und Österreich, seit dem 16. Jahrhundert die großen Kontrahenten im Kampf um die Vorherrschaft auf dem Kontinent, schmiedeten wieder einmal die Waffen. Während die Hofburg geheime Verbindungen mit England und Rußland aufnahm, suchte der französische Kaiser nach Verbündeten im Reich. Das war in erster Linie der Grund, weshalb er jetzt auch seine Kontakte zum Erzkanzler enger geknüpft sehen wollte. Dalberg hatte ihm nach der Erhebung zum Kaiser das übliche Glückwunschschreiben geschickt.[15] Napoleon antwortete darauf mit der Ernennung eines eigens für den Regensburger Kurstaat akkreditierten französischen Gesandten.[16] Es war Joseph-Marie Portalis[17], der Sohn des französischen Kultusministers, ein junger, vielversprechender Diplomat, der an den Friedensverhandlungen in Lunéville teilgenommen hatte und nach diplomatischen Missionen in Dresden, Amiens und London Erster Botschaftssekretär in Berlin geworden war. Napoleon besaß offenbar Gründe, im Kurfürstentum Dalbergs einen eigenen Gesandten einzusetzen. Der Erzkanzler fühlte sich dadurch hochgeehrt und mit ganz besonderer Genugtuung nahm er zur Kenntnis, daß er im Beglaubigungsschreiben, das ihm Portalis vorlegte, als „Son Altesse Sérénissime", als „Ihre Allerdurchlauchtigste Hoheit" tituliert war – ein Prädikat, das man bislang nur den weltlichen Kurfürsten gewährt hatte.[18] Als Gegenleistung ließ er zum Empfang des Diplomaten seinen ganzen Hofstaat aufbieten – vom Livreediener bis zum Kammerherrn, so daß Portalis, der auf eine so glänzende Begrüßung gar nicht vorbereitet gewesen war, sich den Herrn Sekretär aus der französischen Legation Bachers ausborgen mußte, um eine standesgemäße Begleitperson zu haben. Ganz offensichtlich aber war die Akkreditierung des Gesandten der Beginn eines neuen Kapitels in der Geschichte der Beziehung zwischen Dalberg und Napoleon. Vier Wochen nach der Ernennung von Portalis erhielt der Erzkanzler nämlich eine Einladung aus Paris – der Kaiser von Frankreich wünschte ihn persönlich kennenzulernen.

Erste Begegnung mit Napoleon

Der französische Empereur wollte bei dieser Gelegenheit – wie so oft – mehrere Fliegen mit einer Klappe schlagen. Die Reise, die er im September 1804 durch die neuen Ostprovinzen Frankreichs unternahm, war mit den Besuchen in ehemaligen deutschen Kaiser- und Bischofsstädten wie Aachen, Köln und Mainz propagandistisch so geschickt inszeniert worden, daß sein erst ein paar Monate altes Kaisertum in vollem Glanz erschien. Bei dem Treffen in Mainz, zu dem er mehrere deutsche Reichsfürsten eingeladen hatte, wollte er auch für seine bevorstehende Krönung in Paris die Werbetrommel rühren: Gleichsam zur Legitimation seines neuen Kaisertitels sollten dort möglichst viele und auch möglichst ehrwürdige Reichsfürsten aufmarschieren. Kaum ein anderer schien ihm dazu geeigneter als der Kurfürst Carl von Dalberg, der Primas Germaniae und Arcicancellarius jenes Heiligen Imperiums Karls des Großen, zu dessen Erben der Sohn der Revolution sich eben aufschwang. Schließlich wollte er aber auch in Mainz das Terrain für ein deutsch-französisches Bündnis sondieren, um der drohenden Koalition von England, Rußland und Österreich zu begegnen.[19] Dalberg erhielt daher den Besuch des französischen Generals und Diplomaten François Sebastiani, der ihn im Auftrag des Kaisers zu einem allerhöchsten Treffen in Mainz einlud. Der Erzkanzler hatte jedoch verständlicherweise wenig Lust, Napoleon ausgerechnet in seiner einstigen, an Frankreich verlorenen Residenzstadt zu begegnen. Er fand Ausflüchte und dem preußischen Gesandten Graf Görtz erzählte er „von dem sehr lästigen und unangenehmen Besuch"[20], und daß er vorgeschlagen habe, sich in einer anderen Stadt zu treffen.[21] Schließlich fand der geschickte Sebastiani eine diplomatische Lösung des Problems: Anstelle Napoleons lud ihn der inzwischen in Mainz amtierende Bischof Joseph Colmar[22] als seinen Vorgänger und Amtsbruder ein.[23] Das ließ Dalberg kaum noch eine Wahl. Trotzdem sagte er aber erst zu, nachdem er sich mit dem ebenfalls eingeladenen Kurfürsten Wilhelm von Hessen-Kassel[24] verständigt hatte. Immerhin erschien die bevorstehende Zusammenkunft mit Napoleon den beiden aus einem anderen Grund ganz nützlich: der hessische Kurfürst wollte den deutschen Fürstenbund in neuer Form wieder aufleben lassen.[25] Dalberg sollte, obwohl er dem Plan skeptisch gegenüberstand, in Mainz versuchen, Frankreich als Garantiemacht für einen politisch neutralen Fürstenbund zu gewinnen. Gleichzeitig wurde Prinz Ludwig von Baden[26] beauftragt, die Protektion des Zaren für das Projekt zu erwirken. Daß Napoleon ebenfalls Bündnispläne – obgleich ganz anderer Art – im Kopf hatte, wußten die beiden Reichsfürsten zu diesem Zeitpunkt nicht.

Am 22. September 1804 standen sie sich dann zum erstenmal von Angesicht zu Angesicht gegenüber: der junge Held und der alternde Reichsfreiherr. Aber seltsam, nicht der Erzkanzler umschmeichelte den Kaiser, im Gegenteil. Napoleon stellte Dalberg eine Ehrenwache von zwölf Mann und einen Offizier aus seiner Leibgarde zur Verfügung. Dann lud er ihn zur kaiserlichen Tafel. Nach dem Dessert spielte die Kaiserin Josephine mit dem Erzkanzler noch eine Partie Whist. Abends war dann großes Theater. Es gab „Iphigenie in Aulis", wozu eigens aus Paris die besten Schauspieler angereist waren.[27] Der Hauptdarsteller der Mainzer Galavorstellung aber war Napoleon, und nicht nur das, er war auch der große Regisseur des Abends. Mit einem sicheren Gefühl für Wirkungen bat er Dalberg neben sich in die Proszeniumsloge, wo ihn das gesamte Publikum sehen konnte. Man staunte allgemein, und einer der österreichischen Agenten meldete eilfertig nach Wien: „Daß der Kurfürst in betreff seiner Person ausgezeichnet wurde, ist sichtbar."[28]

Für Napoleon aber hatte die gut inszenierte Begegnung in erster Linie dem eigenen Ruhm und der eigenen Größe gedient. Wenn er – eben auf großer Repräsentationsfahrt – den Reichserzkanzler zu sich in die Proszeniumsloge des ehemals kurfürstlichen Hoftheaters von Mainz einladen konnte, dann zeigte er doch in aller Deutlichkeit, wer jetzt der Herr im Haus war. Frankreich brauchte von dem alten deutschen Reich, als dessen Bollwerk Mainz einst gegolten hatte, nichts mehr zu befürchten. Es gibt die rührselige Anekdote, daß Dalberg nach dem Empfang bei Napoleon dem greisen Kurfürsten von Baden weinend in die Arme gesunken sein soll.[29] Diese posthum von Caroline von Wolzogen in wohlmeinender Absicht verbreitete Legende war aber nur ein hilfloser Versuch, den Erzkanzler vom später erhobenen Vorwurf reinzuwaschen, er habe mit Napoleon damals in Mainz die ersten Pläne für den Rheinbund geschmiedet.[30] In Wirklichkeit stellten Kaiser und Erzkanzler bei ihren Gesprächen über Fürstenbund und Allianzpolitik sehr rasch fest, daß sie von ganz verschiedenen Standpunkten ausgegangen waren. Sowohl gegenüber Görtz als auch gegenüber dem französischen Gesandten Portalis konnte Dalberg wenige Wochen später glaubhaft versichern, daß er derjenige gewesen sei, der Napoleon in Mainz von dessen Koalitionsplänen abgebracht habe.[31] Dalberg hat damit höchstwahrscheinlich die Wahrheit gesagt, denn unabhängig von ihm berichtete der preußische Gesandte Lucchesini aus Paris dem Berliner Hof folgenden Sachverhalt: „Der erste der deutschen Reichsstände, den Napoleon zu gewinnen gesucht hat, ist der Kurfürst-Erzkanzler. Man räumt ihm hier (gemeint ist Paris) mehr Einfluß über die Vorgänge im Reichstag ein, als er tatsächlich besitzt. Man will seine Macht stützen und verbessern, falls möglich auch seine staatliche Existenz; und wenn er auch eine große Anhänglichkeit an die deutsche Reichsverfassung bezeugt, so bemüht man sich, seiner Selbstliebe zu schmeicheln, indem man ihn um Rat fragt, welche Mittel künftig anzuwenden seien, zum Schutz der Verfassung vor anderweitiger Beeinträchtigung durch die deutschen Großmächte. Aus dieser Situation heraus muß das Projekt einer Union zwischen mehreren Kurfürsten entstanden sein, und ich bezweifle nicht länger, daß dies Gegenstand einer Verhandlung zwischen dem Kaiser und dem Kurfürst-Erzkanzler bei deren Zusammentreffen in Mainz war."[32]

Die Verhandlungen zwischen Dalberg und Napoleon über einen deutschen Fürstenbund waren jedoch gescheitert. Der Kaiser hatte kein Interesse, die Rolle eines neutralen Suzerän zu übernehmen, während Dalberg und mit ihm die Kurfürsten von Baden und Hessen-Kassel noch keine Koalition mit Frankreich eingehen wollten. Um die zwei Kurfürsten und ihnen voran den Erzkanzler wenigstens zur Krönung nach Paris zu bringen, legte Napoleon jetzt einen anderen Köder aus. Er bot seine Vermittlung für ein Unternehmen an, das dem Erzkanzler ganz besonders am Herzen lag – das Reichskonkordat. Die Verhandlungen darüber sollten unmittelbar nach der Krönung in Paris mit dem ebenfalls eingeladenen Papst Pius VII. aufgenommen werden.[33] Dalberg konnte dieses Angebot wohl kaum als leeres Versprechen verstehen, denn Napoleon hatte selbst erst vor wenigen Jahren für Frankreich ein Konkordat mit Rom geschlossen und dabei nahezu alle seine Forderungen durchgedrückt. Trotzdem sagte er nicht sofort zu, sondern verhielt sich zunächst ausweichend.[34] Er wollte nicht der einzige deutsche Reichsfürst sein, der Napoleons Kaiserkrönung zusah, und er wollte auch nur dann nach Paris gehen, wenn sichergestellt war, daß sich Pius VII. auf die Reise in die französische Hauptstadt begeben werde. Sein Zögern war aber auch ein Zeichen von Unsicherheit. Sein schwärmerischer Sinn war der Faszination Napoleons bereits erlegen. „All das Großartige, das sich seit fünf Jahren in der Geschichte Frankreichs ereignet hat" – so gestand er nach der Begegnung von Mainz –, „ist für mich auf einfache und natürliche Weise erklärlich, seit ich ihn gesehen habe, den Heros der Geschichte."[35]

Krönung in Paris

Vier Wochen später – am 21. November 1804 – traf der Erzkanzler in Paris ein. Die Begrüßung, die ihm der Heros der Geschichte bereitete, war ehrenvoll und schmeichelhaft, denn sie entsprach in jeder Beziehung der eines auswärtigen Souveräns: Marschall Bessières[36], der Sieger von Abukir und inzwischen Großwürdenträger des französischen Empire, kam Dalberg schon an der Stadtgrenze von Paris entgegen und stellte ihm vier sechsspännige Karossen zur Verfügung, von denen der Erzkanzler aber nur zwei annehmen wollte.[37] Er wohnte in einem Privatpalais des Ministers Talleyrand und erhielt dort auch den Besuch des Kardinals Caprara[38], eines gewandten Diplomaten altrömischer Schule, der ihn mit italienischer Schläue sofort in seinen Hoffnungen auf das Konkordat mit dem Papst bestätigte.[39]

Die Kaiserkrönung – „Le sacre" – ging am 2. Dezember 1804 programmgemäß über die Bühne von Notre Dame. Fréderic Masson hat in einem Buch von über dreihundertfünfzig Seiten sämtliche Einzelheiten festgehalten – von der Beschreibung der Reichskleinodien bis hin zu den silbernen Schnallen am Schuh eines kaiserlichen Kammerherrn.[40] Die Zeremonienmeister Napoleons hatten sich wahrhaftig keine Gelegenheit entgehen lassen, die Geschichte eines ganzen Jahrtausends zu erwecken. Das Vorbild für das Krönungszeremoniell reichte von den Merowingern bis zum Sonnenkönig. So mußte zum Beispiel der päpstliche Monsignore, der Pius VII. das Kreuz vorantrug, dem Papst auf einem weißen Maulesel vorausreiten. Für den deutschen Erzkanzler hatte das Protokoll eine weniger anstrengende Rolle vorgesehen: Er wurde nebst seinem kleinen Gefolge, darunter auch der Mainzer Universitätsprofessor Niklas Vogt[41], um sieben Uhr morgens von dem kaiserlichen Kammerherrn mit drei sechsspännigen Kutschen und unter Begleitung einer Ehrenwache von fünfzig Dragonern in die Kathedrale von Notre Dame gebracht und dort mit den anderen Ehrengästen in einem langen Zug zur Tribüne geleitet. Achttausend Menschen aus ganz Frankreich waren versammelt, darunter sechs Kardinäle und sechzig Bischöfe. Um zwölf Uhr mittags betraten schließlich Napoleon und Josephine die Kathedrale und schritten nach einem sorgfältig einstudierten Programm durch das Kirchenschiff. Eine Militärkapelle spielte den Krönungsmarsch.

Dalberg saß neben den Großwürdenträgern des Empire in unmittelbarer Nähe des Altars und der beiden Thronsessel. Wie anders, wie pompöser war doch diese Feierlichkeit als die im Vergleich dazu so bescheidende Kaiserkrönung Franz II., die er vor zwölf Jahren im Frankfurter Römer miterlebt hatte. Er sah die Gefährten von Napoleon in ihren prächtigen Gewändern, den Großmarschall des Palastes, Géraud Duroc[42], der jetzt einen roten, mit Silber bestickten und weißem Satin besetzten Samtmantel umgeworfen hatte, dessen Aufschläge mit weißen Palmen in Brokatstickerei verziert waren. Duroc trug dazu einen Degen mit Perlmuttgriff in einer Scheide aus Elfenbein, einen in blauen Samt gehüllten Amtsstab mit Adlern und einen Hut mit weißen Federn.[43] Die hermelinbesetzte Purpurschleppe Napoleons war so lang, daß sie von vier Trägern gehalten werden mußte. In seinen Händen hatte der Kaiser Reichsschwert und Szepter, während das Herrschaftszeichen der französischen Könige, die Hand der Gerechtigkeit, auf einem blauen Samtkissen ruhte. Krone und Reichsapfel wurden wie seinerzeit in Frankfurt dem Kaiser vorausgetragen. Die Zeremonie dauerte über vier Stunden. Endlich ertönte der Ruf des Papstes „Vivat Imperator in aeternum!", in den dann der Chor einfiel. Jetzt erst verkündete der Reichsherold dem Volk, daß der ruhmreichste und erhabenste Napoleon, Kaiser der Franzosen, geweiht und auf den Thron gesetzt sei. Im Anschluß an die Krönungsfeierlichkeiten gab es in den Tuilerien ein großes Bankett. Papst Pius VII. war Ehrengast, zog sich aber zu Beginn des Ballett-Programms dezent zurück. Dalberg blieb, denn er war fasziniert, nicht nur vom Ballett und von der Pracht des Hofes, sondern in erster Linie von der Ausstrahlung des erst fünfunddreißigjährigen Kaisers, der jetzt für ihn – nach Salbung und Krönung durch das Kirchenoberhaupt – zum legitimen Nachfolger Karls des Großen geworden war.

Mainzer Erzstuhl nach Regensburg versetzt

Nachdem die großen Zeremonien zu Ende waren, hatte es zunächst den Anschein, als würde Napoleon sein Konkordatsversprechen wahrmachen. Der Papst blieb erwartungsgemäß in Paris, und Dalberg wurde von ihm mit ausgesuchter Höflichkeit empfangen. Dann begannen die Vorgespräche zwischen seinem geistlichen Referenten und dem päpstlichen Sekretär. Der Erzkanzler hatte sich viel vorgenommen. Ein ganzes Paket unerledigter Kirchenprobleme sollte zusammen mit dem Problem eines Reichskonkordats gelöst werden. Besonders ging es ihm darum, in Regensburg ein neues erzbischöfliches Domkapitel zu bilden und seinen kirchenrechtlich immer noch in Mainz befindlichen Bischofsstuhl nach Regensburg zu übertragen.[44] Aber schon nach den ersten Konferenzen stellte sich heraus, daß die Kurienkardinäle davon nichts wissen wollten. Dalberg hatte – sofern überhaupt eine Chance bestand – die Unterstützung des französischen Kaisers bitter nötig. Es sah nicht gut aus für ihn. Alle seine Kirchenpläne drohten zu scheitern, denn Pius VII. und die mit ihm anwesenden Kurienkardinäle verwarfen den vorgelegten Konkordatsplan samt und sonders.[45] Die Frage eines neuen Domkapitels wurde auf den Sankt-Nimmerleins-Tag verschoben[46], und wenn Napoleon die Kardinäle schließlich nicht unter massiven Druck gesetzt hätte, wäre nicht einmal die im Reichsdeputationshauptschluß ohnehin beschlossene Verlegung des Mainzer Erzbistums nach Regensburg zustande gekommen. Die dafür erforderliche päpstliche Bulle konnte nach zähem Ringen am 1. Februar 1805 ausgestellt werden.[47] Dalberg hatte also nur einen Bruchteil von dem erreichen können, was er eigentlich erreichen wollte – und auch dieses Wenige hatte er nur mit Hilfe Napoleons geschafft. Wenige Tage bevor er von Paris nach Regensburg zurückkehrte, übergab er dem Kaiser einen Brief, in dem er zwar seinen Dank überschwenglich zum Ausdruck brachte, gleichzeitig aber auch Napoleon daran erinnerte, daß die Konkordatsfrage weiterhin ungelöst sei.[48] Der Kaiser überflog das Schreiben flüchtig und setzte dann die Bemerkung an den Rand „aux affaires extérieures". Damit war die Sache für ihn erledigt. Sie sollte es auch bleiben, obwohl ihm Dalberg in den folgenden Jahren immer wieder mit den deutschen Kirchenangelegenheiten auf die Nerven ging.

Wenige Wochen später – am 11. April 1805 – schlossen England und Rußland die seit einem Jahr vorbereitete Offensivallianz gegen Frankreich, der im August auch Österreich beitrat. Die Antwort Napoleons war ein Bündnissystem mit den süddeutschen Staaten, das von dem schlauen Fuchs Talleyrand schon vor Monaten eingefädelt worden war und für das jetzt auch noch der Erzkanzler gewonnen werden sollte – natürlich nicht als militärisch ins Gewicht fallender Verbündeter, sondern als politisch wirksames Aushängeschild der französisch-deutschen Koalition. In dieser Sache hatte Portalis im Juni 1805 aus Paris die Weisung erhalten, Dalberg von den französischen Plänen zu unterrichten und zu überzeugen: Im Süden Deutschlands sollte jetzt eine „dritte Kraft" aufgebaut werden, stark genug, um sich mit Hilfe Frankreichs gegenüber Österreich und Preußen behaupten zu können.[49] Obwohl das zum Teil Dalbergs Lieblingsidee war, antwortete er – das angeblich „willenlose Werkzeug Napoleons" – mit einem entschiedenen „Nein". Dem französischen Gesandten erklärte er, er wolle und müsse – trotz seiner Bewunderung für den Kaiser – an der Reichsverfassung und an der Neutralität unbedingt festhalten. Seine Dankbarkeit gegenüber Napoleon würde da aufhören, wo seine Verpflichtungen gegenüber dem Reich und der Reichsverfassung begännen.[50]

Napoleon war mit dieser Antwort nicht zufrieden. Er ließ den jungen und vielleicht zu nachgiebigen Portalis abberufen und durch den geschmeidigen Théodor-Charles Hédouville[51] ersetzen. Dieser war einst Mitschüler Napoleons auf der Kriegsakademie in Brienne gewesen. Nach kurzer Militärzeit, in der er sich nicht gerade mit Ruhm bedeckt hatte, war er Sekretär der französischen Legation in Rom geworden. Er hatte dadurch Einblicke in die kirchlichen Angelegenheiten gewonnen und schien Napoleon auch aus diesem Grund der geeignetere Kontaktmann zu Dalberg zu sein. Aber selbst Hédouvilles Bemühungen, den Kanzler vor den Karren der napoleonischen Allianz zu spannen, schlugen fehl. Enttäuscht berichtete der Gesandte nach Paris: „Ich finde hier nichts anderes als den Beschützer der deutschen Reichsverfassung [. . .] in drei Gesprächen ist es mir nicht gelungen, ihn von seinen altertümlichen Ideen abzubringen."[52] Ein Sinneswandel Dalbergs kam erst zustande, als mit Zustimmung von Kaiser Franz in den ersten Septembertagen des Jahres 1805 russische Truppen über Galizien ins Reich einrückten. Für Dalberg war dies ein Akt der Aggression, und er ließ Napoleon versichern, daß er nunmehr überzeugt auf seiner Seite stünde.[53] Es war Dalbergs ehrlicher Wunsch, Napoleon möge diesen Krieg so schnell als möglich beenden. Er selbst begriff den Feldzug von 1805, den sogenannten dritten Koalitionskrieg, als einen bewaffneten Konflikt zwischen Frankreich und Österreich, aus dem sich das übrige Deutschland heraushalten sollte. In diesem Sinn ist auch seine Erklärung an die Reichsstände vom 8. November 1805 zu verstehen, in der er zum Schutz der Reichsverfassung und einem möglichst raschen Friedensvertrag aufrief.

Dalberg, Napoleon und die römisch-deutsche Kaiserkrone

Diese Proklamation Dalbergs wurde allerdings nicht nur von den Zeitgenossen – darunter auch Napoleon – mißverstanden, sondern auch von den Historikern vielfach fehlinterpretiert.[54] Aufgrund der späteren Entwicklung hatte man aus dem Aufruf ein Angebot Dalbergs an Napoleon herausgelesen, die römisch-deutsche Kaiserkrone zu übernehmen.[55] Ein solcher Gedanke lag damals zwar in der Luft, und wenn man den Berichten Bachers, des französischen Geschäftsträgers am Reichstag, glauben darf, dann hatte Dalberg zu diesem Zeitpunkt mit ihm dieses Thema bereits auch erörtert. Allerdings ist damit noch nicht geklärt, ob die Idee, Kaiser Franz zur Abdankung zugunsten Napoleons zu bringen, wirklich von Dalberg stammte, wie es später behauptet wurde.[56] Aufklärung verschafft hier ein Geheimbericht, den der päpstliche Uditore Tiberius Conte di Troni[57] am 26. November 1805 nach Rom sandte: „Der Kurfürst fragte mich nach längeren Gesprächen, ob ich denn wüßte, welche Maßnahmen Ihre Heiligkeit und Euere Eminenz vorgesehen hätten, für den Fall, daß sich der französische Kaiser auch zum Kaiser des deutschen Reiches ausrufen ließe."[58] Demnach also erwartete Dalberg – jedenfalls zunächst –, daß eine solche Proklamation von Napoleon selbst kommen würde – eine Meinung, die er damals mit zahlreichen Zeitgenossen teilte. Besonders innerhalb der Reichsritterschaft bestand insgeheim die Neigung, Napoleon als Reichsoberhaupt auszurufen.[59] Und sogar ein so erklärter Patriot wie der Reichsfreiherr von Gagern sah in einer Übernahme der Kaiserkrone durch Napoleon die einzige Chance für den Fortbestand des Reiches.[60]
In der allgemeinen Stimmung eines neuen Reichsbewußtseins, das bereits gegen Ende des 18. Jahrhunderts erwacht war, galt die Krone nicht als nationales Symbol. Dazu hatte es

erst das 19. Jahrhundert gemacht. Zu Dalbergs Zeiten war die Kaiserkrone die ehrenvollste Auszeichnung, die das Reich seit dem hohen Mittelalter an den jeweils würdigsten Mann zu vergeben hatte.[61] Ein solcher Mann aber, und darüber war sich ein großer Teil des Reichsadels im klaren, konnte nicht der zögernde, pedantisch-gefühlskalte Franz in Wien sein, sondern nur ein Genie wie Napoleon, der damals vielen, darunter auch Goethe und Hegel, als die Hoffnung des jungen Europas galt. Man kann wohl davon ausgehen, daß sich auch der Erzkanzler von dieser Woge der Begeisterung mittragen ließ, ohne daß er sich sich dabei als „willenloses Werkzeug" oder gar als „Reichsverräter" empfunden hatte — und auch andere haben ihn — zumindest damals — nicht so gesehen. „Dalbergs vorurteilsfreie, ganz reine, hohe Denkungsart", notierte der Geschichtsschreiber Johannes von Müller, „ist der größten Unternehmungen fähig und paßt nicht übel für den neuen Kaiser, besser als zum alten, der ihn nicht mag".[62]

Nach Napoleons Sieg in der Dreikaiserschlacht von Austerlitz (2. Dezember 1805) und dem Frieden von Preßburg (26. Dezember 1805) war dann die Frage, wer in Zukunft die römisch-deutsche Kaiserkrone tragen sollte, tatsächlich aktuell geworden. Am Wiener Hof wurden nämlich bereits versteckte Überlegungen angestellt, ob es für das Haus Habsburg, das dem Beispiel Napoleons gefolgt war und sich die erbliche österreichische Kaiserwürde zugelegt hatte, überhaupt noch weiterhin von Vorteil sei, die Karlskrone zu tragen.[63] Zudem hatte Napoleon mit der Erhebung von Bayern und Württemberg zu souveränen Königreichen, zu deren Anerkennung er Kaiser Franz zwingen konnte, hinlänglich bewiesen, wer jetzt im Reich das Sagen hatte. Wenn der Erzkanzler, der vom französischen Kaiser zu den Siegesfeierlichkeiten in die Münchner Residenz eingeladen worden war, dort am 17. Januar 1806 Napoleon den römisch-deutschen Kaisertitel offiziell antrug[64], dann wohl doch nur deshalb, weil er verhindern wollte, daß die ehrwürdige Karlskrone zu einem herrenlosen Gut werden würde, und weil er gleichzeitig damit den realpolitischen Machtverhältnissen — nicht zuletzt auch der allgemeinen Erwartungsstimmung — entgegenkommen konnte.

Doch die Antwort Napoleons war eine herbe Enttäuschung. Dalberg mußte sich zunächst die Leviten lesen lassen, daß er im Feldzug gegen Österreich kein Bündnis mit Frankreich eingegangen sei und dann sogar noch eine Neutralitätsproklamation am Reichstag veröffentlicht habe. „Wenn es die Lage erfordert hätte, dann hätte ich Sie aus Regensburg verjagt", rief Napoleon zornig. Doch der Kaiser beruhigte sich dann rasch und meinte einlenkend: „Sie werden Ihr Kurfürstentum nicht verlieren, denn Ihr Name ist groß geworden im Lauf der Geschichte. Ich weiß auch, daß es schmerzlich für Sie ist, daß ich die Reichsritterschaft aufgehoben habe; aber das mußte sein, weil ich eine Entschädigung für meine Bundesgenossen brauche, außerdem muß ich alle Vorkehrungen treffen, daß sich Deutschland nicht noch einmal gegen mich vereinigt." Schließlich ging er vor dem Erzkanzler heftig auf und ab und erklärte lautstark: „Ich bin Italiener und ich bin rachsüchtig. Man hat mich vernichten wollen, aber ich habe gesiegt. Ich brauche Sicherheit für mich und Belohnung für meine Verbündeten." Zu Dalberg gewandt schloß er seine Schimpfkanonade mit den Worten: „Ihr und andere Ideologen handelt nach einem vorher vorbereiteten System. Ich aber bin ein Mann der Praxis. Ich weiß die Entwicklung im voraus und ich kann sie in Bewegung setzen und steuern."[65]

Als der Erzkanzler nach Napoleons Selbstlob die Rede auf Reich und Reichsverfassung brachte, schnitt ihm der Kaiser das Wort ab. Die Reichsverfassung nannte er eine „alte Klappermühle" und den Reichstag ein „baufälliges Gebäude".[66] Die römisch-deutsche Kaiserkrone lehnte er zwar nicht direkt ab, nahm sie aber auch nicht an. Mag sein, daß er noch eine Zeitlang wirklich mit dem Gedanken spielte, den „Griff nach der Kaiserkrone"[67] zu tun, letztendlich aber scheute er dann doch wegen der zu erwartenden Widerstände der deutschen Souveräne davor zurück. Zu Dalberg meinte er schließlich in versöhnlichem Tone: „Ich weiß gut, daß Sie dies jetzt tödlich bedauern werden, weil Sie der Älteste des deutschen Reichsadels sind!"[68] Damit war die Audienz beendet. Der Kaiser hatte sich gegenüber Dalberg vor versammelter Hofmannschaft als der Mann der Tat dargestellt, als Pragmatiker und Realist – Dalberg hatte er dagegen als einen Ideologen abgetan, als Anhänger starrer staatsrechtlicher Theorien. Er meinte mit der Bezeichnung Ideologe in erster Linie jenen Typus eines politischen Schwärmers, revolutionären Utopisten und Verfassers philosophischer Traktate, über den er sich zuweilen gerne lustig machte[69], ja sogar heftig bekämpfte. So hatte er Leute dieses Schlages im Institut National, der französischen Zentralakademie, ausgeschaltet, ohne freilich verhindern zu können, daß Dalberg dort 1804 anstelle des verstorbenen Friedrich Gottlieb Klopstock zum auswärtigen Mitglied ernannt wurde.

Heimlicher Hausprälat Napoleons

Daß der Erzkanzler von Napoleon nach München eingeladen worden war[70], hatte im Grunde nichts mit Kaiserkrone und Reich zu tun, sondern lag höchstwahrscheinlich an etwas ganz anderem. Am 14. Januar 1806 fand nämlich in der Hofkapelle der Residenz die Trauung von Eugen Beauharnais[71] mit der bayerischen Prinzessin Amalie-Auguste statt, und der Kaiser wünschte, daß die neuen verwandtschaftlichen Beziehungen seiner Familie mit dem Haus Wittelsbach durch den höchsten kirchlichen Würdenträger des Reiches ihren Segen erhielten. Dalberg vollzog die Trauung[72], während ihm die Regensburger Domherrn Sternberg , Fraunberg[73] und Tänzl bei den kirchlichen Feierlichkeiten assistierten.[74] Ein Jahr später beauftragte Napoleon Dalberg nochmals mit einer Trauung zwischen einem Bonaparte und einer Prinzessin aus einer alten deutschen Dynastie: Sein Bruder Jérôme[75], im August 1807 zum König von Westfalen proklamiert, sollte eine württembergische Königstochter heiraten, obwohl er bereits mit einer Amerikanerin kirchlich getraut worden war. Der Papst hatte sich geweigert, die Ehe zu annullieren. Dalberg zog sich mit einem Johannes-Wort aus der Affäre: „Die in der Liebe leben, leben in Gott und Gott ist in ihnen.“[76] Am 23. April 1809 segnete der Erzbischof Dalberg dann noch in Frankfurt den ehelichen Bund des Talleyrand-Neffen Alexandre Edmond Talleyrand-Périgod mit der Prinzessin von Kurland.

Dalbergs Rolle als heimlicher Hausprälat Napoleons, zuständig für deutsch-französisches Konnubium, taucht in der bisherigen Geschichtsschreibung ebensowenig auf, wie eine andere Facette dieser eigenartigen Beziehung: Napoleon, der sich nach seiner Kaiserkrönung zur Familie der europäischen Dynastien rechnete und Dalberg – wie auch die übrigen deutschen Souveräne – zunächst mit „Mon cousin“[77] und nach der Rheinbundgründung mit „Mon frère“[78] titulierte, soll auch noch anderes zu ihm gesagt haben. In Bemerkungen wie „Vous-êtes le plus ancien de la noblesse allemande!“[79] oder „Votre nom eut vecû dans l'histoire!“[80] kam zweifelsohne eine gewisse Portion von Respekt zum Ausdruck, den der korsische Advokatensohn dem Abkömmling eines jahrhundertealten Aristokratengeschlechts entgegenbrachte. Er wünschte sogar, die Familie Dalberg zu den ersten Reichsrittern des französischen Empire zu machen.[81] Für diese Rolle hatte er den Neffen des Erzkanzlers ausersehen: Emmerich von Dalberg[82], als ehemaliger Mainzer Domherr und „Nepote“ des Kurfürsten eine politisch undurchsichtige und von verdächtigem Ehrgeiz getriebene Figur. Als badischer Gesandter in Paris rasch zum Günstling Talleyrands aufgestiegen, konnte er sich zunächst nicht entscheiden, welchem Herrn er dienen sollte – dem badischen Kurfürsten oder dem Kaiser von Frankreich. Napoleon erleichterte ihm die Wahl. Zuerst plante er, ein weltliches „Kurfürstentum Dalberg“ zu schaffen und die Kurwürde nach dem Tod des Erzkanzlers auf den Neffen übergehen zu lassen.[83] Doch dieses wahrhaft phantastische Projekt erwies sich sehr rasch als undurchführbar. Emmerich sollte daraufhin wenigstens das Fürstentum Regensburg bekommen – ein Plan, der am Widerstand Bayerns scheiterte.[84] Schließlich verschaffte ihm Napoleon einen Sitz im französischen Staatsrat. Als Emmerich 1808 Maria-Pellina de Brignolé-Salé, eine Palastdame der Kaiserin Josephine, heiratete, machte der Kaiser sogar höchstpersönlich den Trauzeugen[85] und erhob ihn zwei Jahre später zum Herzog. Ähnlich ging es bei der Heirat von Dalbergs Nichte Amalie von der Leyen[86] mit Graf Tascher de la Pagerie[87], einem Vetter der Kaiserin Josephine. Auf diese Weise kam es sogar noch zu verwandtschaftlichen Beziehungen zwischen den Dalbergs und dem französischen Kaiserhaus. Ein aus dieser Verbindung hervorgegangener Nachkomme wurde im zweiten Kaiserreich Senator und Kammerherr.[88] Die von Napoleon und Dalberg geschaffene Familienallianz hat sowohl den Erzkanzler als auch den Kaiser überdauert.

Dalbergs Nepotismus

Der französische Kaiser gab einmal – was die Begünstigung Dalbergs betraf – folgende, etwas zweideutige Äußerung: „Er ist der einzige, der mich niemals um etwas gebeten hat.“[89] Dieses aus Paris überlieferte Zitat diente später den Apologeten als Versatzstück einer posthumen Verklärung Dalbergs[90], der jedoch ganz so selbstlos, wie sie es gerne gewünscht hätten, doch nicht gewesen war. Von den Reichtümern, die Napoleon mit vollen Händen an seine treuen Gefolgsleute verteilte, hatte er persönlich zwar keinen Sous genommen, aber er lenkte doch mit Vorliebe die Geberlaune des Kaisers regelmäßig auf seinen verwandtschaftlichen Anhang. Wie sehr Dalberg sich in der Rolle gefiel, dank Napoleon das großzügige Familienoberhaupt spielen zu können, zeigt auch die Weisung, die er seinem Gesandten Graf Beust nach dem Sieg des Kaisers über Preußen im Oktober

Die Ziviltrauung von Napoleons Stiefsohn Eugen Beauharnais und der bayerischen Prinzessin Auguste Amalie in der grünen Galerie der Münchner Residenz am 13. Januar 1806. Ganz rechts im Bild sitzend Carl von Dalberg, der am nächsten Tag die kirchliche Trauung vollzog, mit den ihm assistierenden Regensburger Domherren Sternberg, Fraunberg und Tänzl.

1806 ins Berliner Quartier schickte: „Wenn die Großmuth Seiner Majestät des Kaisers ihn bewegen sollte, für die Familie des Fürsten Primas zu sorgen, so gesteht dieser, daß er erfreut sein würde, die Verteilung dieser Wohltat unter seinen Verwandten zu übernehmen.“[91] Dalberg folgte hier nur zu gern der bei den Kirchenfürsten des Ancien Régime üblichen Praxis: Man nutzte die Herrschaft des Krummstabs, um das Vermögen der Familie zu mehren.

Sein Nepotismus kam – wie gesagt – überwiegend Emmerich zu Gute. Aber noch ein zweiter Neffe des Erzkanzlers sollte zum Nutznießer der napoleonischen Gunstbeweise aufsteigen: der Reichsgraf und spätere Fürst Philipp Franz von der Leyen[92], der aus der Ehe von Dalbergs Schwester Maria Anna mit dem Reichsgrafen Franz Karl von der Leyen stammte. Seine kleine Grafschaft, die im Linksrheinischen lag, war nach dem Frieden von Lunéville von Frankreich sequestriert worden. Philipp Franz von der Leyen wurde bei den Entschädigungsverhandlungen in Regensburg in die vierte Klasse der Reichsgrafen versetzt, und das hieß, daß er leer ausging.[93] Er fuhr daraufhin mit einem Empfehlungsschreiben[94] Dalbergs nach Paris, wo er vier Wochen später eine Audienz bei Napoleon bekam. Dieser meinte, er werde im Hinblick auf den werten Onkel eine Ausnahme machen.[95] Es dauerte aber fast noch ein ganzes Jahr, bis am 10. Mai 1804 auf Befehl Napoleons die Aufhebung des Sequesters verfügt wurde, weil er – wie es in der Weisung des Ministeriums ausdrücklich hieß – „Seiner Hochfürstlichen Durchlaucht dem Herrn Kurfürst-Erzkanzler des Reiches, in der Person des Herrn Grafen von der Leyen, seinem Neffen, dadurch einen augenfälligen Beweis seiner Achtung und besonderen Zuneigung geben will.“[96] Es muß wirklich ein augenfälliger Beweis von Achtung und Zuneigung gewesen sein, denn er erregte allgemeines Aufsehen.[97] Albini sprach von einem „Merkmal ausgezeichneter Rücksicht gegen seinen Herrn“.[98]

In dem Memorandum des französischen Außenministeriums vom Juni 1806, das noch in anderen Zusammenhängen steht und in dem verschiedene Maßnahmen erwogen waren, wie man den Erzkanzler am besten für ein geplantes Militärbündnis gewinnen könnte, wollte man auch den Graf von der Leyen nicht zu kurz kommen lassen.[99] Trotzdem ließ sich der Plan, ihm und Emmerich von Dalberg die Finanzerträge des damals noch preußischen Eichsfelds zu überweisen, nicht realisieren. Napoleon besetzte nach der Niederlage Preußens im Herbst 1806 das Gebiet selbst und entschädigte den Graf von der Leyen mit dem Fürstentitel. Der frischgebackene Souverän schmiedete anschließend Hochzeitspläne für seine siebzehnjährige Tochter Amalie, die den Neffen Talleyrands ehelichen sollte.[100] Aus dieser Verbindung wurde zwar nichts, dafür aber heiratete – wie bereits erwähnt – die Prinzessin wenige Jahre später ins Kaiserhaus ein. Um sich für das entgangene Eichsfeld Ersatz zu verschaffen, fuhr der raffgierige Fürst im Sommer 1807 nochmals nach Paris und bedrängte den Kaiser, ihm wenigstens Erfurt und einen Teil der alten Grafschaft Hanau zu überlassen.[101] Obwohl Napoleon seinen Verbündeten gegenüber recht freigebig war, ging ihm die Unersättlichkeit des von der Leyen denn doch etwas auf die Nerven. Kopfschüttelnd meinte er, er könne die weiteren Forderungen des Fürsten nicht begreifen, da er ihm schon Güter im Wert von fünf Millionen Francs auf dem linken Rheinufer zurückgegeben habe.[102] Dalberg fühlte sich von seinem anspruchsvollen Neffen übergangen und versuchte Napoleon zu besänftigen: „Was ich sagen will ist, daß meine Familie eine Entschädigung in Erfurt wünscht, wo die Bewohner ein Wiedersehen mit den Dalbergs herbeisehnen. Aber ich unterbreite dies alles Euerer Majestät, wobei ich nur ein Bedürfnis kenne, nämlich Euch nützlich zu sein und die Gefühle meiner tief empfundenen Verehrung zum Ausdruck zu bringen.“[103] Der Kaiser zeigte sich den Dalbergs gegenüber schließlich äußerst generös. Auf dem Erfurter Fürstentag wollte er jährlich 400 000 Francs von Domänenerträgen auf die beiden Neffen verteilen. Das Geschäft wurde allerdings erst zwei Jahre später perfekt. Daß – wie Hédouville daraufhin schrieb – Dalberg die Befürchtung habe, „d'être taxé de népotisme“[104], darüber brauchte er sich wohl kaum noch zu wundern.

Daß Napoleon in München die Kaiserkrone abgelehnt hatte, war für Dalberg trotz allem eine bittere Enttäuschung gewesen. Dennoch gab er seinen Plan vorerst nicht auf, und es ist fast erschütternd, zu beobachten, mit welcher Ausdauer und mit welchen Mitteln er den drohenden Untergang des Reiches damit abzuwenden versuchte. Am 19. Januar 1806 nach Regensburg zurückgekehrt, verfiel er auf die Idee, Napoleon ausgerechnet mit einem philosophischen Traktat für die Karlskrone zu gewinnen. Er verfaßte die Schrift „Perikles"[105] und schickte sie am 17. Februar 1806 mit einem schmeichelhaften Begleitschreiben an den französischen Kaiser.[106] In dieser in Dialogform geschriebenen Abhandlung ließ Dalberg dem Athener Perikles durch den Mund des Philosophen Anaxagoras den Rat geben, sich nicht nur in der Rolle des Gesetzgebers und Feldherrn zu gefallen, sondern auch seine große Aufgabe als Staatsmann zu erkennen. Es ist unschwer festzustellen, daß hier der Kaiser – niemand anderer war mit Perikles gemeint – von dem hinter der Maske des Anaxagoras versteckten Erzkanzler ermahnt werden sollte, seiner Verantwortung für das Heilige Römische Reich doch noch nachzukommen.[107] Das war freilich nicht der richtige Weg, um bei Napoleon – der ihn eben in München als Ideologen belächelt hatte – etwas zu erreichen. Der Kaiser dankte zwar höflich für die Schrift[108], versprach sogar, sie zu lesen – ob er es jemals getan hat, ist mehr als fraglich.

Im Reich standen inzwischen alle Zeichen auf Zusammenbruch. Am 15. März 1806 erhob ein Dekret Napoleons den Gastwirtssohn Joachim Murat[109] zum Herzog von Kleve und Berg – ein französischer Marschall war damit deutscher Reichsfürst geworden[110] – mehr noch: Murat war sogar als Direktor einer Föderation aller kleineren deutschen Staaten zwischen Rhein und Main im Gespräch.[111] Der künftige Rheinbund begann sich abzuzeichnen. Während man in Wien den ewig zögernden Franz drängte, die deutsche Kaiserkrone jetzt endlich niederzulegen[112], und während der morsche Bau des Reiches immer bedenklicher seinem Einsturz zuneigte, schmiedete Dalberg – fünf Minuten vor zwölf – nochmals einen großen Rettungsplan.

„Napoleons Oheim Fesch wird Erzkanzler, vielleicht noch Papst, und wohnt statt im Vatikan, der neben dem Capitolio nicht wohl mehr bestehen mag, einst zu St. Emmeram.“

Bericht des Freiherrn von Türckheim, 9. Juni 1806

VI. EIN NACHFOLGER WIRD GESUCHT

Der große Plan, mit dem sich Dalberg schon seit Jahren insgeheim befaßte, betraf ihn selbst ganz unmittelbar: er suchte einen Nachfolger. Der Erzkanzler hatte zwar mit Napoleons Hilfe Amt und Würden vor dem Ausverkauf des Reiches retten können, aber für die Zukunft hatte er nicht die geringsten Garantien erhalten – im Gegenteil: Immer argwöhnischer beobachtete der Wiener Hof die sich anbahnende Allianz zwischen dem jungen französischen Kaiser und dem alternden Regensburger Kurfürsten, der – und das ärgerte die Hofburg ganz besonders – außerdem den habsburgischen Hausmachtinteressen im Wege stand und den man am liebsten mit einer politisch unbedeutenden Sinekure abgefunden hätte. Auch der Berliner Hof hielt einen geistlichen Kurfürst-Erzkanzler für einen längst überflüssigen Anachronismus, und schließlich wäre die bayerische Regierung den lästigen Dalberg, der so eigensinnig an seinem Regensburg festhielt, lieber heute als morgen losgeworden. An der Wahl eines Nachfolgers hatten daher die deutschen Fürsten nicht das geringste Interesse – außer einem einzigen: Dalberg natürlich, für den sich mit einer solchen Wahl das künftige Schicksal des Erzkanzleramtes entschied. Es war daher gar keine Frage, daß er, als er einigermaßen sicher im Sattel saß, die politische Zukunft seiner unsicheren Position mit der Ernennung eines Koadjutors festigen wollte, und es war auch keine Frage, daß er, um dieses Fundament so stark wie möglich zu machen, für seinen Kandidaten die Zustimmung aller großen Mächte – auch Frankreichs – gewinnen wollte. Die Folge aber war nicht etwa Einigkeit, wie er gehofft hatte, sondern ein sich über mehrere Jahre hinziehendes politisches Ränkespiel, in dessen Verlauf die beabsichtigte Wahl sogar noch zur „großen Streitfrage auf dem Gebiet der europäischen Politik“ wurde[1], obgleich sie dann später von den Historikern kaum mehr beachtet wurde.[2]

Graf Stadion – Dalbergs Favorit

Dalberg hatte sich zunächst auf einen persönlichen Wunsch-Kandidaten festgelegt, den Mainzer Domherrn Friedrich Lothar Reichsgraf von Stadion[3], der ihm aus mehreren Gründen als der geeignetste Mann erschienen war. Die Stadions standen seit Generationen in engster Verbindung mit Kurmainz, wo sie als Hofmeister, Minister und Hofräte Dienst getan hatten. Dalberg war mit der Familie seit langem befreundet, und auf seine Empfehlung hatte der von ihm einst geförderte Mainzer Theologe Joseph Kolborn[4] als Hauslehrer die Erziehung des jungen Friedrich Lothars übernommen, bevor dieser zum Studium nach Nancy und Göttingen ging. Friedrich Lothar und auch sein jüngerer Bruder Johann Philipp[5] besaßen etwas, was Dalberg zeitlebens gefehlt hatte – das Vertrauen des Wiener Hofes, ein Vorteil, den sich der Erzkanzler bereits in Erfurt, als er noch Statthalter war, zunutze machen wollte. Stadion hatte dort das Amt eines Regierungsrats ausgeübt und war dann auf Dalbergs Wunsch Präsident der Statthalterei geworden. Der um zwanzig Jahre ältere Statthalter wäre gern sein Lehrmeister in Politik und Verwaltung geworden. Er schätzte Stadions Tüchtigkeit und Offenheit, nannte ihn bald freundschaftlich „Fritz“ und wünschte schließlich, wie sich Kolborn später erinnerte, daß dieser „Fritz“ einmal sein Koadjutor werden möge.[6]

Dalbergs väterlich-freundschaftliche Gefühle wurden allerdings nicht im gleichen Maß erwidert. Beeinflußt von seinem jüngeren Bruder, Johann Philipp von Stadion, der Dalberg nicht leiden konnte und ihn als engherzigen Moralisten und Tartüff bezeichnete[7], wandte sich Friedrich Lothar dem Mainzer Domkapitular Fechenbach zu. Als dieser 1795 Fürstbischof von Würzburg geworden war, holte er Stadion sogleich nach und übertrug dem erst Vierunddreißigjährigen das verantwortungsvolle Amt des Universitätsrektors. Das hinderte Dalberg freilich nicht, seinen einstigen Erfurter Regierungsrat weiterhin zu fördern. Er empfahl Fechenbach sogar, Stadion als Verhandlungsbevollmächtigten des Hochstifts an den Rastatter Kongreß zu schicken, was dieser dann auch tat.[8] Im Frühjahr 1803 führte Stadion mit der bayerischen Regierung die das Fürstbistum Würzburg betreffenden Entschädigungsverhandlungen. Der Münchner Hof nahm ihn anschließend als Referenten für das Würzburger Schul- und Universitätswesen in seine Dienste und ernannte ihn zum Präsidenten der Universität.

Dalberg – inzwischen Kurfürst in Regensburg geworden – wollte aber den Freund und Wunsch-Nachfolger wieder in seiner Nähe haben. Er bot ihm daher das Amt eines Schulkommissars für das höhere Unterrichtswesen im Regensburger Fürstentum an.[9] Stadion willigte ein. Er verließ schon am 26. April 1803 den bayerischen Staatsdienst in Würzburg und ging nach Regensburg, allerdings weniger aus persönlichem Ehrgeiz, sondern in erster Linie, weil er – wie er einem Freund gestand – „die Ideen Albinis im Gleichgewicht" halten wollte.[10] Der frankreichfreundliche Kurs Albinis erschien ihm – einem treuen Anhänger der Wiener Hofburg – so riskant wie verdächtig. So hoffte er, in Regensburg die Pläne des Staatsministers zu durchkreuzen und dessen Einfluß auf Dalberg eindämmen zu können.

Aber auch Dalberg wollte mit Stadion nicht nur einen tüchtigen „Schulrat" gewinnen. Seine wahren Pläne verrät ein chiffrierter Geheimbericht des durchtriebenen kaiserlichen Konkommissars Johann Aloys Freiherr von Hügel.[11] „Alle meine Wünsche und zwanzigjährigen stillen Hoffnungen werden erfüllt sein" – so hatte ihm Dalberg anvertraut –, „wenn ich Stadion zum Koadjutor erhalten könnte."[12] Der Grund für diese offenen Worte war wiederum, daß Dalberg frühzeitig das Einverständnis des Wiener Hofes für seinen Kandidaten anpeilte. Gleichzeitig aber hatte er sich auch an den französischen Geschäftsträger Bacher gewandt, der Napoleons Zustimmung für Stadion beschaffen sollte.[13] In Wien erfuhr man jedoch bald von dieser typisch dalbergischen Doppelstrategie – sie erinnert an seine eigene Wahl im Jahr 1787 –, und die Hofburg beschloß, dem ungeliebten Erzkanzler jetzt endlich einen dicken Strich durch die Rechnung zu machen. In Absprache mit Baron Hügel ließ der österreichische Staatsvizekanzler Ludwig Graf von Cobenzl[14] Dalbergs Wunsch-Kandidaten Stadion den repräsentativen Posten eines kurböhmischen Gesandten am Reichstag anbieten.[15] Stadion war von diesem Angebot ebenso überrascht wie der Kurfürst und auch unschlüssig, vor allem wegen seiner dem Erzkanzler bereits gegebenen Zusage.[16] Als ihn jedoch nicht nur Cobenzl und Hügel, sondern auch sein ehemaliger Lehrer Kolborn und besonders sein Bruder Johann Philipp bedrängten, sich nicht auf den Erzkanzler und dessen französisch orientierte Politik einzulassen[17], akzeptierte er schließlich das Angebot der Hofburg.[18] Besonders schmackhaft hatte man ihm die Wiener Offerte dadurch gemacht, daß das Gehalt des „Herrn Kurböhmischen" von 4500 Gulden auf die stattliche Summe von 12 000 Gulden erhöht und sein Repräsentationsfond verdoppelt worden war.[19] Der Hintergrund der bemerkenswerten Spendierfreudigkeit des ansonsten eher geizigen Wiener Hofes ließ sich erahnen, als allmählich durchsickerte, daß die Hofburg für die Koadjutorie des Erzkanzlers längst einen eigenen Kandidaten parat hatte. Um für diesen freie Bahn zu schaffen, hatte der aussichtsreiche Favorit Stadion erst „wegbefördert" werden müssen.

Erzherzog Anton Victor – Habsburgs Geheimkandidat

Der geheime Kandidat Habsburgs war Erzherzog Anton Victor, ein jüngerer Bruder des Kaisers Franz, der schon 1801 in Köln zum Kurfürst-Erzbischof gewählt worden war, dann aber die Nachfolge seines verstorbenen Onkels Max Franz von Köln wegen der Proteste des Berliner Hofes, der selbst an Köln interessiert war, nicht mehr antreten konnte. Seitdem versuchte die Hofburg mit allen Mitteln, dem stellungslosen Erzherzog eine geistliche Kur zu verschaffen und ihm damit zu Sitz und Stimme im kurfürstlichen

Kollegium zu verhelfen. Baron Hügel hatte bereits im November 1802 während der Konferenzen der Reichsdeputation in Regensburg die Weisung erhalten, dem Haus Habsburg neben Kurböhmen und der neu geschaffenen Kur Salzburg eine dritte Kurwürde zu gewinnen, die dann Erzherzog Anton zufallen sollte.[20] Der Plan war nicht unkompliziert: Das Kurfürsten-Kollegium sollte um eine elfte Stimme erweitert werden und diese sollte dann der vom Wiener Hof gelenkte Deutsche Orden für seinen Hochmeister erhalten.[21] Dann sollte Erzherzog Anton zum Hochmeister gewählt werden.[22] Kaum aber daß die Absichten der Hofburg bekanntgeworden waren, stieß Hügel in der Reichsdeputation auf heftigen Widerstand, in erster Linie auf den des französischen Bevollmächtigten Laforest.[23] Es blieb ihm schließlich nichts anderes übrig, als den Antrag für eine elfte Kurwürde im Frühjahr 1803 wieder zurückzuziehen.[24]

Dieser Plan hatte sich also als undurchführbar erwiesen. Der Wiener Hof verfiel nun auf die Idee, den unversorgten Erzherzog auf die Koadjutorstelle des Erzkanzlers zu hieven[25], wobei man Dalberg – um ihm diesen Nachfolger einigermaßen schmackhaft zu machen – als „Gegengabe" den Koadjutorsposten des Deutschen Ordens anbot.[26] Der Deutsche Orden sah in einer künftigen Personalunion seines Hochmeisteramts mit der Erzkanzlerwürde beträchtliche Vorteile und nicht zuletzt auch eine Garantie für sein ebenfalls fraglich gewordenes Fortbestehen.[27] Der Orden besaß bereits die geheime Zusage des Mainzer Domkapitels, daß Erzherzog Anton mit der Mehrheit der Stimmen rechnen könne.[28] Wie ungeschickt aber dieser von habsburgischen Hausmachtinteressen gelenkte Schacher war, erkannte damals nur Graf Ferdinand von Colloredo-Mansfeld, der Vorgänger Stadions als kurböhmischer Gesandter. Nicht ohne Ironie schrieb dieser nach Wien, daß der preußische Gesandte außer sich vor Freude sei, weil „der Herr Graf von Stadion von allen Vertrauten und Räten des Herrn Kurfürsten" – gemeint war Dalberg – „bisher der einzige war, welcher dem allerhöchsten Hofe anhing". Jetzt aber werde, wie Colloredo orakelte, der Erzkanzler ihm sein Vertrauen entziehen, eine Tatsache, welche „die meisten Absichten des allerhöchsten Hofes daher zu vereiteln im Stande sein wird".[29] Die Hofburg hatte mit ihrer Raffgier die einmalige Chance verspielt, einen ihrer zuverlässigsten Männer in unmittelbarer Nähe Dalbergs zu halten. Als kurböhmischer Gesandter aber war Stadion zum offenen Parteigänger Habsburgs deklariert worden und konnte daher, wie Colloredo zu Recht mutmaßte, wohl kaum noch zur Koadjutorie gelangen. Dalberg fühlte sich von Wien abermals hintergangen und von seinem einstigen Schützling schwer enttäuscht. „Stadion hat eine Dummheit gemacht", sagte er bitter zu Graf Görtz, „er fühlt es auch, aber er spricht nicht mit mir davon, und alles ist aus unter uns".[30]

Napoleon schäumte vor Wut, als er von den Winkelzügen des Wiener Hofes erfuhr. Sofort ließ er Bacher in Regensburg anweisen, eine Wahl des Erzherzogs um jeden Preis zu verhindern.[31] Ein österreichischer Prinz als Koadjutor und künftiger Erzkanzler, so drohte er, sei für ihn ein Anlaß zum Krieg.[32] Jetzt machte die Hofburg einen ängstlichen Rückzieher. Cobenzl, der sich mit seinem ungeschickten Vorprellen nicht gerade mit Lorbeeren bedeckt hatte, verfaßte am 25. September 1804 selbst die Absage, die Erzherzog Anton vorlegen mußte: „Daß ich aus mehrfälligen Rücksichten nicht gesinnt bin, mich um die Coadjutorie des Kurerzkanzlers zu bewerben."[33] Es war das unrühmliche Ende einer Reihe vergeblicher Versuche, mit denen Habsburg das ganze 18. Jahrhundert hindurch neben Köln noch zusätzliche geistliche Fürstentümer im Reich gewinnen wollte.[34] Der schwindende Einfluß der Hofburg auf die Politik in Deutschland zeichnete sich immer deutlicher ab. Erzherzog Anton hatte in dem ganzen Unternehmen nur eine Schachfigur abgegeben, die sich willenlos zur Verfügung stellen mußte. Schon anläßlich seiner Wahl in Kön hatte er an seinen kaiserlichen Bruder den bezeichnenden Satz gerichtet: „Wenn ich mich auch nie zum geistlichen Stand gewidmet, ich mich doch mit der Zeit darein fügen, und ebenso gut, wie denen anderen meiner Pflichten, werde erfüllen können."[35] Viele Jahre später wird er in Baden bei Wien ein zurückgezogenes Leben führen und sich in aller Ruhe der Botanik widmen.

Graf Sternberg – Kandidat des Regensburger Domkapitels

Der Rückzieher des Wiener Hofes brachte dem Haus Habsburg nicht viel Ehre ein, eröffnete aber jetzt ganz überraschend einem dritten Mann den Weg zur Kandidatur. Es war der Regensburger Domherr Graf Sternberg, der es dem politischen Zufall verdankte, daß er auch noch als Nachfolger des Erzkanzlers ins Gespräch kam. Hinter seinen bislang kaum erhellten Bemühungen um die Stelle des Koadjutors verbarg sich in erster Linie der intrigenreich geführte Konkurrenzkampf des Regensburger Domkapitels mit den Mainzer Domherren, eine sich über mehrere Jahre hinziehende Auseinandersetzung, bei der es vornehmlich um die begehrten Pfründe in der von Dalberg geplanten Vereinigung von Mainzer und Regensburger Domkapitularen ging.[36] Der Erzkanzler, der diese gewiß heikle Angelegenheit während der Konkordatsgespräche mit dem Papst in Paris hatte regeln wollen, hatte im November 1804 – um keines der beiden Domkapitel zu benachteiligen – jeweils einen offiziellen Vertreter zu den Verhandlungen in die französische Hauptstadt eingeladen. Sternberg, der Repräsentant des Regensburger Domkapitels, war von Dompropst Graf Thurn mit einem ansehnlichen Geldbetrag ausgestattet worden[37], um in Paris möglichst erfolgreich antichambrieren zu können. Er führte dort seinen Auftrag zunächst so geschickt aus, daß er – mehr unfreiwillig als freiwillig – in die Rolle eines Koadjutor-Kandidaten hineinwuchs.[38] Die Hoffnungen, die sich Sternberg und mit ihm auch die Regensburger Domherrn machen konnten, gingen anfangs auf das Scheitern der bisherigen Kandidaten zurück, dann aber auch auf Napoleon, der gegenüber Dalberg erklärt hatte, er wünsche einen möglichst unabhängigen Koadjutor, eine neutrale Persönlichkeit, die kein Anhänger des Wiener Hofes sei, sondern über den Parteien stehe.[39] Sternberg konnte diese Beschreibung guten Gewissens auf sich beziehen, zumal er in Paris kein schlechtes Entrée hatte. Nicht ohne Neid mußte der österreichische Botschafter Philipp Cobenzl[40], ein Vetter des erfolglosen Staatsvizekanzlers, mitansehen, wie der Regensburger Domherr höchst geschickt mit dem preußischen Gesandten Lucchesini und Talleyrand verhandelte. Er war außerdem häufiger Gast bei der Kaiserin Josephine, die sich wie er für Botanik interessierte und der er auch gleich ein aus Regensburg mitgebrachtes Herbarium vivum verehrt hatte. Auch sonst fand Sternberg, wie Cobenzl nach Wien meldete, „durch eine ihm sonst fremde Assiduität" überall offene Türen. Die von Cobenzl ausgestreuten Gerüchte[41], Sternberg sei in Wirklichkeit der heimliche Kandidat Preußens[42], waren freilich aus der Luft gegriffen, blieben aber nicht ohne Folgen, zumal sich an der Verleumdungskampagne auch der ebenfalls in Paris anwesende Kolborn beteiligte. Kolborn, der als geistlicher Referent Dalbergs an den Verhandlungen mit dem Papst teilnahm, vertrat heimlich die Interessen des Mainzer Domkapitels und seines Schützlings Stadion. Um Sternberg zu schaden, verbreitete er schließlich die Version, Napoleon selbst habe dem Erzkanzler vorgeschlagen, den Regensburger Domherrn zum Koadjutor wählen zu lassen.[43] Daran war zwar jedes Wort erfunden, aber die von Cobenzl und Kolborn ausgestreuten Gerüchte, die darauf angelegt waren, Sternberg als preußischen Kandidaten oder gar als Mann Napoleons in Mißkredit zu bringen[44], verfehlten nicht ihre Wirkung. Vom Wiener Hof erging prompt die Weisung, eine Kandidatur dieser „in mancher Hinsicht unangenehmen Person" zu verhindern.[45] Im Zusammenspiel mit Cobenzl war es dem intriganten Kolborn auf diese Weise gelungen, nicht nur Sternberg zu überspielen, sondern auch die Ansprüche der Regensburger Domherrn auf die Stellen in Dalbergs neuem Domkapitel zurückzuweisen. Sternberg erreichte mit knapper Not, daß seine Regensburger Mitkapitulare ihre Wünsche schriftlich anmelden durften – Garantien aber wurden nicht gegeben.[46] Das in der ganzen Sache letztlich ausschlaggebende Recht der Koadjutorwahl wurde in den Verhandlungen mit der Kurie als Privileg des Mainzer Kapitels anerkannt.[47]

Am 19. Februar 1805 traf Dalberg wieder in Regensburg ein. Kurz vor der Stadtgrenze gingen die Pferde durch, die Kalesche stürzte, aber der Kurfürst blieb unverletzt. Er sah darin ein gutes Omen und versuchte es erneut mit seinem einstigen Favoriten, dem Grafen Stadion. Die wichtigste Voraussetzung für dessen erfolgreiche Kandidatur war freilich, daß er die von Napoleon immer wieder vorgebrachten Einwände gegen Stadions österreichisches Dienstverhältnis[48] entkräften konnte. Ein Zufall schien ihm zu Hilfe zu kommen. In Aschaffenburg war Lothar Franz von Erthal, ein Bruder des Mainzer Kurfürsten, gestorben, und Dalberg konnte jetzt dessen fette Pfründe, die Aschaffenburger Gouverneursstelle, die mit 10 000 fl. Gehalt fast so gut dotiert war wie der kurböhmische Gesandschaftsposten, seinem Favoriten Stadion antragen. Doch dieser – von seinem Bruder vor einem bevorstehenden Krieg zwischen Österreich und Frankreich gewarnt – lehnte ab.[49]

Die beharrlichen Versuche, mit denen Dalberg den ehemaligen Schützling zu seinem Nachfolger machen wollte, gründen sich allerdings nicht nur auf alte Freundschaft. Es war ihm vielmehr darum zu tun, einen Koadjutor zu erhalten, der aus dem reichsunmittelbaren Adel stammte. Die Erzkanzler des Reichs gehörten seit Jahrhunderten fast ohne Ausnahme zu der vornehmen, relativ kleinen Schicht der Reichsaristokratie, den erlauchten und vielfach miteinander verwandten Familien der Schönborns, Metternichs, Osteins, Dalbergs und anderer, deren einziger Lehensherr der Kaiser war. Die Tradition, den Erzkanzler aus dem Reichsadel zu wählen, hatte aber wenig mit simpler Vetternwirtschaft zu tun, sondern erfüllte einen für das Reich wichtigen Zweck. Nur so war nämlich einigermaßen sichergestellt, daß der oberste Gesetzeshüter und Vorstand der Reichsbehörden nicht die Interessen einer einzelnen Dynastie vertrat, sondern die der zahlreichen kleinen Reichsstände, nur so war annähernd ein Gegengewicht zur dynastischen Politik der Großmächte und aufstrebenden Mittelstaaten möglich. Aber noch fast wichtiger war für Dalberg inzwischen, daß der Reichsadel wegen der zunehmenden Pressionen der Landesfürsten in seiner Existenz immer mehr gefährdet wurde und daher auf eine kräftige Stütze angewiesen war, und mit Recht sah er die Interessen der bedrängten Reichsaristokratie bei einem Erzkanzler, der selbst zum Reichsadel gehörte, am besten aufgehoben. Schließlich und endlich aber war die Würde des Kurfürst-Erzkanzlers das einzige von der großen Kirchenenteignung verschont gebliebene geistliche Besitztum des Reiches, die letzte Domäne, in der ein Angehöriger des Reichsadels selbst Landeshoheit erwerben konnte, ein Gesichtspunkt, der für Dalbergs Überlegungen ebenfalls ausschlaggebend war. Graf Sternberg hingegen – und das machte ihn als Kandidaten weniger attraktiv – war kein Mitglied des reichsunmittelbaren Adels[50], sondern als böhmischer Graf Untertan der Habsburger Dynastie. Stadion hingegen war Reichsgraf und zudem entfernt mit den Dalbergs verwandt.[51] Dies erklärt zumindest einen Teil dieser so erstaunlichen Hartnäckigkeit, mit der Dalberg seinen Favoriten trotz aller Widerstände und auch ungeachtet dessen eigener Weigerung immer wieder zur Wahl zu bringen versuchte.

Erst nachdem es Stadion im Januar 1806 zum dritten Mal abgelehnt hatte, Napoleon als künftiger Koadjutor vorgestellt zu werden[52], bat Dalberg den Regensburger Domherrn Graf Sternberg, sich für eine Audienz beim Kaiser in München zur Verfügung zu halten. Sternberg, der sich jetzt offenbar echte Chancen ausrechnete, folgte der Einladung willig, assistierte bei der Trauung von Napoleons Stiefsohn Beauharnais und ließ sich anschließend sogar Sicherheiten für seine künftige finanzielle Versorgung als Koadjutor geben.[53] Daß er seine Pension auch im Fall einer vorzeitigen Auflösung des Erzkanzleramtes geregelt sehen wollte, zeigt ihn wohl als ökonomisch denkenden Pragmatiker, obgleich er mit seinem Pessimismus bei Dalberg nicht gerade offene Türen eingerannt haben mag. Trotzdem versprach der Erzkanzler, ihm in Regensburg ein hübsches Palais zur kostenlosen Benutzung samt fürstlicher Bedienung zu überlassen, wobei er über das versprochene Gehalt von 10 000 fl. meinte: „Soviel hatte ich eben auch dreizehn Jahre hindurch als Koadjutor von Mainz und Statthalter in Erfurt."[54] Doch Napoleon, der dem Angebot der Kaiserkrone ausgewichen war, ließ sich in München erst recht nicht für Dalbergs Anliegen mit der Koadjutorie erwärmen. Wie Hügel schadenfroh berichtete, hatte Graf Sternberg „nicht nur keine ausgezeichnete Aufnahme wie früher in Paris gefunden, sondern war kaum einer Aufmerksamkeit würdig geachtet worden, und nur einmal mit der gesamten Geistlichkeit bei dem Kaiser erschienen, nie aber zur Tafel gezogen worden".[55]

Kardinal Fesch – der Stiefonkel Napoleons

Napoleon hielt aufgrund der Allianzverträge mit den süddeutschen Staaten so viele Trümpfe in der Hand, daß die Wahl eines Erzkanzler-Koadjutors – sofern eine solche nach 1803 überhaupt noch möglich war – nur mit seiner Billigung, in keinem Fall gegen sein Votum stattfinden konnte. Die Wiener Hofburg – und das hatte ihr klägliches Abschneiden in der ganzen Angelegenheit hinlänglich bewiesen – war im Heiligen Römischen Reich endgültig aus dem Rennen. Davon abgesehen aber schien eine traditionelle Lösung kaum mehr durchführbar. Die Wahl eines Domherrn zum künftigen Kurfürst-Erzkanzler, sei es nun durch das Mainzer oder durch das Regensburger Kapitel, war mit dem Frieden von Preßburg, der dem Reichsadel seine letzten Sonderrechte genommen hatte, ohnehin ein fragwürdiger Anachronismus geworden. Mit Leuten wie Stadion oder Sternberg, die weder eine starke politische Rückendeckung noch eine Hausmacht hinter sich hatten, konnte bei Napoleon nicht mehr viel gewonnen werden. Um sein Interesse am Reich und damit auch an der Wahl eines künftigen Reichserzkanzlers wachzurütteln, mußte sich Dalberg andere Mittel und Wege einfallen lassen als die, die er in München und auch noch danach beschritten hatte.[56] Es war höchste Zeit. Aber erst im Mai 1806 enthüllte sich der über Monate geheimgehaltene Plan, den Kardinal Joseph Fesch[57], einen Stiefonkel Napoleons, zum Koadjutor wählen zu lassen.

Die Ernennung des französischen Kardinals zum Nachfolger des deutschen Erzkanzlers unterlag bislang ebenso wie Dalberg, der meistens irrtümlicherweise als ihr ausschließlicher Urheber angesehen wurde, dem Verdammungsurteil der nationaldeutsch orientierten Geschichtsschreibung. In der Wahl des Stiefonkels Napoleons zum Koadjutor fanden die Historiker den eindeutigsten Beweis für den „Reichsverrat" Dalbergs. Beaulieu-Marconnay meinte, daß angesichts dieser „Ungeheuerlichkeit, einen Franzosen zum Erzkanzler zu machen", die Antwort von Kaiser Franz, mit der dieser die Wahlanzeige Dalbergs zurückgewiesen hatte, direkt milde und ungenügend ausgefallen sei.[58] Willy Andreas nannte Dalberg einen „Reichsverderber" und „Verräter der deutschen Sache", der sich soweit „entwürdigte", einen Mann zu seinem Koadjutor zu ernennen, „der nicht einmal der deutschen Sprache mächtig war".[59] Erst Werner Hertel fand zur Beurteilung dieses komplexen Vorgangs einen neuen und sachlicheren Ansatz.[60] Trotzdem blieben die Motive, die hinter der Wahl von Fesch verborgen liegen, weiterhin umstritten. War es der Wunsch des Erzkanzlers nach einer „dynastischen Verbindung" mit der Familie Bonaparte?[61] Hat er, um die Reichsverfassung zu retten, zu diesem „letzten Mittel" gegriffen?[62] Oder wollte er mit Hilfe des einflußreichen Kardinals ein Konkordat erreichen?[63] So umstritten wie die Motive, so verborgen blieben aber auch die eigentlichen Drahtzieher und treibenden Kräfte, welche die Ernennung bewirkt hatten. Hatte Dalberg selbst die Idee aufgebracht?[64] War es das Werk des geschickten französischen Gesandten Hédouville?[65] War es gar Napoleon selbst gewesen, der einem seiner Verwandten eine fürstliche Stellung vermitteln wollte, oder steckte die politische Intrige eines Talleyrand dahinter?[66]

Joseph Fesch war ein Halbbruder von Napoleons Mutter Laetizia und damit, obwohl nur sechs Jahre älter, Napoleons Stiefonkel. Seine abenteuerliche Karriere, die ihn vom Priesterseminar in Aix-en-Provence über den Posten eines Magazinverwalters bei der französischen Armee zum Erzbischof von Lyon und Kardinal der römischen Kirche führte, ist engstens mit dem Aufstieg seines Neffen verbunden. Der ausgeprägte Familiensinn Napoleons bescherte ihm 1803 auch das Botschafteramt in Rom, wo er sogar den päpstlichen Hof in den Schatten stellen konnte. Er unterhielt einen Marstall mit dreißig Pferden und sieben Kutschen, darunter einen Zeremoniewagen im Wert von fünfzigtausend Francs, sammelte die kostbarsten antiken Marmorplastiken und beschäftigte die berühmtesten Künstler, darunter auch den Bildhauer Canova. Politisch gesehen spielte Fesch in

Rom eine mehr zwielichtige Rolle und die betraf nicht nur die von Napoleon gewünschte Heirat seiner Schwester mit dem römischen Fürsten Camillo Borghese, die der Kardinal erfolgreich einfädelte, sondern auch die Vorbereitungen für die Teilnahme des Papstes an der Kaiserkrönung in Paris. Als damals in den Tuilerien eine Menge Hofämter geschaffen wurde, fiel für Fesch noch zusätzlich die einträgliche Stellung eines Grand-Aumônier ab, eines kaiserlichen Hofkaplans, dem die Leitung aller kirchlichen Angelegenheiten des Hofes oblag. In dieser Eigenschaft befand er sich bei der Krönung Napoleons zum König von Italien, die am 26. Mai 1805 in Mailand stattfand, neben dem päpstlichen Legaten, Kardinal Caprara, als der höchste geistliche Würdenträger. Er gehörte zur Familie Napoleons, war schwerreich und verfügte über politischen Einfluß in Paris wie in Rom, bevor er jetzt ganz überraschend noch als Koadjutor Dalbergs und designierter Erzkanzler eine ebenso kurze wie kuriose Geschichte machte.

Eine Intrige beginnt

Diese Geschichte, die ein Musterbeispiel für die damalige Überlegenheit der französischen Diplomatie darstellt, begann am 19. März 1806, zwei Monate nach Dalbergs vergeblicher Besprechung mit Napoleon in München. An diesem Tag legte der Erzkanzler Hédouville, der in Regensburg seine Kontaktperson zu Napoleon war, einen Plan zur Organisation des künftigen erzbischöflichen Domkapitels vor. Diese alte und immer noch ungelöste Streitfrage war nicht nur in Paris, sondern zuletzt auch in München erfolglos behandelt worden, und Dalbergs Skizze baute auf dem Entwurf auf, den er Napoleon bereits unterbreitet hatte.[67] Der wichtigste Passus der Denkschrift enthielt die von dem geplanten Domkapitel vorzunehmende Koadjutorwahl und die dafür geeigneten Kandidaten. Der Erzkanzler, der von dem seiner Meinung nach in Frage kommenden Personenkreis inzwischen keine Standeseigenschaften, sondern nur noch moralische und geistige Qualitäten wie tiefe Frömmigkeit und theologische Bildung verlangte, schlug drei Namen vor: Stadion, Sternberg und Wessenberg. Napoleon sollte eine Vorentscheidung treffen. Hédouville, der Dalbergs Entwurf aufmerksam studiert hatte, leitete ihn nach Paris weiter, wobei er in seinem Begleitschreiben eilfertig betonte, daß es dem Erzkanzler in dieser Sache ausschließlich auf die Zustimmung des französischen Kaisers ankomme.[68] Entscheidender aber als diese Schmeichelei war ein Hinweis des Diplomaten, der den Namen Fesch, von dem bislang nie die Rede gewesen war, erst jetzt ins Gespräch gebracht hat. Sein Hinweis bezog sich auf die bedenkenswerte Tatsache, daß ja das Domkapitel, das den Koadjutor wählen sollte, noch gar nicht existierte, und daß der Erzkanzler daher, um trotzdem zu einem Nachfolger zu gelangen, inzwischen einen Wahlmodus erwogen hatte, der zwar ungewöhnlich klang, im kanonischen Recht aber gleichwohl verankert war: die Einsetzung eines sogenannten „Coadjutor perpetuus cum jure succedendi" durch den regierenden Bischof, in diesem speziellen Fall also durch Dalberg selbst. Die Voraussetzungen für eine solche Ernennung ohne Wahl mußten allerdings nach dem Kirchenrecht ganz besondere Umstände sein, wie etwa eine Amtsbehinderung des Bischofs und seines Domkapitels durch Krieg oder Gefangenschaft, mittelalterliche Zustände, die auf die nachrevolutionäre Gesellschaft wohl kaum mehr zutrafen. Außerdem mußte die Ernennung zumindest nachträglich die Bestätigung des Domkapitels sowie die Approbation des Kaisers erhalten, und auch das Kirchenoberhaupt mußte seinen Segen dazu geben.[69] Hédouville, der sich natürlich für eine französische Lösung interessierte, sah jedoch keine Probleme. Ins Gewicht fiel für ihn lediglich die Tatsache, daß Dalberg die Möglichkeit hatte, seinen Koadjutor selbst zu bestimmen, und – wie er daraufhin dem Ministerium gegenüber schlauerweise durchblicken ließ – dies bedeutete letztlich nichts anderes, als daß man dem Erzkanzler unter Umständen auch einen Kandidaten aufoktroyieren könnte, der noch gar nicht auf Dalbergs Vorschlagsliste genannt war. Das war der erste Akt.

Aus Paris kam zunächst keine Antwort. Hédouville drängte auf eine rasche Entscheidung[70], doch der Name Fesch war weder jetzt noch in einem seiner vorausgegangenen

Schreiben genannt. Ein Diplomat mit seiner Erfahrung hätte vermutlich auch kaum einen solchen Schritt unternommen, ohne den Kardinal, seinen ehemaligen Vorgesetzten, um Erlaubnis gefragt zu haben. Am wenigsten ahnte also damals Fesch, der zu dieser Zeit in Rom residierte, für welches Amt er vorgesehen war.[71]

Die Idee, den Kardinal die Nachfolge Dalbergs antreten zu lassen, die erst zwei Wochen später zum erstenmal und ganz überraschend auftauchte, kam von anderer Seite. Sie steht in einem größeren politischen Zusammenhang: Fesch war seit dem Frühjahr 1806 in Rom in Bedrängnis geraten. Nicht nur, daß er dem Antrag des Kaisers, die Ehe seines jüngsten Bruders Jérôme annullieren zu lassen, beim Kirchenoberhaupt vergeblich Gehör zu verschaffen suchte, es gab auch neue außenpolitische Verwicklungen, welche die bislang unangefochtene Stellung des Kardinals in Rom gefährdeten. Schuld daran war der Eroberungshunger Napoleons, der – kaum daß ihm durch den Frieden von Preßburg ganz Venetien zugefallen war – bereits die Einnahme des Königreichs Neapel plante, das eine strategisch wichtige Stütze der britischen Flotte im Mittelmeerraum war. Um die Engländer von dort vertreiben zu können, verlangte er über Fesch, der politisch neutrale Kirchenstaat müsse seine Häfen den Briten verschließen. Die Kurie hatte sich bislang immer wieder nachgiebig und entgegenkommend gezeigt, jetzt aber befürchtete sie nicht zu Unrecht eine französische Umklammerung. Der Kardinal konnte in Rom daher weder die kirchliche Aufhebung von Jérômes Ehe durchsetzen noch die verlangte Sperrung der Häfen. Um den Papst gefügig zu machen, ließ Napoleon ein Warnsignal abgeben. Fesch wurde auf Befehl des Kaisers von seinem Botschafterposten abberufen und nach Frankreich zurückbeordert.[72] Dalbergs dringendes Ersuchen um einen Koadjutor kam daher in diesem Augenblick wie gerufen. Man mußte jetzt den Erzkanzler nur noch davon überzeugen, daß Kardinal Fesch mit seinen guten Verbindungen zur Kurie, die womöglich auch den Konkordatsplänen nützlich sein konnten, der geeignetste Koadjutor sei. Dalberg ließ sich von dem aus Paris entsprechend instruierten Hédouville schnell überreden, und es entbehrt nicht einer bemerkenswerten diplomatischen Pikanterie, daß der Gesandte am 14. April 1806 als „Vorschlag Dalbergs" an seine vorgesetzte Dienststelle berichtete, was er ihm eben auf Weisung des Ministeriums eingeflüstert hatte: die Ernennung von Kardinal Fesch zum Koadjutor des Erzkanzlers.[73] Das war der zweite Akt.

Zwei Tage später richtete Dalberg sein Angebot offiziell an Napoleon.[74] Hédouville, der jetzt auch den Kardinal davon informierte[75], konnte überzeugt sein, der Politik des Kaisers und nicht zuletzt seinem ehemaligen Chef einen großen Dienst erwiesen zu haben. Ganz so einfach aber, wie er dachte, war die Sache nicht, denn Napoleon sah in der ganzen Angelegenheit plötzlich die Chance, Dalberg vertraglich an sich zu binden und den Erzkanzler in das Bündnissystem mit Frankreich einzuschleusen.[76] Er zögerte daher aus taktischen Gründen seine Zustimmung noch etwas hinaus. Hédouville wurde angewiesen, mit Dalberg einen entsprechenden Vertrag abzuschließen. Auch Talleyrand, als Außenminister der eigentliche Drahtzieher hinter den Kulissen, trat in Aktion. Seine chiffrierte Weisung vom 26. April 1806[77], mit der sich der französische Außenminister als der große Regisseur des ganzen Unternehmens entlarvt, ist keine gewöhnliche diplomatische Order, sondern ein Paradebeispiel politischer Taktik und Raffinesse, der Dalberg nichts entgegenzusetzen hatte. Hédouville war ermächtigt, mit dem Erzkanzler sofort schriftlich abzuschließen. Als Gegenleistung für die Ernennung des Kardinals wollte man den durch die Forderungen Bayerns gefährdeten Bestand von Dalbergs Kurstaat garantieren.

Abschluß des Geheimvertrages

Die Anweisung des Ministers war am 4. Mai 1806 mit der französischen Kurierpost in Regensburg eingetroffen. Hédouville ließ sich am nächsten Tag unter einem harmlosen Vorwand bei Dalberg zur Audienz melden. Der Kurfürst hatte nämlich vor längerer Zeit bei der französischen Regierung die in Mainz zurückgebliebenen Reste des Erzkanzlerarchivs angefordert. Die Angelegenheit war aber bislang verschleppt worden, was Hédouville nun angeblich in Ordnung bringen wollte. Der schlaue Diplomat hatte leichtes Spiel, denn Dalberg – beunruhigt durch das lange Schweigen aus Paris und durch Gerüchte, sein Fürstentum Regensburg werde demnächst bayerisch[78] – kam ganz von selbst auf das gewünschte Thema zu sprechen. Hédouville griff rasch den Faden auf und meinte, das Problem wäre, daß es sich bei Dalbergs Angebot nur um einen unverbindlichen Vorschlag handle, auf den Napoleon wahrscheinlich nicht eingehen werde, solange keine schriftliche Garantie gegeben sei. Der Erzkanzler erschrak, faßte sich aber schnell wieder und erbat sich vierundzwanzig Stunden Bedenkzeit. Am nächsten Tag, so versprach er, werde er gegen Mittag selbst in die französische Gesandtschaft kommen, um dort alles weitere zu regeln. In dieser zweiten Verhandlungsrunde, deren Inhalt uns in einem ausführlichen Bericht Hédouvilles an das Pariser Außenministerium überliefert ist[79], war der Kurfürst zunächst sehr erregt und wies den Vorschlag, einen Vertrag auszufertigen, mit der Begründung zurück, daß es sich hierbei um Simonie, um einen in der Kirche verbotenen Ämterkauf, handeln würde. Er bat darum, mit Kardinal Fesch direkt verhandeln zu dürfen. Dalberg wollte einen klaren Trennungsstrich zwischen seiner weltlichen Autorität als Kurfürst von Regensburg und der für seine Reichs- und Kirchenpolitik so außerordentlich bedeutsamen Koadjutor-Wahl ziehen. Seine politische Souveränität stellte er dem Schutz Napoleons anheim – die Frage der Koadjutorie hingegen wollte er nur mit dem Kardinal erörtern. Um seinem Anliegen Nachdruck zu verleihen, zog er ein bereits unterzeichnetes Schriftstück hervor, in dem er zwar versicherte, den Kardinal zu seinem Koadjutor zu machen, gleichzeitig aber zur Bedingung setzte, daß er alle diesbezüglichen Fragen mit Fesch persönlich aushandeln müsse.

Hédouville aber ging weisungsgemäß auf diese Vorstellungen nicht ein. Er log Dalberg vor, daß er als diplomatischer Vertreter gar nicht befugt sei, mit dem Kardinal in Verbindung zu treten, sondern daß dies alles über den Tisch von Talleyrand laufen müsse. Dann forderte er den verwirrten Erzkanzler auf, sein Schriftstück zurückzuziehen. Nachdem sich Dalberg einigermaßen beruhigt hatte, ging Hédouville in die Offensive. Mit eindringlichen Worten schilderte er dem Erzkanzler die prekäre Situation seiner politischen Existenz und meinte, daß er nur dann eine nachdrückliche Verbesserung seiner Lage erreichen könne, wenn er in den Vertrag mit Napoleon einwillige. Dalbergs anfängliche Empörung war einer tiefen Resignation gewichen. Während er in Gedanken versunken dasaß, zog Hédouville nun seinerseits einen Vertrag aus der Tasche und erklärte, Dalbergs Unterschrift auf diesem Dokument wäre der überzeugendste Beweis seiner Loyalität gegenüber Napoleon. Nach einigen Sekunden schweigenden Nachdenkens gab sich der Erzkanzler einen inneren Ruck, und zwar so plötzlich und unvermittelt, daß selbst ein so ausgekochter Diplomat wie Hédouville überrascht war. Dalberg zeigte sich zur Unterschrift bereit, wollte allerdings noch seine Räte befragen. Nachdem auch Albini und Kolborn für den Vertrag gestimmt hatten, bestellte er den Gesandten zur Ausfertigung in die Residenz. Dort versuchte er ein letztes Mal, wenigstens eine vierwöchige Frist für Verhandlungen mit dem Kardinal zu erreichen. Doch Hédouville blieb hart. Leicht zitternd setzte dann Dalberg sein „Charles, Archichancelier“ unter den Vertrag, der ihm zumindest die Integrität seines Staates gewährleistete.[80] Das war der dritte Akt.

Der Geheimvertrag wurde nicht mit der Kurierpost befördert. Der Sekretär der französischen Gesandtschaft, Salignac de Fénélon[81], trat am 7. Mai 1806 mit der im Augenblick so hochbedeutenden Urkunde in der Tasche die Reise nach Paris an. Talleyrand schrieb seinem Gesandten anerkennend, Napoleon sei hochzufrieden. Falls Dalberg zögern sollte, die Ernennung des Kardinals nach dem Austausch der Ratifikationsurkunden bekanntzugeben, dann sollte Hédouville die Sache selbst veröffentlichen.[82] Am 22. Mai 1806 kam Fénélon mit dem von Napoleon unterschriebenen Dokument nach Regensburg zurück. Der ungeduldige Kaiser erwartete die ratifizierte Urkunde bereits zwei Tage später zurück, was freilich ein Ding der Unmöglichkeit war. Hédouville antwortete, die offizielle Bekanntgabe vor dem Reichstag könne erst nach den Pfingstferien erfolgen.[83] Dalberg verschob daraufhin den Aufenthalt in seiner Sommerresidenz und schickte, nachdem er den Vertrag ratifiziert hatte, seinen Kammerherrn Baron Varicourt[84] mit dem Schriftstück nach Paris, während Albini vor dem Reichstag bekanntgab, daß Seine Kurfürstliche Gnaden, „in langjährigen schweren Geschäften und Sorgen bis zu dem 63. Lebensjahre vorgerückt, nicht länger anstehen konnten, sich einen Regierungsgehilfen, Coadjutor und Nachfolger auszuersehen", und daß seine Wahl „auf kein mehr würdiges Subjekt, als auf Seine Eminenz den Herrn Kardinal Fesch" gefallen sei.[85]

Diese Nachricht, die – im geschwätzigen Regensburger Diplomatenambiente fast ein Wunder – bis zu diesem Tag geheimgehalten werden konnte, schlug ein wie eine Bombe. Ein Verwandter Napoleons sollte Erzkanzler des Reiches werden! Die Gesandten staunten ungläubig. Phantastische Vermutungen wurden angestellt. So etwa, daß Fesch sofort zum Erzkanzler ernannt und Dalberg von Napoleon zum Papst erhoben werde.[86] Den Vogel schoß der hessisch-darmstädtische Gesandte Freiherr von Türckheim[87] ab, indem er prophezeite: „Der Oheim Fesch wird Erzkanzler, vielleicht noch Papst, und wohnt statt im Vatikan, der neben dem Capitolio nicht wohl mehr bestehen mag, einst zu St. Emmeram."[88] Kein Gerücht war übertrieben genug, um nicht als ernstzunehmende Möglichkeit in Betracht gezogen zu werden. Baron Hügel, ein wahrer Meister der durch nichts begründeten Spekulation, mutmaßte gleichfalls, Fesch werde zum Papst erhoben und das Amt des Erzkanzlers werde in Zukunft mit dem nach Regensburg verlegten Heiligen Stuhl verbunden.[89] Die von Stadion geäußerte Vermutung, Napoleon werde sich nunmehr zum römisch-deutschen Kaiser ausrufen lassen[90], schien wiederum Dalbergs Hoffnung auf eine Erneuerung des Reiches unter dem französischen Kaiser Recht zu geben.[91] Die Regensburger Bürgerschaft glaubte indes, mit Kardinal Fesch als dem künftigen Landesherrn den bayerischen Annexionsgelüsten einen Riegel vorgeschoben zu haben[92], und nicht nur das – Türckheim erwartete sogar eine territoriale Abrundung des Regensburger Kurstaats, den er schon als gleichberechtigte Macht neben den drei süddeutschen Staaten sah.[93] In einer anonymen Druckschrift wurde von einem neuen dalbergischen Flächenstaat gemunkelt, der von Regensburg bis Nürnberg reichen sollte.[94] Alle diese Erwartungen aber blieben fromme Träume und kühne Phantasien.

Ablehnung aus Wien und Rom

Bereits wenige Wochen später verweigerte Franz II., dem Dalberg am 24. Mai 1806 seine Entscheidung mitgeteilt hatte[95], die kaiserliche Approbation.[96] Mitausschlaggebend für das Nein aus Wien war das juristische Gutachten des österreichischen Gesandten Baron Fahnenberg[97], der die Ernennung von Fesch zum Koadjutor als ungültig bezeichnet hatte, weil die nach kanonischem Recht erforderlichen Voraussetzungen von „dringender Notwendigkeit" und „ersichtlichem Vorteil" – „urgens necessitas" und „evidens utilitatis" – nicht gegeben gewesen seien.[98] Außerdem sei die Zustimmung der Domkapitel von Mainz und Regensburg[99] viel zu spät eingeholt worden, und schließlich besitze der Kardinal nicht einmal die deutsche Staatsangehörigkeit. Dalberg entgegnete dem Einspruch aus Wien, daß die Mitwirkung des Kaisers zur Einleitung einer Koadjutorwahl nicht erforderlich sei, wobei er daran erinnerte, daß nach seiner eigenen Wahl im Jahr 1787 die päpstliche Bestätigung zwischen dem preußischen Gesandten Lucchesini und der Kurie ohne Kenntnis von Kaiser Joseph verabredet worden war. Die Einwände des Reichsoberhaupts wegen der angeblich nicht beachteten Wahlbestimmungen konnten ebenfalls entkräftet werden.[100] Kaiser Franz, am Reich längst nicht mehr interessiert, hielt dem nichts entgegen, sondern wartete auf das Echo aus Rom.

Die Kurie, bei der Dalberg um die erforderliche apostolische Zustimmung eingekommen war[101], versuchte Zeit zu gewinnen, um die eben angelaufenen Verhandlungen für Länderkonkordate mit den süddeutschen Staaten nicht zu gefährden. Tage und Wochen vergingen ohne ein klares Wort aus Rom. Es war gewissermaßen eine Ironie der Geschichte, daß der kluge Kardinalstaatssekretär Ercole Consalvi[102], der einzige Mann der Kurie, der aufgrund seiner guten persönlichen Beziehungen zu Fesch und seiner für Dalberg empfundenen Wertschätzung willens und auch in der Lage gewesen wäre, die Bestätigung des Papstes zu erreichen, mittlerweile auf Druck Napoleons von seinem Amt enthoben worden war. Die ultramontanen Gegner Dalbergs in der Kurie rieben sich die Hände, und Pius VII. antwortete in seinem Breve vom 14. Juni 1806, die apostolische Bestätigung der Wahl könne erst nach der Approbation durch das Reichsoberhaupt erfolgen.[103] Der Ball ging damit nach Wien zurück.

Kardinal Fesch, den die Mitteilung seines kaiserlichen Neffen, er sei als Nachfolger Dalbergs vorgesehen[104], erst erreichte, nachdem er bereits aus Rom abgereist war, spielte in dem Gerangel um die Dalberg-Nachfolge keine sehr würdige Rolle. Er ging zwar am 2. Juni 1806 nach Paris[105], wo er in den Tuilerien feierlich die vom Erzkanzler unterzeichnete Wahlurkunde[106] überreicht bekam, den Bekundungen der französischen Geistlichkeit, die ihn zu seiner Ernennung beglückwünschte, dankte er jedoch in auffallend kühler Zurückhaltung. So erklärte er beispielsweise dem Superior des Seminars von Saint-Irénée, wenn es nach seinem Willen gegangen wäre, hätte er die Koadjutorie niemals angenommen. Aber es sei seine Pflicht, nichts gegen die Pläne des Kaisers zu unternehmen. Dem Bischof von Namur gegenüber drückte er sich noch unmißverständlicher aus. Er hätte sich über die zahlreichen Glückwünsche nur dann freuen können, wenn die Regensburger Koadjutorie für ihn irgendwelche Vorteile enthielte. So aber habe er sie nur mit dem größten Widerwillen auf sich genommen.[107] Erst vier Wochen später ließ er sich überhaupt herbei, dem Erzkanzler zu antworten. Nachdem ihm Napoleon versichert hatte, er könne seine Diözese in Lyon behalten – was Fesch dringend wünschte –, willigte er zum Schein in die unwillkommene Berufung[108] ein – warum, das stellte sich erst sechs Jahre später heraus, als der Kaiser im „Almanach Imperial“ die Entdeckung machte, daß sein Oheim dort immer noch mit dem stolzen Titel eines „Coadjuteur de Son Altesse Eminentissime le Prince Primat“ aufgeführt war, obwohl Napoleon doch die Koadjutorie – die übrigens nie die apostolische Bestätigung erhielt – längst wieder aufgehoben hatte. Eine Revision der kaiserlichen Hofkasse ergab ferner, daß Fesch trotzdem nach wie vor ein Jahresgehalt als Koadjutor in Höhe von 300 000 fl. bezogen und seit seiner Ernennung insgesamt fast zwei Millionen kassiert hatte.[109] Das ging dann selbst Napoleon, der seinen Verwandten gegenüber gewiß nicht knausrig war, zu weit, und er strich seinem geldgierigen Stiefonkel kurzerhand dieses Gehalt.[110] So ganz ohne Vorteile war die Koadjutorie für den Kardinal, der übrigens nie in Regensburg war und auch nie für die Stadt einen Finger krummgemacht hatte, dann doch nicht.

Dem gutgläubigen Dalberg, dem sein Pariser Gesandter in Unkenntnis der Sachlage die Ernennung des Kardinals als politischen „Meisterstreich“[111] angerechnet hatte, brachte die ganze Koadjutorie gar nichts ein – im Gegenteil! Sie kostete ihn seinen bis dahin untadeligen Ruf eines deutschen Reichspatrioten und treuen Gralshüters der Reichsverfassung. Graf Sternberg, der sich bis zuletzt Hoffnungen auf die Nachfolge gemacht hatte[112], legte gekränkt seine Stelle als Präsident des Regensburger Landesdirektoriums nieder. Selbst sein engster Freund, der Konstanzer Generalvikar Wessenberg, bezeichnete diese Wahl als einen „tadelnswürdigen Mißgriff“.[113] Obgleich von manchem seiner Mitarbeiter im Stich gelassen und von seinen Freunden gerügt, war der Erzkanzler der Überzeugung gewesen, daß dieser „tadelnswürdige Mißgriff“ das letzte und – wie er dem Regensburger Domkapitel geschrieben hatte – auch das „einzige Rettungsmittel“[114] gewesen sei, um den Fortbestand von Reich und Reichskirche zu sichern.[115] Napoleon – so hatte er spekuliert – würde sich, nachdem einer seiner Verwandten der künftige Erzkanzler geworden war, am Ende doch noch die Krone Karls des Großen aufsetzen.[116] An seinen Pariser Gesandten hatte er, kaum daß die Tinte auf dem Abkommen mit dem Kaiser trocken war, den bezeichnenden Satz geschrieben: „Dieser Vertrag ist für mich die größte Wohltat. Diese Gewißheit erfüllt das höchste Maß meiner Wünsche.“[117] Und Graf Beust trug weiterhin alles dazu bei, Dalberg in seinem Wunschdenken zu bestärken. „Man hat mir positiv versichert", antwortete er seinem Fürsten, „daß sich Napoleon jetzt höchstwahrscheinlich nach Italien begeben wird, um sich dort schon Ende Juni oder Anfang Juli in Rom zum Kaiser eines neuen Römischen Reiches krönen zu lassen."[118] Während sich der Erzkanzler in dem festen Glauben wiegte, das Reich vor Auflösung und Willkür gerettet zu haben, hatte er, ohne es freilich zu wollen, dem längst ausgehöhlten Verfassungsgefüge einen schweren Stoß versetzt und sich darüber hinaus ins Netz der napoleonischen Machtpolitik begeben. Paradoxerweise waren damit Entwicklungen, die er eigentlich aufhalten wollte, erst recht beschleunigt worden, denn in Paris wurde inzwischen ganz geheim und auch ganz unabhängig von ihm[119] schon ein neuer Plan ausgeheckt, der die so aufwendig eingefädelte Koadjutorie in wenigen Monaten überholte und überflüssig machte. Die größte Enttäuschung in Dalbergs enttäuschungsreichem Leben sollte noch bevorstehen.

„Den Prinzen sah ich gestern, sein Anblick hat mich tief gerührt. Es ist das Bild eines durch inneren Gram verzehrten Gemüths, kein Funke von der geistigen Lebhaftigkeit, die ihn sonst beseelte.“
Sternberg an Dobrowski, 11. November 1808

VII. DIE IDEE VOM DRITTEN DEUTSCHLAND

Im Juni 1806 – die Koadjutorie des Kardinals Fesch schien unter Dach und Fach zu sein – zog sich Dalberg vor der sommerlichen Hitze hinter die kühlen Mauern seines in Wörth bei Regensburg gelegenen Schlosses zurück. Hier an der Donau, in der alten Residenz der Regensburger Fürstbischöfe, einem mächtigen Renaissancebau zwischen Weinbergen und der weiten Flußebene, wollte er nach den Aufregungen der letzten Monate in Ruhe den Sommer verbringen. Sein Kammerherr, Baron Varicourt, den er mit der schriftlichen Ernennung für Kardinal Fesch zu seinem Koadjutor nach Paris geschickt hatte, kehrte am 16. Juli 1806 in die Residenz zurück. Neben dem Antwortschreiben des Kardinals brachte er jedoch eine Nachricht mit, die verwirrend und beunruhigend klang.[1] Unglaubliches hatte sich in Paris zugetragen. Graf Beust, der Gesandte des Kurstaats, war dort vor zwei Wochen mit mehreren Diplomaten bei Talleyrand eingeladen gewesen. Das Diner, das der als Gourmet weithin berühmte Minister auftragen ließ, war vorzüglich gewesen, aber nach dem Dessert hatte er seinen Gästen eine so gepfefferte Nachricht serviert, daß ihnen vermutlich der letzte Bissen im Hals steckengeblieben war. Napoleon – so hatte ihnen Talleyrand erklärt – habe die Vereinigung deutscher Fürsten zu einem Rheinischen Bund, einer Allianz unter seinem Protektorat, befohlen. Mit Bayern und Württemberg sei bereits alles ausgehandelt, den übrigen Souveränen bliebe daher nichts anderes übrig, als mitzumachen, falls sie – so drohte Talleyrand – ihre Länder behalten wollten. Als Bedingung für die Mitgliedschaft im Rheinbund habe er den Austritt aus dem Reichsverband und die Stellung von beträchtlichen Truppenkontingenten für Frankreich genannt.

Napoleons Rheinbund-Pläne

Auch der Erzkanzler befand sich unter den von Napoleon für die Allianz ausgewählten Reichsfürsten, und zwar an dritter Stelle nach den Königen von Bayern und Württemberg. Eine besondere Huld war ihm dabei seitens des Kaisers zugedacht: Er sollte den mit königlichen Privilegien ausgestatteten Titel eines Fürstprimas erhalten[2] und als solcher dann – ähnlich seiner bisherigen Stellung als Erzkanzler – dem künftigen, in der geplanten Allianz vereinten Kollegium der Könige und Großherzöge präsidieren. Außerdem sollte sein Staat um das Gebiet der Reichsstadt Frankfurt erweitert werden.[3] Als Dalberg auf Schloß Wörth den Bericht aus Paris gelesen hatte, war er ebenso ratlos wie sein Gesandter. Kopfschüttelnd entnahm er den Zeilen, daß Talleyrand Beust sogar aufgefordert hatte, den Bündnisvertrag sofort zu unterschreiben, und nachdem er sich dagegen zur Wehr gesetzt hatte, von dem Minister an den Kardinal-Koadjutor verwiesen worden war. Dieser habe die Meinung vertreten, der von Napoleon geforderte Rheinbund werde in jedem Fall – mit oder ohne Dalberg – zustandekommen. Er habe ferner zu Bedenken gegeben, „daß eine Weigerung von unserer Seite uns sehr nachteilige und unberechenbare Folgen zuziehen könnte, während jetzt die Interessen Ew. Kurfürstlichen Gnaden sehr berücksichtigt sind und das Kurfürstentum sehr verbessert wird“.[4] Kardinal Fesch habe schließlich dem ratlosen Diplomaten empfohlen, den Beitritt zu vollziehen, und er habe sogar versprochen, als Koadjutor und künftiger Erzkanzler die Verantwortung dafür zu übernehmen.

Über die eigentliche Funktion und Bedeutung dieses ominösen Rheinbundes aber konnte Beust, der sich während der Besprechung im Hause Talleyrand nicht einmal Notizen machen durfte, keine näheren Angaben übermitteln. Vergeblich versuchte der Erzkanzler, über Albini genauere Aufschlüsse zu erhalten. Aber auch sein sonst so gut informierter Minister wußte keinen Rat. Nur vereinzelte Gerüchte waren seit einiger Zeit im Umlauf, so etwa die Fama von einer bevorstehenden Umgestaltung des Reiches durch Napoleon, das Gerücht von einem Thronverzicht des Kaisers Franz in Wien, von einer Erneuerung des Karolingischen Reiches – Frankreich, Italien und Deutschland sollten wieder unter einem Szepter vereint sein. Und es gab Kreise, zu denen auch Dalberg gehörte, in denen man immer noch mit der Übernahme des römischen Kaisertitels durch Napoleon rechnete. Das alles blieb aber Spekulation. Genaueres kannte man nicht, außer, daß Bayern, Württemberg und Baden in Paris wegen der Mediatisierung etlicher Reichsherrschaften verhandelten und daß auch Nassau-Usingen-Weilburg inzwischen den französischen Kaiser um ein Bündnis ersucht hatte[5], ähnlich wie bereits im Juli 1804 die sogenannte Frankfurter Union, ein Zusammenschluß von Reichsfürsten und Reichsgrafen, an dem Dalberg allerdings nicht beteiligt gewesen war.[6] Der von Beust eben erstmals angekündigte Rheinbundplan war so geheim gehalten worden, daß nicht einmal Hédouville, der französische Gesandte in Regensburg, von seiner Regierung darüber informiert worden war. Erst durch Dalberg erfuhr er, was für große Dinge sich in Paris angebahnt hatten.[7]

Die großen Dinge waren schon seit längerem in Gang – im Grunde seit dem Herbst 1805, als Napoleon zusammen mit seinen süddeutschen Verbündeten jenen siegreichen dritten Koalitionskrieg gegen Österreich geführt hatte.[8] Diesem Kriegsbündnis sollte anschließend ein geheimes Friedensbündnis folgen[9], doch die von Napoleon geplante Allianz war in letzter Sekunde am Widerstand des Königs von Württemberg gescheitert.[10] Das Reich bestand also – zumindest dem Namen nach – weiter, und Napoleon war offensichtlich auch längere Zeit unschlüssig[11], ob er die deutschen Fürsten in Zukunft als militärische Verbündete oder ob er sie als Kaiser eines Heiligen Römischen Reiches französischer Nation seinen Kriegszielen unterwerfen sollte. Beide Möglichkeiten standen im Frühjahr 1806 noch zur Wahl. Die Erhebung Murats zum Herzog von Berg[12] und Napoleons Heiratspolitik, mit der er die alten deutschen Dynastien mit seiner Familie verband, deuteten eher auf eine Erneuerung der alten Kaiseridee hin, und auch Dalbergs Vorschlag, Napoleon solle Murat zum Kurfürsten befördern[13], war – ebenso wie die Ernennung des kaiserlichen Stiefonkels zum künftigen Erzkanzler – ganz auf die Linie einer Reichserneuerung ausgerichtet. Noch am 13. Mai 1806 mußte das französische Außenministerium auf Befehl Napoleons eine Denkschrift für eine Neugestaltung Deutschlands ausarbeiten, die eine Erhaltung der Reichskreise sowie eine Neuordnung des Kurfürsten- und Fürstenkollegs vorsah.[14] Dann aber hatte der Kaiser, dem es an überzeugenden staatsmännischen Entwürfen meist fehlte, das Ruder plötzlich herumgeworfen und in einer Militärallianz die aktuell größeren Vorteile gesehen. Den Grund dafür versuchte er später den in Paris versammelten deutschen Fürsten zu erklären: „Lest in der Geschichte nach: zu allen Zeiten habt ihr eure Kaiser schikaniert, so daß die unter ihnen, die das Gute wollten, nichts haben ausrichten können. Es liegt nicht in meinem Interesse, euer Oberhaupt zu sein. Ich habe die Hände freier, wenn ich euch fremd bleibe, und ich verstehe sehr wohl, euch mir willfährig zu machen.“[15] Am 31. Mai 1806 genehmigte er den von Talleyrand ausgearbeiteten Plan, der eine Militärallianz von sechzehn deutschen Fürsten mit Frankreich unter des Kaisers Protektorat vorsah – den Rheinbund.[16]

Sowohl von den Einzelheiten als auch der politischen Tragweite eines solchen Bündnissystems aber hatten Graf Beust und auch die meisten der in Paris versammelten Diplomaten vorerst keine Ahnung. Der Erzkanzler, der vergeblich wochenlang auf nähere Aufschlüsse gewartet hatte, schrieb am 22. Juli 1806 an Beust folgende Weisung: „Jeder bevollmächtigte Minister kann in einem dringenden Fall einen ihm vorgeschlagenen Vertrag ohne Ratifikation unterschreiben, wenn ihm dieser für den von ihm vertretenen Staat nützlich erscheint. Ich werde mich natürlich hüten, einen Vertragsentwurf zu beurteilen, den ich noch gar nicht gesehen habe.“[17] Aber als Dalberg diese Zeilen aufsetzte, waren in Paris die Würfel längst gefallen, denn Talleyrand hatte bereits am 16. Juli 1806 die diplomatischen Vertreter ins Ministerium bestellt und kategorisch ihre Unterschrift für die Rheinbundakte verlangt.[18] Beust, der von den Einwänden seines Souveräns noch nichts wissen konnte, auf der anderen Seite aber die Zustimmung des Kardinal-Koadjutors besaß, unterzeichnete daraufhin mit der in solchen Fällen üblichen Formel „sub spe rati", d. h. „in der Erwartung der Ratifikation". Acht Tage später – am 24. Juli 1806 – hielt Dalberg endlich den Entwurf der Rheinbundakte in Händen.[19] Er war entsetzt. Anstelle der erhofften Reichserneuerung mußte er nun den offenen Bruch der Reichsverfassung und – schlimmer noch – das Ende des alten Imperiums zur Kenntnis nehmen. Der Augenzeugenbericht des biederen Regensburger Landesdirektorialrats Joseph Haas[20], der auf Schloß Wörth zum Vortrag bestellt war, schildert die innere Bewegtheit des zweiundsechzigjährigen Erzkanzlers. Mit Tränen in den Augen soll sich Dalberg geweigert haben, den Vertrag zu ratifizieren, weil er es mit seinem Eid auf die Verfassung nicht vereinbaren könne, die Artikel der Rheinbundakte zu unterschreiben.[21]

Der Erzkanzler droht mit Rücktritt

Jetzt trat Hédouville auf den Plan. Der raffinierte Taktiker, dem es erst vor wenigen Wochen gelungen war, Dalberg für einen anderen Vertrag zu gewinnen, versuchte dem Erzkanzler einzureden, die Rheinbundakte decke sich inhaltlich mit seinen ureigenen Ideen, die er im Januar 1806 Napoleon entwickelt hatte.[22] Da verlor selbst der sonst so beherrschte Kurfürst die Fassung. „Ich wollte damals die Reichsverfassung nicht zerstören", entgegnete er entrüstet, „sondern ich wollte sie mit dem Angebot der Karlskrone an Napoleon befestigen." Niedergeschlagen wandte er sich dann an Albini und beauftragte ihn, eine Rücktrittserklärung vorzubereiten. Er wollte unter diesen Umständen lieber abdanken und Napoleon bitten, sich nach Paris ins Privatleben zurückziehen zu dürfen, als noch länger weiterzuregieren. Kardinal Fesch sollte seine Nachfolge antreten.[23]

Albini war anderer Ansicht. Er war entschlossen, seine Politik, mit der er bereits in Rastatt 1797/98 einen Block der deutschen Mittelstaaten an der Seite Frankreichs angestrebt hatte, wieder aufzugreifen und fortzuführen. Sein Entschluß stand fest: Dalberg mußte mit seinem Kurstaat in den Rheinbund geführt werden. Er tat sich daher mit Hédouville zusammen, und beide fuhren am 25. Juli 1806 abermals zu einer Audienz nach Schloß Wörth. Albini hatte gehofft, daß sich der Erzkanzler inzwischen etwas beruhigt habe. Das war aber nicht der Fall. Dalberg entrüstete sich besonders über seinen Schwager, den Reichsgrafen von der Leyen, der dem Rheinbund bereits beigetreten war und den Napoleon dafür zur Belohnung in den Fürstenstand erhoben hatte. Er befürchtete, man werde die Standeserhöhung seines Verwandten auf ihn, den Erzkanzler, zurückführen. Mit vereinten Kräften redeten nun Albini und Hédouville auf Dalberg ein. Sie schilderten ihm seine ausweglose Lage, sprachen von den Vorteilen, die er als künftiger Verbündeter Napoleons erlangen würde und gaben ihm schließlich zu bedenken, daß das alte Reich auch ohne Rheinbund dem Untergang geweiht sei. Aber alles war umsonst, Dalberg blieb bei seiner Weigerung und die beiden Herren mußten unverrichteter Dinge von Schloß Wörth nach Regensburg zurückkehren. Kleinlaut berichtete Hédouville seinem Minister Talleyrand: „Weder meine Erklärungen noch die klugen und gerechten Begründungen des Herrn Baron Albini vermochten bis heute Abend den Erzkanzler von seinen übertrieben ehrenhaften Vorstellungen abzubringen."[24]

Während Hédouville jetzt mit dem Gedanken spielte, daß es unter Umständen das Beste wäre, Kardinal Fesch gleich die Nachfolge des Erzkanzlers antreten zu lassen, erhielt er noch am selben Abend per Eilstafette den Befehl Napoleons, Dalberg mit allen Mitteln zur Ratifikation der Rheinbundakte zu bewegen. Der Beitritt des Kurerzkanzlers – so hieß es aus Paris – sei von höchstem politischen Interesse. Doch um dies zu erreichen, mußte Hédouville überraschenderweise gar keine Kunstgriffe mehr anwenden, denn als er sich am nächsten Morgen nach Schloß Wörth begeben wollte, kam ihm bereits Albini auf halbem Weg triumphierend entgegen: Dalberg – so erklärte er dem erleichterten Diplomaten – sei zur Unterschrift bereit. Trotzdem zögerte der Erzkanzler noch einen ganzen Tag, bis er endlich am 26. Juli 1806 gegen halb zehn Uhr abends die denkwürdige Akte unterzeichnete.[25]

Das im sogenannten Rondellzimmer von Schloß Wörth unterschriebene Exemplar des Rheinbund-Vertrages sorgte weiterhin für Aufregung. Obwohl Albini sofort einen Stafettenreiter mit dem Schriftstück nach München losgejagt hatte, traf die Urkunde dort erst am 27. Juli 1806 ein. Marschall Berthier[26] – er wird sich 1815 nach Napoleons Abdankung in Bambergs Neuer Residenz aus dem Fenster stürzen – hätte aber den Vertrag bereits einen Tag vorher in der Münchener Residenz ratifizieren sollen. Der französische Gesandte in München, Louis-Guillaume Otto[27], ein ehemaliger hessischer Beamter, stellte Dalbergs diplomatischen Vertreter, den betagten Reichsfreiherrn von Franckenstein[28], barsch zur Rede und fragte, mit welcher Entschuldigung diese unprogrammgemäße Verzögerung vor Napoleon gerechtfertigt werden könne.[29] Um die Angelegenheit zu vertuschen, schlug Franckenstein vor, die Rheinbundakte einfach auf den 26. Juli 1806 vorzudatieren.

Am 1. August 1806 legte Dalberg, nachdem er nun Mitglied des Rheinbundes geworden war, vor dem Regensburger Reichstag offiziell sein Amt als Erzkanzler nieder. Knapp zwanzig Jahre waren seit seiner Wahl durch die Mainzer Domherren, die ihn zu dieser Würde bestimmt hatten, verstrichen – fünfzehn Jahre des Wartens und – fast auf den Tag genau – vier Jahre, seit er die lang ersehnte Aufgabe des Custos legum, des obersten Gesetzeshüters des Reiches, übernommen hatte. Wie viele Hoffnungen lagen dazwischen, wie viele Enttäuschungen? „Mein Gewissen sagt mir“, so schrieb er an Kaiser Franz, „daß ich, so viel in meinen geringen Kräften war, alles versucht habe, um diesen Reichsverband zu erhalten. Meine Mühe war vergeblich.“[30] Eine Woche später gab auch Franz II. die längst vorbereitete Erklärung ab, daß er die Krone als römisch-deutscher Kaiser niederlege.[31]

Es herrschte allgemein große Enttäuschung, besonders beim Reichsadel und den deutschen Reichspatrioten, weniger über den Verzicht des unbeliebten und uninteressierten Kaisers Franz, als über die Tatsache, daß das einst so stolze Heilige Römische Reich Deutscher Nation so sang- und klanglos untergegangen war. Der Reichsfreiherr von Gagern, ein überzeugter Anhänger der Reichsidee, sprach offen aus, was damals viele dachten. „Ich habe“, sagte er Talleyrand ins Gesicht, „längst des Kaisers Trachten nach der Macht Karls des Großen beobachtet. Wenn er auf irgendeinem Weg zur Kaiserkrone gekommen wäre, so hätte ich mich diesem Schicksal gerne gefügt, weil ich davon große Erfolge erwartet hätte – aber diesen Bund gewähren kann ich nicht.“[32]

Was bewog Dalberg zum Beitritt in den Rheinbund?

Was aber hat Dalberg, der ebenso wie Gagern ein aufrechter Reichspatriot war, zu seiner überraschenden Kursschwenkung veranlaßt? Die äußeren Vorteile, die ihm aus dem Beitritt zum Rheinbund erwuchsen, wie beispielsweise der Gewinn von Frankfurt und einiger benachbarter Reichsgrafschaften, waren zu unbedeutend, als daß sie ins Gewicht hätten fallen können. Eher könnte schon die Frage seines Machterhalts als souveräner Fürst den Ausschlag gegeben haben. Dem aber widerspricht, daß Dalbergs weltliche Regierungsgewalt weiterhin auf einen Zwergstaat beschränkt blieb, und er auch immer wieder versichert hatte, daß ihm an der Macht nichts läge.[33] Schließlich wurde sein angesichts der Rheinbundakte geäußerter Entschluß abzudanken, von glaubhaften Zeugen mehrfach und unabhängig voneinander bestätigt.[34] Und es kann auch nicht – wie mitunter vermutet wird – der Überredungskünstler Hédouville gewesen sein[35], der ihn zur Unterschrift unter die Rheinbundakte bewogen hatte. Hédouville war ja bekanntlich nach seiner Audienz bei Dalberg unverrichteter Dinge abgezogen. Andere Motive müssen dahinterstekken.

Dalbergs Beitritt zum Rheinbund resultierte letztlich aus einer geistigen Idee des 18. Jahrhunderts. Diese Idee hieß „drittes Deutschland“[36], eine im Grunde genommen politische Utopie, die mit dem 1785 gegründeten deutschen Fürstenbund entstanden war. Kein Geringerer als Goethe soll der Erfinder der Bezeichnung „drittes Deutschland“ gewesen sein.[37] Nach dem Willen einiger Fürstenbundpolitiker, darunter auch Leopold von Anhalt Dessau[38], hätte das „dritte Deutschland“ eine politisch neutrale Vereinigung der deutschen Klein- und Mittelstaaten werden und eine Reichsform in Gang bringen sollen. Doch die erstrebte Reform, für die auch Dalberg energisch eintrat, scheiterte am Desinteresse Preußens und Österreichs. Der Fürstenbund zerfiel, aber die Idee vom „dritten Deutschland“ lebte weiter und wurde zum geistigen Sammelbecken jenes neu erwachenden Reichspatriotismus[39], dessen glühendster Verfechter der Koadjutor von Mainz und spätere Erzkanzler war. An eine Teilung des Reiches in drei Teile dachte von seinen Gesinnungsfreunden niemand – im Gegenteil: Die Männer des „dritten Deutschlands“ wollten die sich immer mehr abkapselnden Großmächte Preußen und Österreich in das Reich, an das sich auch die Fürstenbundpolitiker stets gebunden fühlten, zurückführen. Ihr „drittes Deutschland“ wurde – wie die Zeitgenossen bestätigen – sogar als mit dem Reich gewissermaßen identisch betrachtet.[40] So schreibt zum Beispiel Johann Michael Seuffert[41], Jurist am Reichskammergericht und Hofmeister der Grafen von Schönborn, daß man am Ende des Jahrhunderts „in dem gemeinen Sprachgebrauche unter dem Wort Reich nur einige, südliche Provinzen Teutschlands“ verstanden habe.[42] Auch Dalberg betrachtete jene Provinzen stets als sein „südlich-teutsches Vaterland“, ein Begriff, der für uns heute, die wir an feste nationale Grenzen gewöhnt sind, schwer vorstellbar ist. Das „dritte Deutschland“, das außerhalb des preußischen und österreichischen Machtgebiets

Die Gründung des Rheinbunds: Die Rheinbund-Fürsten huldigen ihrem Protektor. Fürstprimas Carl von Dalberg in geistlichem Schwarz hält demonstrativ die von ihm geplante Bundesverfassung in Händen. Die Szene ist jedoch rein fiktiv und besitzt lediglich symbolischen Aussagewert.

lag, als lockerer Verband und neutrales Zünglein an der Waage im europäischen Kräftespiel, dies war einst die Grundlage aller seiner politischen Pläne gewesen. Jetzt hatte dieses „dritte Deutschland" für ihn plötzlich im Rheinbund Gestalt angenommen.[43]

Den letzten Ausschlag für seine Entscheidung, Reich und Erzkanzleramt aufzugeben und statt dessen Fürstprimas eines rheinbündischen „dritten Deutschlands" zu werden, aber gab noch eine weitere Überlegung. In der Rheinbundakte stand nämlich – von Talleyrand höchst geschickt und sicher nicht ohne Absicht formuliert – folgender Paragraph: „Der Bundestag der Rheinbundstaaten wird in Frankfurt unter der Leitung des Fürstprimas zusammentreten. Die Modalitäten seiner Einberufung, seine Verhandlungsgegenstände, die Art und Weise seiner Entscheidungen und Vollmachten werden durch eine Bundesverfassung bestimmt und geregelt, die der Fürstprimas innerhalb eines Monats auszuarbeiten und den Bundesmitgliedern zur Abstimmung vorzulegen hat."[44] Man mußte den Erzkanzler also nur davon überzeugen, daß mit diesem Verfassungsauftrag endlich sein Lebensziel Wirklichkeit werden würde – die Reichsreform für das „dritte Deutschland". Der Mann, der seit nunmehr fast zwanzig Jahren diesen Herzenswunsch Dalbergs besser kannte als jeder andere, war Albini. Ihm, der im höchsten Maß das Vertrauen des Erzkanzlers besaß und der schon seit den Rastatter Friedensverhandlungen den politischen Kurs des Kurstaats steuerte, war es am Morgen des 26. Juli 1806 auf Schloß Wörth gelungen, den widerstrebenden Dalberg zur Unterzeichnung der Rheinbundakte zu bewegen. Hédouville hatte damit nichts zu tun.

Dalbergs Pläne für eine Rheinbund-Verfassung

Albini hatte den Ehrgeiz des Erzkanzlers an der richtigen Stelle gepackt. Neun Tage später schickte Dalberg Napoleon seinen ersten Verfassungs-Entwurf.[45] Dieses Papier, das er wohl kaum als Magna Charta eines Rheinbund-Deutschland gedacht haben konnte, enthielt den Plan für ein europäisches „Föderativreich" unter der Ägide Napoleons, in das nicht nur Preußen und Österreich, sondern auch Frankreich und sogar Schweden als Garantiemächte des Westfälischen Friedens miteinbezogen werden sollten. Die Idee eines vereinten Europas lag damals in der Luft. Sie wurde nicht nur von den überzeugten Reichspatrioten wie Dalberg, Vogt oder Gagern verfolgt. Selbst unter den Parteigängern der neuen fürstlichen Souveränität in den drei süddeutschen Mittelstaaten traten etliche als Verfechter dieses europäischen Unionsgedankens auf, wohl deshalb, weil er die Vollsouveränität weniger zu beschneiden drohte als etwa ein deutscher Einheitsstaat. Auch nach Auffassung zahlreicher Gelehrter und Schriftsteller war die europäische Universalmonarchie Napoleons genau das, wohin ihrer Meinung nach die allgemeine Entwicklung zielte. Napoleon, der Nationenbefreier, der Begründer selbständiger Staaten, sollte Schöpfer und oberster Monarch eines geeinten Europas sein. „Der große, feste Mann drückt seinen Stempel seinem Jahrhundert wie weichem Wachs ein." So hatte es Dalberg prophezeit. „Schwächere Menschen, deren Neigungen in mehrere Gegenstände geteilt sind, fühlen sein Übergewicht. Er spricht, und sie schweigen. Er will, und sie wollen. Er befiehlt. Ihr Herz murrt heimlich, aber beugt sich doch. Sie folgen doch! Das ist, was ich moralische Impulsion nenne."[46] Seine Zukunftsvision erfüllte sich allerdings kaum, denn die moralischen Impulse, die er sich von Napoleon wie ehedem von Friedrich dem Großen oder Joseph II. erwartete, blieben aus. Das Ideal vom guten Diktator sollte sich als Trugbild erweisen.

Talleyrand hatte indes ein eigenes Konzept für eine Bundesverfassung entwickelt und Napoleon empfohlen, anstatt mit dem Fürstprimas noch länger zu korrespondieren, direkten Kontakt mit den Höfen von München, Stuttgart und Karlsruhe aufzunehmen.[47] Es war auch nicht mehr viel Zeit zu verlieren, denn Preußen versuchte eben, einen Nordbund ins Leben zu rufen[48], wobei die damals spannende Frage war, für wen sich die neutral gebliebenen Kurfürsten des Reiches – Hessen-Kassel und Sachsen – entscheiden würden – für Napoleon oder für den preußischen König. Der Kaiser antwortete Dalberg am 13. August 1806 ausweichend, dankte ihm höflich für seine Vorschläge und versprach lediglich, den Verfassungsentwurf zu einem späteren Zeitpunkt genauer zu überprüfen – eine scheinheilig verbrämte Absage.[49] Dalberg, der in seiner augenblicklichen Euphorie nicht zwischen den Zeilen lesen wollte, antwortete überschwenglich: „In dreißig Jahren hat Karl der Große den Norden und Osten, den Süden und Westen Deutschlands vereint, und das Deutsche Reich bestand tausend Jahre lang. Ich hoffe, Sire, daß Euere Erfolge rascher zustandekommen als die Karls des Großen."[50]

Doch Napoleon beschäftigten ganz andere Pläne, als das Reich Karls des Großen wiederaufzurichten. Preußen hatte die Mobilmachung befohlen. Ein neuer Krieg drohte, in dem der Rheinbund seine erste Bewährungsprobe abzulegen hatte. Der Kaiser, der auf die Truppen von Bayern und Württemberg angewiesen war und sich außerdem im Wettlauf mit Friedrich Wilhelm III. von Preußen um potentielle Verbündete aus Mittel- und Norddeutschland befand, ließ am 11. September 1806 Dalbergs Verfassungsentwurf demonstrativ ablehnen.[51] Um den Rheinbund politisch attraktiv zu machen, versprach er seinen Verbündeten, sich in ihre inneren Angelegenheiten nicht einzumischen. Das war genau das Gegenteil von dem, was Dalberg erwartet hatte. Napoleon wollte sich darauf beschränken, den einzelnen Bundesfürsten die Unverletzlichkeit ihrer Länder zu garantieren. Gleichzeitig befahl er, diesen Entschluß sofort allen Rheinbundfürsten, aber auch den von ihm umworbenen Souveränen von Hessen-Kassel und Sachsen mitzuteilen. Ein einziger nur sollte vorerst nichts davon erfahren – Dalberg, an den das Schreiben Napoleons offiziell gerichtet war.[52]

Napoleons Hauptquartier befand sich um diese Zeit bereits in Mainz. Am 30. September 1806 wandte er sich von dort aus an den Fürstprimas, informierte ihn über die Kriegsvorbereitungen gegen Preußen und befahl ihm, größere Mehlvorräte zur Verpflegung der Truppen nach Würzburg zu schicken, wo sich das Sammellager der Rheinbundkontingente befand.[53] Einen Tag später bat er Dalberg noch um einen Kurierdienst. Der Kurfürst von Hessen-Kassel war zwar nicht – wie von Napoleon erhofft – Mitglied des Rheinbundes geworden, hatte aber zumindest wohlwollende Neutralität versprochen, und der Fürstprimas, der Wilhelm von Hessen-Kassel seit langem persönlich gut kannte, sollte einen Kammerherrn mit der Nachricht an dessen Hof schicken, daß der Kaiser dies respektieren werde. „Ich hoffe, Euere Hoheit morgen in Aschaffenburg zu sehen" – schrieb Napoleon an Dalberg –, „wo ich gegen sechs Uhr früh durchreisen werde."[54] Der Kaiser war schon auf dem Marsch nach Thüringen. Dalberg, der ihn seit den erfolglosen Verhandlungen in Paris von 1804/05 nicht mehr getroffen hatte, erwartete seinen Protektor vor dem Schloß Johannisburg. Wie seinerzeit in Mainz, erwies sich der Kaiser auch diesmal wieder als geschickter Schauspieler und Regisseur zugleich. Er stieg aus seiner Kutsche, umarmte seinen Fürstprimas brüderlich, daß die Hofchargen über soviel kaiserliche Huld nur noch staunen konnten. Beim anschließenden Frühstück aß er hastig, legte dann freundschaftlich seinen Arm um die Schultern Dalbergs und erklärte ihm eindringlich: „Mon frère, gewinnen Sie mir Ihre kurfürstlichen Kollegen von Hessen-Kassel und Sachsen für die rheinische Konföderation!"[55] Dann zog er weiter, besetzte Ansbach und Bayreuth und vernichtete am 14. Oktober 1806 in der Doppelschlacht von Jena und Auerstädt die preußische Armee. Wenige Tage später stand er in Berlin am Sarg Friedrichs des Großen.

Dieser Sieg warf nicht nur die einstige deutsche Großmacht nieder, sondern erschütterte auch Dalbergs Pläne. Als erstes seiner Projekte drohte der Frankfurter Bundestag zu scheitern, der ursprünglich schon am 1. September 1806 hätte zusammentreten und Dalbergs Verfassungsentwurf diskutieren sollen.[56] Der Fürstprimas hatte bereits Albini zum Direktorialminister des Bundestages[57] und seinen Neffen Emmerich zum Deputierten des fürstprimatischen Staates ernannt.[58] Nach Dalbergs Vorstellungen sollte der Bundestag – ähnlich dem Regensburger Reichstag – ein Gesandtenkongreß sein, in dem das sogenannte königliche Kollegium die Rolle der alten Kurfürstenbank übernommen hätte und das fürstliche Kollegium die des ehemaligen Reichsfürstenrats. In den ersten Septembertagen waren die Gesandten fast sämtlicher Rheinbundfürsten in Frankfurt versammelt: Baden, Hessen-Darmstadt, Nassau-Usingen-Weilburg, Hohenzollern-Sigmaringen, Hohenzollern-Hechingen, Salm-Salm, Salm-Kyrburg, Isenburg-Birstein, Arenberg, von der Leyen und natürlich Dalberg. Der Deputierte des nachträglich aufgenommenen Fürstentums Liechtenstein war unterwegs. Nur drei fehlten: Bayern, Württemberg und Kleve-Berg. Der Grund war, daß – wie Bacher am 11. September 1806 nach Paris meldete – der württembergische Gesandte Order erhalten hatte, seine Abreise künstlich zu verzögern, während Bayern und Kleve-Berg in Mißachtung der Rheinbundakte überhaupt noch keinen Deputierten ernannt hatten.[59]

Zusammenhang von Reich und Rheinbund

Dalberg blieb beharrlich und veröffentlichte am 13. September 1806 ein Zirkular, in dem alle Rheinbundfürsten nochmals zur feierlichen Eröffnung des Frankfurter Bundestages eingeladen wurden.[60] Die Bereitschaft dazu war in erster Linie bei den kleineren deutschen Staaten vorhanden. Eine innere Verbindung zwischen der neuen Rheinbundideologie und dem alten Reichspatriotismus läßt sich nicht leugnen.[61] Nicht nur Dalberg, sondern zahlreiche Intellektuelle eines weltbürgerlichen und auf Napoleon eingeschworenen Deutschlands vertraten diese Überzeugung: allen voran Goethe, dann Jean Paul[62] und Johann Peter Hebel, aber auch Vogt, der in seinen „Europäischen Staatsrelationen" eben die Frage aufgeworfen hatte, ob der Rheinbund in seiner territorialen Gliederung nicht dem alten Deutschen Reich gleiche[63], oder der Historiker Johannes von Müller[64], der später über Dalberg Kontakt zu Napoleon finden wird[65] und der jetzt im Rheinbund den Kern der Wiedergeburt Deutschlands und seiner Verfassung sah: „Nach den acht Jahrhunderten regelloser Ungebundenheit von Hermann dem Cherusker bis Karl dem Großen und nach den tausend Jahren Gehorsam unter geistlichen wie weltlichen Herren hat eine neue Zeit und ein neuer Karl der Große alle Stände der Gesellschaft unter das neue Gesetz der Gleichheit aller Pflichten und Rechte gestellt."[66]

Der Widerstand gegen die Rheinbundidee der westdeutschen Unitarier kam vielmehr von den Partikularisten – in erster Linie von Bayern und Württemberg –, die entschlossen und auch mächtig genug waren, ihre eben erworbene Souveränität gegen einen deutschen Bund zu behaupten.[67] Murat, inzwischen in Paris residierender Großherzog von Kleve-Berg, war an der deutschen Verfassungsfrage überhaupt uninteressiert und zeigte als Schwager Napoleons und Marschall von Frankreich zudem wenig Neigung, sich einem Bundesstaat unter einem Fürstprimas unterzuordnen, der ihm schon als Erzkanzler des Reiches nichts bedeutet hatte.[68] Dalberg hatte gehofft, mit Hilfe des Protektors in Paris nicht nur Murat, sondern auch die widerspenstigen Bundesfürsten an die Kandare nehmen zu können.[69] Jetzt mußte er einsehen, daß dem Kaiser der Feldzug gegen Preußen wichtiger war als der Frankfurter Bundestag. In den ersten Tagen des Oktobers 1806 traf nämlich dort eine Erklärung aus seinem Hauptquartier ein, er wolle die Berufung der Versammlung nicht erzwingen.[70] Diese Verlautbarung und das preußische Kriegsmanifest vom 9. Oktober 1806 lieferten Bayern und Württemberg dann einen willkommenen Vorwand, die Frankfurter Bundesversammlung als aufgelöst zu betrachten, noch bevor sich diese richtig konstituieren konnte. Drei Tage nach Napoleons Sieg bei Jena und Auerstädt erschien in Frankfurt eine kurze Notiz folgenden Inhalts: „Auf Einladung des Königs von Baiern und des Königs von Württemberg, daß in den kriegerischen Zeiten der Bundestag in Frankfurt zu sehr gestört sei, um reife Beratschlagungen zu halten, ist beschlossen worden, daß die in Frankfurt schon eingetroffenen resp. Gesandten von dort wieder abgehen."[71] Wieder einmal hatte Napoleon bei Dalberg die Hoffnungen zerstört, die er zuerst in ihm erweckt hatte. Wäre er im Oktober 1806 nicht in Preußen eingefallen, dann wäre der Frankfurter Bundestag und damit auch eine verfassungsmäßige Ordnung eines föderativen Bundesstaates damals höchstwahrscheinlich zustandegekommen. Albini, der Dalberg mit dem Argument für den Rheinbund gewonnen hatte, er könne dort seine Reichsreformpläne verwirklichen, zog aus dem Scheitern der Unternehmung seine Konsequenz und legte Ministeramt wie Geschäftsführung der Bundesversammlung nieder.[72]

Von Regensburg nach Frankfurt

Das Projekt eines rheinbündischen Gesandtenkongresses war im ersten Anlauf steckengeblieben. Diese politische Niederlage Dalbergs aber war keine Schande, denn die sogenannten äußeren Umstände, der Widerstand Bayerns und Württembergs sowie Napoleons Krieg gegen Preußen, hatten sich für das Gelingen seiner Pläne als denkbar ungünstig erwiesen. Er tat daher das, was er in ähnlichen Situationen stets gern zu tun pflegte: Er spielte weiter die Rolle des Landesvaters. Frankfurt war ja zu seinem Staat gekommen, und obgleich Regensburg weiterhin Bestandteil der fürstprimatischen Lande blieb, so hatte er auf Wunsch Napoleons seine Residenz nach Frankfurt, genauer gesagt in das nahegelegene Aschaffenburg, verlegt. Von dort aus unternahm er sofort große Anstrengungen, die ehemalige Wahl- und Krönungsstadt der Kaiser des Heiligen Römischen Reiches zu einem geistigen und wirtschaftlichen Zentrum zu machen – zur künftigen Hauptstadt des rheinbündischen Deutschlands.

Für seine Frankfurter Regierung suchte sich Dalberg geeignete Männer aus, wobei er zweifellos mehr Umsicht und Klugheit bewies als in seinen bundesstaatlichen Plänen. Außenminister wurde – als Nachfolger des zurückgetretenen Albini – der Freiherr Carl Theodor von Eberstein[73], der einst als ehemaliger Prinzenerzieher in pfalzbayerischen Diensten gestanden und dann in die Frankfurter Postdirektion der Fürsten von Thurn und Taxis aufgestiegen war, ein „typischer rheinbündischer Reformer".[74] Der Fürstprimas, immer bemüht, bestehende Verwaltungseinrichtungen möglichst schonend in die neue Staatsform einzugliedern, bildete eine Generalkommission, in die er neben Eberstein auch den ehemaligen Syndikus der Reichsstadt, Karl Friedrich Seeger[75], und den Frankfurter Senator Georg Steitz[76], einen tüchtigen Finanzfachmann, berief. Schon in relativ kurzer Zeit begann – ähnlich wie ein paar Jahre zuvor in Regensburg – die Reformpolitik des Fürsten erste Erfolge zu zeitigen. Volle Freiheit für alle christlichen Konfessionen wurde gewährt, den Juden billigte er zunächst Erleichterungen und dann eine neue Schutzordnung zu; es gab Verbesserungen im Gerichtswesen, eine Akademiegesellschaft wurde gegründet, die Professor Vogt, Dalbergs Bibliothekar und Archivar, leitete, und für die Schriftsteller wie Jean Paul und der auch von Goethe geachtete Zacharias Werner[77] gewonnen wurden. Der Frankfurter Bürgerausschuß, der nach altem reichsstädtischen Muster bislang seine Mitglieder selbst ernannt hatte, mußte jetzt auf Anordnung des Fürstprimas von den Bürgern gewählt werden. So groß war sein Eifer, daß er während der zwei Wochen lang dauernden Wahl höchstpersönlich beim Einsammeln und Auszählen der Stimmzettel mithalf. „Die bekannte Humanität des Fürsten und sein Wille, das Gute, Rechte und Billige zu tun, welcher sich auf jede Art tätig erweist, gewinnen ihm alle Herzen", hieß es in der Allgemeinen Zeitung vom 24. Oktober 1806, und weiter: „Er behandelt die gute, aber alte, abgelaufene Staatsmaschine der Stadt mit so viel Schonung und doch festem Willen, daß ihm Dank und Zutrauen aller Gutdenkenden dafür werden."[78]

Auch seine Beziehungen zu Napoleon nutzte er zum Vorteil Frankfurts. Um der Stadt finanziell zu helfen, bat er den Kaiser, die noch ausstehende Kriegskontribution in Höhe von anderthalb Millionen zu erlassen.[79] Die Antwort Napoleons erfolgte prompt: „Ich habe Befehl gegeben, daß die Stadt Frankfurt den Rest der Kontribution nicht mehr bezahlen muß. Ich bin überzeugt, Ihnen damit meinen steten Wunsch bewiesen zu haben, Ihnen so angenehm wie möglich sein zu können."[80] Dankbar feierte die Frankfurter Bevölkerung ihren neuen Souverän. Für ihre Huldigung wurde vor dem Frankfurter Römer dieselbe Schaubühne, die auch bei der letzten Kaiserwahl im Jahre 1792 verwendet worden war, aufgebaut und mit rotem Samt und goldbesetzten Tressen ausgeschlagen. Franz II. hatte als römisch-deutscher Kaiser inzwischen abgedankt, statt seiner saß jetzt der letzte Erzkanzler des Reiches im erzbischöflichen Ornat unter einem Thronhimmel, während die Kanonen auf den Stadtwällen Salut schossen – eine späte Genugtuung für Dalberg, den Habsburgs Kaiser meistens im Stich gelassen hatten. In gesellschaftlicher Hinsicht begann sich Frankfurt nach der Rheinbundgründung zu einem der Zentren Deutschlands zu entwickeln. Die Stadt wurde zum bevorzugten Aufenthaltsort zahlreicher mediatisierter Landesherrn, die durch die Rheinbundakte ihre Souveränität verloren hatten, darunter die Landgrafen von Hessen-Homburg, die Fürsten von Löwenstein, von Stollberg, Solms und Hohenlohe.[81] Diplomaten aus aller Herren Länder gaben sich ein Stelldichein. Bälle wurden veranstaltet, Theater und Galaempfänge. Auch die Kaiserin Josephine, zu deren Ehren Dalberg eine „intime Soiree" ausrichten ließ[82], kam gern in die Mainmetropole. Die politische Bedeutung Frankfurts unterstrich das dort erscheinende Publikationsorgan „Der Rheinische Bund".[83] Begründer und Herausgeber war Peter Adolph Winkopp[84], ein aus St. Peter zu Erfurt entlaufener Benediktiner und entschieden aufklärerischer Publizist, der einst wegen der Edition einer radikal-aufklärerischen Zeitschrift verfolgt worden war und dann 1796 bei Dalberg in Erfurt Asyl gefunden hatte. „Der Rheinische Bund" dieses federflinken Theologen sollte schon bald zum Sprachrohr des napoleonischen Deutschland werden.

Bei aller Liebe zur Landespolitik aber hatte Dalberg seine Verfassungspläne nicht aus den Augen verloren. Während er die Aufgaben des souveränen Landesfürsten erfüllte, hielt sein Neffe Emmerich Kontakt zu Napoleon. Dieser Neffe, offiziell damals noch badischer Gesandter[85], war eine wichtige Verbindungsfigur im politischen Spiel Dalbergs und Napoleons.[86] Als Vertrauter Talleyrands befand er sich nämlich während des Feldzugs 1806/07 stets in der unmittelbaren Nähe des Kaisers – ob in seinem Hauptquartier in Berlin oder auf Schloß Finckenstein in Ostpreußen, dem Liebesnest des Korsen und seiner achtzehnjährigen Gräfin Maria Walewska.[87] Der Fürstprimas, der mit Hilfe seines listigen Nepoten über die Vorgänge im Hauptquartier des Kaisers auf diese Weise stets auf dem laufenden gehalten wurde[88], ließ keine Gelegenheit verstreichen, um sich dort in Erinnerung zu bringen. Er meldete dem Kaiser die geforderte Erhöhung der Truppenkontingente[89] und gratulierte, wenn sich bei einem Mitglied der Familie Bonaparte Kindersegen eingestellt hat.[90] Als er nach Napoleons siegreichem Feldzug im Frühjahr 1807 durch seinen Neffen von Friedensverhandlungen erfuhr, legte er sofort seine politischen Anliegen wieder auf den Tisch[91]: die Probleme, die ihm Bayerns Ansprüche auf Regensburg nach wie vor bereiteten[92], das eigenmächtige Vorgehen des Großherzogs von Kleve-Berg gegen die Frankfurter Post und die Wünsche seiner Familie, mit dem französisch verwalteten Erfurt ausgestattet zu werden. In erster Linie aber ging es ihm natürlich um die Verfassungsfrage. Nachdem der Friede von Tilsit (7. Juli 1807) geschlossen war, beglückwünschte er den Kaiser[93] und lud ihn ein, auf dem Rückweg nach Paris in der Frankfurter Residenz Quartier zu nehmen.[94]

Beim Einzug Napoleons in die alte deutsche Kaiserstadt bereitete ihm Dalberg einen triumphalen Empfang: Alle Kirchenglocken läuteten, von den Stadtwällen donnerten die Kanonen, und die Bürgerwehr marschierte in historischen Uniformen vor dem Frankfurter Römer auf. Der Kaiser befand sich auf dem Höhepunkt seines Erfolges. Preußen war besiegt, Kurfürst Wilhelm von Hessen-Kassel geflüchtet, der Kurfürst von Sachsen dem Rheinbund beigetreten und von Napoleon zum König erhoben. Mit dem russischen Zaren war er sich in jener denkwürdigen Begegnung auf einem Floß im Njemen einig geworden: Beide Monarchen wollten in Zukunft Europa beherrschen – Napoleon den Westen, Alexander den Osten. Fast alle deutschen Fürsten wurden jetzt in rascher Folge Mitglieder der rheinischen Konföderation. Der Kaiser, im Vollgefühl seines Ruhmes und von Dalbergs Empfang geschmeichelt, lud den Fürstprimas nach Paris ein. In der französischen Hauptstadt, so versprach er, wolle er mit ihm die Verhandlungen für eine Rheinbundverfassung und für ein Konkordat mit Rom führen. Sollte die europäische Universalmonarchie am Ende doch noch Wirklichkeit werden?

Dalbergs Reise nach Paris

Drei Wochen später – am 11. August 1807 – traf Dalberg in Begleitung seines Ministers Eberstein und seines geistlichen Referenten Kolborn hoffnungsfroh in der Hauptstadt des Grand-Empire ein. In der Tasche hatte er den Entwurf für eine Rheinbundverfassung. Die Überschrift dieses Textes, den er noch in Aschaffenburg ausgearbeitet hatte, lautete: „Einige Ansichten über eine gerechte Ordnung Deutschlands, mit Respekt dem erhabenen Protektor der Rheinischen Konföderation unterbreitet".[95] Im Unterschied zu seinem Plan vom letzten Jahr war weniger die Idee eines geschlossenen Bundesstaats betont, sondern – der aktuellen politischen Tendenz folgend – der föderative Charakter des Rheinbunds als einer Vereinigung gleichberechtigter Staaten hervorgehoben worden. Ein Rheinbund-Kaisertum blieb ausgeklammert und die Aufgabe des Protektors auf die eines obersten Bundesfeldherrn beschränkt. Als höchste Entscheidungsinstanzen waren ein Bundesgerichtshof sowie eine bundesstaatliche Exekutivgewalt vorgesehen, die in den südlichen Rheinbundstaaten der König von Bayern, in den nördlichen der König von Sachsen ausüben sollte. Dalberg ging auch in diesem Punkt von der alten Reichsverfassung aus, in der Kurbayern und Kursachsen alternierend das Reichsvikariat – die interimistische Vertretung des Reichsoberhaupts – innegehabt hatten. Der Frankfurter Bundestag sollte nach dem Vorbild der von Napoleon bereits in Frankreich, Italien, Holland und dem Herzogtum Warschau konstituierten Ständeversammlung gebildet werden. Der hier geäußerte Gedanke, das Stimmgewicht der einzelnen Rheinbundfürsten im Bundestag in eine bestimmte Relation zu den Einwohnerzahlen ihrer Länder zu setzen, war hochmodern und bedeutete bis zu einem gewissen Grad eine Vorwegnahme der Verfassung des späteren Deutschen Bundes.

Aber Napoleon hatte mehrere Eisen im Feuer. Zur gleichen Zeit führte er nämlich auch mit Bayern Verhandlungen über eine künftige Rheinbundverfassung und stellte aus diesem Grund Dalbergs Pläne vorerst zurück. Der Fürstprimas, der vom Doppelspiel des Kaisers nichts wußte, führte dessen Zögern auf seinen – Dalbergs – Verfassungsentwurf zurück, den der Ahnungslose daraufhin zusammen mit Eberstein überarbeitete und am 27. September 1807 erneut vorlegte.[96] Er hatte jetzt, um Streitigkeiten zwischen Bayern und Sachsen zu vermeiden und auch um Napoleon zu gefallen, die oberste Exekutivgewalt dem Protektor zugedacht. Den Bundesstaaten, die untereinander keine Kriege führen durften, gestand er wichtige Souveränitätsrechte zu, so zum Beispiel die Justiz und die Münze. Ein oberstes Tribunal sollte in politischen Streitfällen entscheiden. Maß, Gewicht, Währung und Posttarif sollten einheitlich im ganzen Bund sein. Außerdem wurde die gemeinschaftliche und einheitliche Einführung des neuen französischen Zivilrechts vorgeschlagen sowie die Errichtung eines Bundesgerichtshofs in Frankfurt als oberste Appellationsinstanz.[97] Detailliert erläuterte Dalberg auch den Aufgabenbereich und die Periodizität des Bundestages, der – nachdem jetzt endlich Frieden im Land herrschte – möglichst bald unter seiner Leitung zusammentreten sollte. Er schlug vor, die Deputierten der Bundesstaaten alljährlich nach Ostern für zwei Wochen im Frankfurter Römer zu versammeln. Das Recht, den Bundestag periodisch einzuberufen, hatte er sich selbst vorbehalten. Hingegen sollte der Protektor jederzeit außerordentliche Sitzungen zusammenrufen können. Als Verhandlungsgegenstände waren das öffentliche Wohl, die Rechtsprechung, die Sicherheit des Handels sowie die Religionsfreiheit genannt. Die Einführung zusätzlicher Steuern, Zölle oder Postgebühren sollte durch die Verfassung verhindert werden. Der Geschäftsgang war so angelegt, daß sämtliche Eingaben zunächst an den Fürstprimas gerichtet werden mußten, der sie dann an das zuständige Kollegium weiterleiten sollte. Nach erfolgter Verhandlung und Zustimmung beider Kollegien sollte der Fürstprimas die getroffene Entscheidung schriftlich festlegen und dem Protektor zur Ratifizierung vorlegen – ähnlich dem Kaiser des alten Reiches, der ebenfalls die Entscheidungen des Reichstags zu ratifizieren hatte. Zur Aufrechterhaltung von Frieden, Ordnung und Sicherheit sollte die Bundesversammlung – ebenso wie in der alten Reichsverfassung – die

Möglichkeit haben, einen Bundesstaat mit einer militärischen Exekution zu beauftragen. Die Rangfolge innerhalb der beiden Kollegien sollte – unabhängig von den Privilegien und Würden des Fürsten – durch den Zeitpunkt seines Eintritts in den Rheinbund bestimmt werden.

Napoleon wich den Vorschlägen des Fürstprimas weiterhin aus. Während einer Audienz in Fontainebleau sagte er zu ihm: „Es geht nicht nur darum, etwas Neues in Deutschland zu machen, sondern dieses Neue möglichst gut zu machen, und ich wünsche, daß die deutschen Fürsten mit mir als Protektor zufrieden sind." Einschränkend fügte er hinzu, „die deutschen Verhältnisse seien verwickelter, als er geglaubt, viele Punkte der neuen Konstitution stünden mit dem dringenden Interesse solcher Fürsten, die dem Kaiser wesentliche und wichtige Dienste geleistet, in Kollision, und er wolle, da er diesen deutschen Fürsten volle Souveränität versprochen habe, hierinnen auch durchaus Wort halten . . .".[98] Am 16. November 1807 verließ der Kaiser Paris, um in Mailand mit dem bayerischen König und dessen Minister Montgelas die Verfassungsfrage persönlich zu verhandeln. Montgelas legte am 22. Januar 1808 – Napoleon war zu diesem Zeitpunkt schon wieder in Paris – dem französischen Außenministerium ein von ihm entworfenes Bundesstatut vor, das im Gegensatz zu Dalbergs Entwürfen von einer vollen Souveränität der einzelnen Bundesstaaten ausging.[99] Um ein eventuelles Eingreifen des Protektors in innerstaatliche Verhältnisse abzublocken, schuf Montgelas kurz darauf die bayerische Konstitution von 1808. Obwohl diese nur eine „Scheinverfassung" war, die nie in Kraft trat, hatte doch Bayern damit allen weiteren Verhandlungen um eine bundeseinheitliche Verfassung die Türe zugeschlagen.[100] Napoleon, der im Februar 1808 von seinem neuen Außenminister Champagny[101] ebenfalls Verfassungsentwürfe ausarbeiten ließ[102], mag ursprünglich wohl ernsthaft daran gedacht haben, den Rheinbund als einen zentralistischen Bundesstaat enger an das französische Empire zu binden[103] und er hätte in diesem Fall den Fürstprimas und die rheinbündischen Reichspatrioten, die hinter ihm standen, nicht nur als Aushängeschild, sondern auch als politische Stütze nötig gehabt. Daß er sich auch von Montgelas, der ein Gegner von Dalbergs Rheinbundplänen war, einen Entwurf hatte vorlegen lassen, mag seinen Grund darin gehabt haben, daß er auf diese Weise erfahren konnte, wie weit er überhaupt – ohne größeren Widerstand erwarten zu müssen – die Souveränitätsrechte der einzelnen Bundesmitglieder beschneiden konnte. Inzwischen aber war sein Interesse an einem rheinischen Bundesstaat schon wieder erlahmt. Andere Dinge beanspruchten seine Aufmerksamkeit.

Papst von Deutschland?

Dalberg, der Napoleons Sprunghaftigkeit nichts entgegensetzen konnte, verfolgte in Paris noch ein zweites Ziel, das ihn – ähnlich wie die Frage einer Reichsreform – schon seit Jahren beschäftigte. Ein Konkordat mit Rom sollte die seit der Säkularisation herrschende Unsicherheit innerhalb der katholischen Kirche Deutschlands beenden und eine Neuordnung des kirchlichen Lebens ermöglichen. Zwei seiner Versuche waren bereits fehlgeschlagen. Die in Wien 1803/04 geführten Verhandlungen über ein Reichskonkordat hatten zu keinem Ergebnis geführt, und auch die Gespräche, die er mit dem Papst nach Napoleons Kaiserkrönung im Januar 1805 begonnen hatte, waren – was das Konkordat betraf – im Sande verlaufen. Inzwischen aber hatte sich das Reich, das den verfassungsmäßigen Überbau und Zusammenhalt der alten Reichskirche darstellte, aufgelöst, so daß die Chance bestand, auf neuen Wegen zu einer neuen Ordnung der deutschen Kirchenverhältnisse zu finden. Bayern und Württemberg nutzten dieses Vakuum, um Sonderkonkordate mit Rom vorzubereiten und damit ihre staatliche Eigenständigkeit zu befestigen.

Dalberg hingegen sah den Augenblick für gekommen, mit einem Rheinbundkonkordat die Geschlossenheit der deutschen Kirche zu erhalten und ein Staatskirchentum einzelner Länder zu verhindern. So wie in seinen Verfassungsplänen rechnete er auch hier mit der Unterstützung Napoleons. Seine Erwartungen waren nicht ganz grundlos, denn der Kaiser hatte kurz nach dem Frieden von Tilsit den Papst tatsächlich zum Abschluß eines solchen Rheinbundkonkordats aufgefordert und ihm sogar gedroht, ihn nur noch als Bischof von Rom anzuerkennen, wenn er einer neuen Kirchenordnung in Deutschland nicht endlich seinen Segen geben würde.[104] Pius VII. hatte daraufhin den Kardinal Bayanne[105] zu seinem bevollmächtigten Sonderlegaten ernannt, der mit Dalberg in Paris Kontakt aufnehmen sollte.[106] Die Entsendung des Kardinals erwies sich jedoch als schlaues Scheinmanöver der päpstlichen Geheimdiplomatie. In Wirklichkeit stand die Kurie über den Nuntius Annibale della Genga[107] schon längst mit einzelnen deutschen Ländern wegen sogenannter Sonderkonkordate in Verhandlung[108], von denen sie größere Zugeständnisse erwarten konnte als von einem Reichs- oder Rheinbundkonkordat. Noch bevor Bayanne Rom verließ, hatte der ultramontane Kurienkardinal Michele di Pietro[109], der bereits bei den 1805 in Paris geführten Konkordatsverhandlungen als Scharfmacher aufgetreten war, Dalbergs Entwürfe buchstäblich in der Luft zerrissen. Die Anschuldigungen seines haßerfüllten Gutachtens gipfelten in der Anklage, der Fürstprimas wolle sich als blindes Werkzeug höllischer Umtriebe – „di una cabala infernale“ – mit Napoleons Hilfe zum Papst von Deutschland machen.[110] Deutlicher konnte die seit „Febronius“ genährte Angst des Papsttums vor einer vereinigten deutschen Nationalkirche, als dessen spiritus rector völlig zu Unrecht immer wieder Dalberg angesehen wurde, nicht zum Ausdruck kommen. Die Chancen für ein Rheinbundkonkordat waren daher von Anfang an gering. Aber auch Napoleon verfolgte letztlich andere Interessen, als dem Rheinbund eine kirchliche Ordnung zu verschaffen. Er stand immer noch mit England im Krieg, und wichtiger als der Konkordatsentwurf[111], den Dalberg am 22. Oktober 1807 in Paris vorgelegt hatte, waren ihm militärpolitische Ziele. Der Kirchenstaat – so verlangte er – müsse jetzt endgültig der britischen Flotte die Häfen sperren. Obwohl Napoleon bei einem entsprechenden Entgegenkommen der Kurie bereit gewesen wäre, auf einen Konkordatsabschluß zu verzichten[112], ließ sich Pius VII. nicht dazu verleiten, den Krieg gegen England zu unterstützen. Als Antwort darauf gab der Kaiser Befehl, die Küstenprovinzen des Kirchenstaats zu besetzen. In dieser mehr als gespannten Situation versprachen die Verhandlungen, die Dalberg mit dem inzwischen in Paris eingetroffenen Bayanne begonnen hatte, kaum einen Erfolg. Wenig später kam es dann noch schlimmer. Als der Fürstprimas Näheres von den Sonderkonkordaten erfahren hatte und sich bei Napoleon darüber beschweren wollte[113], mußte er vernehmen, daß der Papst zur selben Zeit sämtliche Vollmachten seines Sonderlegaten Bayanne widerrufen hatte.[114] Damit war das Rheinbundkonkordat endgültig geplatzt. Der Kardinal verließ am 9. Januar 1808 die französische Hauptstadt. Am anderen Tag schon erging Napoleons Kommando an die Truppen. Vier Wochen später rückten seine Soldaten in Rom ein. Der Kirchenstaat war besetzt, der Papst ein Gefangener im eigenen Haus. Abermals hatte sich Napoleons Macht- und Kriegs-Politik der Verwirklichung von Dalbergs friedlichen Plänen als das eigentliche Haupthindernis in den Weg gestellt.

Eine Enttäuschung kommt selten allein, und so mußte der Fürstprimas neben dem Rheinbundkonkordat und seinen Verfassungsplänen noch ein drittes Vorhaben in Paris begraben. Es ging dabei um den Versuch, sein ehemaliges Kurfürstentum, das inzwischen von Napoleon in den sogenannten Primatialstaat umgetauft worden war, zu einem geschlossenen Flächenstaat abzurunden. Dalberg hatte kurz nach seiner Ankunft in Paris von dem Plan Napoleons gehört, in unmittelbarer Nachbarschaft zu Frankreich ein viertes Rheinbund-Königtum zu errichten, und er hatte – eitel wie er war – dieses Vorhaben offenbar auf sich bezogen. Nicht anders erklärt sich, daß der – was seinen persönlichen Machtzuwachs betraf – sonst so bescheidene geistliche Fürst den Kaiser jetzt ersuchte, sein Staatswesen nicht unbeträchtlich zu erweitern.[115] Immerhin standen das sequestrierte Kurfürstentum Hessen-Kassel sowie die an Napoleon abgetretene preußische Rheinprovinz zur Disposition. Eberstein legte im Auftrag des Fürstprimas ein Memorandum vor, das eine Arrondierung des Primatialstaats mit Höchst, Castel, Rüdesheim und Eltville bis hin zur französischen Rheingrenze vorsah. Der erzbischöfliche Sitz sollte von Regensburg nach Frankfurt verlegt werden, und die Domänen des Fürstentums Regensburg zu gleichen Teilen an die beiden Neffen, Emmerich von Dalberg und Philipp Franz von der Leyen, übergehen.[116] Die vierte Königskrone des Rheinbundes aber war – wie sich bald herausstellte – nicht für Dalberg, sondern für Napoleons Bruder Jérôme gedacht, der das neugeschaffene Königreich Westfalen mit der Residenzstadt Kassel bekam.

„Cour-Machen bei jungen Weibern"

Nicht nur auf dem politischen Parkett, auch in den Pariser Salons hat Dalberg keine sehr glückliche Figur abgegeben. Der alternde Schöngeist, zeitlebens ein Verehrer des schwachen Geschlechts, soll dort mehrmals erfolglos versucht haben, zarte Bande anzuknüpfen. „Durch sein Cour-Machen bei allen jungen und schönen Weibern am Hofe", so notierte Eberstein in seinen Memoiren, „machte sich der gute Fürst Primas mehrmalen beinah lächerlich. In den kleinen Abendgesellschaften und Concerten bei der Kaiserin machte und setzte er sich meistens unter die Weiber, so daß die Kammerherrn und andere Hofleute des Kaisers mehr als einmal darüber spotteten, und wenn man fragte: ‚Où est donc le Prince Primat?' antworteten: ‚Il n'y a qu'à le chercher là parmi les femmes, il doit s'y trouver!' (Wo ist denn der Fürstprimas? – Man muß nur bei den Damen nachsehen, um ihn zu finden!)."[117] Angeblich soll er sich sogar um die fünfundzwanzigjährige Caroline Murat[118] bemüht haben, Napoleons jüngste Schwester, die aber habe – wie es heißt – ihre Gunst lieber an den Großherzog Ferdinand von Würzburg verschenkt.[119] Pikante Histörchen und Klatschgeschichten dieser Art bedeuten – für sich gesehen – ziemlich wenig, im Kontext der Situation aber verraten sie doch einiges über die Lage, in der sich Dalberg damals befand. Nach seinem politischen Scheitern drohte ihm jetzt die Gefahr der Lächerlichkeit. Ein alter Mann an der Schwelle zum Greisenalter, die Perücke sorgfältig gepudert, im schwarzen Habit eines Erzbischofs, der sich am Hof des mächtigen Kriegsherrn unter die tief dekolletierten Damen mischt – ein Shakespeare hätte die Szene nicht drastischer erfinden können.

Napoleon, der – kaum nach Paris zurückgekehrt – schon wieder einen Konkordatsentwurf Dalbergs auf seinem Tisch fand[120], war der ewigen Umständlichkeiten des Fürstprimas müde geworden. „Dieser Mann ist voll von leeren Träumereien", soll er zu Metternich, damals noch österreichischer Botschafter in Paris, gesagt haben. „Er quält mich fortwährend, ich solle die Verfassung dessen, was er das deutsche Vaterland nennt, herstellen. Er will sein Regensburg haben, seinen Reichskammergerichtshof samt allen Traditionen des alten deutschen Reiches. Er hat wieder von diesen Albernheiten zu sprechen versucht, aber ich habe kurz abgeschnitten: Monsieur l'Abbé, habe ich ihm gesagt, ich will Ihnen mein Geheimnis anvertrauen. Die Kleinen in Deutschland möchten gegen die Großen geschützt werden. Die Großen wollen nach ihrer Phantasie regieren. Nun, da ich von dem Bündnis nur Menschen und Geld haben will und da es die Großen sind und nicht die Kleinen, die mir das eine und das andere verschaffen können, so lasse ich die Großen in Ruhe und den Kleinen bleibt nichts übrig, als sich mit den Großen zu arrangieren, so gut sie können."[121] Am 28. Februar 1808 gab Napoleon in Fontainebleau einen großen Gala-Empfang. Die Begrüßung für den ebenfalls geladenen Dalberg klang jedoch wenig schmeichelhaft: „Nun Fürstprimas", fragte der Kaiser, „was tun Sie? Sie werden sich doch nicht langweilen? In der Fastenzeit werden Sie nach Hause zurückkehren können. Es ist natürlich, daß ein Erzbischof Ostern bei sich zu Hause ist. Was die Angelegenheiten Deutschlands betrifft, so werde ich zur rechten Zeit etwas unternehmen, aber dies ist nicht der geeignete Augenblick."[122] Dalbergs politische Mission in Paris war damit beendet.

Die Aufmerksamkeit des Kaisers richtete sich allerdings in den folgenden Monaten immer weniger auf die Angelegenheiten Deutschlands. Immer mehr wurde sie von der iberischen Halbinsel beansprucht, wo er, die Familienstreitigkeiten der spanischen Bourbonen nutzend, im Juni 1808 seinen Bruder Joseph auf den Thron gehoben hatte. Dalberg sandte ein höfliches Glückwunschschreiben.[123] Aber bereits vier Wochen später brach in Spanien eine blutige Erhebung gegen die französische Fremdherrschaft aus. Der Kaiser benötigte, um dem Aufstand Herr zu werden, mehr denn je die Soldaten der Rheinbundstaaten. Weil Bayern, Württemberg und Sachsen vorläufig geschont werden sollten – Napoleon dachte auch schon an die erneut bevorstehende Kraftprobe mit Österreich –, wurden die zahlreichen kleineren Truppenkontingente der übrigen Fürsten herangezogen. Ihre Bataillone ließ der Kaiser zu einer Armee zusammenfassen und dem Oberbefehl des französischen Marschalls Kellermann unterstellen. Der Fürstprimas hatte aufgrund der Rheinbundakte die undankbare Aufgabe, mittels Zirkularschreiben die Einheiten der stellungspflichtigen Bundesfürsten abzurufen. Er kam dieser Pflicht gehorsam nach[124], und es mag sein, daß er dabei gehofft hatte, auf diese Weise erneut Verbindung mit Napoleon aufnehmen zu können.

Am 22. September 1808, während der Kaiser schon auf dem Weg zum Erfurter Fürstentag war, bot er ihm wieder seine Frankfurter Residenz als Aufenthalt an.[125] Aber je beflissener er sich um die Gunst des Protektors bemühte, desto achtloser wurde er behandelt. Napoleon nahm zwar die Einladung an, speiste aber in der fürstprimatischen Residenz allein mit seiner Stieftochter Stephanie[126], während Dalberg – immerhin der Gastgeber und Hausherr – bei den Hofchargen sitzen mußte.[127] Der Kaiser, der die Könige Europas ein- und absetzen konnte wie es ihm beliebte, hatte bereits jegliches Gefühl für menschliches Maß und menschliche Würde verloren – eine Entwicklung, die so besonnene französische Politiker wie Talleyrand mit größter Sorge beobachteten. Napoleon hatte seinen Schwager Murat zum König von Neapel und seinen Bruder Louis zum König von Holland gemacht. Joseph saß auf dem spanischen Thron, Jérôme spielte „König Lustik" in Kassel, die Schwester Elisa residierte als Großherzogin in der Toskana und der Stiefsohn Eugen Beauharnais, mit dem klingenden Titel eines Fürsten von Venedig ausgestattet, kommandierte in Mailand als Vizekönig das norditalienische Königreich. Aber nicht nur der Familienclan, auch die ehemaligen Kurfürsten von Bayern, Württemberg und Sachsen hatten ihm ihre Königskronen zu verdanken, ganz zu schweigen von der großen Schar der deutschen Duodez-Potentaten, die durch Napoleons kaiserliche Gnade mit neuen Titeln und Krönchen gesegnet worden waren.

Dalberg beim Erfurter Fürstentag

In das stille Erfurt, einstmals Dalbergs Statthaltersitz, dann fünf Jahre preußisch und seit dem Frieden von Tilsit unter französischer Verwaltung, hatte Napoleon im Herbst 1808 den russischen Zaren Alexander I. eingeladen, um sich dort mit ihm – so wie vor einem Jahr auf dem Njemen – die Herrschaft der Welt brüderlich zu teilen. Die Erneuerung des französisch-russischen Freundschaftsvertrags sollte Österreich im Zaum halten und Napoleon im aufständischen Spanien freie Hand lassen. Der Erfurter Fürstentag (27. September – 14. Oktober 1808) war eines der raffiniertesten Arrangements des großen Regisseurs Napoleon. Das geschickt inszenierte Gespräch mit Goethe – „Voilà un homme!" –, die Begegnung mit Wieland, der ihm als der „Voltaire Deutschlands" vorgestellt wurde, die Mitnahme eines speziellen Palastpräfekten, der den Großfürsten Konstantin, einen Bruder des Zaren, mit Pariser Schauspielerinnen in Kontakt bringen sollte, und schließlich der allabendliche Auftritt des vergötterten Pariser Schauspielers Talma vor einer Zuhörerschaft, bei der sich die Könige erst in der zweiten Reihe befanden[128], dies alles war ausschließlich dazu ersonnen, den Zaren zu beeindrucken.[129] Napoleon hatte zu diesem Zweck alle vierunddreißig Rheinbundfürsten – Dalberg an ihrer Spitze – nach Erfurt befohlen, wo er sie mitunter höchst ungnädig anfuhr. „Kommen Sie, König von Sachsen!", soll er während einer Jagdpartie gerufen haben, wo dem nicht nur schwerhörigen, sondern auch kurzsichtigen Zaren ein Hirsch auf fünf Schritte vor die Flinte getrieben wurde. Napoleon konnte seine Geringschätzung gegenüber den legitimen Herrschern nicht genug demonstrieren, und der Fürstprimas, über den er sich lustig machte, weil er im Theater an der Schulter des Königs von Württemberg eingeschlafen war, stand – was die schlechte Behandlung betraf – nicht allein.

Dalberg, der in Erfurt in einem der Gästezimmer der Hofrätin Weißenborn unterkommen mußte[130], während Napoleon in seinem ehemaligen Statthalterpalais residierte, ließ sich durch die Taktlosigkeiten des Kaisers nicht weiter einschüchtern. Er betrachtete vielmehr die Anwesenheit sämtlicher Rheinbundfürsten und ihres Protektors als einmalige Gelegenheit, um die Rheinbundverfassung eventuell doch noch, wenigstens aber einen Beschluß zur Konstituierung des Frankfurter Bundestags durchzusetzen.[131] Napoleon – so überlegte er – würde sich unter den Argusaugen des Zaren die Gelegenheit nicht entgehen lassen, ein Machtwort zu sprechen, sofern er – der Fürstprimas – dieses Anliegen entschieden vortrug. Und wirklich schien es, als hätte Dalberg richtig gerechnet, denn es sah so aus, als würde der Kaiser nochmals energisch darauf dringen, ein Fundamentalstatut für den Rheinbund zu verabschieden.[132] Doch Napoleon betrieb als überlegener Taktiker reine Spiegelfechterei. Er brauchte die Truppen seiner stärksten Verbündeten und mußte daher politische Rücksichten nehmen. Der französische Gesandte, der Dalbergs Vorstoß unterstützt hatte, berichtete später nach Paris, daß die eigenstaatlichen Interessen der Bundesfürsten die von Dalberg nochmals zur Sprache gebrachte Verfassungsfrage endgültig zum Scheitern verurteilt hätten.[133] Trotzdem wollte Dalberg immer noch nicht an das Ende seiner Pläne glauben. Nach dem Abschluß des Fürstentages erwartete er Napoleon in Frankfurt.[134] Doch der Kaiser, der sich bereits auf dem Weg in den spanischen Feldzug befand, sagte – während die Pferde auf der Poststation gewechselt wurden – dem Fürstprimas nur ein paar belanglose Höflichkeiten.[135] Von einer Verfassung für den Rheinbund war keine Rede mehr. Die Zeit drängte, und wieder bestimmte der Krieg die Politik. Dalberg, der ein dauerhaftes und friedliches Deutschland schaffen wollte, konnte es nicht fassen. Völlig niedergedrückt traf ihn kurz darauf Sternberg in Regensburg, der über die Begegnung betroffen mitteilte: „Den Prinzen sah ich gestern, sein Anblick hat mich tief gerührt. Es ist das Bild eines durch inneren Gram verzehrten Gemüths ... kein Funke von der geistigen Lebhaftigkeit, die ihn sonst beseelte."[136] Dalberg hatte das große Ziel seines Lebens für immer aufgegeben.

„Noch einmal in meinem Leben möchte ich den großen Mann der Geschichte sehen."
Dalberg an Napoleon, 11. Dezember 1809

VIII. KÖNIGLICHE HOHEIT

Dalbergs Plan vom „dritten Deutschland" hatte sich – auch wenn die Idee noch das ganze Jahrhundert in den Köpfen einiger Politiker herumspuken wird[1] – als Fata Morgana erwiesen. Die Expansionspolitik des Kaisers war wie in vielen anderen Fällen dem ideal gedachten Vorhaben zuwidergelaufen. Und weil sich die dauernden Kriege Napoleons immer wieder als der größte Feind von Dalbergs Plänen erwiesen hatten, versuchte er jetzt, als sich der Kaiser wegen Spanien erstmals in einer militärisch kritischen Situation befand, eine Verständigung zwischen ihm und dem Wiener Hof einzuleiten. Der Fürstprimas mag sich dabei an das Vorbild seines einstigen Gönners erinnert haben, dem es um die Mitte des achtzehnten Jahrhunderts gelungen war, ein Bündnis zwischen Habsburg und Frankreich zu schmieden. Die Hochzeit der österreichischen Erzherzogin Marie Antoinette mit dem französischen Dauphin, dem späteren König Ludwig XVI., hatte seinerzeit die Allianz besiegelt. Wie damals der österreichische Staatskanzler Kaunitz, so wollte jetzt auch Dalberg eine Verbindung zwischen Paris und Wien zustande bringen, und wie einst sollte eine dynastische Heirat das Friedenswerk der Diplomaten befestigen.

Seine Initiativen für einen europäischen Frieden begannen kurz nach Napoleons Aufbruch in den spanischen Feldzug unter denkbar ungünstigen Umständen. Die diplomatischen Beziehungen des Fürstprimas zum Wiener Hof waren seit der Gründung des Rheinbunds unterbrochen, ja fast gänzlich erkaltet. Der von ihm einst favorisierte Friedrich Lothar von Stadion hatte sich inzwischen in der Funktion eines österreichischen Gesandten am Münchener Hof ganz in das Fahrwasser seines revanchelüsternen Bruders begeben, und dieser, Leiter der habsburgischen Außenpolitik und Kopf der Kriegspartei, verachtete Dalberg seit seiner Jugend. Der Fürstprimas aber ließ sich nicht abschrecken. Am 20. Oktober 1808 – noch bevor Napoleon in Spanien eintraf – streckte er die ersten Friedensfühler aus. Er schickte Graf Marschall[2] nach Wien[3], einen aus Sachsen stammenden Protestanten und gewandten Diplomaten, dem Kaiser Franz den Rang eines Kammerherrn verliehen hatte. Dieser erste Schritt eines Entgegenkommens blieb nicht ohne Folgen. Im Gegenzug akkreditierte der Wiener Hof den ehemaligen kaiserlichen Konkommissar Baron Hügel, der 1806 aus Regensburg abberufen worden war, als Gesandten in Frankfurt. Dennoch wurde die Annäherung zwischen Habsburg und dem Fürstprimas von der französischen Diplomatie angesichts der bedenklichen militärischen Lage, in der sich Napoleon in Spanien befand, mehr mit Skepsis als mit Wohlwollen aufgenommen.[4] Ihr Mißtrauen kam freilich nicht ganz von ungefähr, denn Hügel war ein erklärter Gegner Napoleons und ein offener Anhänger der Wiener Kriegspartei. In Deutschland verfügte er über zahlreiche Verbindungen zu geheimen Agenten. Er galt dem Pariser Ministerium nicht ganz zu Unrecht als politisch gefährliches Subjekt[5], und Graf Marschall war den Franzosen wiederum als „créature du Cabinet autrichien" suspekt.[6] Dalberg geriet dadurch in Paris sogar in den Verdacht, er wäre ein heimlicher Parteigänger Österreichs. Der Mann des Ausgleichs saß politisch zwischen den Stühlen.

Die österreichische Heirat – eine Idee Dalbergs?

Der Fürstprimas blieb trotzdem auf dem eingeschlagenen Weg. Er beauftragte Graf Marschall, bei jeder sich bietenden Gelegenheit so eindringlich wie möglich vor einem Krieg gegen Napoleon zu warnen. Österreich könne den Frieden und damit die Sicherheit Europas nur dann erhalten – so wies er den Gesandten an –, wenn es seine Aufrüstungen einstelle, das militärisch überlegene Frankreich nicht zum Krieg reize und sich statt dessen an die Bedingungen des Preßburger Friedens halte. „Haltung bewahren und abrüsten!“ – so beschwor er den Wiener Hof –, „das ist ohne Zweifel das einzige Mittel für Österreich, um den Frieden zu erhalten. Alle anderen Hoffnungen sind illusorisch.“[7] Dalberg, der – wie sich bald herausstellte – recht behalten sollte, ließ aber nicht nur in Wien seine Friedenspläne ventilieren. Gleichzeitig versuchte er auch, die Aufmerksamkeit Napoleons auf die gemäßigten und verständigungsbereiten Kreise der Hofburg zu lenken und riet ihm dringend, mit dem Hause Habsburg ein dauerhaftes Friedensbündnis zu schließen. Sein Friedensplan zeugt – ebenso wie seine vorausgegangenen Prognosen – von erstaunlichem Weitblick, denn wie er Napoleon bereits am 30. Januar 1809 empfahl, sollte der Kaiser am besten über eine Heirat die Allianz mit Österreich befestigen – „que l'Autriche devien fidèle alliée de la France, réunie peut-être un jour par quelques bien de mariage“.[8] Ein Jahr später schon, am 2. April 1810, nahm Napoleon tatsächlich eine Habsburgerin zur Frau – die Erzherzogin Marie-Luise –, und nur der Einspruch von Kaiser Franz verhinderte, daß Dalberg dem von ihm miteingefädelten ehelichen Bund in der Galerie der Diana im Tuilerien-Palast den Segen der Kirche erteilen konnte.[9] Die österreichische Heirat aber, mit der das Zweck-Bündnis zwischen Paris und Wien beschlossen wurde, war auch seine Idee. „Le Primas va bénir ce mariage“, schrieb sein Neffe Emmerich am 6. Februar 1810 an Metternich[10], und auch dessen Gattin berichtete, daß Dalberg einen unglaublichen Eifer – „un zèle incroyable“ – um das Gelingen der österreichischen Heirat entfaltet hatte.[11]

Zunächst jedoch stieß die Möglichkeit einer Friedensheirat auf taube Ohren. Der Wiener Hof erklärte im April 1809 den Krieg, aber die von den Führern der österreichischen Kriegspartei erhoffte Erhebung der deutschen Staaten gegen das napoleonische Herrschaftssystem blieb aus. Die Rheinbundfürsten standen treu zum Kaiser, ihre Untertanen verhielten sich ruhig. Österreich wurde nach zähem Ringen von dem aus Spanien herbeigeeilten Napoleon niedergeworfen. Am 12. Mai 1809 zogen die Franzosen zum zweiten Male in Wien ein. Erzherzog Karl, in dumpfe Tatenlosigkeit versunken, mußte um Waffenstillstand bitten. Als im August 1809 im Kaiserschloß von Schönbrunn, wo Napoleon sein Hauptquartier errichtet hatte, die Friedensverhandlungen begannen, trat Dalberg erneut in Aktion. Die Siegesstimmung Napoleons nutzend, versuchte er nochmals, den Protektor für ein Rheinbundkonkordat zu gewinnen. „Die Kirche verliert nach und nach alle ihre Hirten“, so mahnte er besorgt. „Die Bischofssitze von Würzburg, Bamberg, Freising, Münster, Osnabrück und Passau sind verwaist. Die Bischöfe und Domkapitel, die noch bestehen, verfügen über keine geregelten Einkünfte. Die Freiheit der religiösen Überzeugung wird von den politischen Mächten zunehmend in Fesseln geschlagen.“[12] Vier Wochen später trug er dann – geschickt verknüpft mit dem Vorschlag für ein Konkordat – auch noch die Bitte um eine Verfassung für den Primatialstaat an seinen Gönner heran. Der Fürstprimas hatte bereits im vergangenen Jahr aus Sorge um die ungesicherte Zukunft seines Staatswesens Napoleon um eine Konstitution gebeten, die nach dem Vorbild der Verfassung des Königreichs Westfalen gebildet werden sollte. „Ich glaube“, so hatte er geschrieben, „daß mein Eifer eine festgefügte Ordnung zu erhalten weiß. Doch der Himmel hat mir bedauerlicherweise nicht das Genie und die Kraft verliehen, um eine neue und bessere Ordnung der Dinge schaffen zu können.“[13] Diese neue und bessere Ordnung sollte vom Kaiser kommen, an den Dalberg nunmehr folgende Zeilen nach Schloß Schönbrunn richtete: „In jedem Staat des Rheinbundes kann sich der Wille der Öffentlichkeit Gehör verschaffen, weil seine Einwohner kraft einer Konstitution repräsentiert sind. Diese öffentliche Meinung existiert auch im Primatialstaat ... Seine Einwohner sind durchdrungen von einer tiefen Verehrung für Euere Majestät, und sie verdienen es, daß Kaiser Napoleon ihnen eine Verfassung gibt, die ihr Glück befestigt.“[14]

Der Fürstprimas bekam wieder einmal keine Antwort. Die erzwungene Annäherung von Kaiser Franz an Napoleon, die schließlich zum Bündnis zwischen Österreich und Frankreich führte und auch der besagten Heirat den Weg ebnete, brachte Dalberg wider Erwarten sogar in arge Bedrängnis. Obwohl die politische Entwicklung seine auf Verständigung ausgerichteten Friedensinitiativen nachträglich zu bestätigen schien, sah er sich selbst zunehmend isoliert und im Stich gelassen. Aus dem Pariser Außenministerium wehte plötzlich ein kalter Wind. Der neue Minister Champagny, während der Französischen Revolution nur durch den plötzlichen Sturz Robespierres der Hinrichtung entgangen, fühlte im Gegensatz zu Talleyrand keine innere Geistesverwandtschaft zu Dalberg. Er war phantasielos und mitunter von plumper Offenheit – das Gegenteil seines großartigen Vorgängers. Vermutlich wurden Dalbergs Schreiben von dem die Kurierpost kontrollierenden Hédouville auf Befehl Champagnys zurückgehalten, weil er die Angelegenheit nicht für wichtig genug hielt, um Napoleon damit während der Verhandlungen in Schönbrunn zu behelligen. Der Fürstprimas mußte einen zweiten Anlauf unternehmen und seine beiden Briefe nochmals aufsetzen[15] – umsonst, die Resonanz blieb abermals aus. Und nicht nur das – bald darauf setzte auch eine vom französischen Außenministerium gesteuerte Hetzkampagne gegen ihn ein. Es war ein publizistischer Feldzug, der von den Bulletins der französischen Legationen in Frankfurt und Regensburg geführt wurde und ihm schwer zusetzte. Diese Bulletins, die unter den Ministerien der französischen Regierung und denen der Rheinbundstaaten als politische Propagandainstrumente kursierten, begannen mit aller Vehemenz, Dalbergs Position als souveräner Fürst in Frage zu stellen. Die hier vorgetragenen Angriffe wurden mit der Unvereinbarkeit weltlicher und geistlicher Herrschaft begründet – eines der Prinzipien der Französischen Revolution – sowie mit Dalbergs Bindung an den alten deutschen Reichsadel. Der Fürstprimas, der vor drei Jahren durch Napoleon eine führende Stellung im Rheinbund erhalten hatte, wurde jetzt vor aller Öffentlichkeit zum Rücktritt aufgefordert. Er solle sich aus der Politik zurückziehen – so hieß es – und sich statt dessen der schöngeistigen Literatur und philanthropischen Philosophie widmen.[16] Das klang unmißverständlich.

Das Fürstentum Regensburg in Gefahr

Während diese Polemiken verbreitet wurden, versammelten sich in Paris die Rheinbundfürsten vor ihrem Protektor, begierig darauf, von den Ländereien, die Österreich im Frieden von Schönbrunn (14. Oktober 1809) hatte abtreten müssen, einen möglichst großen Brocken zu erhaschen. Bayern war das Inn- und Hausruckviertel, Salzburg und Berchtesgaden zugesprochen, der König von Sachsen sollte weite Teile Böhmens und Galiziens erhalten. Aber nicht nur Stücke aus den habsburgischen Erblanden waren gefragt, auch innerhalb des rheinbündischen Deutschlands sollte die Landkarte neu gezeichnet werden. Bayern verlangte Bayreuth und dazu das ohnehin längst begehrte Regensburg, der Großherzog von Hessen-Darmstadt forderte Hanau und Fulda, wobei er gemeinsam mit Baden und Nassau noch begierige Blicke auf Dalbergs Aschaffenburger und Frankfurter Ländchen warf. Einiges deutete darauf hin, als würde nach der Auflösung des Kirchenstaats auch das damals letzte geistliche Fürstentum Europas verschwinden. Der Primas, der seit November 1809 in Regensburg war, um der im Krieg gegen Österreich schwer zerstörten Stadt zu helfen, erkannte die Gefahr, die ihm jetzt aus Paris drohte, und er reagierte darauf – wie wir erstmals durch die Berichte des österreichischen Gesandten Fahnenberg erfahren können – auf seine Weise.

Baron von Fahnenberg hatte schon während seiner Tätigkeit am Reichskammergericht näheren Kontakt zu Dalberg gewonnen, bevor er 1795 als Direktorialgesandter und Direktor des Reichsfürstenrats an den Regensburger Reichstag versetzt worden war. Er galt als gewandter und wohlinformierter Diplomat, dem in Regensburg viele Türen offenstanden, bei den Domherren wie bei der Gesandtschaftsaristokratie. Fahnenberg und Dalberg fanden in Regensburg zu einem vertrauten Verhältnis – sicher mit ein Grund, warum der Gesandte nach der Auflösung des Reichstags vom Wiener Hof weiterhin in Regensburg belassen wurde. Jetzt, am 14. Dezember 1809, eröffnete ihm der Fürstprimas während einer Abendgesellschaft ein Geheimnis. Es bestand darin, daß er über Kardinal Fesch eine Einladung Napoleons erhalten habe. Er sollte sich unverzüglich in die französische

Hauptstadt begeben, um dort mit der in Paris versammelten französischen Geistlichkeit über das Schicksal des in Savona gefangenen Papstes zu beraten. Dalberg, der sich von dieser Kirchenversammlung eine Vermittlung für seine Konkordatspläne erwartete, hatte – entgegen früheren Äußerungen, er wolle dem Länderschacher in Paris fernbleiben[17] – doch noch Reisefieber bekommen. Die Zweifel Fahnenbergs, der nach Wien schrieb, „daß aber gar keine politische Veranlassung bei der vorhabenden Reise Sr. Hoheit verborgen sein soll, kann ich nicht glauben"[18], schienen freilich berechtigt. Schließlich muß auch die Frage, ob der Fürstprimas tatsächlich ein Einladungsschreiben aus Paris erhalten hat, dahingestellt bleiben. In den Pariser Archiven fand sich nämlich nur ein Brief, den Dalberg an Napoleon geschrieben und den er Fahnenberg gegenüber wohlweislich verschwiegen hatte. Mit diesem Schreiben, das er schon drei Tage vor der Unterredung mit dem österreichischen Gesandten abgeschickt hatte und das folglich noch gar nicht beantwortet sein konnte, hatte sich Dalberg mehr oder weniger selbst eingeladen. Er hatte Napoleon nochmals in aller Dringlichkeit seine Konkordatspläne nahegelegt und an ihn dabei die schmeichelhaften Zeilen gerichtet: „Noch einmal in meinem Leben möchte ich den großen Mann der Geschichte wiedersehen ... nur das ist der Grund, der mich zu der Bitte ermutigt, Euerer Majestät in Paris meine Pläne unterbreiten zu dürfen."[19] Ohne die Antwort des Kaisers abzuwarten, stieg er dann kurz entschlossen am 20. Dezember 1809 in den Reisewagen.

Sein Verhalten wirkt einigermaßen rätselhaft. Obwohl er doch zunächst – teils aus echter, teils aus taktischer Bescheidenheit – verbreiten ließ, er wolle sich als geistlicher Fürst nicht an den weltlich-territorialen Verhandlungen in Paris beteiligen, muß er aufgrund der sich inzwischen verdichtenden Gerüchte die Auflösung seines Staatswesens befürchtet haben. Um nun nach außen hin nicht das Gesicht zu verlieren, um geradliniger und charakterfester aufzutreten, als er in Wirklichkeit war, brauchte er neben dem „Alibi" einer Einladung aus Paris noch eine Bestätigung, daß sein politisches Handeln dennoch einzig und allein von kirchlichen Motiven bestimmt war. Je geheimnisvoller er gegenüber Fahnenberg tat, desto sicherer konnte er sein, daß dieser alles prompt weiterverbreiten würde. Der Fürstprimas, der damit sein Ansehen vor der Öffentlichkeit gerettet glaubte, fuhr einem ungewissen Schicksal entgegen. In Paris, dem Ziel seiner Reise, waren die Rheinbund-Souveräne in ihrer Raffgier inzwischen noch von Champagny unterstützt worden. Dieser wollte den Primatialstaat auflösen und sprach daher während der Verhandlungen gegenüber Napoleon gehässig von der „Unfähigkeit Dalbergs" und dessen „verräterischer Regierung".[20] Seine feindselige Haltung erklärt auch die bereits erwähnte Hetzkampagne der Bulletins, die von Champagny ins Werk gesetzt war und mit Kanonen auf einen Spatzen schoß. Fahnenberg hatte wohl richtig vermutet, als er nach Wien berichtete: „Es sind der Elemente der Besorgnis so viele, die den Fürstprimas umgeben, daß eine stoische Unempfindlichkeit erforderlich wäre, um sie alle zu verschanzen."[21]

Großherzog von Frankfurt

Daß der Fürstprimas – obwohl politisch bereits totgesagt – zwei Monate später als frischgebackener Großherzog aus Paris zurückkehren konnte, hatte mehrere Gründe. Der wichtigste war die nicht ganz unkomplizierte Situation innerhalb des französischen Kaiserhauses: Im Jahr 1805 hatte Napoleon bekanntlich seinen Stiefsohn Eugen Beauharnais als Vizekönig des norditalienischen Königreichs eingesetzt. Um ihn für seine Heiratspolitik attraktiv zu machen, adoptierte er ihn damals und vermachte ihm quasi als Hochzeitsgeschenk das Königreich Italien, das Beauharnais – falls der Kaiser ohne legitime Söhne bliebe – später einmal erben sollte. Doch der Traum von der Eisernen Krone zerrann. Am 14. Dezember 1809 wurde Napoleons Ehe mit Josephine Beauharnais, die dem Kaiser keinen leiblichen Erben geschenkt hatte, im Hinblick auf Napoleons österreichische Heiratspläne annulliert. Die Tinte auf dem Ehekontrakt mit dem Haus Habsburg war

Großherzog Carl von Dalberg mit dem Großkreuz der Ehrenlegion, das ihm Napoleon am 27. Dezember 1810 verliehen hatte.

noch nicht trocken, als der ungeduldige Kaiser bereits mit mehreren Söhnen rechnete. Der erste sollte die französische Krone und der zweite das Königreich Italien erben[22], Beauharnais hingegen sollte bis zur Volljährigkeit der leiblichen Söhne das bleiben, was er bereits war – Vizekönig. Seine Enttäuschung über diese Aussichten wurde vermutlich nicht geringer, als ihm sein kaiserlicher Stief- und Adoptivvater dafür jetzt das Großherzogtum Frankfurt zusammenschneiderte, das er einmal später als weltlicher Nachfolger des geistlichen Fürsten Dalberg übernehmen sollte. Dieses neunzig Quadratmeilen große Ländchen mit seinen dreihunderttausend Bewohnern[23] war weiß Gott kein Ersatz für das reiche Italien. Aber dem jungen Beauharnais blieb nichts anderes übrig, als sich ins Unvermeidliche zu schicken und den in Aussicht gestellten deutschen Kleinstaat als sogenannter „Erbgroßherzog" anzunehmen. Er ahnte damals wohl kaum, daß es schon drei Jahre später für ihn gar nichts mehr zu erben gab, weder Frankfurt noch Italien, und daß er sich gezwungenermaßen mit dem Titel eines Herzogs von Leuchtenberg und Fürsten von Eichstätt zufriedengeben wird.

Es war aber nicht nur „der in der Person eines französischen Prinzen zugedachte Nachfolger", dem der Fürstprimas – wie Fahnenberg ganz richtig erkannte – „seine fernere Erhaltung" zu verdanken hatte, sondern es steckte, und auch das war von dem Diplomaten präzise analysiert, „sein persönliches Verdienst" dahinter.[24] Das persönliche Verdienst Dalbergs bestand vor allem in seiner hervorragenden Eignung für den neuen Posten. Napoleon hatte damit einen geschickten Schachzug gemacht, mit dem er gleich mehrere Probleme auf einmal lösen konnte. Zunächst war da die seit Jahren anstehende Frage der Nachfolge für Dalberg, die – wie sich bereits gezeigt hatte – auf dem Weg einer geistlichen Koadjutorie nicht mehr lösbar war. Der Kaiser, der am 24. Dezember 1809 an Champagny geschrieben hatte, „Priester dürfen nicht länger weltliche Herrscher sein!"[25], sah sich jetzt in der Lage, den letzten geistlichen Staat Europas mit einem Federstrich problemlos in ein weltliches Großherzogtum umzuwandeln. Der nahtlose Übergang von einer Staatsform in die andere war mit Dalberg als „Großherzog auf Lebenszeit" bestens vorbereitet. Dann aber ließ sich mit dem Argument, einen modernen, geschlossenen Flächenstaat zu schaffen, das von der bayerischen Regierung beanspruchte Fürstentum Regensburg aus Dalbergs bisherigen Ländereien bequem heraustrennen, wobei man wiederum die von Frankreich ausgebeuteten Provinzen Hanau und Fulda an ihn als Äquivalent für Regensburg auf praktische Weise loswerden konnte, ohne dabei auf deren einträgliche Domänen verzichten zu müssen.

Zu guter Letzt aber brauchte Napoleon Dalberg nochmals als Aushängeschild. Nach der Allianz mit Österreich hatte der Kaiser endlich den Rücken frei, und er unternahm daher ein letztes Mal den schwachen Versuch, die Rheinbundstaaten, die so widerborstig auf ihren Souveränitätsrechten beharrten, zu zentralistisch verwalteten Gemeinwesen nach französischem Muster auszubauen. Das ganze Reformwerk, das während der Kriege in den letzten Jahren ins Stocken geraten war, sollte jetzt mit der Einführung der französischen Konstitution, des Code Napoléon, des französischen Steuersystems und der französischen Verwaltung erst richtig begonnen werden. Neben den Napoleoniden-Staaten Westfalen und Berg sollten nunmehr noch weitere deutsche Länder in das System des Grand-Empire integriert werden.[26] Napoleon benötigte aber dafür jemand, der den anderen mit gutem Beispiel voranging, wobei ihm völlig klar war, daß er hier mit einem echten deutschen Reichsfürsten, der fließend französisch sprach, wohl besser bedient war, als mit seinem nichtsnutzigen Bruder, dem König von Westfalen, dessen deutscher Wortschatz sich in dem Satz „Morgen wieder lustik" erschöpfte. Keiner war für diese Aufgabe geeigneter als Dalberg, der sparsame Hausvater, pflichtbewußte Reformer und treue Verbündete des französischen Kaisers. „Als vornehmster deutscher Souverän soll der Fürstprimas das begrüßenswerte Beispiel einer epochemachenden Neuordnung in ganz Deutschland abgeben" –, verkündete das Bulletin de Francfort, das auf den neuen Kurs rasch umgeschwenkt war, „nicht nur, weil er als Großherzog von Frankfurt der letzte geistliche Fürst ist, sondern auch weil er aus einer der ältesten reichsadeligen Familien stammt und schon im letzten Jahrhundert als Statthalter von Erfurt bekannt und berühmt war, und zwar sowohl aufgrund seiner umfangreichen Kenntnisse als auch wegen seiner umfassenden Bildung und der Weisheit seiner Prinzipien."[27] Das Großherzogtum Frankfurt war dazu bestimmt, unter dem geistlichen Großherzog Dalberg zum deutsch-französischen „Musterländle" zu werden. Am 12. Februar 1810 fiel in Fontainebleau die endgültige Entscheidung über die Gründung dieses äußerst merkwürdigen Staatsgebildes.[28]

Was hinter den Kulissen geschah

Dalberg selbst war dazu nicht gefragt worden. Was mit ihm in Paris geschah, wissen wir nur durch den – bislang unbeachteten – Bericht des Regensburger Benediktiners Placidus Heinrich, der neben den Kammerherrn Baron Varicourt und Graf Antonio di Boschi Reisebegleiter des Fürsten gewesen war.[29] Napoleon hatte – sicher nicht ohne Hintergedanken – für Dalberg in den Tuilerien eine prächtige Suite bereitstellen lassen, wo er auf Kosten der kaiserlichen Hofkasse täglich große Tafel geben konnte. „Alle Großen von Paris", vermerkte der Berichterstatter, „die fremden Botschafter und Gesandten und die berühmtesten Gelehrten speisten abwechselnd bei Seiner Hoheit." Dalberg, der sich nochmals im Glanz der kaiserlichen Huld sonnte, ahnte nicht, daß indessen nur vierzig Kilometer weiter in Schloß Fontainebleau die entscheidenden Verhandlungen geführt wurden. In den ersten Februartagen des Jahres 1810 sah er sich plötzlich vor vollendete Tatsachen gestellt. Ausgerechnet sein Widersacher Champagny erklärte ihm, daß er das Fürstentum Regensburg an Bayern abtreten und den erzbischöflichen Sitz nach Frankfurt verlegen müsse, worauf – wie Placidus Heinrich notierte – Dalberg mit theatralischer Geste erklärte, „daß nur unwiderstehliche Gewalt ihn hierzu bewegen könne". Besonders aufschlußreich ist der Bericht des Regensburger Benediktiners im Hinblick auf die Familienpolitik des Fürsten. Um ihm die bittere Pille des Verlusts von Regensburg etwas zu versüßen, ließ Napoleon einigen Verwandten Dalbergs finanzielle Vorteile zukommen. In erster Linie profitierten davon die Neffen Emmerich von Dalberg und Philipp Franz von der Leyen sowie Dalbergs Großnichte Amalie Theodora von der Leyen. Das Königreich

Die Übergabe von Dalbergs Fürstentum Regensburg an das Königreich Bayern am 23. Mai 1810. Der bayerische Hofkommissar Freiherr von Weichs verliest vor den Mitgliedern des fürstlichen Landesdirektoriums und des Bischöflichen Domkapitels im Sitzungssaal der Regensburger Landesdirektion (heute Hotel Bischofshof) das Besitzergreifungspatent des Königs von Bayern. Der Regensburger Maler Josef Altheimer hat 1911 die historische Szene detailgetreu nachempfunden.

Bayern mußte sich in den Geheimartikeln des Vertrages vom 28. Februar 1810 verpflichten, aus den Domänen des Fürstentums Regensburg jährlich die Summe von 400 000 fr. an Napoleon abzuführen, die er kraft seiner Patente den oben genannten Verwandten des Fürstprimas bestimmt hatte.[30]

Dalberg war entrüstet. „Es sind geistliche Güter", rief er, „welche ich abzutreten gezwungen werde. Es ziemt mir nicht, damit Handel zu treiben, durch Zerstückelung derselben meine Familie zu bereichern. Die Nachwelt soll nicht glauben, daß irgendein Interesse zur Veräußerung geistlicher Güter mich bewogen habe, vielmehr soll sie wissen, daß bloß gebieterische Gewalt zu diesem unerlaubten Schritt mich verleitet hat." Daß Placidus Heinrich nun ausgerechnet Zeuge jener familiären Auseinandersetzung geworden war, bei der es um die von Napoleon versprochenen Regensburger Domänen ging, dürfte kein reiner Zufall gewesen sein. Der Fürstprimas war offensichtlich besorgt um das Urteil der Nachwelt, und damit diese auch erfahren konnte, daß „bloß gebieterische Gewalt" ihn „zu diesem unerlaubten Schritt" gezwungen hatte, fand in Gegenwart des redlichen Paters Placidus eine recht rührende Familienszene statt, welche von diesem sicher wahrheitsgetreu wiedergegeben, in ihrem Kern aber wohl kaum durchschaut wurde. Im Verlauf der dalbergischen Familienszene flehten die beiden Herren Neffen den Oheim an, es sei dies doch die einzige Gelegenheit für ihn, mit der er seiner Familie Liebe und Fürsorge erweisen könne. Der Fürst von der Leyen sorgte für einen besonders dramatischen Auftritt. Er raufte sich die Haare, beklagte seine enormen Verluste im Krieg und jammerte immer wieder, daß er nicht mehr in der Lage sei, ein standesgemäßes Leben zu führen. Die Szene endete damit, daß Dalberg seufzend Ja und Amen sagte. Am 16. Februar 1810 unterzeichneten der französische Außenminister und der fürstprimatische Gesandte den Vertrag.

Dalberg trug jetzt den Titel eines Großherzogs[31], und nicht nur das, der ehemalige Domherr war damit auch eine Königliche Hoheit geworden, denn wie die Rheinbundakte von 1806 festgelegt hatte, besaßen die von Napoleon ernannten Großherzöge alle Rechte und Ehren, die vorher nur Königen zugestanden waren. Sein neuer Staat entsprach größenmäßig in etwa dem alten Mainzer Kurfürstentum. Zu den Aschaffenburger und Frankfurter Territorien des bisherigen Primatialstaats waren das alte Fürstbistum Fulda und die ehemalige Grafschaft Hanau – beide seit 1806 unter französischer Verwaltung stehend – gekommen.[32] Die künftigen Großherzöge von Frankfurt, Eugen Beauharnais und seine Erben, hatten die Verpflichtung, dem nächsten Erzbischof und Primas von Deutschland, dessen Sitz nach Dalbergs Tod von Regensburg nach Frankfurt verlegt werden sollte, ein Jahresgehalt von sechzigtausend fl. zu zahlen. Dem Fürstprimas war es gelungen, diese Bestimmung bei Napoleon durchzusetzen[33], so daß sie als vierter Artikel in das Vertragswerk aufgenommen wurde. Sein großer Wunsch hingegen – das Konkordat für den Rheinbund – blieb weiterhin unerfüllt. Die Denkschrift[34], die er nach einem Entwurf Ebersteins und Kolborns[35] ausgearbeitet und ebenfalls Napoleon vorgelegt hatte, fand abermals keine Beachtung.

Enttäuschungen stellen sich ein

Auch auf anderem Gebiet stellten sich große Enttäuschungen ein. Obwohl die Fiskalerträge des Großherzogtums auf etwa zweieinhalb Millionen fl. geschätzt wurden, waren die Verluste, die Dalberg hinzunehmen hatte, letztlich größer als der Gewinn. Nicht nur, daß er auf das Fürstentum Regensburg hatte verzichten müssen, er war auch gezwungen worden, seine Einnahmen aus den Rheinzöllen an Napoleon abzutreten, wobei er gleichzeitig weiterhin alle Renten und Entschädigungsleistungen zu tragen hatte, zu deren Dekkung die Zölle im Jahr 1803 letztlich ja eingeführt worden waren. Schließlich mußte er noch die Schenkungen, die Napoleon in Hanau und Fulda seinen Günstlingen gemacht hatte, auf den Staatshaushalt übernehmen – insgesamt über eine halbe Million Francs pro Jahr. Hanau und Fulda waren von den Franzosen in den letzten Jahren ausgepreßt worden wie eine Zitrone. Dalberg konnte aus den beiden abgewirtschafteten Provinzen nur ein Fünftel der Summe herausziehen, die er an Napoleons Donatare zu zahlen hatte. Es war kein Wunder, daß sich sein bereits etwas angegriffener Gesundheitszustand, kurz nachdem er am 9. März 1810 wieder in seine Aschaffenburger Residenz zurückgekehrt war, bedenklich verschlechterte. In Folge der in Paris erlebten Aufregungen erlitt er einen Leistenbruch, „der ihn", wie Hügel berichtete, „nöthiget, anhaltend Bandagen zu tragen".[36] Außerdem war er so schwach, daß der bayerische Gesandte Adam Friedrich Freiherr von Reding[37], sogar meldete: „Während seines letzten Aufenthalts hier habe ich mehrmals davon reden gehört, daß sich der Fürst dem Tode nahe fühlen würde."[38]

Dalberg erholte sich jedoch erstaunlich rasch. Ende März 1810 war er bereits wieder mitten in der Arbeit. Sein sanguinisches Temperament ließ ihn Enttäuschungen schnell verwinden. Neue Aufgaben reizten und beflügelten ihn. Als erstes mußte die Frage gelöst werden, wie die künftige Verfassung des Großherzogtums auszusehen habe. Das Problem wurde zwischen dem neuen Großherzog und seinen Räten ausführlich diskutiert. In einem Memorandum „Über die neue Organisation von Frankfurt" hieß es, das neue Großherzogtum sei im Hinblick auf die Regierungsnachfolge von Eugen Beauharnais als „indirektes französisches Land" anzusehen, in dem die augenblicklich noch in traditionsgemäßer Weise funktionierenden Verwaltungseinrichtungen nicht mehr berücksichtigt werden könnten. Graf Eberstein stimmte dafür, eine Verfassung nach französischem Muster einzuführen, weil – wie er sich ausdrückte – „sich voraussehen lasse, daß dies die erste Maßregel des Nachfolgers sein werde". Graf Leopold von Beust, ein Bruder des Gesandten in Paris, der zum Finanzminister des Großherzogtums ernannt worden war, vertrat eine andere Ansicht, mußte sich jedoch von Dalberg erklären lassen: „Unabänderlich bleibe ich dabei, in verjüngtem Maß die Verfassung von Westfalen anzunehmen und demnach die Instruktion zu entwerfen." Seine Begründung lautete: „Weil Napoleon diese Verfassung gebildet hat, deren Güte sich in Deutschland bewähret."[39] Diese Entscheidung des Fürstprimas, der den Kaiser während der letzten Jahre ja bereits mehrmals um eine Verfassung für sein Staatswesen gebeten hatte, überrascht nicht weiter. Mit dem französisch-westfälischen Verfassungs-Modell folgte er dem Grundsatz politischer Anpassung, dem Gebot der Stunde, nachdem sich auch Montgelas mit seiner bayerischen Konstitution von 1808 gerichtet hatte.[40] Um ganz sicher zu gehen, ließ Dalberg am 8. August 1810 in Paris seinen Entwurf vorlegen[41], der prompt den Beifall des Kaisers fand. Die Verfassung für das Großherzogtum Frankfurt trat am 16. August 1810 offiziell in Kraft.[42]

Neue Titel für alte Namen

Dalberg hatte in seiner bisherigen Regierungszeit – sowohl in Regensburg als auch in Frankfurt, das ja bereits 1806 zu seinem Staat gekommen war und das er seitdem gut kannte –, die Fähigkeit bewiesen, neue gesellschaftliche und staatliche Organisationsformen an die Stelle der althergebrachten Einrichtungen zu setzen, ohne dabei Herkommen und Tradition unnötig zu verletzen. Neidlos mußte der österreichische Gesandte anerkennen, daß „der Herr Großherzog wenigstens die alten Formen nach Möglichkeit beizubehalten und den Übergang von der alten zur neuen Ordnung der Dinge zu erleichtern bemüht ist".[43] Freilich war ein solcher Übergang inzwischen ungleich schwerer zu schaffen als noch 1803 in Regensburg, wo Dalberg relativ frei schalten und walten konnte. Jetzt war sein Staat in das enge Korsett einer französischen Konstitution eingezwängt. Spielraum und Freiheit seiner Entscheidungen hielten sich demnach in Grenzen. Daß es ihm trotzdem in etwa gelang, wie der österreichische Gesandte bestätigte, verdankte er zum Großteil seiner tüchtigen Beamtenschaft, die überwiegend aus der alten Kurmainzer Verwaltung stammte, befähigte Verwaltungsjuristen, die auf ihn eingeschworen waren und die er wieder mit den führenden Regierungsstellen betraut hatte. Seinem Aschaffenburger Gouverneur, Baron Gruben, gestand er: „Die unvermeidlichen Veränderungen werde ich auf die gelindeste Weise vornehmen, daß verdienstvolle Männer auf die ihnen möglich angenehme Weise brauchbar bleiben."[44] Diese geschmeidige Personalpolitik hatte freilich zur Folge, daß überwiegend nur neue Titel verliehen wurden, während die staatliche Elite dieselbe blieb, ein Umstand, der – wie das Beispiel des Aschaffenburger Präfekten Karl Joseph Will[45] zeigt – wesentlich zur inneren Kontinuität und Homogenität von Dalbergs Regierung beigetragen hat. Will war bereits im alten Kurmainz Vizedomamtsdirektor in Aschaffenburg gewesen. Er war dann 1803 zum Landesdirektorialrat des Fürstentums ernannt worden, ehe er jetzt die Aufgabe des Departement-Präfekten übernahm. Ein Mann wie er war natürlich bestens in der Verwaltung eingearbeitet. Er kannte Land und Leute, und es war ihm vermutlich auch egal, ob das seiner Aufsicht anvertraute Aschaffenburger Ländchen nun Vizedomamt, Fürstentum oder Departement hieß. Wie aus der entsprechenden Weisung des Großherzogs hervorging, sollten Will sowie die übrigen „Herrn Präfekten, welche alle vorhin schon in anderen Dienstpflichten gestanden sind, lediglich auf diese ihre alten Pflichten verwiesen" werden.[46] Eine neuerliche Vereidigung der Beamtenschaft schien ihm ganz überflüssig.

Auch die Mitglieder der großherzoglichen Justizbehörden hatten sich schon auf den alten Kurmainzer Gerichtsbänken ihre Meriten erworben, und die einstigen kurfürstlichen Hofgerichtsräte wurden jetzt kurzerhand zu Departementgerichtsräten ernannt. Selbst die oberste Berufungsinstanz des Großherzogtums, das Oberappellationsgericht, bestand ausschließlich aus den ehrenwerten ehemaligen Kurmainzer Hofgerichtsräten[47], und sogar die höchste Regierungsbehörde, der großherzogliche Staatsrat, setzte sich zu über zwei Dritteln aus Kurmainzer Honoratioren zusammen. Ähnlich war es in den Ministerien. Albini, der sich nach dem Scheitern seiner Rheinbundpläne aus der Politik zurückgezogen hatte, übernahm auf Dalbergs Zureden wieder sein Ministeramt. Ebenso wie er stammte sein Minister-Kollege Beust aus dem Hofadel des alten Kurmainz, und schließlich gehörte auch der 1811 zu dessen Nachfolger ernannte Graf Bentzel-Sternau, der Dalberg bereits in Erfurt und später in Regensburg gedient hatte, zum Kreis der adeligen Kurmainzer Regierungsmannschaft. Aber nicht nur innerhalb der staatlichen Verwaltung, auch auf dem Gebiet von Kunst und Wissenschaft bestanden engste Verbindungen zum einstigen Kurmainz. Der ehemalige Hofkammerrat Jakob Guiollet[48], der 1803 mit nach Regensburg gegangen war, wurde Bauamtsdirektor, Präfekturrat und schließlich 1811 Maire von Frankfurt. Franz Xaver Sterkel[49], bereits unter Kurfürst Erthal Stiftskapellmeister in Mainz, hatte längst die Leitung von Dalbergs Hofmusik übernommen, wie auch der Mainzer Professor Niklas Vogt schon 1806 an die Spitze der Frankfurter Museumsgesellschaft getreten war. Für Dalberg bestand im Grunde kein Bedarf, neue Kräfte heranzuziehen. Trotz aller Umwandlungen, die sein Staat in den letzten Jahren erfahren hatte, begriff er diesen als eine legitime Fortsetzung des alten Mainzer Kurfürstentums. Bei seiner Personalpolitik spielte auch eine Rolle, daß er in hausväterlicher Fürsorglichkeit bestrebt war, den ehemaligen Mainzer Staatsdienern durch Weiterbeschäftigung eine Versorgungsmöglichkeit zu eröffnen, selbst auf die Gefahr hin, daß sich die Verwaltung personell unverhältnismäßig aufblähte, und böse Zungen behaupteten ja später, sie sei groß genug gewesen, „einen Staat von zehn Millionen Menschen zu regieren"[50], was freilich eine gehässige Übertreibung war.

Ähnlich wie bei den staatlichen Regierungsstellen und Verwaltungsbehörden konnte sich Dalberg auch auf kirchlichem Gebiet nicht zu wirklich einschneidenden Veränderungen entschließen. Die katholischen Geistlichen des Großherzogtums waren mit Ausnahme des Departements Fulda, das unter Bischof Adalbert von Harstall weiterhin ein eigenes Bistum bildete, dem Regensburger Erzbistum und dessen Generalvikariat in Aschaffenburg unterstellt. Sie behielten auch ihre privilegierte Gerichtsbarkeit, und eventuelle Zweifel, die Dalberg in seiner Doppelfunktion als Königliche Hoheit und Erzbischof in diesem Punkt hätten überkommen können, zerstreute er – wie er Albini gegenüber erklärte – auf seine Weise: „Nach reiflicher Überlegung habe ich in dieser sonderbaren Sache mehr vielleicht nach meinem Herzen als nach meinem Kopf folgendes beschlossen: ich bin in der Welt der letzte geistliche Fürst und ich kann mich nicht entschließen, der erste Erzbischof zu sein, der seiner Geistlichkeit einen tausendjährigen Vorzug entzieht."[51] Für den Priesternachwuchs sorgte das von ihm bereits im Jahr 1807 gegründete Aschaffenburger Seminar[52] sowie das in Fulda weiter bestehende Klerikalinstitut.[53] Die gemischtkonfessionelle Situation des Großherzogtums bewältigte er wie seinerzeit schon in Erfurt und dann in Regensburg mit sprichwörtlicher Toleranz. Dalberg, der als geistlicher Fürst die für seine Zeit bemerkenswert moderne Ansicht vertrat, daß bei gemischtkonfessionellen Untertanen „der Staat keine Religion haben" dürfte[54], überließ den Protestanten die Verwaltung ihres Vermögens und mischte sich auch in deren innerkirchliche Verhältnisse nicht weiter ein. Lediglich um den Grundsatz der Staatseinheit zu erfüllen, wurden die bestehenden fünf evangelischen Konsistorien aufgehoben und in dem überwiegend protestantischen Departement Hanau je ein Konsistorium für die lutherischen und eines für die reformierten Protestanten errichtet.[55]

Graf Tascher – die Schachfigur des Großherzogs

Der vielgerühmte und vielgeschmähte französische Einfluß war also weder auf weltlichem noch auf kirchlichem Gebiet zu spüren. Auch wenn die Staatsdiener französische Titel hatten und aus den ehemaligen Dorfschultheißen jetzt sogenannte „Maires" geworden waren – so gab es doch im ganzen Großherzogtum nur einen einzigen wirklich französischen Beamten. Aber dieser erfüllte nur eine Scheinfunktion und seine Existenz geht letztlich auf einen geschickten Schachzug Dalbergs zurück. Der Fürstprimas, der aufgrund der Entwicklung in den Satellitenstaaten Westfalen und Berg befürchten mußte, daß sein Staatswesen ebenfalls bald „unter französische Surveillance gestellt" würde – wie Fahnenberg prophezeit hatte[56] –, befand sich mit der Gründung des Großherzogtums in einer Zwickmühle. Der ehrgeizige französische Diplomat Theobald Bacher, der ursprünglich Geschäftsträger am Frankfurter Bundestag hätte werden sollen, war inzwischen zur Untätigkeit verdammt. Jetzt witterte er seine große Chance, und die Rolle eines französischen Regierungskommissars im Großherzogtum Frankfurt war das neue Ziel seines unbefriedigten Ehrgeizes.[57] Dalberg mußte dem zuvorkommen, ohne die französische Regierung unnötig zu provozieren. Aus diesem Grund schrieb er am 29. Dezember 1810 wieder einmal an seinen Protektor und „erbat" sich von ihm ganz scheinheilig einen französischen Gouverneur.[58] Er vergaß aber dabei nicht, die seiner Meinung nach geeignetste Person gleich vorzuschlagen: natürlich nicht den gefährlichen Ehrgeizling Bacher, sondern einen französischen Bonvivant, der seine militärische Karriere weniger seiner Tapferkeit als seiner Verwandtschaft mit der Ex-Kaiserin Josephine zu verdanken hatte. Es war Louis-Robert Graf Tascher de la Pagerie, Eskadronchef und seit dem 25. Juli 1810 mit Dalbergs Nichte, Prinzessin Amalie von der Leyen, verheiratet, ein Umstand, der den Fürstprimas Loyalität erwarten lassen konnte. Ansonsten besaß Graf Tascher kaum nennenswerte Vorzüge, wobei Dalberg offenbar gerade dieser Mangel an besonderen Fähigkeiten von Vorteil erschien, hatte er doch von dem jungen Nichtsnutz weit weniger zu befürchten als von dem politisch versierten und übereifrigen Bacher. Er brauchte jetzt nur noch Napoleon von den Qualitäten des „Gräfleins" zu überzeugen, und das tat er, indem er ihn als ein Muster der Pflichterfüllung schilderte. Dem Kaiser war diese Lobhudelei nicht weiter aufgefallen – mag sein, daß er Übertreibungen gewohnt war, abgesehen davon lag ihm ja stets an der Förderung der Familie Beauharnais-Tascher, die er auch nach der Scheidung von Josephine zu seiner Verwandtschaft rechnete. Graf Tascher wurde jedenfalls kurz darauf zum Regierungs-Gouverneur für das Großherzogtum Frankfurt ernannt, und Napoleon gab dem Fürstprimas damit eine ungefährliche Marionette an die Hand. Bachers Unkenrufe im Bulletin de Francfort, Dalberg werde nach dem Amtsantritt des neuen Gouverneurs abberufen, um sich ausschließlich kirchlichen Aufgaben zu widmen[59], brauchten den Großherzog daher nicht mehr zu beunruhigen. Er konnte ziemlich sicher sein, daß sich der neue Gouverneur politisch als harmlos erweisen würde.

Er hatte sich nicht getäuscht, denn selbst Baron Hügel, der üblicherweise auf jede französische Einflußnahme überaus allergisch reagierte, meldete nach Wien: „An der Statthalterschaft hat Herr Graf Tascher keinen Teil und noch besteht die Anstellung in dem bloßen Namen eines Gouverneur de Francfort ohne alle Verrichtung und ohne alle Teilnahme an der öffentlichen Zivil- und Militärverwaltung."[60] Der ehrgeizige Bacher hingegen wurde am 11. Februar 1811, wenige Tage nach dem Amtsantritt Graf Taschers, Gouverneur im Königreich Westfalen. Dalberg hatte damit nichts mehr zu befürchten. Abgesehen von Graf Taschers mangelnden Fähigkeiten und dem fehlenden Interesse an den Staatsgeschäften, hatte die schwache Stellung des Gouverneurs eine andere, nicht unwesentliche Ursache: Graf Tascher sprach kein Wort deutsch. Das führte beispielsweise dazu, daß er wenige Wochen nach seiner Ankunft von der Frankfurter Bürgerwache nicht erkannt und daher nicht durchs Stadttor gelassen wurde. Er mußte seinen Wagen verlassen, konnte sich aber nicht anders verständlich machen, als mit dem Stock vor dem diensthabenden Unteroffizier herumzufuchteln, so daß dieser zurückschlug. Durch das Geschrei wurde die Prinzessin, die im Wagen geblieben war, aufmerksam und rief auf deutsch, daß ihr Mann, der sich gerade mit dem Unteroffizier prügelte, der neue Gouverneur des Großherzogtums sei. Graf Tascher wollte die Wache in Arrest werfen lassen, was jedoch der besonnene französische Gesandte Hédouville verhindern konnte.[61] Doch weder dieses Mißgeschick noch das Zureden Hédouvilles konnten den Gouverneur dazu bewegen, die deutsche Sprache zu erlernen. Dalberg verschaffte ihm sogar Zutritt zu den Sitzungen des Staatsrats und beauftragte jeweils ein Mitglied der Versammlung, dem Grafen nach beendeter Konferenz den Gegenstand der Beratung auf französisch zu erklären. Doch auch die verdolmetschte Regierungsarbeit muß ihn ziemlich gelangweilt haben, denn wie Hédouville ein Jahr später dem Ministerium in Paris resignierend mitteilte, habe der Graf zwar einigemale an den Sitzungen des Staatsrats teilgenommen, es aber dann vorgezogen, sich in seiner Eigenschaft als Adjutant des italienischen Vizekönigs Beauharnais an dessen Mailänder Hof zu begeben.[62] Dalberg war seinen Gouverneur wieder los.

Dalberg und der Code Napoléon

Obwohl es dem Fürstprimas grundsätzlich darum ging, französische Bevormundungen abzuwehren, öffnete er in seiner für ihn typischen zwiespältigen Art das Großherzogtum auch Einflüssen des napoleonischen Empire. Am bezeichnendsten dafür ist die Übernahme des neuen französischen Zivilrechts, des Code Napoléon.[63] Die in allen Rheinbundstaaten einheitliche Einführung des Code Napoléon war in seinen früheren Plänen eine der grundlegenden Bedingungen für eine gemeinsame Bundesverfassung gewesen. Nach dem Scheitern dieses Projekts hatten die einzelnen Länder unterschiedliche Wege eingeschlagen, was Dalberg mit seiner Initiative hatte verhindern wollen. 1808 verfügten Arenberg und Anhalt-Köthen die Einführung des Code, der badische Hof in Karlsruhe erklärte ihn im selben Jahr einfach zum neuen Landrecht. Hessen-Darmstadt war ebenfalls bereit, das neue Zivilrecht zu übernehmen. Während der Gießener Konferenz vom Herbst 1809, die auf Dalbergs Anregung zustandegekommen war, wollte der Fürstprimas wenigstens mit seinen Nachbarstaaten Hessen-Darmstadt und Nassau-Usingen-Weilburg zu einer gemeinsamen Lösung und damit zur Rechtseinheit gelangen. Erst nachdem auch diese Bemühungen erfolglos geblieben waren[64], beschloß er, dem Code Napoléon zumindest in seinem eigenen Staatsgebiet auf vorbildliche Weise Geltung zu verschaffen.[65] Er beauftragte den ehemaligen Kurmainzer Regierungsrat Adam Mulzer, einen hervorragenden Juristen und Kenner des Code, der bereits an der von Dalberg geschaffenen Rechtsschule in Wetzlar Vorlesungen darüber hielt[66], eine deutsche Fassung zu erarbeiten.[67] Die vom Fürstprimas gewünschte Verbindung der französischen Gesetze mit dem herkömmlichen deutschen Recht – das im Grunde unlösbare Problem der „Quadratur des Kreises"[68] – umging der findige Mulzer auf naiv-geniale Weise. Er beschloß, daß alle Gesetze und Herkommen, „worüber der Code nicht disponiert, beibehalten werden".[69] Dieser Kunstgriff war genau nach Dalbergs Geschmack, denn er hatte damit den Code Napoléon eingeführt, ohne gleichzeitig das bestehende Recht aufheben zu müssen. Lediglich die offiziell immer noch gültige Peinliche Halsgerichtsordnung Kaiser Karls V., die sogenannte Carolina, wurde nach eingehender Beratung im Staatsrat am 19. Februar 1812 durch den französischen Code pénal ersetzt[70], ein Jahr bevor auch Bayern mittels der Strafrechtsreform Anselms von Feuerbach die Carolina endgültig ad acta legte.

Eine Neuordnung des Justizwesens nach den Prinzipien der Rechtsgleichheit und der Unabhängigkeit der Richter war schon gegen Ende des 18. Jahrhunderts im alten Reich in Gang gekommen. 1781 hatte Joseph II. seine „Allgemeine Gerichtsordnung" erlassen, 1794 war in Preußen das noch von Friedrich dem Großen initiierte „Allgemeine Landrecht" in Kraft getreten, und der von Dalberg 1792 in Erfurt verfaßte „Entwurf eines Gesetzbuches in Criminalsachen"[71] war ebenfalls dieser umfassenden Entwicklung auf dem Gebiet der Rechtsprechung gefolgt. In einigen deutschen Einzelstaaten war es daher bereits vor Napoleons Einflußnahme zu grundlegenden Maßnahmen in der Rechtsreform gekommen, so in Bayern, wo Montgelas 1803 den veralteten „Codex Juris Bavarica Criminalis" abschaffen ließ, oder in Österreich, wo ein Jahr später das überarbeitete Josephinische Strafgesetzbuch wirksam wurde. Komplizierter war wegen der alten, aber vorerst noch weiter bestehenden Gesellschaftsordnung die Situation im Zivilrecht. Immerhin befand sich die Einführung des Code Napoléon in etlichen Rheinbundstaaten, darunter Baden, Hessen-Darmstadt, Nassau und Würzburg zumindest in Vorbereitung, und Dalberg hatte bereits am 7. Juli 1808 die Anwendung des neuen Zivilrechts in seinem Staat dekretiert. Der Code Napoléon hätte sich vermutlich auch durchgesetzt, wenn die ständigen Kriege und politischen Veränderungen, die sein Schöpfer unentwegt hervorrief, dies nicht verhindert hätten. Aus diesem Grund aber funktionierte der Code, wo er offiziell eingeführt war, nur zum Schein, auch im sogenannten Modell- und Musterstaat Frankfurt.

Ebensowenig wie mit dem französischen Zivilrecht klappte es mit dem französischen Steuersystem, dem Dalberg ebenfalls nur auf dem Papier Gültigkeit verschaffen konnte. Daß es in der Praxis kaum angewandt wurde, lag allerdings weniger an ihm als an den Dorfschulzen, die mit den schwierigen Bestimmungen einfach nicht zurechtkamen. Verzweifelt schrieb der Distriktmaire von Schweinheim am 28. Februar 1811 an den Aschaffenburger Präfekten, daß „Leute ohne Studium und von verhältnismäßiger Beschränktheit wie die Ortsvorstände dieses Gesetz allerdings nicht wohl werden verstehen können als wozu höhere Kenntnisse und selbst Kenntnisse der französischen Verfassung und des französischen Gerichtsbrauchs erfordert werden".[72] Die allgemeine Wehrpflicht, die am Modell der französischen Konskription ausgerichtet war, wurde ebenfalls 1811 zum Gesetz erhoben.[73] Es gab jedoch eine relativ breitmaschige Dispensations-Regelung, und Dalberg war es darum zu tun, den Personenkreis, der von der Wehrpflicht befreit war, so groß wie möglich zu bestimmen. Die Einführung der Gewerbefreiheit nach französischem Muster erfolgte nach mehreren Beratungen im Staatsrat am 1. Februar 1811, scheiterte jedoch in Fulda und Hanau am Widerstand der Zünfte, obwohl diese laut Verfassung als aufgehoben galten.[74] Letztendlich aber verhinderten Kapitalmangel und die politisch unsichere Gesamtsituation eine konsequentere Reformpolitik. Im Großherzogtum mußte – wie übrigens im gesamten Rheinbund – seit Napoleons Edikt von Trianon vom 28. September 1810 für Waren aus Übersee ein Zolltarif von fast fünfzig Prozent an Frankreich bezahlt werden. Neben diesen Zöllen, den ständig zunehmenden Militärausgaben und Einquartierungskosten – so klagte Dalberg dem Kaiser – würden die 600 000 fl., die Napoleon aus den für sich reservierten Domänen der großherzoglichen Departements Fulda und Hanau jedes Jahr verlangte, schwer auf den ohnehin strapazierten Frankfurter Finanzen lasten.[75] Die Fürstin Pauline Borghese, eine Schwester des Kaisers, erhielt jährlich 93 000 fl.[76] Weitere Donatare waren die französischen Marschälle Masséna und Duroc sowie die Generäle Lemarrois, Frochot und Regnier.[77] Diese Dotations-Domänen, die Napoleon in seinem Herrschaftsbereich eingerichtet hatte und regelmäßig abkassierte, waren eine wichtige Grundlage seiner Gesellschaftspolitik im Grand-Empire.[78] Westfalen hatte 1809 über sieben Millionen Franken an Dotationen bezahlt.[79] Im Vergleich dazu waren die Verpflichtungen von Dalbergs Großherzogtum in Höhe von sechshunderttausend Francs noch relativ niedrig.

Nur ein französischer Anstrich?

Neben den kaiserlichen Domänen gab es noch zwei weitere typische Hinterlassenschaften der französischen Politik – die Presse und das sogenannte Napoleons-Fest. Aufgrund einer 1810 aus Paris ergangenen Weisung mußten bis auf ein offizielles staatliches Publikationsorgan sämtliche politischen Zeitungen verboten werden, in Frankfurt wie in Westfalen, Baden und Hessen-Darmstadt.[80] In Frankfurt erschien seitdem in deutscher und französischer Sprache die „Zeitung des Großherzogtums Frankfurt – Gazette du Grand-Duché de Francfort"[81], die aus dem ehemaligen „Journal de Francfort" hervorgegangen war. Der Grund, daß ausgerechnet das „Journal de Francfort" unter neuem Namen weiterbestehen durfte, war – wie Hügel wußte – die Vorliebe des Kaisers für dieses Organ. Napoleon soll sich während seines ägyptischen Feldzugs durch eine Ausgabe des „Journal de Francfort" über die politische Lage in Paris informiert und sich daraufhin vorzeitig zur Rückkehr entschlossen haben.[82] Das Napoleons-Fest, das als Staatsfeiertag begangen werden mußte, fand alljährlich am 15. August statt, dem Geburts- und Namenstag des Kaisers, für den ein paar geschickte Theologen einen angeblichen heiligen Napoleon, der vor dem Kaiserreich unbekannt und in keinem einzigen Kalender angegeben war[83], ausfindig gemacht hatten. Am 25. August folgte das Geburtstagsfest der Kaiserin Marie Luise. Zur Feier der Geburt von Napoleons Sohn am 20. März 1811 gab Dalberg nach dem Gottesdienst und dem üblichen Tedeum in seiner Aschaffenburger Residenz noch ein festliches Diner für achtzig Personen, wobei er selbst mehrmals die Toaste auf das kaiserliche Kind aussprach.[84] An Napoleon schrieb er entzückt: „Endlich hat die Vorsehung die Wünsche aller Freunde der wahren Humanität erfüllt. Durch die Geburt des Königs von Rom hat sie uns ein Unterpfand in die Hand gegeben. Die Errungenschaften Euerer Majestät werden überdauern!"[85]

Zwischen diesem überschwenglichen Optimismus und den tatsächlichen politischen Gegebenheiten aber klaffte ein krasses Mißverhältnis, denn um die von Dalberg so gern zitierten Errungenschaften Napoleons war es in Frankfurt eben wirklich nicht zum besten bestellt. Dieser neue napoleonische Kunststaat war in Wirklichkeit weit davon entfernt, ein „Modellstaat der entschiedenen Reformen" zu sein.[86] Der Fürstprimas hatte eine direkte Abhängigkeit des Frankfurter Großherzogtums von der Pariser Regierung zu verhindern gewußt, allerdings auch keine bemerkenswerten Reformen durchgeführt. Napoleon ließ seinem Souverän nahezu völlige Freiheit – ganz im Gegensatz zu den Napoleoniden-Staaten Westfalen und Berg, die von einer französischen Beamtenelite dirigiert und kontrolliert wurden.[87] Daß Frankfurt nur einen sozusagen französischen Anstrich bekam und neben dem tatsächlichen „Modell- und Satellitenstaat" Westfalen[88] und den relativ unabhängigen süddeutschen Staaten eine ganz einmalige und eigenartige „Zwischenstufe"[89] einnehmen konnte, war die Folge von Dalbergs geschmeidiger Politik und seiner persönlichen Verbindung zum Kaiser.

Dalbergs Bedeutung für Napoleon

Diese merkwürdige Beziehung zwischen Kaiser und Fürstprimas mit ihren vielfachen Verflechtungen weltlicher und geistlicher Interessen war seit der 1809 erfolgten Gefangennahme Pius' VII. überwiegend in den Bannkreis der Auseinandersetzung zwischen Napoleon und der Kurie geraten, obwohl das politische Mit- und Gegeneinander der beiden ursprünglich in ganz anderen Zusammenhängen gestanden hatte. Die Förderung Dalbergs war, seit dieser 1802 das Regensburger Kurfürstentum erhalten hatte, für Napoleon stets ein Mittel zum Zweck gewesen. Der Kaiser war auch hier der großen traditionellen Linie französischer Interessen gefolgt, die seit Mazarin und dem ersten Rheinbund des Jahres 1658 auf einen mit Frankreich verbündeten süd- und westdeutschen Pufferstaat abgezielt waren. Der Erzkanzler des Reiches und offizielle Repräsentant jener weder preußischen noch österreichischen Reichsteile, auf die es Napoleon angekommen war, hatte damals im Kalkül des korsischen Eroberers eine entscheidende Rolle eingenommen, und Dalberg, der in Napoleon den Erneuerer des maroden Reiches sehen wollte, war zu diesem in ein „fast mittelalterliches Treueverhältnis“[90] getreten. Dieses Treueverhältnis blieb für ihn im Grunde unerschütterlich – trotz aller Enttäuschungen, die er immer wieder erfahren mußte. Napoleons Denken war hingegen nicht von mittelalterlich-feudalen Maximen bestimmt, sondern folgte nur den Geboten der jeweils aktuellen politischen Nützlichkeit. Bei der Gründung des Rheinbundes hatte der Erzkanzler, der die Reichstradition verkörperte, für ihn nochmals eine wichtige Figur abgegeben, und auch in seinen Plänen, die von einem Ausbau des Rheinbundes zu einem geschlossenen Föderativstaat ausgegangen waren, hatte er den Fürstprimas fest miteinkalkuliert. Als sich dieses Vorhaben dann als zu schwierig und auch für den Kaiser wenig einträglich erwies, sank Dalbergs Stern ziemlich rasch. Nur einen Vorzug besaß er noch, den Napoleon sich zunutze machen konnte, und der betraf Dalbergs Würde als Metropolitan-Erzbischof der Rheinbundstaaten und Primas der deutschen Kirche. Diese besondere Position innerhalb der Kirchenhierarchie erhielt – obgleich sie umstritten war – für Napoleon spätestens dann eine besondere Relevanz, als sein Konflikt mit dem Oberhaupt der römischen Kirche zum äußersten trieb.

Napoleons Verhältnis zum Papst hatte einst unter günstigen Vorzeichen begonnen.[91] Pius VII. war ihm beim Abschluß des Konkordats (15. Juli 1801) weit entgegengekommen. Er hatte den Rücktritt aller französischen Bischöfe des Ancien Régime angeordnet und dem Ersten Konsul Bonaparte sogar das Recht der Bischofsernennung eingeräumt – vorbehaltlich der anschließenden päpstlichen Zustimmung. Doch schon ein Jahr später waren die sogenannten organischen Artikel – nationalkirchliche Modifizierungen, die Napoleon dem Konkordat eigenmächtig angehängt hatte – zum Keim des späteren Zerwürfnisses geworden. Vergeblich hatte der Papst versucht, durch seine Teilnahme an der Kaiserkrönung in Paris Napoleon zum Einlenken zu bewegen. Die zwei Jahre später erfolgte Weigerung des Kirchenoberhaupts, in den Handelskrieg gegen England einzutreten, führte dann zum endgültigen Bruch. Napoleon ließ im Februar 1808 den Kirchenstaat militärisch besetzen und verfügte schließlich am 17. Mai 1809 dessen völlige Auflösung. Rom wurde zur zweiten Hauptstadt des Grand-Empire erklärt, der Papst, der dem „Räuber des Patrimonium Petri“ mit der höchsten Kirchenstrafe – der Exkommunikation – antwortete, wurde auf Befehl Napoleons im Quirinal verhaftet und zuerst nach Grenoble und dann nach Savona abgeführt. Doch die schmähliche Gefangensetzung Pius' VII. bedeutete für den Kaiser weder Triumph noch Gewinn. Sie brachte vielmehr dem Kirchenoberhaupt eine Welle von Sympathiekundgebungen ein und führte Frankreich in eine schwere innerkirchliche Krise.

Die Krise begann, als bei der Vermählung Napoleons mit Marie Luise am 1. April 1810 die römischen Kardinäle, die in Paris waren, bei den Trauungsfeierlichkeiten demonstrativ gefehlt hatten. Der Kaiser schäumte vor Wut. Kurz nach seiner Hochzeit ließ er die Kardinäle verhaften, ihres Purpurs entkleiden und dann in verschiedenen Landesteilen unter Polizeiaufsicht stellen. Napoleon mußte jedoch erleben, daß zahlreiche Kleriker diesen abgesetzten Kardinälen, den sogenannten „schwarzen Kardinälen“, weiterhin die Treue hielten, während sie den von ihm eingesetzten, vom Papst aber nun nicht mehr anerkannten Bischöfen – darunter auch Kardinal Maury, Erzbischof von Paris – die Gefolgschaft verweigerten. Um so gewaltiger war sein Zorn, als ihm Monate später Briefschaften in die Hände fielen, die eine geheime Verbindung zwischen dem eingesperrten Papst und den „schwarzen Kardinälen" bewiesen. Jetzt drohte der Kaiser, ein Konzil einzuberufen, das den Papst vor Gericht stellen und absetzen sollte.[92]

Beim Pariser Nationalkonzil von 1811

Um eine solche Drohung wahrmachen zu können, hätte Napoleon allerdings die Bischöfe von ganz Europa zu einem sogenannten ökumenischen Konzil versammeln müssen, ein Unternehmen, das theoretisch möglich gewesen wäre und das es in der Geschichte der abendländischen Kirche auch gegeben hatte – doch was hätte die Bischöfe von Spanien, Portugal, Polen und Ungarn bewegen sollen, sich nach Paris zu begeben? Nur soweit sein Szepter reichte, konnte Napoleon die geistlichen Oberhirten herbeibefehlen. Aus diesem Grund entschloß er sich dann im Mai 1811, statt dessen nur ein französisches Nationalkonzil[93] einzuberufen, dessen Leitung er seinem Oheim, Kardinal Fesch, übertrug. Neben den italienischen und holländischen Bischöfen, die dem Machtbereich des Kaisers unmittelbar unterstanden und daher in die französische Hauptstadt beordert werden konnten, sollten aber auch – übrigens gegen den Widerstand von Kardinal Fesch – mehrere Bischöfe aus dem rheinbündischen Deutschland an dem Konzil teilnehmen – an ihrer Spitze natürlich kein Geringerer als der Erzbischof und Primas Karl von Dalberg. „Die Teilnahme sowie die Kenntnisse dieses erhabenen Prälaten" – so hieß es in der Weisung an Hédouville, der Dalberg die Einladung zum Konzil zu überbringen hatte, „würden nicht nur die Bedeutung dieser denkwürdigen Versammlung vermehren, sondern auch ihre Erfolge erheblich vergrößern."[94] Auch Napoleon wußte – wenn es darauf ankam – mit Weihrauch umzugehen. Dalberg – obwohl er gerade schwer an Koliken litt – nahm die Einladung an, in erster Linie deshalb, weil er sich nochmals eine Lösung der noch immer schwebenden deutschen Konkordatsfrage erhoffte. Hédouville, dem er seine diesbezüglichen Erwartungen mitgeteilt hatte, gab eine Vorwarnung an das Ministerium, daß der Primas nur aus diesem Grund in die Hauptstadt des Grand-Empire käme.[95] Die meisten der deutschen Bischöfe aber ließen sich aus Altersgründen entschuldigen. In Dalbergs Begleitung befanden sich daher nur der Weihbischof von Münster, Droste zu Vischering, der Aschaffenburger Weihbischof Joseph Hieronymus Kolborn, der Geistliche Rat Johann Koch[96] sowie Dalbergs Konstanzer Generalvikar Wessenberg. Dem Pariser Tagebuch Wessenbergs[97] verdanken wir genauere Kenntnisse der Ereignisse, die sich zwischen dem 8. Juni und 20. Juli 1811 in Paris zutrugen.

Die Eröffnung des Konzils und die Taufe von Napoleons Sohn, dem der Kaiser bereits in der Wiege den Titel eines Königs von Rom verliehen hatte, sollten ursprünglich gleichzeitig am 8. Juni 1811 stattfinden. Napoleon wollte damit sinnfällig aller Welt vor Augen führen, daß mit dem neuen König von Rom die weltliche Herrschaft des Papstes für immer beendet sei. Doch dann wurde die geplante Doppelfeier auf Grund des Einspruchs der Konzilsväter, zwei Festlichkeiten an einem Tag seien ihnen angeblich zu anstrengend, in letzter Sekunde abgeblasen. Dalberg, der noch rechtzeitig zur Taufe gekommen war, hatte von Napoleon für sich und sein Gefolge das prächtige Palais Noailles als Residenz zugewiesen erhalten. Einen Tag nach der feierlichen Eröffnung des Konzils in Notre-Dame, an der zwanzig Kardinäle und über hundert Bischöfe teilnahmen, war der Fürstprimas beim Kaiser in St. Cloud zur Tafel geladen. Dalberg benützte die günstige Gelegenheit, um als erstes den Widerstand Kardinal Feschs zu überwinden, der bereits überall verkündet hatte: „Was haben wir mit der deutschen Kirche zu schaffen?" Der Kaiser, der ohnehin schlecht auf seinen Oheim zu sprechen war und – wie Wessenberg notierte – „wenig Respekt vor ihm hatte"[98], sagte Dalberg seine volle Unterstützung zu. Wenige Tage später erhielt der Fürstprimas nochmals eine Aufforderung, mit seiner Begleitmannschaft am Konzil teilzunehmen. Er bekam dort nicht nur einen repräsentativen Platz gegenüber dem Präsidenten, sondern auch volles Stimmrecht. Dalberg zögerte daher nicht, in der Versammlung am 27. Juni 1811 einen Vorstoß in Sachen Konkordat zu unternehmen, und legte – wie sich Wessenberg erinnerte – „mit großer Herzensgüte den Wunsch dar, daß auch die verlassene Lage des betreffenden Episkopats der deutschen Kirche ausdrücklich erwähnt und der Wunsch ausgedrückt würde, es möchte auch dieser Kirche die geeigneten Mittel zur Herstellung des Episkopats verholfen werden".[99] Doch Kardinal Fesch, dem die Teilnahme Dalbergs am Konzil ein Dorn im Auge war, blockte die Initiative des Primas ab und erklärte, zuerst müsse in Frankreich und Italien reiner Tisch gemacht werden, bevor man sich um Deutschland kümmern könne. Zwei Tage später bekam Dalberg unerwartete Schützenhilfe. Der Gesetzgebende Körper, der von Napoleon einberufen worden war, forderte ebenfalls, daß die Besetzung des deutschen Episkopats in ausreichendem Maß gesichert sein müsse.

Diese neu erweckten Hoffnungen erwiesen sich jedoch schon bald als trügerisch. Napoleon war – wie der Primas feststellen mußte – mit dem Verlauf des Konzils äußerst unzufrieden und daher auch uninteressiert. Als Dalberg am 3. Juli 1811 abermals nach St. Cloud zum Essen kam – so notierte Wessenberg –, „war der Kaiser schon am Tisch und ließ ihm einen Stuhl bringen. Er fragte ihn, womit er den Tag zugebracht habe? – Zumeist mit den Mitgliedern des Conziliums, die ihn besucht hatten. Sodann mit einer Deputation des Nationalinstituts. – Wie er beides kombinieren könne? – Allerdings! Das eine sei Gegenstand der Pflicht und müsse also zuerst besorgt sein; das andere sei Gegenstand seines Geschmacks und diene zur Erholung. – C'est trés bien arrangé!" meinte Napoleon, dem Dalbergs Schlagfertigkeit gefiel. Als jedoch der Fürstprimas die Gelegenheit nutzen wollte, um „wegen dem Conzilium anzuklopfen", antwortete der Kaiser unwillig, „er wisse nichts und wolle auch nichts davon wissen. Dann sagte er zur Kaiserin: ‚Faites en jeu!' Diese lud hierauf den Primas zu einem Lotto ein, und rief ihre Damen herbei. Der Kaiser aber setzte sich in eine Ecke auf einen Stuhl und schlief, wenigstens scheinbar, ein."[100] Auch die weiteren Gespräche, die Dalberg noch mit Napoleon führen konnte, wichen nicht wesentlich von diesem Schema ab. Der Kaiser war immer nur ganz kurz angebunden und fragte: „Was haben Sie heute gemacht?" Und wenn dieser dann von einer Unterhaltung mit den Deputierten des Nationalinstituts erzählen wollte, schnitt ihm Napoleon das Wort ab: „Wie können Sie das denn miteinander verbinden, daß Sie zur gleichen Zeit mit Priestern und mit Atheisten verkehren?" Dalberg ließ sich durch solche provozierende Fragen nicht aus der Ruhe bringen. „Aber Sire", antwortete er, „bei den Mitgliedern des Nationalinstituts konnte ich keine Spur von Atheismus entdecken." Napoleon war verärgert, wie immer, wenn man ihm nicht recht gab, und entgegnete: „Doch, sie sind alle Atheisten, ich weiß es genau, aber die Priester ebenso!"[101]

Dalberg gegen Napoleons Kirchenpolitik

Mehr Verständnis zeigte hingegen Madame Mère, die Mutter des Kaisers. Als Dalberg abermals zur Familientafel in St. Cloud eingeladen war, meinte sie zu ihm, ihrer Überzeugung nach fahre man dann am besten, wenn man mehr der Stimme des Herzens folge als dem bloßen Verstand. Sie machte Dalberg neue Hoffnungen, als sie versprach, auf Kardinal Fesch, ihren Stiefbruder, einzuwirken. In der anschließenden Unterhaltung mit dem Kardinal bot Dalberg an, daß er – um den Papst für ein Rheinbundkonkordat zu gewinnen – sogar auf seine Rechte als ranghöchster Erzbischof und Primas von Deutschland verzichten würde. Das waren die beiden Punkte, die für die Kurie seit Jahren als am strittigsten galten. Doch das Interesse des Kardinals an Dalbergs Sorgen war gleich Null – ebenso wie das der französischen Konzilsväter. Dafür war deren Widerstand gegen das herrische Vorgehen Napoleons umso größer. Diktatorisch hatte dieser nämlich von der Kirchenversammlung verlangt, einen Beschluß gegen die Oberhoheit des Papstes zu fassen. Die entscheidende Sitzung am 10. Juli 1811 steigerte sich daher zum Tumult. Während Vorwürfe und Anschuldigungen der kaisertreuen Bischöfe und der Anhänger des Papstes einander kreuzten, erhob sich plötzlich der achtzigjährige Erzbischof von Bordeaux, stürzte in die Mitte der Versammlung und warf die Akten des Konzils von Trient aus dem sechzehnten Jahrhundert auf den Tisch. „Wenn Sie behaupten, man könne die Herrscher nicht bannen", rief er den Gefolgsleuten des Kaisers zu, „dann verurteilen Sie die Kirche, die es so festgesetzt hat!"[102] Die Akten des Trienter Konzils waren an der Stelle aufgeschlagen, wo den Päpsten die Macht zuerkannt wird, weltliche Fürsten zu exkommunizieren – ein überdeutlicher Fingerzeig auf die päpstliche Bannbulle, die Pius VII. über Napoleon verhängt hatte. Jetzt war das Maß voll. Kardinal Fesch mußte die Sitzung aufheben. Drei Bischöfe wurden sofort verhaftet und in die Festung Vincennes abgeführt. Für eine erfolgreiche Fortsetzung des Konzils bestand keine Hoffnung mehr.

Als Dalberg am 20. Juli 1811 zur Abschiedsaudienz in das Schloß Trianon kam, entspann sich zwischen ihm und dem Kaiser nochmals ein bezeichnender Dialog, den Wessenberg getreulich notierte. Napoleon: „Das Konzil war eine dumme Sache! Aber glauben Sie, daß die Mehrheit der Bischöfe meinen Dekreten zugestimmt hätte?" Dalberg: „Zahlreiche Bischöfe von Rang und Ansehen wären dafür gewesen." Napoleon: „Ach was! Aber meinen Sie, daß sich wenigstens noch die deutschen Kirchenangelegenheiten regeln lassen?" Dalberg: „Aber ja, Majestät, sobald die Fürsten und – offen gesagt – auch einige der deutschen Bischöfe sich nur dazu bereitfänden, müßte es gelingen." Wie Wessenberg in seinem Tagebuch weiter fortfährt, soll der Primas daraufhin nochmals seine Bereitschaft erklärt haben, auf seine erzbischöflichen Rechte, ja selbst auf sein Regensburger Erzbistum zu verzichten, wenn es Napoleon und Pius VII. für zweckmäßig gehalten hätten. „Hierüber erwiderte der Kaiser" – so Wessenberg – „es sei das sehr edel, und schloß mit der Versicherung, er wolle und wünsche, daß der deutschen Kirche geholfen werde und könnte nicht gestatten, daß sie bloß durch päpstliche Vikarien verwaltet werde. Im Weggehen umarmte er den Primas aufs gütigste. Vorher zeigte er ihm ein prächtiges Modell eines Kriegsschiffs, das er erst erhalten hatte, und meinte: ‚C'est de cela qu'il nous faut!'"[103]

Der Fürstprimas hatte während des Nationalkonzils zum ersten Mal erlebt, daß auch der Macht des Kaisers Grenzen gesetzt waren. Andererseits hatte aber auch Napoleon gemerkt, daß er mit Dalberg nicht immer so leicht umspringen konnte, wie er es vielleicht gewohnt war – zumindest nicht in kirchlichen Angelegenheiten. Denn besonders in der Frage der päpstlichen Oberhoheit – und darum war es dem Kaiser ja am meisten zu tun – hatte sich der Primas nicht auf die Seite Napoleons gestellt, sondern – unterstützt vom Bischof von Chambery und dem Münsteraner Weihbischof Droste zu Vischering – energisch die sofortige Freilassung des Papstes gefordert. Nach der Rückkehr in die Aschaffenburger Residenz am 30. Juli 1811 beauftragte er seinen Gesandten, dem Kaiser seine Schrift „Etat present des églises de la Confédération Rhénane" zu überreichen.[104] Nochmals schilderte er hier den desolaten Zustand der Kirche im Rheinbund. Nochmals klagte er darüber, daß von zweiundzwanzig Diözesen nur noch acht einen Bischof hätten. Und nochmals dachte er, der Kaiser würde seine Versprechungen wahrmachen. „Er überlasset sich noch immer der Hoffnung, daß es bald zu einer Ausgleichung mit dem Oberhaupte der Kirche kommen werde", so berichtete Hügel nach Wien, „und daß diesem vorgängig das so dringend nothwendige Geschäft der Errichtung der deutschen Erz- und Bisthümer in befriedigender Art werde erlediget werden."[105] Zu der erhofften „Ausgleichung" aber kam es nicht. Napoleon hatte das Oberhaupt der Kirche inzwischen von einem Gendarmerie-Kommando von Savona nach Fontainebleau bringen lassen.

An der Schwelle zum Greisenalter

Dalberg, der diese Entwicklung mit großer Bestürzung verfolgte, erlitt erneut starke kolikartige Anfälle – wie immer, wenn sich politische Mißerfolge und vielleicht auch die Einsicht in sein Scheitern eingestellt hatten. Seine physische Verfassung war stets das genaue Spiegelbild seines jeweiligen Seelenzustandes, ein körperlicher Verfall häufig Ausdruck einer schweren Enttäuschung. Seit seinem letzten Parisaufenthalt war er merklich gealtert. Besorgt meldete der Baron von Reding nach München: „Er leidet täglich an einer Kolik, und ist öfters so schwach, daß er während des Arbeitens einschlaft."[106] Sein ohnehin unklares Schriftbild verfiel immer mehr und bekam etwas Zittriges und Welkes. Obwohl sonst beherrscht und auf Ausgleich bedacht, gab sich der Fürstprimas jetzt zunehmend unduldsam und mitunter auch ungerecht. Als Hugo Graf von Hatzfeld[107] aus gesundheitlichen Gründen seinen Dresdner Gesandtschaftsposten nicht, wie von Dalberg gewünscht, mit einer diplomatischen Mission in Paris vertauschen wollte, erklärte ihm der Fürst schroff, seine Krankheiten seien eingebildet.[108] Einen ähnlich ungnädigen Souverän mußte auch eine Abordnung des Frankfurter Departementrats erleben. Die Herren waren mit einem Beschwerdepapier zur Audienz nach Aschaffenburg gekommen. Dalberg kanzelte sie ab, bezichtigte sie des revolutionären Ungehorsams und drohte sogar, wegen „Beleidigung des Souveräns" Napoleon zu benachrichtigen, der – wie er meinte – ihnen dann den Prozeß machen würde.[109] Auf der anderen Seite mischte er sich immer eifriger und immer pedantischer in die kleinste Verwaltungsarbeit ein, mußte alles mitentscheiden und überall mithineinregieren. Er ließ sich die Uniformen für die Mitglieder des Staatsrats angelegen sein[110], gab seitenlange Stellungnahmen zur Gestaltung des Religionsunterrichts ab[111], kümmerte sich um die Karzerstrafe eines fünfzehnjährigen Schülers[112] und versuchte schließlich, das Finanzministerium in höchst eigener Regie selbst zu übernehmen, nachdem Graf Leopold von Beust wegen erwiesener Unfähigkeit entlassen worden war.[113] Dabei behinderte diese übertriebene Regsamkeit die ganze Regierung mehr, als sie ihr genutzt hätte. Hügel, der dies ganz richtig erkannte, meldete nach Wien, daß „aus einer so anhaltenden Beschäftigung des Regenten mit allem Detail der Administration unmöglich etwas Gutes entstehen kann".[114]

Diesem von den Zeitgenossen überlieferten Bild eines gealterten, mißlaunigen und pedantisch-geschäftigen Mannes stellt Hédouville ein anderes psychologisches Porträt an die Seite. „Bei meinem letzten Besuch in Aschaffenburg", so schrieb er nach Paris, „hatte ich ihn in einem wesentlich besseren Zustand angetroffen und sein Alter scheint nicht im mindesten die Lebhaftigkeit seines Geistes beeinträchtigt zu haben. Die Schreiberei ist für ihn immer noch eine Notwendigkeit, die er nicht aufgeben will. Häufig verbringt er ganze Nächte mit sorgfältig eingeteilten Arbeiten, bei denen man jedoch ein gewisses Überhandnehmen rein abstrakter Spekulationen erkennen kann und die auch den Eindruck erwecken, ohne Korrekturen ins Reine geschrieben zu sein. Von dieser Art ist auch das Schriftstück über die Verwaltung der Finanzen, von dem ich die Ehre hatte, eine Übersetzung zu übersenden. Ich bin überzeugt, daß der Kaiser diesen Fürsten richtig beurteilte, als er ihm vor sechs Jahren in München sagte, er wäre ein Ideologe. Die Lauterkeit seiner Absichten ist nicht zu bezweifeln, aber er täuscht sich manchmal über die realen Möglichkeiten ihrer Verwirklichung, wobei er von niemand einen Rat anzunehmen bereit ist. Um seine Entschlüsse zu beeinflussen, braucht man viel Voraussicht, Wendigkeit und selbst Schmeichelei."[115] Hédouville besaß freilich wenig Anlaß, durch besorgniserregende Berichte oder gar alarmierende Meldungen eine Änderung an der Spitze des Großherzogtums – mit der er so gut zurechtkam – herbeizuführen. Dalberg galt nach wie vor als einer der treuesten Verbündeten Napoleons.

Napoleon in Aschaffenburg

Und treue Verbündete brauchte der Kaiser jetzt mehr als je zuvor. Das französisch-russische Bündnis, in Tilsit geschlossen und anläßlich des Erfurter Fürstentags nochmals bekräftigt, war nach Napoleons Verständigungsfrieden mit Habsburg nur noch ein trügerischer Schleier, der eine im Grund längst vorhandene Feindschaft verhüllen sollte. Da war zunächst die von Napoleon geforderte Kontinentalsperre gegen England, die Rußland nur zögernd mitmachte, die schon bald ein Abgleiten des Rubels ausgelöst hatte und daher auf längere Sicht als politisches Mittel unhaltbar geworden war. Im Jahre 1811 gab der Zar die Kontinentalsperre auf. Durch die russische Öffnung pulsierte der englische Handel, und Großbritannien konnte den Kampf gegen Napoleon wieder ungehindert fortsetzen. Dann waren die polnischen Angelegenheiten, besonders das vom Kaiser geschaffene Herzogtum Warschau, das Alexander wohl nicht ganz zu Unrecht als eine vorgeschobene Militärbastion gegen Rußland betrachtete. Folglich plante er einen Angriff auf diesen an die Grenze des Heiligen Rußlands stoßenden „Zweigstellenstaat“ des französischen Empire. Napoleon war daher zu Kriegsvorbereitungen gezwungen. Rußland mußte fallen, damit die Sperre des Kontinents vollständig wurde, und auch der Weg nach Indien wäre damit frei gewesen. Nur so konnte England in die Knie gezwungen werden. Und war es um England geschehen, so erhielt auch Spanien keine Hilfe mehr, der zermürbende Krieg jenseits der Pyrenäen wäre zu Ende gewesen.

Die Kriegsmaschinerie, die zu Beginn des Jahres 1812 von Paris aus in Gang gesetzt wurde, war so gewaltig, daß sie den Zaren entweder von vornherein zur Kapitulation veranlassen mußte oder aber – so glaubte Napoleon – ihn in seinem russischen Reich zerschmettern würde. Im Februar schloß der Kaiser das Militärbündnis mit Preußen, im März folgte Österreich. Eine Armee aus zwanzig verschiedenen Nationen – über eine halbe Million Soldaten – wälzte sich unaufhaltsam gegen die russische Grenze. Angesichts dieses gigantischen Unternehmens vergaß auch Dalberg alle Kirchen- und Konkordatspläne. „Der Kampf gegen den Despotismus, den sich England über die Freiheit des Handels aller Nationen anmaßt“ – so erklärte er Napoleon –, „ist eine wirkliche Heldentat, welche die Vorsehung Euerer Majestät übertragen hat.“[116] Am 9. Mai 1812 verließ der Kaiser St. Cloud, von Tausenden von Bagagewagen begleitet. Sein Weg führte ihn über eine vertraute Strecke – zunächst jedenfalls. Erstes Hauptquartier war Mainz. Am 13. Mai 1812 kam er auch durch Aschaffenburg. Dalberg hatte, um dem Kaiser den Aufenthalt möglichst bequem zu machen, das gesamte Mobiliar seines Frankfurter Palais in das Aschaffenburger Schloß bringen lassen – polierte Mahagoni-Tische, goldverzierte Fauteuils, Samtvorhänge und Teppiche. Eine ganze Suite wurde eigens ausstaffiert, denn – wie drei Tage später in Dresden – sollte in Aschaffenburg die Abreise Napoleons als ein großes Fest gefeiert werden, mit Empfängen, Kanonendonner, Illuminationen und Aufzügen.[117] Doch der Kaiser, diesmal in Begleitung von Marie Luise, blieb nur ein paar Stunden. Ungeduldig brach er bereits gegen Mittag wieder auf.[118] Dalberg war von düsteren Ahnungen erfüllt. Als ihn Wessenberg kurz darauf besuchte, traf er ihn gedankenschwer. Der Feldzug nach Rußland – so orakelte der Fürstprimas – würde, „wie er auch ausfallen möge, wahrscheinlich auf Deutschlands Zustände eine Rückwirkung haben, die sich zum voraus nicht berechnen lasse“.[119] Nur allzu bald sollten sich Dalbergs Prophezeiungen erfüllen.

„Was für ein Titel für mich: der treueste Verbündete des größten Mannes der Menschheit! Jetzt wird mein Name in die Unsterblichkeit eingehen."
Dalberg an Hédouville, 25. Mai 1813

IX. FLUCHT INS EXIL

Ein halbes Jahr war seit Napoleons Aufbruch nach Rußland vergangen, als am 16. Dezember 1812 in Hanau, einer Departementhauptstadt von Dalbergs Großherzogtum, ein dunkelgrauer Reisewagen eintraf. Er hielt vor dem Gasthof zur Post. Drei Männer, in dicke Pelzmäntel gehüllt, stiegen aus und verlangten nach einem warmen Essen. Einer trug dem Wirt auf, man wünsche wegen dringender Formalitäten für die Weiterreise den Minister Albini zu sprechen. Der Premierminister des Großherzogtums, der damals in Hanau residierte – Dalberg hatte nämlich seine Regierung auf die vier Departementhauptstädte verteilt –, war zunächst ungehalten über die späte Störung. Der Reisende könne doch ebensogut zu ihm kommen, meinte er, und schickte nochmals zu dem Gasthof zurück. Erst als man ihm versicherte, bei den fremden Herren, die incognito reisen, handle es sich ganz gewiß um hochgestellte Persönlichkeiten, bequemte sich der Minister zur Post. Groß war sein Erstaunen, als er dort in einem dunklen Nebenzimmer des Gasthofs auf den mächtigsten Mann Europas traf – Napoleon. Der Kaiser, der sich nur in Begleitung des Marquis von Caulaincourt[1], seinem ehemaligen Gesandten am Hof des Zaren, sowie seines Leibmamelucken Ali[2] befand, war als einfacher Sekretär verkleidet.

Albini – überrascht und nichts Gutes ahnend – fragte vorsichtig, ob Napoleons Armee in Rußland unter Mangel an Lebensmitteln und Fourage gelitten habe. Der Kaiser, hastig sein Essen hinunterschlingend, antwortete mit vollem Mund: „Was Proviant und Futter betrifft, so fehlte es uns an nichts. Aber dreißig Grad Kälte – dreißig Grad! – das war unser Verhängnis. Die Pferde fielen um wie Fliegen. Rußland ist ein barbarisches Land – ein fürchterliches Land."[3]

Er hatte Albini nur die halbe Wahrheit gesagt. In Wirklichkeit hatte er – was damals noch kaum jemand wußte – eine vernichtende Niederlage erlitten. Bereits vor Moskau waren von seiner Grande Armée, die aus einer halben Million Soldaten bestanden hatte, nur noch knapp hunderttausend Mann kampffähig gewesen – so verlustreich war allein der Vormarsch gewesen. Der Rückzug im eisigen Winter hatte dann die Katastrophe vollendet. Vierzigtausend Mann waren noch an den Dnjepr gekommen, und daß sich Napoleon mit seinen letzten Truppen über die Beresina – dreihundert Kilometer vom Herzogtum Warschau entfernt – hatte retten können, grenzte bereits an ein Wunder. Dann aber hatte er seine halberfrorene Armee verlassen, um auf dem schnellsten Weg nach Paris zurückzukehren. Der Grund für seine Eile war, daß – während er in Moskau lag – General Malet in der französischen Hauptstadt einen Putschversuch unternommen und dabei die Nachricht verbreitet hatte, der Kaiser sei in Rußland gefallen. Der Putsch wurde zwar niedergeschlagen und der General erschossen, doch die Unsicherheit war geblieben. Napoleon war zu raschem Handeln gezwungen. Albini freute sich über das persönliche Wohlbefinden Seiner Majestät und versuchte im Hinblick auf die späte Stunde, den Kaiser zu überreden, doch in Hanau zu übernachten. Er wollte auch Dalberg, der sich gerade in Fulda aufhielt, vom Eintreffen Napoleons benachrichtigen. Aber der Kaiser schnitt ihm das Wort ab. „Schreiben Sie Ihrem Herrn Großherzog und bestellen Sie ihm von mir schöne Grüße!" Außerdem – so meinte Napoleon, der auf seiner Fahrt ohne jegliche Wache war – sei ihm die Stadt Hanau nicht sicher genug. Er müsse daher unbedingt noch die Festung Mainz jenseits des Rheins und damit die Grenze des französischen Empire erreichen. Als Albini auf die großen Opfer hinwies, die Dalbergs Regierung für den russischen Feldzug erbracht hatte, saß der Kaiser schon wieder im Wagen. Der geschlagene Napoleon fühlte sich im Rheinbund-Deutschland nicht mehr in Sicherheit – nicht einmal mehr im Großherzogtum Frankfurt, dem Staat eines seiner treuesten

Verbündeten. So vernichtend und so schockierend muß für ihn der Untergang seiner Armee gewesen sein.

„Der schönste Augenblick meines Lebens"

Die später von Johannes Schulze erhobene Behauptung, Dalberg habe nach der Niederlage Napoleons in Rußland die Rheinbundfürsten zum Abfall vom Kaiser aufgefordert, würde zwar die eilige Weiterreise Napoleons nach Mainz erklären, ist jedoch trotzdem mehr als unwahrscheinlich und auch ohne Beweis geblieben.[4] Die Katastrophe von Moskau wurde erst am 26. Dezember 1812 vom Moniteur offiziell bekanntgegeben. Erst jetzt erfuhr auch der Fürstprimas von dem wahren Ausmaß der Niederlage und er beglückwünschte den Kaiser am 10. Januar 1813 zu seiner Rettung aus dem russischen Eiswinter: „Die Größe Euerer Majestät ist die Grundlage, auf die jetzt die Erhaltung der europäischen Kultur in Zukunft gestellt ist, ebenso der Fortbestand des Rheinbundes und das Wohl des gesamten französischen Empire."[5] Das war ganz der alte treu ergebene Dalberg, der keinen Gedanken daran verlor, den Rheinbund gegen Napoleon aufzuwiegeln. Das doppelte Spiel, das inzwischen sein Neffe in Paris begann, indem er sich heimlich mit Talleyrand gegen Napoleon verständigte, lag nicht in seiner Natur. Dazu war er zu ehrlich und vor allem auch zu sehr überzeugt vom Glücksstern des großen Mannes, an den damals auch noch alle übrigen Rheinbundfürsten glaubten. Und wenn Dalberg jemals Zweifel gehabt hatte, dann verflogen sie ganz, als der französische Kaiser zwei Wochen später mit Pius VII. das sogenannte Konkordat von Fontainebleau abschloß. Der Papst hatte sich, von Krankheit und Alter geschwächt, mit einer Residenz in Avignon einverstanden erklärt und auch der nachträglichen Investitur der von Napoleon ernannten französischen Bischöfe zugestimmt.[6] Dalberg wurde noch am Tag des Konkordatsabschlusses durch eine Eilstafette des für das Auswärtige zuständigen Staatssekretärs Maret[7] verständigt.[8] Er jubelte auf. Endlich – endlich war der unheilvolle Konflikt zwischem seinem Kaiser und dem Oberhaupt der römischen Kirche aus der Welt geschafft, endlich schien auch der Weg frei zu sein für ein deutsches Konkordat. Voller Dankbarkeit schrieb er sofort an Napoleon: „Das ist der schönste Augenblick meines Lebens! Die Würde des Oberhaupts der Kirche und die Rechte der Bischöfe sind befestigt und das Konkordat gesichert kraft der Vermittlung Euerer Majestät, die ich in diesem Erfolg als das Werkzeug der Vorsehung verehre."[9] Der hochbeglückte Dalberg stiftete daraufhin den sogenannten Konkordienorden, die erste und einzige Ordensauszeichnung des Großherzogtums Frankfurt.[10] Der Konkordienorden wurde in drei Klassen verliehen und war in der Ersten Klasse mit dem persönlichen Adel verbunden. Eberstein, als Minister für auswärtige sowie für Angelegenheiten des Kultus zuständig, erhielt noch am selben Tag die Auszeichnung mit einem Handschreiben Dalbergs: „Das Ereignis des Konkordats macht mich ganz glücklich. Zeit meines Lebens war die Vereinigung der geistlichen und weltlichen Macht der Gegenstand aller meiner Wünsche. Da ich wünsche, daß meine Freunde mein Glück teilen, sind Sie der Erste, dem ich die beiliegende Dekoration verleihe, die ich selbst tragen werde. Zwei verschlungene Hände, Symbol der Eintracht, auf einem Sterne."[11]

Diese Emphase, die Dalberg – obwohl er eigentlich auf Auszeichnungen und Medaillen nie besonderen Wert gelegt hatte – gleich einen Orden stiften ließ, mag übertrieben erscheinen. Aber in seiner politischen Ideenwelt war ein Wandel eingetreten, der diese Begeisterung erklärt. Viele seiner ehrgeizigen Wünsche hatten sich nicht erfüllt. Weder als Erzkanzler des Reiches noch als Fürstprimas des Rheinbundes war es ihm gelungen, eine politisch führende Rolle in Deutschland zu spielen und auch seine Hoffnungen auf einen verfassungsmäßigen Ausbau des Rheinbundes hatte er inzwischen endgültig begraben müssen. Während des Pariser Nationalkonzils im Juni 1811 war ihm eine Äußerung Napoleons mitgeteilt worden, die ihm diese Sachlage in aller Deutlichkeit vor Augen geführt hatte. Der Kaiser – so Wessenberg in seinem Tagebuch – „sehe den rheinischen Bund so gut als nicht mehr bestehend an; sein einziges Ziel dabei sei noch, die Kontingente zu erhalten".[12] Obwohl Dalberg weiterhin den klingenden Titel eines Fürstprimas des Rheinischen Bundes trug, konnte er diese Funktion wohl kaum noch als eine politische, sondern höchstens als eine kirchliche ansehen. Die deutsche Kirchenordnung, die ihn seit Beginn seiner Regierungszeit beschäftigt hatte[13], stellte die einzige Aufgabe dar, die von seinen einstigen Zielen übriggeblieben war und für deren Verwirklichung überhaupt noch eine gewisse Chance bestand. Aus diesem Grund beschäftigte er sich neben seinen Pflichten als Landesvater in den letzten Jahren immer wieder mit dem Konkordat, ein Ehrgeiz, den er auch während seiner beiden letzten Parisaufenthalte mehrfach unter Beweis gestellt hatte. Die augenblickliche Verständigung zwischen Napoleon und Pius VII. war deshalb für ihn ein lang ersehntes Signal. Hatten sich erst Kaiser und Papst geeinigt, dann würden sie auch – so glaubte er in seinem unerschütterlichen Optimismus – einem Konkordat für Deutschland zustimmen. Er sollte sich irren. Von den Kardinälen Consalvi und Pacca beraten, die dem Papst das wahre Ausmaß von Napoleons Niederlage in Rußland geschildert hatten, widerrief Pius VII. am 23. März 1813, wenige Tage nachdem Preußen mit Rußland in eine Koalition gegen Napoleon getreten war, den Vertrag von Fontainebleau. Anstelle der erhofften Konkordatsverhandlungen mit Rom mußte jetzt Dalberg die diplomatischen Beziehungen zum Berliner Hof abbrechen.[14] Preußen hatte Napoleon den Krieg erklärt.

„Allertreuester Verbündeter Seiner Majestät"

In dem jetzt beginnenden Frühjahrsfeldzug des Jahres 1813 – die nationaldeutsche Geschichtsschreibung wird daraus die sogenannten Befreiungskriege machen – blieben sämtliche Rheinbundfürsten und mit ihnen auch der Großherzog von Frankfurt auf der Seite des französischen Kaisers. Nach dessen schwer erfochtenem Sieg von Großgörschen versicherte ihn Dalberg nochmals seiner unverbrüchlichen Treue.[15] Dankbar für solche Kundgebungen schickte Napoleon dem Fürstprimas durch einen Kurier die Siegesnachricht von Bautzen, die mit dem Ehrentitel eines „Plus fidèle allié de Sa Majesté", eines „Allertreuesten Verbündeten Seiner Majestät" verbunden war. Dalberg war gerührt und stolz über diese klangvolle Auszeichnung. An Hédouville schrieb er umgehend zurück: „Welch ein Glück für mich! Mein Vaterland ist fest entschlossen, die Invasion der Barbaren aus dem Norden Asiens abzuwehren. Und was für ein Titel für mich: der treueste Verbündete des größten Mannes der Menschheit! Jetzt wird mein Name in die Unsterblichkeit eingehen!"[16]

Napoleon – zeitlebens sehr geschickt im Anfeuern seiner Kampfgenossen – hatte wieder einmal genau ins Schwarze getroffen. Der Großherzog, der weder vom Widerruf des Papstes noch von der sich immer bedrohlicher zusammenziehenden Allianz gegen den Kaiser etwas ahnte, sah sich in dem historischen Augenblick eines vermeintlich neuen Triumphes des „Grand homme" herausgehoben und geehrt vor allen übrigen Rheinbundfürsten. Geschmeichelt folgte er diesmal Napoleons Einladung nach Mainz, wo der Kaiser nach seinen zuletzt errungenen Siegen in einer eindrucksvollen Machtdemonstration nochmals die Rheinbundfürsten um sich scharte. Das Treffen in Mainz sollte neue Zuversicht unter seinen Verbündeten wecken. Aber je geringer die Basis dafür war, desto forscher trat Napoleon auf. Zu Dalberg gewandt meinte er: „Man wird in Deutschland bald nicht mehr sagen, daß alle Franzosen in Rußland geblieben sind. Sie werden schon in den nächsten Tagen meine Truppen wieder in alter Stärke aufmarschieren sehen!"[17]

Die letzte Begegnung mit Napoleon

Der Fürstprimas sah keine Truppen mehr aufmarschieren. Bei seiner nächsten Begegnung mit Napoleon am 1. August 1813 in Aschaffenburg kam der Kaiser nur mit kleinem Gefolge. Der Großherzog lag bereits zu Bett, als ihm gegen Mitternacht die Ankunft seines

Protektors im Schloß Johannisburg gemeldet wurde. Dalberg wurde eilends geweckt, so daß er Napoleon gerade noch auf der großen Freitreppe des Schlosses entgegeneilen konnte. Der Kaiser ließ sich ein Glas Madeira reichen, leerte es in einem Zug und schrieb ein paar kurze Zeilen an Marie-Luise: „Ich fühle mich allein und verlassen. Hoffen wir, daß wir uns noch vor Ablauf eines Monats für lange Zeit wiedersehen. Ich bin beim Fürstprimas gegen halbzwölf Uhr nachts eingetroffen und hoffe morgen rechtzeitig in Bayreuth zu sein."[18] Mit Dalberg selbst hat Napoleon – soweit überliefert – kaum ein Wort gesprochen, denn als der Großherzog sein schwarzes Habit angelegt hatte, stieg der Kaiser schon wieder in den Wagen. Kurz nach Mitternacht war der Spuk vorüber, der Empereur incognito auf dem Weg nach Würzburg, von wo er dann über Bayreuth und Hof nach Dresden weiterreiste. Weder Dalberg noch Marie-Luise sollten ihn jemals wiedersehen. In Prag bot ihm Metternich die Rheingrenze an, doch Napoleon – ein Abenteurer bis zum letzten Augenblick – hoffte auf sein Kriegsglück und wies das günstige Angebot zurück. Metternich beendete dann die Konferenz mit den berühmt gewordenen Worten: „Sie sind verloren, Sire!" Wenige Tage später trat auch Österreich in den Krieg. Zum erstenmal stand Napoleon einer großen Übermacht gegenüber. Sein Untergang war besiegelt – und damit auch das Schicksal Dalbergs.

Der politische Fuchs Albini, der einst die Annäherung zwischen Kurmainz und Frankreich zustandegebracht hatte und der überhaupt die Kunst des rechtzeitigen Auf- und Abspringens in der Politik besser beherrschte als sein Souverän, soll im September 1813 versucht haben, zu retten was zu retten war. Und das hätte bedeutet, mit Dalberg und seinem Großherzogtum Frankfurt schleunigst aus dem Rheinbund in das Lager der Verbündeten umzuziehen. Der damalige Hanauer Hofkammerrat Karl Cäsar von Leonhard[19] berichtete in seinen Memoiren[20], Albini habe ihn mit der heiklen Mission beauftragt, den Großherzog zum Abfall von Napoleon zu überreden. Aber kaum daß er seine Rede begonnen habe, sei er von Dalberg unterbrochen worden. Er wolle von einem solchen Treuebruch nichts wissen, sondern habe, wie Leonhard behauptete, ausgerufen: „Auch Sie haben übertriebene Befürchtnisse, auch Sie unterliegen dem Wahn, auch Sie sind der Meinung verfallen, es werde der Stern des Riesengeistes untergehen! . . . Ich glaube Ihnen nicht, so wahr ich Karl heiße." Die von Leonhard stammende Version ist jedoch ziemlich unwahrscheinlich und dürfte posthum erfunden worden sein. Ein versierter Politiker wie Albini hätte sich in einer so hochbrisanten Angelegenheit wohl kaum der Vermittlung eines Verwaltungsbeamten bedient, sondern hätte mit Dalberg selbst gesprochen. Davon abgesehen aber hatte es für einen politischen Frontwechsel Dalbergs kaum eine Chance gegeben. Das Großherzogtum Frankfurt war den Verbündeten militärisch ebenso wertlos und überflüssig wie ein geistlicher Großherzog. Eine Kursänderung Dalbergs hätte den Gegnern Napoleons nichts genutzt. Der Großherzog war so ziemlich der einzige Souverän, den die Verbündeten in ihrer Allianz weder haben wollten noch brauchen konnten.

Der Reichsfreiherr vom Stein[21], dem als Chef des sogenannten Zentralverwaltungsrats[22] die eroberten Staaten von Napoleons deutschen Bündnispartnern unterstellt werden sollten, war überdies ein erbitterter Feind Dalbergs. Vor dessen Wahl zum Koadjutor hatte er ihn zwar noch als „homme de talent"[23] empfohlen, sich aber dann zunehmend von ihm distanziert. Stein war nämlich schwer gekränkt gewesen, als der Erzkanzler im Sommer 1802 seine Bitte zurückgewiesen hatte, ihn aus den Mitteln der Rheinzölle für seine linksrheinischen Verluste zu entschädigen.[24] Ihre Wege trennten sich endgültig, nachdem Stein als preußischer Staatsminister und Reformer zum Gegenspieler Napoleons geworden war. Am 16. Dezember 1808 hatte der französische Kaiser den Befehl erlassen: „Der Name Stein ist wegen Anstiftung zum Aufruhr in Deutschland zum öffentlichen Feind Frankreichs und des Rheinbunds erklärt." Als nach der Ächtung des Reichsfreiherrn – Napoleon gab sogar den Erschießungsbefehl – und der Konfiskation der Steinschen Güter der Fürstprimas über einen Mittelsmann um Hilfe gebeten wurde, hatte Dalberg angeblich nur ausweichende Antworten gegeben.[25] Stein war zu diesem Zeitpunkt bereits nach Prag geflüchtet. Später ging er an den Hof des Zaren, wo er nach Napoleons Niederlage in Rußland zum „Kreuzzug gegen den französischen Tyrannen" aufrief. Kein größerer Gegensatz war denkbar als zwischen diesen beiden Reichsfreiherrn, dem frankophilen Prälaten Dalberg und dem deutsch-nationalen Preußen Stein, und das, obwohl beide in ihrem innersten Herzen eine gemeinsame Sache verfochten – die Erneuerung des Reiches. Aber so ähnlich ihre Idee schien, so grundverschieden waren ihre Mittel, sie zu verwirklichen. Während Dalberg mit Hilfe Napoleons ein „drittes Deutschland" hatte gründen wollen, versuchte Stein mit der Unterstützung des Zaren und des Königs von Preußen, das alte hierarchische Reich wiederaufzurichten.[26] Dalberg und Stein bieten Stoff für eine klassische Tragödie. Beide scheiterten, Dalbergs Pläne waren am Widerstand der deutschen Kleinstaaten zerbrochen, Stein sollte vom politischen Geschick eines Metternichs überspielt werden.

Es war nicht zuletzt eine Folge dieser unversöhnlichen Feindschaft zwischen den beiden Reichsfreiherrn, daß der Fürstprimas im September 1813, als die Verbündeten in die Rheinbundstaaten vorstießen, gar keine andere Wahl hatte, als weiter an Napoleons Seite auszuharren – eine politische Zwangslage. Nichtsdestotrotz diente die kleine Anekdote aus dem „Nähkästchen" des Herrn Leonhard etlichen Historikern als der schlagende Beweis für ihre Legende vom Schleppenträger und willfährigen Bewunderer Napoleons.[27] Daß Leonhard in dieser Angelegenheit mit Dalberg höchstwahrscheinlich überhaupt nicht gesprochen hatte, störte sie offenbar nicht.

Dalbergs Fluchtpläne

Schon mit Ausbruch des Frühjahrsfeldzugs von 1813 hatte Dalberg dem bayerischen Gesandten Franz Xaver von Zwackh[28] anvertraut, er werde seine Aschaffenburger Residenz in dem Augenblick verlassen, in dem die preußisch-russische Armee an die Grenze des Großherzogtums vorgedrungen sei.[29] Neben Zwackh wußte auch Hügel von den Fluchtplänen des Fürstprimas.[30] Dalberg hatte ihm sogar die Enthüllung gemacht, „er würde darin eine Beruhigung finden, daß er die wenigen Tage, welche ihm die Vorsehung noch schenken würde, verbleiben könne, ohne jemand zur Last zu fallen, wenn er sein Geschmeide verkaufe".[31] Auch dem französischen Gesandten waren diese Vertraulichkeiten zu Ohren gekommen. Hédouville hatte daraufhin sofort den Staatssekretär Maret alarmiert und ihm versichert, er werde alles tun, um den Großherzog davon abzuhalten. Immerhin war Dalberg bemüht, sein Verschwinden etwas zu tarnen und seiner geplanten Absetzbewegung den weniger schmählichen Anstrich einer „Dienstreise" zu verleihen. Den Vorwand dazu lieferte ihm ein schon seit längerem schwelender Streit in seinem Bistum Konstanz, den er nun – ausgerechnet jetzt – persönlich beilegen wollte. Der Streit ging darum, daß die Schweizer Kantone Uri und Unterwald, die zu seinem Bistum gehörten, eine eigene Diözese bilden wollten, der katholische Teil des Kantons Luzern hingegen im Bistum Konstanz bleiben wollte. Hédouville hielt dieses Problem angesichts der politischen Lage für unbedeutend und meinte zu Recht, Weihbischof Kolborn könne dort ebenso gut die Verhandlungen führen.[32] Dalberg war daher zunächst noch in Aschaffenburg geblieben. Ein Grund für sein vorläufiges Ausharren kann auch zarter Natur gewesen sein, denn er hatte sich – im Alter von siebzig Jahren – eben nochmals voller Enthusiasmus verliebt. Seiner alten Freundin Caroline von Wolzogen gestand er freimütig: „In dieser Woche hatte ich auf drei Tage den Besuch eines berühmten, mächtigen Mannes. Seine Gemahlin begleitete ihn hierher, eine junge Frau von seltener Schönheit und anmutvollem Geist, tugendhaftem, teilnehmendem Gemüt und einer Bescheidenheit, die an Demut grenzt. In der Wonne ihres Umgangs war ich anfangs wie berauscht; aber zerstreut in meinen Berufsgeschäften, erkaltet in meinen Andachtsübungen, fand ich mich wieder in jener unsteten Gemütsstimmung, welche die kraftvollsten Jahre meines Lebens verbittert und so manches Mal verunstaltet hat. Schon fühlte ich die Ruhe meiner Seele entweichen. So wahr ist es, daß in meinem Greisenalter weder sinnliche Reizbarkeit mich verlassen noch die Zauberkraft blendender Phantasie auf mich zu wirken aufgehört hat."[33] Mit dieser Seelenbeichte liefert uns Dalberg eine der ehrlichsten und treffendsten Beschreibungen seines Charakters: Der Fürstprimas, dessen sanguinisches und empfindsames Temperament sich stets von Geist und Schönheit angezogen fühlte, beschreibt in dieser Form zum ersten und einzigen Mal, daß es die seiner ästhetischen Natur zugrundeliegende „unstete Gemütsstimmung", das häufige innere Schwanken und seine mangelnde Entschlossenheit gewesen sein müssen, daß er in seinem fast siebzigjährigen Leben nicht das erreicht hatte, was er eigentlich hätte erreichen wollen. Über die Person der jungen Frau von seltener Schönheit schwieg er sich taktvoll aus. Bei der von ihm als „berühmten und mächtigen Mann" bezeichneten Persönlichkeit, dem Gatten der Angebeteten, dürfte es sich um den französischen Marschall Augerau[34] gehandelt haben, dessen militärischem Oberbefehl im April 1813 die Großherzogtümer Frankfurt und Würzburg unterstellt worden waren. Drei Wochen vor seinem Brief an Caroline von Wolzogen hatte Dalberg Albini angekündigt, daß ihn Augerau demnächst mit seiner Gemahlin besuchen werde.[35]

Zur ebenso vertraulich angekündigten Flucht entschloß er sich erst unter dem unausweichlichen Druck der Kriegslage. Der Feldzug verlief aufgrund von Napoleons überlegener Taktik zunächst unentschieden. Der Kaiser – als General war er kaum je größer gewesen – siegte am 27. August 1813 nochmals bei Dresden, aber sein Erfolg wurde durch die schweren Niederlagen seiner Marschälle zunichte gemacht. Siegesgewiß forderten die Verbündeten in den sogenannten Teplitzer Verträgen vom 9. September 1813 die Auflösung des Rheinbundes und die rasche militärische Besetzung der mit Napoleon verbündeten Staaten. Russische Kosaken stießen vereinzelt bereits in das benachbarte Königreich Westfalen vor, so daß Dalbergs Flucht aus Aschaffenburg – obwohl seit Monaten geplant – völlig überstürzt vonstatten ging. Am 30. September 1813 übertrug er einer Ministerkonferenz unter Albinis Leitung die Staatsgeschäfte.[36] Dann wurden eilends die Koffer gepackt und zwar in solcher Hast, daß der Fürstprimas seine gesamten Privatpapiere im Schloß vergaß, wo sie später spurlos verschwanden.[37] Er konnte gerade noch 6000 fl. mitnehmen, die ihm der Geheime Kabinettsekretär Urban von Müller aus der Zivilliste aushändigte.[38]

Nach Konstanz ins Exil

An einem grauen Nebelmorgen des 1. Oktober 1813 verließen dann drei schwer bepackte Kaleschen Schloß Johannisburg. Eine Woche später – am 8. Oktober 1813 – sagte sich Bayern von Napoleon los. Der Rheinbund brach zusammen. In Frankfurt versuchten noch die Minister Eberstein und Bentzel – Albini hielt sich bereits im Hintergrund – mit den Franzosen Kontakt zu halten.[39] Der von ihnen beauftragte Diplomat, der in Napoleons Hauptquartier Richtung Leipzig eilte, um dort Berichte über Truppenstärke und Versorgungslage des Großherzogtums vorzulegen[40], war ausgerechnet Ferdinand von Lamezan – jener Freiherr, der einst den Vorschlag gemacht hatte, dem Erzkanzler Carl Theodor von Dalberg für seine Verdienste um das Reich und die Reichsritterschaft ein Denkmal zu setzen. Die Völkerschlacht bei Leipzig (16. bis 19. Oktober 1813) brachte die Entscheidung. Als der besiegte Napoleon auf seinem Rückzug nochmals über Fulda kam und dort auch Dalberg treffen wollte, mußte ihm der Schloßhauptmann verlegen eingestehen, daß der Großherzog in dringenden Bistumsangelegenheiten nach Konstanz gereist sei. Napoleon lächelte kurz und meinte dann nur lakonisch: „Er hat wohl Angst gehabt."[41] Das war die letzte Aussage, die der Kaiser über seinen Fürstprimas gemacht hatte, und er hatte damit wohl nicht ganz unrecht: der Kampf, Napoleons Element, war Dalbergs Sache nie gewesen.

Während sich der Kaiser jetzt mit seiner geschlagenen Armee über den Rhein zurückzog, brütete der geflüchtete Dalberg in Konstanz, wie er das Großherzogtum am besten aus der Konkursmasse des untergegangenen Rheinbundes retten könnte. Obwohl ihm sein langjähriger Freund, der Generalvikar Wessenberg, den Rat gab, sich und sein Land bedingungslos dem Schutz der verbündeten Mächte anzuvertrauen, überraschte ihn der Großherzog mit einem folgenschweren Entschluß: Er wolle nur zugunsten des von Napoleon bestimmten Nachfolgers Eugen Beauharnais auf seine weltliche Regierungsgewalt verzichten. Beauharnais aber stand zu diesem Zeitpunkt als französischer General an der Spitze einer Armee Napoleons. Entgegen dem vernünftigen Rat Wessenbergs, Dalberg möge ohne diese Bedingung verzichten, wollte der Fürstprimas auf seine Weise reinen Tisch machen, und er beharrte eigensinnig darauf, daß eine Niederlegung der weltlichen Herrschaft in dieser Form das einzige Mittel sei, um alle seine Verpflichtungen miteinander in Einklang zu bringen.[42] Schließlich beschwor ihn der Generalvikar, in dieser wichtigen Angelegenheit wenigstens noch ein paar Tage Bedenkzeit einzuhalten. Weil aber der Fürst nur halbherzig zusagte, kam bei Wessenberg sofort der Verdacht auf, Dalberg könne unter Umständen seine Verzichtserklärung heimlich absenden. Um das zu verhindern, ließ er den Konstanzer Postmeister kommen und befahl, falls ihm der Großherzog eine Depesche übergebe, so solle deren Abfertigung solange hinausgezögert werden, bis er – Wessenberg – nochmals mit dem Fürsten gesprochen habe. Dalberg muß diese Vorsichtsmaßnahme vorausgeahnt haben. Kaum daß Wessenberg sein Haus verlassen hatte, setzte er sich an den Tisch und schrieb an Max Joseph von Bayern, den Schwiegervater von Beauharnais, er möge im Namen des Erbgroßherzogs die Regierungsgewalt im Großherzogtum Frankfurt übernehmen. Dann befahl er den Postmeister zu sich und beauftragte ihn, die Depesche sofort und unverzüglich abgehen zu lassen. Um seinem Wunsch Nachdruck zu verleihen, überreichte er dem Beamten eine goldene Dose. Der Postmeister war verlegen. Er erinnerte sich an den Auftrag des Generalvikars, aber dann fühlte er sich dem Fürstprimas und dessen goldener Dose mehr verpflichtet. Als Wessenberg am selben Abend Dalberg traf, sprach dieser zunächst kein Wort über seinen erfolgten Verzicht. Erst auf die drängenden Fragen des Freundes erwiderte er kurz und bündig: „Die Stafette ist abgegangen." Am selben Tag noch – es war der 28. Oktober 1813 – benachrichtigte er auch Albini von seinem Rücktritt.[43] Dalberg war überzeugt, mit diesem Schritt das Großherzogtum Frankfurt gerettet zu haben.

Ein letzter Brief an Napoleon

Seine Abdankung, die Wessenberg nicht ganz zu Unrecht als eine „Beleidigung der Verbündeten" betrachtete und die Albini als „ganz sonderbare Resignation"[44] bezeichnete, stellt den eigentlichen Schlußpunkt seiner Beziehung zu Napoleon dar. Dalberg empfand sich zeitlebens als vornehmstes Mitglied der Reichsritterschaft und damit auch als Lehensträger des Kaisers, und der war für ihn seit der Reichsauflösung Napoleon. Zum anderen betrachtete er in seiner Eigenschaft als geistlicher Fürst sowohl seinen ehemaligen Regensburger Kurstaat als auch den ihm von Napoleon verliehenen Primatialstaat und schließlich auch das Großherzogtum Frankfurt nicht als ein persönliches oder gar dynastisches Eigentum, sondern als ein geistliches Lehen, das er – wenn nicht an einen Nachfolger – an den Kaiser als seinen obersten Lehensherrn zurückzugeben habe.[45] Wenn Dalberg sich bei seinem Verzicht von solchen streng rechtlichen und traditionellen Überlegungen und nicht etwa von politisch-nützlichen Motiven eines größtmöglichen persönlichen Vorteils leiten ließ, dann handelte er genauso legitim und altmodisch, wie er sich in allen anderen Fragen seiner geistlich-weltlichen Herrschaft verhalten hatte. Seinen Entschluß hatte er am 1. November 1813 Napoleon in einem persönlichen Handschreiben mitgeteilt, das er über den französischen Gesandten in Bern weiterleiten ließ: „Euere Kaiserliche und Königliche Majestät haben geruht, mich mit Ihrer Freundschaft zu beehren und mir Wohltaten zu erweisen. Sollte ich auch untergehen, so bin und bleibe ich Euch doch stets treu ergeben. Frankreich kämpft ehrenhaft für die Freiheit der Meere; Europa aber weiß diese gute Absicht noch nicht zu schätzen; später erst wird es das begreifen können, und man wird auf dieses Ziel zurückkommen, wenn es der Majestät des Großen Napoleon jetzt gefällt, Europa den Frieden zu schenken. Oh, mein verehrter und erhabener Protektor! Könnte ich Euch dienen in Frankreich oder anderswo? Dann verfügt über mich! Ich kam hierher, um meiner persönlichen Sicherheit willen, ohne die ich meinem Protektor und Wohltäter nicht mehr nützlich sein könnte. Ich mache dem König von Bayern – der von Natur aus der Verbündete Frankreichs ist und der sich nur augenblicklich durch die Ängste seines Volkes von Euch abgewandt hat – den Vorschlag, im Namen seines Schwiegersohnes, des Fürsten Eugen, vom Großherzogtum Frankfurt Besitz zu ergreifen. Dieser tüchtige Erbgroßherzog weiß nicht ein Wort der von mir unternommenen Schritte, die nur von der Liebe für mein Volk, das ich immer in Ehren halten werde, bestimmt sind. Das sind, Sire, meine Gründe. Ich bin bis in den Tod voll der lebhaftesten Dankbarkeit und der tief empfundenen Verehrung, Sire, Euer Kaiserlichen und Königlichen Majestät sehr ergebener und untertäniger Bewunderer, Karl, Großherzog von Frankfurt."[46]

Mit diesem Schreiben, das ohne Erwiderung geblieben ist, endete nicht nur Dalbergs politische Beziehung zu Napoleon, sondern auch seine Regierungszeit als weltlicher Fürst. Jetzt begannen die harten Jahre des Exils.

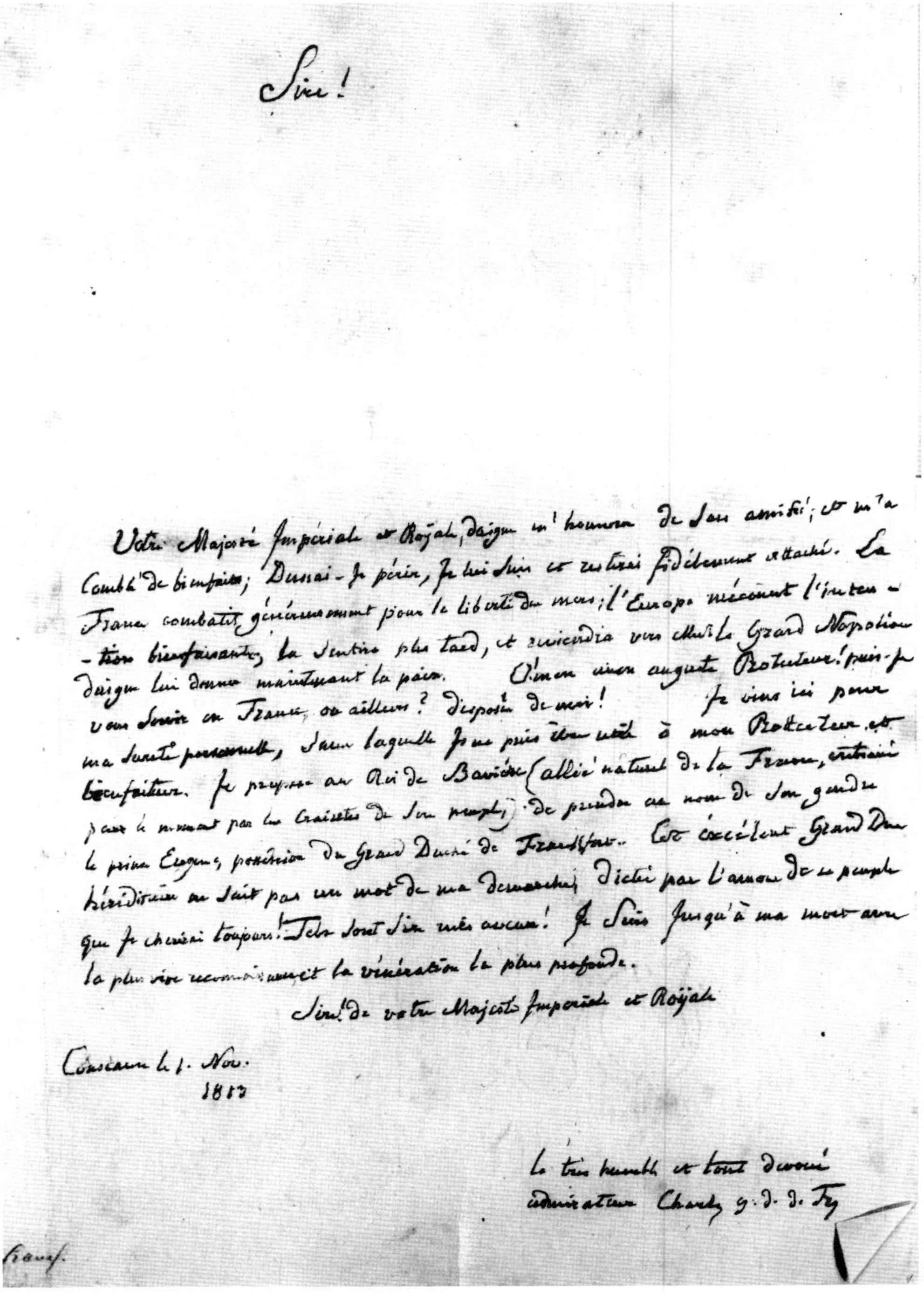

Sire!

Votre Majesté Impériale et Royale daigna m'honorer de son amitié; et m'a comblé de bienfaits; dussai-je périr, je lui suis et resterai fidèlement attaché. La France combattit généreusement pour la liberté des mers; l'Europe méconnut l'intention bienfaisante, la sentira plus tard, et reviendra vers elle. Le Grand Napoléon daigne lui donner maintenant la paix. O mon auguste Protecteur! puis-je vous servir en France, ou ailleurs? disposez de moi! Je viens ici pour ma sûreté personnelle, sans laquelle je ne puis être utile à mon Protecteur et bienfaiteur. Je propose au Roi de Bavière (allié naturel de la France, entraîné pour le moment par les craintes de son peuple) de prendre au nom de son gendre le prince Eugène, possession du Grand Duché de Francfort. Cet excellent Grand Duc héréditaire ne sait pas un mot de ma démarche, dictée par l'amour de ce peuple que je chérirai toujours! Tels sont Sire mes vœux! Je suis jusqu'à ma mort avec la plus vive reconnaissance et la vénération la plus profonde.

Sire! de votre Majesté Impériale et Royale

Constance le 1. Nov.
1813

Le très humble et tout dévoué
admirateur Charles g. d. d. F.

franc.

Dalbergs letzter Brief an Napoleon vom 1. November 1813. Mit zittriger Schrift bietet der abgedankte Großherzog und Fürstprimas des Rheinbunds dem französischen Kaiser ein letztes Mal seine Dienste an – umsonst. Der Sturz Napoleons ist besiegelt.

„Vorwürfe kann ich mir nicht machen, indem ich nach Überzeugung gehandelt habe. Napoleon war für mich ein vieljähriger Freund und Wohltäter."
Dalberg an Albini, 31. Januar 1814

X. DAS ENDE

Der siebzigjährige Dalberg war den Ereignissen nicht mehr gewachsen. Als Großherzog hatte er abgedankt. Als Erzbischof lebte er unangetastet. Aber kaum daß er sich in Konstanz häuslich eingerichtet hatte, packte ihn trotzdem die Angst. Der König von Sachsen war nach der Völkerschlacht bei Leipzig gefangengenommen worden. Dieser gutmütige und glücklose Nachkomme August des Starken, der Napoleon die Treue hielt – auch als seine Truppen zu den Verbündeten übergelaufen waren –, mußte sich, wie Albini berichtete, schmachvoll als Kriegsgefangener nach Berlin abführen lassen.[1] Dalberg fürchtete offenbar das gleiche Schicksal. Nur so erklärt sich, warum der alte Mann am 9. November 1813 mitsamt seinem kleinen Hofstaat von Konstanz noch weiter nach Zürich flüchtete. Erst dort, im Schutz der Schweizer Tagsatzung, die gerade über die Neutralität der Republik verhandelte, fühlte er sich sicher, und beruhigt schrieb er jetzt an Albini: „Seitdem ich mich ganz dem bischöflichen Beruf gewidmet und ein für allemal unwiderruflich allen politischen und weltlichen Regierungs-Geschäften entsagt habe, so genieß ich eine Seelenheiterkeit, von der ich bisher keinen Begriff hatte."[2]

Inzwischen aber war das Großherzogtum Frankfurt von dem bayerischen Haudegen General Wrede[3] besetzt worden. Als sogenanntes „herrenloses Land" fiel es unter die Staatshoheit des von den Verbündeten eingerichteten Zentralverwaltungsrats, an dessen Spitze der unversöhnliche Freiherr vom Stein stand, der bereits Westfalen, Berg sowie das Königreich Sachsen im Auftrag der Alliierten sequestriert hatte.[4] Stein ernannte für jedes der besetzten Länder einen Generalgouverneur. Frankfurt, das der Sitz seiner Behörde war, kam unter das Gouvernement des Prinzen Philipp von Hessen-Homburg[5], im Dezember 1813 unter das von Fürst Heinrich XIII. von Reuß-Greiz.[6] Prinz Philipp von Hessen-Homburg bildete zunächst aus den Ministern und Staatsräten der alten großherzoglichen Regierung einen provisorischen Verwaltungsrat, zu dessen Präsidenten er Albini bestimmte. Dalberg, der mit seinem ehemaligen Premier weiterhin in schriftlichem Kontakt stand, wurde durch ihn über die Vorgänge in Frankfurt auf dem laufenden gehalten. So mußte der abgedankte Großherzog jetzt auch erfahren, daß die Verbündeten seinen Rücktritt zwar angenommen hatten, nicht aber seinen Nachfolger Eugen Beauharnais, ein feindlicher General, was – wie Albini dem Fürstprimas ankreidete – „überall sehr aufgefallen ist, und Ew. K. Hoheit, welche ohnehin schon vordem übel angeschrieben waren, sehr verargt wird".[7] Der zurückgetretene Großherzog aber sah sich in seinen Rechten als Souverän übergangen und protestierte voller Entrüstung: „Kann eine Verzichtleistung rechtsgültig angenommen werden, wenn der Annehmende die Bedingnis verwirft?"[8] Es war typisch, daß sich Dalberg selbst in einer solchen Situation von formaljuristischen Gesichtspunkten und den Normen eines fürstlichen Standesdenkens leiten ließ, anstatt der politischen Wirklichkeit ins Auge zu blicken. In einer Note an den bayerischen König vom 21. November 1813 hat er daher seinen Verzicht umformuliert. Er wollte seine Nachfolge jetzt nicht mehr an Eugen Beauharnais, sondern an dessen minderjährigen Sohn übergeben: „Der Sohn des Fürsten Eugen ist ein kleines Kind, das nicht der Feind der deutschen Nation sein kann."[9] Mit diesen Zeilen hoffte er, die Interessen des bayerischen Königs auf dessen Enkel lenken zu können – umsonst.[10]

Dalberg in Ungnade bei den Verbündeten

Auch dieser neuerliche Schachzug konnte bereits längst getroffene Entscheidungen nicht mehr rückgängig machen. Das Großherzogtum Frankfurt – ein von Napoleon künstlich geschaffener Staat – sollte von der Landkarte verschwinden. Schon am 2. Dezember 1813 begann die Aufteilung.[11] Die ehemaligen Departements Fulda und Hanau gingen an den wiedereingesetzten Kurfürsten Wilhelm von Hessen-Kassel. Frankfurt erhielt einen Sonderstatus als freie Bundesstadt. Aschaffenburg wurde zunächst von Österreich beansprucht und kam im nächsten Jahr im Gebietsaustausch an Bayern.[12] Im Gegensatz zu Dalberg konnten die meisten Rheinbundfürsten zu den Alliierten übertreten, und selbst so späte Nachzügler wie Baden[13] oder Nassau[14] erwarben sich noch in den letzten Novembertagen des Jahres 1813 die Garantie für ihren weiteren Fortbestand. Sogar dem König von Sachsen, der über ein Jahr lang in Friedrichsfelde eingesperrt bleiben wird, wurde später verziehen. Er konnte nach der zugunsten Preußens erfolgten Abtrennung der nördlichen Hälfte seines Landes wieder als König in die Dresdner Residenz zurückkehren. Dalbergs überstürzte Flucht, der geringe Handlungsspielraum Albinis, die ungeschickt formulierte Abdankung – das alles waren Gründe, welche die Auflösung des Großherzogtums wesentlich beschleunigt, letztlich aber nicht wirklich herbeigeführt hatten. Die Depossedierung der Napoleoniden und Auflösung der napoleonischen Kunststaaten waren beschlossene Sache. Allenfalls hätte sich Dalberg gegenüber den Alliierten auf seine aus der alten Reichsverfassung stammenden Rechte als geistlicher Fürst berufen können. Diese Rechte aber hatten nicht die Alliierten geopfert, sondern Napoleon, der bekanntermaßen schon 1810 den letzten geistlichen Staat Deutschlands säkularisiert und den Fürstprimas damit um sein eigentliches Erbe gebracht hatte. Dalberg, der über kein nennenswertes Privatvermögen, geschweige denn über Grundbesitz oder Ländereien verfügte, war dadurch in eine höchst mißliche Lage geraten. Zu der Angst um die eigene Sicherheit kam jetzt die Sorge um die nackte Existenz.

Der Großherzog von Frankfurt hatte eine jährliche Zivilliste von 350 000 fl. bezogen, die ihm regelmäßig in vier Quartalsraten von je 87 500 fl. ausbezahlt wurde. Seine Flucht nach Konstanz war jedoch so plötzlich erfolgt, daß er aus der ihm zustehenden vierten Quartalsrate lediglich 6000 fl. auf die Reise mitnehmen konnte. Mehr war nicht in der von seinem Geheimsekretär verwalteten Privatschatulle gewesen. Schon am 20. Oktober 1813 sah sich der Geflüchtete daher gezwungen, seinen Frankfurter Finanzreferendar Steitz zu bitten, ihm weitere 6000 fl. zu überweisen, um – wie er sich vorsichtig ausdrückte – „dahier mein Hauswesen fortzusetzen".[15] Steitz wiederum – die Geldverlegenheit seines Souveräns vorausahnend – hatte ihm schon am 19. Oktober 1813 25 000 fl. nach Konstanz transferiert.[16] Der Großherzog sandte hochbeglückt eine Quittung, wobei er überschwenglich mit dem Wort Wielands dankte: „Nein, der ist nicht vom Schicksal ganz verlassen, dem in dem Drang ein Freund erscheint."[17] Diese 25 000 fl. aber waren der letzte Dienst, den ihm der Freund aus Frankfurt erweisen konnte. Zwei Wochen später hatte auch Dalberg das Schicksal verlassen. Das Frankfurter Generalgouvernement verhängte nämlich eine völlige Auszahlungssperre über den in Mißkredit geratenen Ex-Großherzog.[18]

Dem Geflüchteten, der für seinen mitgereisten Hofstaat sorgen mußte, blieb nichts anderes übrig, als – wie er bereits im Frühjahr angekündigt hatte – seine wenigen persönlichen Habseligkeiten zu Geld zu machen. In Konstanz, Zürich und Basel konnte man den ehemaligen Kurfürsten und Erzkanzler des Heiligen Römischen Reiches jetzte bei Pfandleihern und zwielichtigen Finanzmaklern antreffen. Ganze 7330 fl. machte er für Schmuckgegenstände locker, während der Verkauf eines Hofpferdes nur 154 fl. einbrachte.[19] Das Geld wurde jedoch dringendst benötigt, denn Dalberg logierte zwar neuerdings zur Miete, aber noch durchaus standesgemäß. In Zürich bewohnte er beispielsweise ein vornehmes Stadthaus mit vierzehn Zimmern.[20] Neben seinem Kammerherrn, dem Baron Varicourt, leistete er sich weiterhin Kammerdiener, Mundkoch, Silberdiener und Hofjäger. Die Hofhaltungs-Rechnung verzeichnete außerdem noch Hofläufer, Hoflakaien, Garderobediener, einen Courier, Hofkutscher, Vorreiter, Beiläufer sowie einen Bedienten für den Kammerherrn, einen Hausknecht und eine Kehrmagd.[21] Dieses Personal, obgleich es nur einen geringen Teil des ehemals großherzoglichen Hofstaats darstellte, kostete natürlich Geld, und der Abgedankte mußte zwangsläufig immer mehr von seinen privaten Schätzen losschlagen. Als er schließlich auch noch das Mainzer Hofsilber, das er vorsorglich schon vor mehreren Monaten in Zürich deponiert hatte, zu Geld machen wollte, beschwor Weihbischof Kolborn den Generalvikar Wessenberg eindringlich: „Aber um Himmels und der Liebe zu unserem guten Fürsten willen, verehrter Freund, halten Sie ihn ab, über das Hofsilber als sein Eigentum zu disponieren. In dem anliegenden Briefe habe ich ihm alles vorgestellt, was ihn davon abbringen könnte: den großen Nachtheil, den es seiner Ehre in den Augen des ganzen Publicums, selbst der Monarchen bringen würde und dann auch die Gründe gegen die Rechtlichkeit dieses Schrittes . . . daß er aber um Gottes willen ja nicht verkauft oder als Erbstück vermacht.“[22]

Dalberg war trotzdem nicht von seinem Vorhaben abzubringen. Er mußte seinen Lebensunterhalt und den seiner Leute sicherstellen, und er ließ daher jetzt den größten Teil des Hofsilbers der Mainzer Kurfürst-Erzbischöfe im Wert von 20 188 Gulden – etwa eine halbe Million Mark – einschmelzen.[23] Der Kapitalerlös wurde bei einem Züricher Bankhaus zinsbringend angelegt. Einige Silbersachen behielt er sich zum persönlichen Gebrauch.[24] Kolborn mag zwar mit seinem Hinweis recht gehabt haben, daß das Hofsilber nicht Dalbergs Privateigentum, sondern als Besitz des ehemaligen Mainzer Kurfürstentums sozusagen Staatseigentum war. Auf der anderen Seite aber hatte Dalberg gegenüber dem Staat noch Ansprüche in Höhe von mindestens 90 000 fl. zu stellen, eine Summe, die er während seiner letzten Regierungsmonate dem verschuldeten Departement Fulda aus seiner Zivilliste geliehen hatte und die nicht zurückerstattet worden war. Außerdem standen ihm zumindest vorläufig die bereits 1803 vertraglich zugesicherten Erträge der Aschaffenburger Domänen zu, von denen er inzwischen ebenfalls keinen Heller mehr erhielt.[25] Obwohl nicht eingesperrt wie der König von Sachsen, mußte er sich von den Verbündeten eine Behandlung als gedemütigter und gefangener Feind gefallen lassen.

Canossa-Gang

In dieser hoffnungslosen Situation entschloß sich der einstige Reichserzkanzler, bei den Alliierten Abbitte zu leisten und „die tiefempfundene Verehrung auszudrücken“, die er – wie er schrieb – „lebenslänglich denen allerhöchsten verbundenen Mächten gewidmet“ hatte.[26] Von Zürich schickte er seinen Kammerherrn Baron Varicourt zu einem Canossa-Gang nach Frankfurt. Varicourt sollte den verbündeten Monarchen von Österreich, Preußen und Rußland eine demutsvolle Note überreichen, mit der Dalberg nicht nur sein weiteres Schicksal vertrauensvoll in deren Hände legte, sondern zugleich eine bescheidene Bitte an sie herantrug, die seine materielle Existenz betraf: „So sehr ich mich nach Regensburg sehne, so kann mir die Bemerkung nicht entgehen, daß ich allda keine Wohnung und keinen Lebensunterhalt mehr habe.“[27] Außerdem ersuchte er die drei Monarchen, ihm den Ertrag der Aschaffenburger Domänen zu belassen, die er als den Besitz der Kurfürst-Erzbischöfe von Mainz, die er bezeichnenderweise als „seine Vorfahren“ anführte, in Anspruch nahm. Doch in Frankfurt zeigte man seinem Unterhändler die kalte Schulter, und selbst als Weihbischof Kolborn bei Kaiser Franz zur Audienz war, erwähnte der gefühlskalte Habsburger seinen ehemaligen Erzkanzler mit keiner Silbe.[28] Kolborn sprach daher von einem „über alle Erwartungen traurigen Resultat der Varicourt'schen Mission“.[29] Er hoffte noch auf eine Vermittlung durch Stadion, fürchtete aber, Dalberg könne sich am Ende gar noch entschließen, zu Napoleon nach Paris zu gehen und sich damit wieder einmal alles zu verderben.

Seine Angst war unbegründet. Der Fürstprimas sehnte sich inzwischen nach nichts anderem, als seine letzten Tage in Regensburg zu verbringen, in der Stadt seiner einstigen politischen Glanzzeit. Albini übernahm es schließlich, und zwar gerade noch rechtzeitig, bevor er zusammen mit den übrigen Mitgliedern der provisorischen Regierung abgesetzt wurde[30], Dalbergs Bittgesuch an Hügel weiterzuleiten. Der ehemalige österreichische Gesandte war Mitglied des Zentralverwaltungsrats geworden und in dieser Eigenschaft rechte Hand des Frankfurter Generalgouverneurs, des Prinzen von Hessen-Homburg.[31] Gegenüber Hügel, der hier an höchst einflußreicher Stelle saß, gestattete sich Albini jetzt folgenden schlichten Hinweis: „Die eigenhändige Urkunde läßt keinen Zweifel mehr übrig, daß der Herr Fürstprimas seinen künftigen Aufenthalt in Regensburg wirklich nehmen wolle."[32] Den umherschwirrenden Gerüchten von einer Flucht nach Paris oder Rom[33] war damit der Boden entzogen. Eine weitere Ausfertigung der Bittschrift sandte Albini an den König von Preußen.

Der in Dalbergs Exilangelegenheit letztlich ausschlaggebende Mann aber war nicht Hügel, sondern der österreichische Staatskanzler Metternich, ein entschiedener Gegner des rigiden Freiherrn vom Stein, den er mitsamt seinem Zentralverwaltungsrat schon bald souverän übertrumpfen wird. Mit Dalberg verband ihn eine gemeinsame Herkunft aus dem rheinischen Reichsadel. Er kannte ihn persönlich näher seit seiner Pariser Botschafterzeit, während der er auch mehrmals miterlebt hatte, daß der Fürstprimas nicht der willfährige Günstling Napoleons gewesen war, zu den ihn seine Gegner inzwischen gemacht hatten. Und Metternich war ein Mann des Ausgleichs, der politischen Vernunft. Der von Albini entsprechend instruierte Hügel, der Dalbergs Asylantrag recht geschickt mit dem schlechten Gesundheitszustand des Verfemten begründete[34], rannte bei Metternich offene Türen ein. Er gab einen Wink nach München, worauf sich nun wiederum König Max Joseph beeilte, unter ausdrücklicher Zustimmung Österreichs und Preußens dem abgedankten Großherzog in Regensburg das Amt eines Bistumsadministrators zu gestatten. Gnädig schrieb er: „Mit großem Vergnügen erteile ich Ihnen die Erlaubnis, sich in Regensburg niederzulassen, um dort gemäß den Gesetzen und der Verfassung des Königreichs Bayern jene Funktionen zu erfüllen, die mit dem bischöflichen Sitz verbunden sind."[35] Die schmähliche Gefangenschaft eines Friedrich August von Sachsen blieb ihm so erspart. Regensburg, wo man ihm erst vor einigen Jahren als Kurfürst und Erzkanzler gehuldigt hatte, sollte sein letzter Aufenthalt werden.

Dalbergs politische Rechtfertigung

Bevor Dalberg sich auf die Reise machte, holte er noch zu einer politischen Rechtfertigung aus: „Vorwürfe kann ich mir nicht machen, indem ich nach Überzeugung gehandelt habe. Napoleon war für mich vieljähriger Freund und Wohltäter. Sein System, für Freiheit des Meeres und gegen Vordringen asiatisch-nordischer Völker zu kämpfen, dünkt mir groß. Gegen ihn undankbar auftreten, widersprach meinem Herz. Für ihn gegen mein südlich-teutsches Vaterland mitzuwirken, dünkte mir gegen meine Pflicht."[36] Mit diesem merkwürdig verklausulierten Selbstbekenntnis dürften bereits die Zeitgenossen Verständnisschwierigkeiten gehabt haben. Was hatte es zu bedeuten? Daß er den Kaiser als seinen persönlichen Freund und Wohltäter ansah, klingt überzeugend, und daß er sich dieser Tatsache auch jetzt nicht schämte, spricht für seine Ehrlichkeit. Daß schließlich Napoleons „System, für die Freiheit des Meeres" zu kämpfen, gemeint war der Wirtschaftskrieg gegen England, dem Kontinent immerhin mehr Vor- als Nachteile eingebracht und von Dalberg als Voraussetzung für einen europäisch-kontinentalen wirtschaftlichen Aufschwung erkannt worden war, zeugt von politischem Weitblick. Undeutlich und schwer zu verstehen sind allerdings seine Äußerungen über das „Vordringen asiatisch-nordischer Völker", gegen das Napoleon ebenfalls gekämpft haben soll. Wie sich Wessenberg erinnerte, hatte der Fürstprimas schon vor etlichen Jahren Napoleon erklärt, er müsse „die Barbaren aus dem Norden in ihre Wüste" zurückjagen, um das Eindringen dieser Völker in das zivilisierte Europa zu verhindern.[37] Und fast gleichlautend hatte er am 25. Mai 1813 in einem Schreiben an Hédouville ebenfalls von einer Invasion der Barbaren aus dem Norden Asiens – „de l'invasion des sauvages du nord de l'asie"[38] – gesprochen. Von welchen Barbaren aber war hier die Rede gewesen, und vor welchen Eindringlingen sollte Europa durch Napoleon geschützt werden? Die von der Forschung bislang aufgestellte Vermutung, es müsse sich dabei um Napoleons Feinde in Skandinavien und England handeln[39], klingt wenig überzeugend.

Die richtige Antwort steht wieder einmal im Briefwechsel Dalbergs mit Napoleon: „Deutschland ist von den Barbaren aus dem Norden überfallen worden – Le territoire germanique envahi par les barbares du nord!"[40] So hatte der Kaiser bereits im September 1805 an den Erzkanzler geschrieben. „Les barbares du nord" waren also gar nicht Dalbergs eigene Erfindung, sondern ein Schlagwort, das von Napoleon zunächst selbst eingesetzt, wenn nicht gar erfunden worden war. Und was noch wichtiger ist – der französische Kaiser, der diese Zeilen unmittelbar nach dem Einmarsch der mit Österreich verbündeten russischen Armee in deutsches Reichsgebiet geschrieben hatte, meinte damit ganz bestimmt nicht Skandinavien und England, sondern Rußland.[41] Mit einem uns leider noch heute bekannten Feindbild hatte sich Napoleon tieferliegende Ängste zunutze machen wollen, von denen damals nicht nur ein Dalberg, sondern noch viele andere befallen waren. Einer der Auslöser jener Ängste mag der Friede von Teschen (13. Mai 1779) gewesen sein, durch den das Zarenreich europäische Garantiemacht geworden war.[42] Nur um diesen Preis hatte damals die Unabhängigkeit des Reiches, Dalbergs „südlich-teutsche Vaterland", erkauft werden können, und daß Rußland seitdem in der Reichspolitik ein gewichtiges Wort mitreden konnte, hatte der traditionsbewußte Reichsritter den für diese Schmach verantwortlichen Habsburgern[43] später schwer verübelt. Noch betroffener reagierte er, als Kaiser Franz die reichsfeindliche Politik seines Onkels Joseph II. fortsetzte und ein Militärbündnis mit dem Zaren schloß, mit dem er nicht nur Frankreich, sondern auch Süddeutschland bedrohte. Wenn Dalberg seitdem in Napoleon, auf den das „dritte Deutschland" nach und nach eingeschwenkt war, den wahren Nachfolger Karls des Großen zu erkennen glaubte, dann geschah dies nicht nur aus Bewunderung oder gar aus Schmeichelei, sondern aus der Überzeugung, daß die traditionelle mittelalterlich-christliche Reichs- und Kaiseridee in Napoleon einen zuverlässigeren Schutzherrn gefunden hatte als in den Habsburgern. Aus der späteren leidvollen Erkenntnis, daß der Kaiser der Franzosen am Reich auch nicht mehr Interesse besaß als ehedem sein österreichischer Kollege, erwuchs Dalbergs persönliche Tragik. Tragisch für ihn aber war auch, daß Napoleon schließlich ausgerechnet an Rußland scheiterte und daß sein Fall das rheinbündische „dritte Deutschland", das er vor dem zunehmenden Einfluß des Zaren schützen sollte, in den Strudel des eigenen Untergangs riß. Nicht die Dankbarkeit gegenüber seinem Freund und Wohltäter schien Dalberg in diesem Augenblick vorrangig zu sein, sondern nur noch Wohl und Wehe seines „südlich-teutschen Vaterlandes", das der überzeugte Reichspatriot jetzt aus dem Zusammenbruch des Rheinbundes retten wollte. Diese Briefstelle ist vielleicht eine der besten Erklärungen, die Dalberg über sein Verhältnis zu Napoleon abgegeben hat.

Wieder in Regensburg

Neben dieser politischen Rechtfertigung, mit der er gleichzeitig seine Rückkehr nach Regensburg vorbereitete, versuchte er auch, in den strittigen Angelegenheiten seines Konstanzer Bistums reinen Tisch zu machen. Er verhandelte eine Woche lang mit dem Apostolischen Nuntius in Luzern[44], feierte dann in aller Stille das Weihnachtsfest in Konstanz und trat schließlich, nachdem der Winter vorüber war, am 7. März 1814 die Reise in seine ehemalige Residenzstadt Regensburg an.[45] Der ehemalige Kurfürst und Erzkanzler kam bei einem alten Freund unter. An seinen Leibarzt Pauli, der ihm aus Aschaffenburg Geld geschickt hatte, schrieb er: „Ich danke für die gute Besorgung. Ich wohne hier sehr angenehm bei dem Herrn Domkapitularn von Neuenstein, ein sehr würdiger Mann, der mir canonicus a Latere ist." Der Freiherr Joseph von Neuenstein, ehemaliger Vizepräsident des Fürstentums Regensburg, war ein feiner, gebildeter Mann, und Dalberg konnte guter

Dinge sein: „Ich finde hier dankbare Bewohner, alte Freunde, der König von Bayern befiehlt, mir mit Achtung zu begegnen, und ich bin als Erzbischof auch in Sicherheit und angemessen versorgt".[46] Mit allerhöchster Bewilligung des Königs von Bayern übte er jetzt die ihm bereits 1803 zugefallene Funktion eines Administrators des bayerischen Bistums Regensburg aus. Gleichzeitig aber war er immer noch Erzbischof des Erzbistums Regensburg, das ihm der Papst 1805 übertragen hatte und das sich aus seinen ehemaligen Fürstentümern Regensburg und Aschaffenburg zusammensetzte. Die Stellung eines Primas von Deutschland, die ihm durch den Reichsdeputationshauptschluß zugedacht worden war, stand allerdings nur auf dem Papier, denn kirchenrechtlich hatte sie niemals Gültigkeit erlangt. Während die Verbündeten auf Paris vorrückten, hatte Regensburg den verfemten Günstling des französischen Kaisers wieder in Gnaden aufgenommen. Vier Wochen später wurde Napoleon von seinen Marschällen in Fontainebleau zur Abdankung gezwungen. Er mußte in die Verbannung gehen. Sein Reich wurde die Insel Elba, die man ihm großzügig als souveränes Fürstentum zugewiesen hatte. Er konnte sechshundertfünfzig Mann seiner alten Garde behalten, eine Kompanie polnischer Lanzenreiter, einen Hofstaat von hundert Personen, und er bekam eine Jahresrente von insgesamt zwei Millionen Francs. Auch Dalberg lebte im Regensburger Exil mit einem Mundkoch, einem Kammerdiener, zwei Lakaien, Kutscher, Vorreiter und Hausknecht ganz komfortabel und keinesfalls armselig, wie es spätere Legenden gerne verbreiteten. So hieß es beispielsweise auf dem Regensburger Katholikentag von 1872, Dalberg habe damals, um den Armen zu helfen, für seine tägliche Mahlzeit nur 36 Kreuzer ausgegeben, bis die Ärzte dazwischentraten.[47] Eine sorgfältig geführte Übersicht über seine täglichen Ausgaben läßt vielmehr erkennen, daß bei ihm jeden Tag Rindfleisch, Kalbfleisch, Poularde oder Fasan auf den Tisch kamen und daß die Hofhaltungskosten in einem Monat 1330 fl. betrugen, wovon allein 353 fl. für Küche und Konditorei sowie 291 fl. für Wein ausgegeben wurden.[48] Er lebte also mindestens so gut wie ein pensionierter adeliger Domherr, und bald sollte er es sogar noch besser haben.

Dalbergs Rente vom Wiener Kongreß bewilligt

Der Wiener Kongreß, der am 18. September 1814 zusammengetreten war, um über die Neuordnung Europas zu entscheiden, hatte neben vielen strittigen Fragen von höchster politischer Brisanz auch über die Rente des einstigen Kurfürst-Erzkanzlers und Großherzogs von Frankfurt zu befinden. Als beredten Anwalt seiner politischen, kirchlichen und auch ökonomischen Interessen hatte Dalberg den Konstanzer Generalvikar Wessenberg nach Wien gesandt: „Ich halte es für wesentlich, daß Sie, würdiger Freund, und kein anderer, bei dem Kongreß in Wien mit Vollmacht des Primas zum Besten der deutschen Kirche erscheinen. Bedauern muß ich, daß ich so verarmt bin, Sie bei dieser Geschäftsreise mit Kostenbeitrag nicht unterstützen zu können."[49] In Wien war man über den im Exil lebenden Fürsten wieder einmal geteilter Meinung. Der romantische Hitzkopf August Wilhelm Schlegel[50] beschimpfte den Gestürzten in einem bösartigen Pamphlet als „gewissenlosen Ehrgeizling", der sich aus „Lust an der Macht zum offiziösen Diener Napoleons" machen ließ und jetzt „den Schrecken eines bedauernswerten Zustandes" erleben sollte.[51] In Wilhelm von Humboldt, seinem einstigen Weimarer Gefährten, aber fand der Geschmähte einen warmherzigen Fürsprecher. Humboldt, der auf dem Kongreß Preußen vertrat, schrieb an seine Frau: „So habe ich nicht den Mut, gegen eine Pension zu reden, die er in diesem Alter noch für die letzten Jahre bekommen kann. Ich handle vielmehr dafür, werde zwar viel Streit darum haben, aber ich bleibe dabei, ehe ich gegen alle Treue und gegen alles Andenken an eine mir sehr werte Vergangenheit für das öffentliche Recht und bloß für dies handle, muß es, und strenger, an den wahren und mächtigeren Schuldigen, nicht bloß an diesem, geübt werden."[52] Humboldt, dem Dalberg einst in Weimar eine kurfürstliche Sekretärsstelle versprochen hatte, konnte sich jetzt erkenntlich zeigen. Zusätzlich zu den 60 000 fl., welche seinerzeit die Reichsdeputation einem säkularisierten Kurfürst-Erzbischof einschließlich freier fürstlicher Sommer- und Winterresidenz zugebilligt hatte, forderten Humboldt und Wessenberg in Anbetracht von Dalbergs einstiger Stellung als Erzkanzler und Souverän weitere 40 000 fl. – insgesamt also eine Jahrespension von 100 000 fl. Der bayerische Bevollmächtigte, General Wrede, polterte zwar dagegen und wollte nur über höchstens 80 000 fl. mit sich reden lassen, aber die beiden gaben nicht nach und besaßen außerdem die Unterstützung Metternichs. Als Wrede schließlich schimpfend die Konferenz verließ, spottete Talleyrand: „Wrede hat sich wieder einmal als Minister eines Königs zu erkennen gegeben, der seine Krone nur dem Glück zu verdanken hat.“ Humboldt, der dies alles getreulich berichtete, schrieb erleichtert nach Hause: „Ich habe eine alte Liebe für Dalberg, und es war wie eine Schuld gegen ihn, etwas für ihn zu tun.“[53] Bedauerlicherweise wurde die vornehme Haltung dieses preußischen Edel- und Ehrenmannes schon bald von einer kleinkariert-nationalen Geschichtsschreibung übertönt.

Bevor aber noch über Dalbergs Rente endgültig entschieden werden konnte, unterbrach eine ungeheuerliche Nachricht den Kongreß: Napoleon hatte Elba verlassen und war an der Südküste Frankreichs gelandet. Der von den Verbündeten eingesetzte Bourbonenkönig Ludwig XVIII. flüchtete aus dem Schloß seiner Väter, in das Napoleon am 20. März 1815 nochmals einzog – die Herrschaft der Hundert Tage begann, und anstelle der Diplomaten sprachen jetzt wieder die Waffen. Doch die Rechnung des Kaisers, der auf die Uneinigkeit unter den Alliierten gesetzt hatte, ging nicht auf. Nach der Schlacht bei Waterloo (18. Juni 1815) brachte ihn eine englische Fregatte auf die Insel St. Helena im Atlantischen Ozean. Der Zweite Pariser Friede wurde geschlossen, Ludwig XVIII. kehrte zurück, und erst jetzt bekam Dalberg im Artikel 45 der Wiener Kongreßakte eine Jahrespension von 100 000 fl. zugesprochen.[54] Aufatmend teilte er seiner alten Freundin Caroline von Wolzogen mit, daß sein „Los vom Kongreß geworfen, und zwar vorteilhafter, als früher zu vermuten war“.[55] Mag sein, daß die Rückkehr Napoleons die streitenden Verbündeten nicht nur geeingt, sondern auch für Dalberg günstiger gestimmt hatte. Der Abgedankte war jedenfalls in seinen Zeilen an Caroline von Wolzogen voll innerer Genugtuung: „Jeder unparteiische Deutsche hat Ursache sich zu freuen und dankbar zu bekennen, daß im deutschen Nationalgeist ein Grundzug von Wohlwollen, Billigkeit und Mäßigung liegt, der sich oft auch dann äußert, wenn durch zusammenkommende Umstände der Parteigeist erregt worden.“ Die Verpflichtung für die Rente war vom Kongreß auf die Erben des ehemaligen Großherzogtums verteilt worden: Preußen, Bayern, Hessen-Kassel, Baden, Sachsen-Weimar und die Bundesstadt Frankfurt. Trotzdem hatte sich der Fürst wieder einmal zu früh gefreut. Bis sich seine Geldgeber über die vorgesehenen Zahlungsquoten einig wurden, vergingen nochmals anderthalb Jahre. Sein privates Vermögen hatte er inzwischen nahezu restlos aufgebraucht. Jetzt war es König Max Joseph von Bayern – „le roi de fortune“ –, der sich diesmal wirklich großzügig erwies und bis zur endgültigen Klärung der Rente jährliche Vorschüsse von 24 000 Gulden anweisen ließ.[56] „Der König von Bayern ist unter den Beteiligten des Großherzogtums Frankfurt der einzige“ – so bestätigte dankbar Dalberg –, „der mir aus eigenem Antrieb durch edelmütige Vorschüsse für meinen notwendigen Lebensunterhalt großmütig sorgt“.[57]

Späte Kritik an Napoleon

Sein Lebensunterhalt war also doch noch gesichert. Und nicht nur das – Dalberg verfügte auch wieder über genügend Mittel, um Wohltäter sein zu können.[58] „Mein einigermaßen wieder aufblühender Wohlstand erfreut mich, da er ein Mittel sein wird, meinen Freunden und wohlverdienten Personen nützliche Dienste zu leisten“, schrieb er Caroline von Wolzogen[59], der er ein Darlehen von 6000 fl. gab und dafür die Anteile des zum Großherzogtum aufgestiegenen Sachsen-Weimar an seiner Rente verpfändete.[60] Seinem ehemaligen Minister Eberstein, der befürchtete, er und die Frankfurter Staatsdiener kämen allesamt an den Bettelstab, versprach er 10 000 fl.[61] Aber nicht nur nützliche Dienste für Freunde und wohlverdiente Personen – er wollte sich auch der Schriftstellerei wieder ein wenig widmen. „Der Zeitgeist hat meine Tatkraft vernichtet, aber die Kraft des Wortes bleibt mir."[62] Nochmals erhob er seine Stimme, aber nicht, um, wie manche erwarteten, sensationelle Enthüllungen über Napoleon preiszugeben oder gar Geständnisse zu machen, sondern um in literarisch verschlüsselter Form Kritik an dem einst bewunderten Kaiser zu üben. Im „Morgenblatt" veröffentlichte er jetzt unter dem Titel „Religion und Politik"[63] einen Dialog zwischen dem Kaiser Julianus Apostata und dem Patriarchen Athanasius von Alexandria. Julianus war jener römische Kaiser gewesen, der die Christianisierung des Imperiums hatte rückgängig machen wollen, und der Patriarch von Alexandria war jener Bischof gewesen, der wegen seines damaligen unerschütterlichen Eintretens für das Christentum später den Titel „Vater der Orthodoxie" erhalten hatte. Die Protagonisten waren natürlich nicht zufällig gewählt. Bei näherem Hinsehen konnte man hinter Julianus unschwer Napoleon erkennen, während sich Dalberg hinter der Figur des streitbaren Patriarchen vermutlich selbst verborgen hielt. Er verurteilte am Kaiser den „bösen Geist der Gewalt", mit dem er die Welt bedroht hatte.[64] Im selben Jahr folgten noch Veröffentlichungen wie „Einsamkeit" in der in Leipzig erschienenen „Zeitung für die elegante Welt"[65], ein Aufsatz „Synthetisch-demüthiger Blick über die Welt-Entstehung"[66] und seine „Betrachtungen über den Zeitgeist".[67] Diese Beiträge stellen jedoch im wesentlichen nur noch Überarbeitungen seiner bereits 1777 erschienenen „Betrachtungen über das Universum" dar.[68] Auch aus diesen letzten Arbeiten spricht eine kritische Auseinandersetzung mit Napoleon und dessen Eroberungspolitik: „Wenn der herrschend-wandelnde Zeitgeist wähnet, durch gewaltige Mißhandlungen der Menschheit, über verheerte Länder, über Trümmer zerstörter Städte, über blutige Leichen der Schlachtfelder fortzuschreiten, um seine Länderbegierde sättigen zu können, so sollte er doch (wo nicht aus Rechtschaffenheit, doch wenigstens aus Klugheit) bedenken, daß ein allgemeines Gesetz der Rückwirkung ihn selbst oder seine Nachfolger treffen würde".[69] Der Autor verschwieg – oder besser gesagt: mußte verschweigen –, daß es nicht Napoleon allein gewesen war, der seine Länderbegierde befriedigt hatte. Aber weil Dalberg selbst völlig unkriegerisch gewesen war, weil er während seiner Regierung kaum größere Landgewinne erlangt hatte und weil ihm von all dem, was er einst durch Napoleons Gunst besessen hatte, nichts geblieben war, konnte er sich jetzt um so leichter ein freies Urteil erlauben.

Nochmals Konkordats-Pläne

Er wollte aber nicht nur mit politischen Schriften an die Öffentlichkeit treten, er wollte auch – und das lassen seine Arbeiten ebenfalls deutlich erkennen – selbst ein wenig Politik machen. Immer noch schmiedete er Pläne – Kirchenpläne vor allem. Ein direktes Eingreifen in das politische Geschehen war ihm in seiner Stellung als Erzbischof freilich nicht mehr möglich, auch wenn er mit der Entsendung Wessenbergs zum Wiener Kongreß gehofft hatte, Einfluß auf die zwingend notwendig gewordene kirchliche Neuordnung Deutschlands zu gewinnen. Das lang ersehnte Konkordat, das er mit Napoleons Hilfe nicht zustande gebracht hatte, wollte er jetzt auf dem Kongreß anbahnen. „Hab ich festen Grund", so hatte er Wessenberg verkündet, „hat sich der Kongreß wegen Vertilgung der Mißbräuche ausgesprochen, dann trete ich fest und entschlossen als Primas auf, wenn es auch mein Leben kostet".[70] Das waren große Töne und sie klangen wie in alten Zeiten. Dalberg brauchte die Emphase. An den päpstlichen Uditore Troni ließ er eine umfangreiche Sendung mit Konkordatsvorschlägen abgehen. Troni machte ihm sogar Hoffnungen. „Es ist sicher" – antwortete er ihm –, „daß der römische Hof alles tun wird, was in seiner Macht steht, um die verbündeten Mächte zu einer Wiederaufrichtung der deutschen Reichskirche zu veranlassen".[71] Daraus klingt die Rücksicht des Diplomaten auf einen alten Mann, der nicht wahrhaben wollte, daß seine Zeit abgelaufen war. Wie nämlich Wessenberg während des Kongresses in Wirklichkeit feststellen mußte, „lastete auf der Person das Fürstprimas das schwere Mißfallen der Monarchen und auch der römische Hof war äußerst ungünstig gegen ihn gestimmt".[72] Der Generalvikar vergaß allerdings, daß der römische Hof in erster Linie auf ihn – Wessenberg – schlecht zu sprechen war, nachdem er sich mit seinen nationalkirchlichen Ideen bei der Kurie gründlich in die Nesseln gesetzt hatte. Seine Mission in Wien war kein geschickter Schachzug gewesen. Vermutlich hatte sich Dalberg von Wessenbergs persönlichen Verbindungen zu den Wiener Hofkreisen Vorteile erhofft. Immerhin war der allmächtige Staatskanzler Metternich ein Verwandter Wessenbergs, und sein Bruder, Johann von Wessenberg[73], fungierte als österreichischer Kongreßbevollmächtigter. Doch der Generalvikar trat in Wien viel zu stürmisch auf, um Erfolg haben zu können. Mit seinen Forderungen nach einer deutschen Nationalkirche, dem Abschluß eines deutschen Reichskonkordats – obwohl es kein Reich mehr gab – sowie nach privilegierten Mitgliedschaften für Bischöfe und Domkapitel in den Landständen stieß er auf dreifachen Widerstand: auf den der Einzelstaaten, auf den von Metternich und auf den von Rom.[74] Ein päpstliches Breve vom 2. November 1814 verlangte schließlich die Entlassung des Generalvikars.

Dalberg, der es sich mit Rom nicht völlig verscherzen wollte, gehorchte zwar dem Befehl des Papstes, allerdings nur halbherzig, denn er ernannte Wessenberg statt dessen zum Weihbischof von Konstanz.[75] Aber wie so oft in seinem Leben machte ein solcher Kompromiß die Sache nur noch schlimmer. Das Mißtrauen der Kurie gegenüber Wessenberg wuchs und konnte selbst durch dessen persönliche Vorsprache in Rom nicht mehr besänftigt werden.[76] Dalbergs übermäßige Ausgleichsbereitschaft, ein entscheidender Wesenszug, die ihn immer wieder, wenn feste Entschlüsse von ihm verlangt waren, auf einen vermeintlichen „goldenen Mittelweg" führte, hat Wessenberg damals ganz klar erkannt und nicht ohne Bitterkeit beschrieben: „Wohlmeinend wie Dalberg war, wollte er Allen gerecht sein, und ward es Niemand, wollte Alle befriedigen, und befriedigte niemand, weil er sich in Widersprüche verwickelte, die er nimmer zu lösen vermochte."[77]

„Alles ist Eitelkeit"

Unvereinbares miteinander zu vereinbaren, Gegensätze zu überwinden und Konflikte auszugleichen – das war stets Dalbergs Wollen und Wünschen, ein roter Faden, der sich durch sein ganzes Leben zieht. Bezeichnend ist der Satz, mit dem er sich einst unbeabsichtigt, aber dafür um so treffender charakterisiert hatte: „Freilich gibt es Dinge, die ewig heterogen sein werden, aber wenn der Scheidekünstler aus zwei ätzenden Salzen ein wohltätiges Mittelsalz zu vereinbaren sucht, so ist sein Bestreben wenigstens wohlmeinend."[78] Wohlmeinend war sein Ziel, den Fürstenbund zu einem Bund des Kaisers zu machen, wohlmeinend auch sein Bestreben, das alte Reich mit den neuen politischen Ideen Frankreichs zu erfüllen, wohlmeinend schließlich sein Wunsch, dem deutschen Vaterland zu dienen und gleichzeitig ein treuer Lehensmann Napoleons zu sein. Doch die Gegensätze waren letztlich zu groß, um überbrückt werden zu können. Dalberg mußte daran zwangsläufig scheitern. Seine innere Tragik – die Kluft zwischen der Welt reiner Ideen und alltäglicher Wirklichkeit – haben die sogenannten Realpolitiker schon früh an ihm erkannt. Josef II. hatte seine Pläne als „Narrheit"[79] abgetan, sein großer Gönner Napoleon nannte ihn verächtlich einen „Mann voll leerer Träumereien"[80], und sogar sein Freund Karl August von Weimar meinte es nicht besser mit ihm, als er ihn eines Tages mit dem französischen Weltverbesserer und Utopisten Charles Irénée Castel[81] verglich.[82] Ob ihm allerdings diese Urteile, die nur die Meßlatte des augenblicklichen Erfolgs anlegten, wirklich gerecht wurden, ist fraglich. Auf dem großen Welttheater der Geschichte war der idealistische Dalberg zur undankbaren Rolle verurteilt, immer der Letzte zu sein, der letzte Mainzer Kurfürst, der letzte Erzkanzler und der letzte geistliche Fürst Deutschlands. Daß er den Untergang des sterbenden Reiches aufhalten wollte und daß er, nachdem seine Bemühungen gescheitert waren, aus der Konkursmasse des Reiches zu retten versucht hatte, was zu retten war[83], zeichnet ihn zumindest aus. Ohne Zweifel war dieser merkwürdige Mann der erste Kirchenfürst seiner Zeit, weder erfolglos, noch unglücklich – allenfalls tragisch, wobei seine Tragik auch darin bestand, daß für viele seiner Pläne die Zeit noch nicht reif war, weder für einen deutschen Bundesstaat und schon gar nicht für ein vereintes Europa.

Im Sommer 1816 besuchte ihn Jean Paul, um sich nachträglich für den seinerzeit gewährten Ehrensold zu bedanken. Der Dichter des „Hesperus", der in Regensburg im Hotel „Zum Goldenen Kreuz" abstieg, wurde jeden Abend von einer Kutsche des einstigen Großherzogs abgeholt und in dessen Wohnung gebracht. Dort diskutierten sie dann über Philosophie, Religion, Naturwissenschaft und Kunst. Dalberg war inzwischen zum würdigen Greis geworden. In einem Brief schilderte Jean Paul seine Begegnung mit dem Fürstprimas, der ihn jetzt mit weißen Haaren, die schlanke Gestalt leicht vorgebeugt, mehr an einen Gelehrten erinnerte als an einen abgedankten Souverän.[84] Der Dichter lernte auch Dalbergs kleine Welt kennen, in der dieser ein spätes und fast schon biedermeierliches Glück genoß. Von seinen wenigen Freunden, die ihm geblieben waren, lebten hier in seiner unmittelbaren Nähe noch Graf Görtz, der „das Orakel von Regensburg" genannt wurde, sowie sein ehemaliger Gesandter in Wien, Graf Marschall, und schließlich der thurn- und taxissche Geheimrat Graf Alexander von Westerholt[85], in dessen Haus der Fürstprimas häufig zu Gast war und das von Jean Paul liebevoll beschrieben wurde: „Eine solche himmlische, heimliche Häuslichkeit sah ich noch in keiner Stube von Adel. Auch waren wir hier alle selig und ich war ein alter ausgedienter Pudel, der's auf seinem Stuhl gut hatte."[86] Von den alten politischen Weggefährten kam gelegentlich der inzwischen in Prag lebende Graf Sternberg nach Regensburg, wo er dann bei den Sitzungen der Botanischen Gesellschaft auch mit Dalberg zusammentraf.[87] Eberstein und Bentzel hatten sich ins Privatleben zurückgezogen. Ein Großteil der ehemaligen kurmainzischen und dann großherzoglichen Beamtenschaft war in bayerische Staatsdienste übergewechselt. Albini, bereits zum Präsidenten der Frankfurter Bundesversammlung ernannt, starb, kurz bevor der Bundestag zusammentrat. Auch Winkopp, der Herausgeber des „Rheinischen Bundes", war tot.

Am Leben aber war noch – obgleich als steinalte Frau – die Gräfin Coudenhove, einstmals Mätresse des Mainzer Kurfürsten, in deren Schlafzimmer dreißig Jahre zuvor die Fäden zu Dalbergs Wahl als Koadjutor gesponnen worden waren. Sie ließ sich jetzt aus Wien vernehmen, aber nicht, um Vergessenes nochmals aufzurühren, sondern um ein paar warme menschliche Worte zu sagen. Die alte Dame freute sich, weil der Unterhalt des einstigen Erzkanzlers und Fürstprimas gesichert war.[88] Obwohl sich Dalberg noch genau an die Gräfin erinnerte, in deren Boudoir seine Karriere ihren Anfang genommen hatte, war für ihn diese Zeit schon längst zur Historie geworden. Auch mit der Niederschrift seiner Memoiren wollte er noch abwarten. Seiner Freundin Caroline von Wolzogen, die ihn öfters dazu drängte, gab er zu bedenken: „Zu meinen Selbstbekenntnissen ist die Zeit noch nicht reif. Sie werden erfolgen, wenn ich anderen nicht dadurch schade."[89] Dazu ist es nicht mehr gekommen. Sein letzter Hirtenbrief vom Februar 1817 war eine Absage an die eitle Welt: „Die Tage meiner Pilgerfahrt gehen zu Ende: ich blicke zurück und wie ein Augenblick dünkt mir die Zeit meines Lebens, die hinter mir ist, und wenn ich überdenke, was ich gesehen und gehört und was ich mit Mühe und Arbeit angestrebt habe und andere anstreben sah, so muß ich mit dem Prediger ausrufen: Eitelkeit über Eitelkeit! Alles ist Eitelkeit."[90]

Dalberg stirbt

Wenige Tage später feierte er seinen dreiundsiebzigsten Geburtstag. Im Haus seines Freundes Westerholt trank man zusammen eine Flasche von Dalbergs Lieblingswein, einem Würzburger Stein, obgleich sich der Fürst in den letzten Tagen nicht ganz wohl gefühlt hatte. In der kleinen Tischrunde erhob der Jubilar das Glas, um die Toaste zu sprechen. Plötzlich wurde im schwarz vor Augen, er kippte nach vorne und stammelte gerade noch – wie Westerholt überlieferte – die Worte: „Leben, Liebe, Gottes Wille". Dalberg hatte einen Schlaganfall erlitten. Er mußte auf einem Sessel in seinen Wagen getragen werden, der ihn in die Wohnung zurückbrachte. Ärztliche Kunst war vergeblich. Man rief nach dem Beichtvater. Der Dompfarrer und spätere Bischof Michael Wittmann[91] spendete die Sterbesakramente. Zwei Tage später, am 10. Februar 1817, gegen zwei Uhr mittag, starb der letzte deutsche Erzkanzler, ohne das Bewußtsein wiedererlangt zu haben – im Bett einer für 160 fl. gemieteten möblierten Wohnung. Als Todesursache vermeldete der von drei Ärzten unterzeichnete Sektionsbefund ganz lapidar: „Altersschwäche und Entkräftung".[92] Sternberg, der kurz darauf von dem sanften Tod des Fürsten erfuhr, meinte nachdenklich: „Das Glück hatte ihm zwar den Rücken gekehrt, das Schicksal hat ihn vernichtet – aber die Natur ist ihm, wie er ihr, treu geblieben."[93] Er sprach als Naturphilosoph, während Goethe, der ihm einen ehrenden Nachruf widmete, das Menschliche seines Wesens herausstellte: „Karl von Dalberg war es, ein Mann, der wohl verdient hätte, das ihm angeborne und zugedachte Glück in friedlicher Zeit zu erreichen, die höchsten Stellen durch unermüdete Wirksamkeit zu schmücken und den Vorteil derselben mit den Seinigen bequem zu genießen. Man traf ihn stets rührig, teilnehmend, fördernd und wenn man sich seine Vorstellungsart im ganzen nicht zueignen konnte, so fand man ihn im einzelnen jederzeit geistreich überhelfend."[94]

Weniger persönliche und vor allem weniger literarische Gedanken machte sich der in Regensburg amtierende Generalkreiskommissar Max Graf von Lodron.[95] Er war ein hoher bayerischer Staatsbeamter, der seit dem Übergang des Fürstentums an der Spitze des sogenannten Regenkreises stand. Ihn bekümmerte jetzt ein eher heikles Problem. Der Exilant Dalberg, der seiner unauffälligen Aufsicht unterstellt war, hatte immerhin einst Kurhut und Kurmantel des Reiches getragen, er war ein mit königlichen Privilegien ausgestatteter Souverän gewesen und bis zuletzt ein Erzbischof der römischen Kirche. Einen so prominenten Toten hatte es in Lodrons Amtsbereich noch nie gegeben. Er war deshalb unsicher, wie mit der irdischen Hülle der verstorbenen Königlichen Hoheit verfahren werden sollte. Dalberg hatte nämlich in seinem Testamentsentwurf ausdrücklich eine Beisetzung im Dom verlangt, „weil eine eigene päpstliche Bulle den erzbischöflichen Sitz vom ehemaligen Erzstift Mainz auf kanonische Weise dahier versetzt hat und diese Kirche, welche die zwei großen Männer und Heiligen Bischöfe Bonifaz und Wolfgang durch eine sonderbare Fügung der Vorsehung unter die Zahl meiner Vorfahren vereiniget hat, ein Gegenstand meiner besonderen Vorliebe geworden ist".[96] Graf Lodron befand sich allerdings im Zweifel, weil eine Beisetzung in Kirchen seit der Säkularisation nur noch den Mitgliedern der königlichen Familie gestattet war. Dieses wiederum wohl wissend, hatte Dalberg in seinem Testament geschrieben: „Als ehemaliger Churfürst-Erzkanzler des deutschen Reiches, nachmaliger Großherzog, und dermalen noch als wirklicher Fürst Primas und Erzbischof von Regensburg darf ich von der baierschen Regierung erwarten, daß sie mir ohngeachtet des gegen die Begräbnisse in den Kirchen bestehenden Verordnungen honores regios erweisen, und die Begräbnis in hiesiger Metropolitankirche gleich den Mitgliedern der königlichen Familie gestattet werden."

Feierliche Beisetzung im Dom zu Regensburg

Um nun angesichts der nicht ganz einfachen Sachlage keinen Fehler zu machen, schickte der gewissenhafte Lodron einen geheimen Stafettenreiter nach München, um dort allerhöchste Anweisungen für die Beisetzung einzuholen. Daß der Bote auf Befehl Lodrons schon losritt, bevor Dalberg seine Seele ausgehaucht hatte, war zwar nicht sehr pietätvoll, sprach aber für das Pflichtbewußtsein des Beamten, der kurz darauf zum Präsidenten des Rechnungshofes ernannt wurde. König Max Joseph zögerte nicht, dem letzten Wunsch Dalbergs zu entsprechen. Er befahl allen Pomp und alle Ehren. Die anschließend erfolgten Zeremonien der Aufbahrung und des fürstlichen Trauerzugs spiegelten einen letzten Glanz der versunkenen Welt des alten Reiches und seines Erzkanzlers. Ein Chirurg wurde bestellt, der nach hochfürstlichem Brauch den Leichnam öffnete und die Eingeweide herausnahm. Das Herz tat er in eine silberne Kapsel und ließ es von einem Diener nach Aschaffenburg bringen, wo es neben den Herzen der übrigen Mainzer Kurfürsten in der dortigen Stiftskirche feierlich beigesetzt wurde. Dann balsamierte der Medikus die sterbliche Hülle mit verschiedenen Ingredienzen, um sie vor Verwesung zu schützen. Er verwendete dabei – wie in der Barockzeit – Kardamon, Alaun, Myrrhe und Salz, aber auch wegen des Geruchs Gewürze wie Salbei, Oregano, Pfefferminz und Rosenöl, und die damit präparierte Leiche wurde – der erzbischöflichen Würde des Toten gemäß – mit Albe, golddurchwirktem Zingulum, schwarzem Barett, Pontifikalhandschuhen und seidenen weißen Strümpfen bekleidet.

Am 12. Februar 1817 bewegte sich ein feierlicher Leichenzug durch die Stadt.[97] Der Fürst von Regensburg wurde zu Grabe getragen. Alle Kirchen – katholische wie evangelische – ließen ihre Glocken läuten. Vierundzwanzig schwarz gekleidete Fackelträger flankierten den schweren Katafalk. Dahinter ging Dalbergs Dienerschaft: zwei Privatsekretäre, ein Hausmeister, ein Tafeldecker, ein Hofläufer, eine Köchin, zwei Lakaien und eine Wäscheaufseherin, für die alle aus der Hinterlassenschaft des Verstorbenen Trauerkleider und Trauerhüte angeschafft worden waren. Der Dienerschaft folgten die adeligen Regensburger Domherrn, die staatlichen Würdenträger wie die Beamten der städtischen Behörden, Priester, Pastoren, Offiziere und Bürger. Hohe politische Prominenz von den Höfen in München, Wien oder gar Paris fehlte. Auch von Dalbergs Familie waren nur zwei entfernte Verwandte gekommen[98] – der königlich-bayerische Kreisrat Graf von Seinsheim und der Generalmajor Freiherr von Radenhausen. Der Fürst von der Leyen und Herzog Emmerich von Dalberg hatten offenbar Angst, sich politisch zu kompromittieren. Von seinen Geschwistern lebte nur noch Antoinette und die war ein uraltes Stiftsfräulein in Aschaffenburg und für eine Reise nach Regensburg bereits zu gebrechlich.

Carl Theodor von Dalberg auf seinem Sterbebette, d. 10. Febr. 1817.

Dumpf wirbelten die Trommeln, als der Leichenzug an der ehemaligen französischen Gesandtschaft vorbeimarschierte – jetzt das Palais von Graf Lodron, dann am Stadttheater, das Dalberg für die Regensburger Bürger erst vor wenigen Jahren hatte erbauen lassen, und von dort zum Rathaus, dem einstigen Sitz des Reichstags, dessen Versammlungen er als Erzkanzler geleitet hatte. Schließlich zog man zu seiner ehemaligen Residenz am Domplatz, die inzwischen in bayerischen Staatsbesitz übergegangen war. Vor dem Dom machte der Zug halt, die Diener legten den Leichnam auf ein Paradebett, auf dem er drei Tage lang ausgestellt blieb. Drei Tage lang auch wurden Sterbegottesdienste gefeiert und Messen gelesen – insgesamt achtundvierzig. Die eigentliche Beisetzung fand dann am 14. Februar 1817 statt. Die Totengräber hatten an einer Stelle im Mittelschiff den Boden aufgerissen und eine Gruft ausgehoben. Hier senkte sich um drei Uhr nachmittags der schwere Eichensarg hinab. Eine dicke Steinplatte schloß das Grab. Die Inschrift – ein Chronodistichon – lautete: „DaLbergII PrIMatIs CIneres helC sepVLtI sVnt“[99]. Diese Steinplatte wurde später gegen eine unbeschriftete Platte ausgewechselt. Seitdem weiß man nicht mehr genau, wo Dalbergs sterbliche Überreste liegen[100].

Ein peinliches Nachspiel

Der feierlichen Barockzeremonie folgte ein halbes Jahr später ein weniger feierliches Nachspiel. Es ging um das Erbe des Verstorbenen. Der Fürst hatte zwar wenige Monate vor seinem Tod noch sein Testament entworfen, das Dokument jedoch nicht unterzeichnet. Außerdem fehlte die notarielle Beglaubigung[101]. Das Testament war – juristisch gesehen – ohne Gültigkeit. Weil aber nun an seinen Nachlaß Forderungen erhoben wurden – allein die Beisetzung hatte 8638 Gulden gekostet –, kam seine gesamte persönliche Habe unter den Hammer. Es waren wahrhaftig keine Reichtümer, die da am 1. September 1817 in Regensburg versteigert wurden, denn die wirklichen Kostbarkeiten wie das restliche Tafelsilber, ein Saphir-Ring, Brillantschmuck oder kirchliche Gerätschaften aus Gold hatte die Münchener Regierung beschlagnahmen lassen. Die bayerische Krone betrachtete sich nämlich als den Rechtsnachfolger des letzten Mainzer Kurfürsten, denn außer Regensburg war inzwischen auch Aschaffenburg bayerisch geworden. Deshalb wurden nur Gegenstände versteigert, die zu Dalbergs unmittelbarem Privatgebrauch gehört hatten – beispielsweise ein schwarz-seidener Abbé-Mantel, goldene Schuhschnallen, Champagnergläser und eine Spuckschüssel. Das Nachlaßgericht nahm mit Rücksicht auf die Würde des Toten wenigstens davon Abstand, ein genaues Verzeichnis der angebotenen Objekte bekanntzugeben, „weil die Meubles, Effekten usw. wegen ihres geringen Wertes keine für einen ehemaligen Souverain und Erzbischofe anpassende Einrichtung erschienen.“[102] Der bayerische Fiskus, der sich mit den Erben Dalbergs um die kurmainzischen Preziosen herumstritt, schloß drei Jahre später einen für ihn vorteilhaften Vergleich, dessen endgültige Regelung sich jedoch bis ins Jahr 1827 hinzog. Man kam überein, daß alle Kunstschätze, darunter die kostbare Aschaffenburger Gemäldesammlung, sowie sämtlicher Schmuck und auch die kirchlichen Geräte in Staatsbesitz übergehen, der Erlös aus dem Tafelsilber jedoch Emmerich von Dalberg und Amalie von der Leyen als den nächsten Erben zufallen sollte[103]. Es war gewissermaßen eine Ironie des Schicksals, daß Napoleon bei der Auktion auch eine Rolle spielte. Das Großkreuz der Ehrenlegion, das er dem Großherzog Dalberg am 27. Dezember 1810 verliehen hatte[104], fand unter den Souvenirjägern ein ganz besonderes Interesse. Obwohl nur auf zweiundfünfzig Gulden geschätzt, ging es schließlich für sechsundsiebzig an den Regensburger Advokaten Alois Schmid[105].

Das Grabmal

Der Kaiser überlebte seinen Fürstprimas lediglich ganze vier Jahre. Er starb am 5. Mai 1821 auf einem fernen Eiland im Atlantischen Ozean. Der weiße Stein, der seine Grabstätte deckte, trug auf Befehl des englischen Gouverneurs keine Inschrift. Dalberg hingegen erhielt 1824 im Regensburger Dom durch seinen Neffen Emmerich ein prachtvolles klassizistisches Grabdenkmal aus feinstem venezianischen Marmor[106]. Doch die paradox erscheinende Situation sollte sich schon bald wieder ändern. In Frankreich löste die Juli-Monarchie des Bürgerkönigs Louis Philippe eine neue Begeisterungswelle für den verfemten Napoleon aus. Die sterblichen Überreste des Kaisers wurden schließlich im Dezember 1840 in einem grandiosen Triumphzug nach Frankreich zurückgebracht und in den Pariser Invalidendom überführt. In Deutschland hingegen kam es zu einer national geprägten, romantisch-historisierenden Verklärung des Mittelalters, in deren Folge man alle französischen Einflüsse des vergangenen Jahrhunderts und auch der Napoleonzeit heftigst ablehnte. Das Grabmonument Dalbergs wurde daher während einer gründlichen Regotisierung des Domes[107] von seinem repräsentativen Platz im Mittelschiff weggeschafft.[108] Es kam in eine dunkle Seitennische des Nordschiffs, in der es noch heute steht.

ANMERKUNGEN

EINLEITUNG (Seite 9–18)

[1] Constantin Bourgeois und Jean Baptist Debret, 1812. Musée National du chateau de Versailles.

[2] Ausgewählte Werke des Grafen Kaspar von Sternberg, 2 Bde., Prag 1902–1909, Bd. 1: August Sauer (Hg.) Briefwechsel zwischen Johann Wolfgang von Goethe und Kaspar Graf von Sternberg (1820–1832), Prag 1902; Bd. 2: Wladimir Helekal (Hg.) Materialien zu meiner Biographie, Prag 1909, hier: 2, 231, ähnlich 72 f. und 81 ff. (zit.: Sternberg, Werke). Vgl. Konrad M. Färber, Domkapitular Graf Kaspar von Sternberg und sein Wirken für Regensburg, in: VO 124 (1984) 395–420 (zit.: Färber, Sternberg).

[3] Karl Cäsar von Leonhard, Aus unserer Zeit in meinem Leben, 2 Bde., Stuttgart 1854–56, hier: 1, 324–327 (zit.: Leonhard, Zeit).

[4] Vgl. Clemens Theodor Perthes, Politische Zustände und Personen in Deutschland zur Zeit der französischen Herrschaft, Gotha 1862, 342 (zit.: Perthes, Zustände). Georg Eduard Steitz, Der Staatsrat Steitz und der Fürstprimas Karl von Dalberg, Frankfurt a. M. 1869, 15, Anm. 4 (zit.: Steitz, Dalberg). Karl Freiherr von Beaulieu-Marconnay, Karl von Dalberg und seine Zeit. Zur Biographie und Charakteristik des Fürsten Primas, 2 Bde., Weimar 1879, hier: 2, 252 f. (zit.: Beaulieu-Marconnay, Dalberg). Paul Darmstädter, Das Großherzogtum Frankfurt. Ein Kulturbild aus der Rheinbundzeit, Frankfurt a. M. 1901, 394 (zit.: Darmstädter, Frankfurt).

[5] Moritz von Kaisenberg, König Jérôme Napoléon. Ein Zeit- und Lebensbild nach Briefen des Reichserzkanzlers von Dalberg an meinen Großvater etc., Leipzig 1899, 15–21 (zit.: Kaisenberg, König Jérôme).

[6] Ebd. 177–191.

[7] Ebd. 15.

[8] Vgl. Hügel an Metternich, Frankfurt 31. Mai 1811, HHStA, Wien, Staka, Frankfurt 10, fol. 148 sowie Hédouville an Maret, Aschaffenburg, 31. Mai 1811, AE, Paris, CPA 733, fol. 98.

[9] Vgl. Klaus Rob, Karl Theodor von Dalberg (1744–1817). Eine politische Biographie für die Jahre 1744–1806, Frankfurt a. M. 1984, 315 f., 319 f., 331 u. 380 (zit.: Rob, Dalberg), der sich hier offensichtlich auf Arnulf Jürgens, Emmerich von Dalberg zwischen Deutschland und Frankreich, Stuttgart 1976, 220, Anm. 148, stützt (zit.: Jürgens, Dalberg).

[10] Ludwig Häusser, Deutsche Geschichte vom Tode Friedrichs des Großen bis zur Gründung des Deutschen Bundes, 4 Bde., Berlin (1854–57). Zit. nach: [4]1869, 2, 522 (zit.: Häusser, Geschichte).

[11] Vgl. Perthes, Zustände, 365 f. u. 396–402.

[12] Vgl. Heinrich v. Treitschke, Deutsche Geschichte im 19. Jahrhundert, 5 Bde., Leipzig [1]1879–82, hier: 1, 186 ([10]1918).

[13] Vgl. Karl Georg Bockenheimer, Carl Theodor von Dalbergs Aufenthalt in Paris in den Jahren 1807–1808, Mainz 1870 (zit.: Bockenheimer, Aufenthalt).

[14] Vgl. Karl Georg Bockenheimer, Carl Theodor von Dalberg, in: ADB 4 (1876) 703–708.

[15] Vgl. die entsprechenden Etikettierungen bei Beaulieu-Marconnay, Dalberg, wie z. B. „Abhängigkeit und Unterwürfigkeit", 2, 15; „enthusiastischer Verehrer Napoleons", 2, 20; „unbegrenzte Verehrung", 2, 155; „Devotion vor dem Genie", 2, 163; „blinder Diensteifer für Napoleon", 2, 164; „willenloses Werkzeug des französischen Machthabers", 2, 282.

[16] Theodor Bitterauf, Geschichte des Rheinbundes, Bd. 1: Die Gründung des Rheinbundes und der Untergang des alten Reiches, München 1905, 212 (zit.: Bitterauf, Rheinbund).

[17] Zit. n. ebd. 333.

[18] Beda (Hubert) Bastgen, Dalbergs und Napoleons Kirchenpolitik in Deutschland, Paderborn 1917, 154 (zit.: Bastgen, Dalberg).

[19] Wilhelm Hausenstein, Die Wiedervereinigung Regensburgs mit Bayern im Jahre 1810, Diss. München 1905, 141 f. (zit.: Hausenstein, Wiedervereinigung).

[20] Vgl. August Widl, Die soziale Tätigkeit des Fürstprimas Karl von Dalberg im Fürstentum Regensburg, Diss. Erlangen 1931, 101 (zit.: Widl, Tätigkeit) sowie Alfred Overmann, Karl Theodor Maria Freiherr von Dalberg, in: Mitteldeutsche Lebensbilder, Magdeburg 1928, 3, 175–194.

[21] Vgl. Werner Hertel, Karl Theodor von Dalberg zwischen Reich und Rheinbund 1802–1806, Diss. Mainz 1952 (Masch.) 137–141 (zit.: Hertel, Dalberg).

[22] Vgl. Rainer Wohlfeil, Untersuchungen zur Geschichte des Rheinbundes 1806–1813. Das Verhältnis Dalbergs zu Napoleon, in: ZGO 108 (1960) 86 ff. (zit.: Wohlfeil, Untersuchungen).

[23] Vgl. Ludwig Lenhart, Carl Theodor von Dalberg, in: NDB 3 (1957) 489 f. (zit.: Lenhart, Dalberg).

[24] Vgl. Otto Vossler, Karl von Dalberg, in: Otto Vossler (Hg.) Geist und Geschichte. Von der Reformation bis zur Gegenwart, Ges. Aufsätze, München 1964, 139–145.

[25] Vgl. Alois Gerlich, Zum Napoleonbild des Mainzer Kurfürsten Karl Theodor von Dalberg, in: Mainzer Almanach (1965) 190 (zit.: Gerlich, Napoleonbild). Zur Beurteilung im einzelnen sehr wichtig die Briefedition von Alois Gerlich (Hg.) Briefe des Mainzer Koadjutors Karl Theodor von Dalberg an den Staatsminister Franz Joseph von Albini, in: Geschichtliche Landeskunde. Veröffentlichungen des Instituts für geschichtliche Landeskunde d. Univ. Mainz 2 (1965) 150–201 u. 7 (1972) 108–139 (zit.: Gerlich, Briefe 1 [Bd. 2] u. 2 [Bd. 7]).

[26] Vgl. Karl Otmar von Aretin, Heiliges Römisches Reich 1776–1806. Reichsverfassung und Staatssouveränität (Veröffentlichungen des Instituts für Europäische Geschichte, Mainz, Abt. Universalgeschichte, Bd. 37/38) 2 Bde., Wiesbaden 1967, hier: 1, 486–503 (zit.: Aretin, Reich).

[27] Vgl. Hubert Becher, Der deutsche Primas. Eine Untersuchung zur deutschen Kirchengeschichte in der ersten Hälfte des 19. Jahrhunderts, Kolmar 1943, 33 ff. (zit.: Becher, Primas).

[28] Vgl. Georg Schwaiger, Die altbayerischen Bistümer Freising, Passau und Regensburg zwischen Säkularisation und Konkordat (1803–1817) München 1959, 148–172 (zit.: Schwaiger, Bistümer); Georg Schwaiger, Fürstprimas Carl von Dalberg, in: Beiträge zur Geschichte des Bistums Regensburg 1 (1967) 22 f. (zit.: Schwaiger, Dalberg); Georg Schwaiger, Die Kirchenpläne des Fürstprimas Karl Theodor von Dalberg, in: Münchner Theologische Zeitschrift 9 (1958) 186–204 (zit.: Schwaiger, Kirchenpläne).

[29] Vgl. Heribert Raab, Carl Theodor von Dalberg. Das Ende der Reichskirche und das Ringen um den Wiederaufbau des kirchlichen Lebens 1803–1815, in: Archiv für mittelrheinische Kirchengeschichte 18 (1966) 31 f.

[30] Vgl. Rudolf Reinhardt, Fürstprimas Karl Theodor von Dalberg im Licht der neueren Forschung, in: Theol. Quartalsschrift 144 (1964) 257–275 (zit.: Reinhardt, Dalberg).

[31] Vgl. Axel Herrmann, Carl Theodor von Dalberg, in: Biographisches Wörterbuch zur deutschen Geschichte, begr. v. Hellmuth Rössler u. Günther Franz, 2. Aufl. bearb. v. Karl Bosl, Günther Franz, Hans Hubert Hofmann, 3. Bde., München 1973–75 (zit.: Biogr. Wb.) hier: 2 (1974) 1429–1433 (zit.: Herrmann, Dalberg).

[32] Heribert Raab, Carl Theodor von Dalberg, in: Lexikon für Theologie und Kirche, 2. neubearb. Aufl. d. kirchlichen Handlexikons, hrsg. v. Michael Buchberger, 10 Bde., Freiburg 1930–38, völlig neu bearb. Aufl. hrsg. v. Josef Höfer u. Karl Rahner, Freiburg 1957–65 (zit.: LThK) hier: 3 (1959) 125 f., ähnlich Becher, Primas, 33.

[33] Vgl. Rob, Dalberg, 379 f., der dafür den von Kaisenberg gefälschten Brief Dalbergs als Beleg heranzieht. Siehe oben Anm. 5–9.

[34] Reinhardt, Dalberg, 265.

[35] Ernstzunehmende Ansätze dazu bislang nur bei Wohlfeil, Untersuchungen, 91–108 sowie bei Gerlich, Napoleonbild, 190 f.

[36] Zit. n. Fritz Stern, Gold und Eisen. Bismarck und sein Bankier Bleichröder, Frankfurt a. M. 1978, 13.

[37] Selbst der französische Napoleon-Spezialist Jean Tulard, Napoléon ou le mythe du sauveur, Paris 1977 (dt. übers. von Caroline Vollmann, Napoleon oder der Mythos des Retters. Eine Biographie, Tübingen 1978), 200, streift die Person des Erzkanzlers nur ganz am Rande. Von den französischen Historikern hat sich lediglich Emile Dard, Napoléon et Talleyrand, 2 Bde., Paris 1935, 79–102 (zit.: Dard, Napoléon) mit „Les Dalbergs" befaßt.

[38] Vgl. Paul R. Scheppler, Dalbergs Privatkorrespondenz und das Archiv des Kurstaats Mainz, in: Spessart 14 (1928) und Heimgarten 6 (1928); Heinrich Büttner, Verschwundene Mainzer Geschichtsquellen, in: Mainzer Zeitschrift 41–43 (1946–48) 106 ff. Am gründlichsten waren bislang die Ausforschungen von Alfred Friese, Ein Beitrag zur Geschichte des Dalberg-Archivs. Vernichtung und Wiederauffindung von Archivalien, in: Aschaffenburger Jahrbuch 2 (1955) 277–282 (zit.: Friese, Beitrag). Zusammenfassend zum Dalberg-Nachlaß Heinrich Huber, Aus den Nachlaßakten des Fürstprimas Karl von Dalberg, Regensburg 1926 (zit.: Huber, Nachlaßakten) sowie Heinrich Huber, Der Nachlaß des Fürstprimas Karl von Dalberg, in: Aschaffenburger Jahrbuch 2 (1955) 271–276 (zit. Huber, Nachlaß).

[39] Zit. n. Heribert Raab, Aus dem Briefwechsel des Aschaffenburger Weihbischofs Joseph Hieronymus Karl von Kolborn mit dem Konstanzer Generalvikar Ignaz Heinrich von Wessenberg, in: Aschaffenburger Jahrbuch 2 (1955) 132 (zit.: Raab, Briefwechsel). Vgl. Rob, Dalberg, 15.

[40] Freundlicher Hinweis von Prinz zu Salm-Salm.

[41] Die 254 Faszikel des Dalberg-Nachlasses im BayHStA, München, wurden 1936 von Heinrich Huber geordnet. Vgl. Huber, Nachlaß, 271 sowie Heinrich Huber, Die Testamente des Fürstprimas Karl von Dalberg, in: VO 90 (1940) 321 – 332 (zit.: Huber, Testamente).

[42] Der entscheidende Fingerzeig dazu Wohlfeil, Untersuchungen, 88.

[43] Hertel, Dalberg, passim, zog diesen Bestand für die Jahre 1802 bis 1806 heran; Wolfram Bilz, Die Großherzogtümer Würzburg und Frankfurt. Ein Vergleich. Eine Studie über die Rheinbundszeit, Diss. Würzburg 1968 (zit.: Bilz, Großherzogtümer) für den Zeitraum 1810 – 1813. Auch Wohlfeil, Untersuchungen, hat damit gearbeitet. Hinsichtlich der Verfassungspläne Dalbergs für den Rheinbund ebenso Eberhard Weis, Napoleon und der Rheinbund, in: Armgard von Reden-Dohna (Hg.) Deutschland und Italien im Zeitalter Napoleons, Wiesbaden 1979, 57 – 80 (zit.: Weis, Napoleon).

I. EIN DOMHERR WIRD „KURPRINZ" (Seite 19–34)

[1] Sophie von Coudenhove (1747–1825) Tochter des kurkölnischen Oberhofmarschalls Graf von Hatzfeld und Nichte des regierenden Mainzer Kurfürsten Karl Friedrich von Erthal (siehe unten Anm. 2), verheiratet mit Ludwig von Coudenhove, Erboberjägermeister beim Fürstbischof von Lüttich, später in Mainz Geheimrat, Feldmarschall-Lieutnant und Kapitän der Leibgarde. Ihr Bruder Maximilian Friedrich Franz Graf von Hatzfeld wurde Mainzer Domkapitular und Hofmusikintendant, ein weiterer Bruder, Hugo Franz Graf von Hatzfeld (1755–1833), kurmainzischer Gesandter in Berlin und Dresden. Vgl. Rob, Dalberg, 87.

[2] Karl Joseph Friedrich von Erthal (1719–1802), 1774 mit Unterstützung des Wiener Hofes zum Kurfürst-Erzbischof von Mainz gewählt. Vgl. Günther Christ, Geistliche Fürsten des ausgehenden 18. Jahrhunderts im Lichte der Wiener Diplomatie, in: Aschaffenburger Jahrbuch 8 (1984) 189–310, hier: 293–300. Wilhelm Diepenbach u. Carl Stenz, Die Mainzer Kurfürsten, Mainz 1935, 101., Biogr. Wb. 1 (1973) 773 ff.

[3] Coudenhove an Carl August, 6. April 1787, bei: Willy Andreas (Hg.) Politischer Briefwechsel des Herzogs und Großherzogs Carl August, 3 Bde., Stuttgart 1954–73, hier: 1, 334 (zit.: Andreas, Briefwechsel). Zur Begegnung Dalbergs mit der Coudenhove vgl. Andreas, Briefwechsel, 1, 333–339.

[4] Carl August von Sachsen-Weimar (1757–1828) trat 1775 als Herzog die Nachfolge seiner Mutter, der Herzogin-Regentin Anna Amalia an. Am Wiener Kongreß wurde er zum Großherzog erhoben. Vgl. Biogr. Wb. 2 (1974) 1438 f.

[5] Dalberg an Carl August, 1. April 1787, bei: Andreas, Briefwechsel, 1, 328.

[6] Die Dalbergs stammen höchstwahrscheinlich aus einem bischöflichen Ministerialengeschlecht in Worms, genannt Kämmerer von Worms, für das sogar römische Verfahren namhaft gemacht wurden. Vgl. Georg Wilhelm Zapf, Johann von Dalberg, Augsburg 1796, 6 ff. (zit.: Zapf, Johann); Hermann Knodt (Hg.) Rhein-Mainisches Wappenbuch, Görlitz 1941, 1, 31, der den historischen Beginn des Geschlechts der Kämmerer von Worms mit dem Jahr 1130 festsetzt, dagegen Karl Morneweg, Johann von Dalberg. Ein deutscher Humanist und Bischof, Heidelberg 1887, 5 (zit.: Morneweg, Dalberg) erst mit dem Jahr 1239. Fest steht, daß sich die Familie der Kämmerer von Worms zwischen dem Beginn und der Mitte des 14. Jahrhunderts durch Heirat mit einem damals aussterbenden Rittergeschlecht verband, zu dessen Lehensgütern u. a. die bei Kreuznach gelegene Dalburg gehörte. Als Ganerben der Burg fügten die Kämmerer von Worms gegen Ende des 14. Jahrhunderts ihrem Geschlechternamen den Beinamen „Dalberg" an, der bereits im 15. Jahrhundert zum Hauptnamen werden sollte. Vgl. Morneweg, Dalberg, 8; Zapf, Johann, 25; ebenso A. Schmitt, Die Herrnsheimer Dalberg und ihre Kirche, Worms 1933, 7 (zit.: Schmitt, Herrnsheimer). Davon allerdings abweichend Ernst Heinrich Kneschke (Hg.) Neues deutsches Adelslexion, 9 Bde., Leipzig 1929/30, hier: 2, 403 ff. (zit.: Kneschke, Adelslexikon). Weitere genealogische Hinweise bei: Walther Möller, Stammtafeln westdeutscher Adels-Geschlechter im Mittelalter, Darmstadt 1922, 116; Karl Hopf, Historisch-genealogischer Atlas seit Christi Geburt bis auf unsere Zeit, Gotha 1858, 114 f.; F. Falk, Die Dalbergs, die Kämmerer von Worms, in: Correspondenzblatt des Gesamt-Vereines der deutschen Geschichts- und Alterthums-Vereine Jg. 1874, 42; Geschichte des freiherrlichen Hauses, Kämmerer von Worms, genannt von Dalberg, in: Cast's Archiv (Archiv für Geschichte, Genealogie, Diplomatik und verwandte Fächer), Stuttgart 1846/47, 3, 245–249; Reichsfreiherrn von und zu Dalberg, in: Zeitschrift Adler, Jg. 1871, 4 ff.; Friedrich Battenberg, Die Gerichtsverfassung in der Herrschaft Dalberg in der frühen Neuzeit, in: Archiv für hessische Geschichte und Altertumskunde, NF 40 (1982) 9–95; Genealogisches Taschenbuch der freiherrlichen Häuser 1, Gotha 1848, 68–73.

[7] Vgl. Nouvelle Biographie générale (hrsg. v. Ferdinand Hoefer) Bd. 1–46, Paris 1852–66 (Ndr. Kopenhagen 1963–66) hier: 12 (1855) 797 f. (zit.: Nouvelle Biographie); Beaulieu-Marconnay, Dalberg, 1, 3. Der erste Ritterschlag anläßlich einer Kaiserkrönung wurde 1494 von Maximilian I. zu einem Privileg der Familie Dalberg erklärt, was noch 1738 von Karl VII. bestätigt wurde. Zuletzt erhielt Friedrich Franz Karl von Dalberg aus der Jüngeren Hesslocher Linie, Statthalter von Worms, bei der Kaiserkrönung in Frankfurt von 1792 durch Franz II. den Ritterschlag. Sein Sohn Carl Anton Maximilian von Dalberg (1792–1859) setzte die Nachkommenschaft fort, die bis ins 20. Jahrhundert blühte.

[8] Heribert von Dalberg war Kanzler Otto III. und wurde 990 Erzbischof von Köln. 1002 krönte er Heinrich II. zum Kaiser. Vgl. Justus Schneider, Zwei Regenten Fulda's aus dem Hause Dalberg, in: Zeitschrift des Vereins für hessische Geschichte u. Landeskunde, NF 8 (1880) 177–203, hier: 178 (zit.: Schneider, Regenten).

[9] Johann von Dalberg (1445–1503) war in diplomatischen Diensten des Kurfürsten Philipp von der Pfalz erfolgreich, wurde Kanzler der Universität Heidelberg und 1482 Bischof von Worms. Vgl. Zapf, Johann sowie Morneweg, Dalberg.

[10] Wolfgang von Dalberg (1557–1601), seit 1582 Kurfürst-Erzbischof von Mainz, Vgl. Lenhart, Dalberg, 490.

[11] Adolf von Dalberg (1678–1737) war Fürstabt von Fulda. Vgl. Schneider, Regenten, 180–187.

[12] Vgl. Aretin, Reich, 1, 85.

[13] Vgl. Andreas Ludwig Veit, Geschichte und Recht der Stiftsmäßigkeit auf die ehemals adeligen Domstifte von Mainz, Würzburg und Bamberg, in: HJ 33 (1912) 324–358; Andreas Ludwig Veit, Der stiftsmäßige deutsche Adel im Bilde seiner Ahnenproben, Freiburg 1935; Friedrich Keinemann, Das Domstift Mainz und der mediate Adel. Der Streit um die Zulassung von Angehörigen der landsässigen Ritterschaften zu Mainzer Dompräbenden, in: HJ 89 (1969) 153–170; Aretin, Reich, 1, 78–84.

[14] Philipp Franz Eberhard von Dalberg (1635–1696), während des Interregnums von 1657 in den Reichsfreiherrnstand erhoben, 1658 von Kaiser Leopold I. zum Ritter geschlagen und 1671 zum Präsidenten des Reichskammergerichts in Wetzlar ernannt. Vgl. Schmitt, Herrnsheimer, 13 sowie Kneschke, Adelslexikon, 2, 403. Die sich im 17. Jahrhundert entwickelnde engere Verbindung der Reichsfreiherrn von Dalberg zum Kaiserhof in Wien belegt auch die eindrucksvolle Liste der Reichshofräte aus der Familie Dalberg, vgl. Oswald von Gschließer, Der Reichshofrat, Wien 1942, 302, 416 f. Ein unentbehrlicher Wegweiser für die Zugehörigkeit der Dalbergs zu den deutschen Domkapiteln ist Peter Hersche, Die deutschen Domkapitel im 17. und 18. Jahrhundert, 3 Bde., Bern 1984.

[15]
1. Franz Erkenbert von Dalberg (1674–1736) erhielt 1682/83 eine Dompräbende in Würzburg und Trier. Nach seiner Laisierung wurde er kurzmainzischer Oberamtmann und heiratete 1701 Johanna Franziska Fuchs von Bimbach. Mit dieser Verbindung gründete er die sogenannte Ältere Dalbergische Linie, die 1848 im Mannesstamm ausstarb. In zweiter Ehe war er seit 1708 mit Anna Luise von Dalberg verheiratet, mit der er die sogenannte Jüngere Hesslocher Linie begründete, die sich bis ins 20. Jahrhundert fortsetzte. (Siehe oben Anm. 7).
2. Damian Erkenbert von Dalberg, gestorben 1725, 1676/77 Domherr in Mainz, Würzburg und Trier.
3. Damian Kasimir von Dalberg, gestorben 1717, Deutschordensritter.
4. Friedrich Anton von Dalberg (1675–1705) 1680 Domherr in Mainz und 1695 in Würzburg und Bamberg.
5. Adolf von Dalberg (1678–1737) (siehe oben Anm. 11).
6. Johann Heribert von Dalberg (1676–1712) 1683 Domherr in Würzburg.
7. Philipp Wilhelm von Dalberg, 1721 Domherr in Worms.
8. Wolf Eberhard von Dalberg (1696–1737) ist der Stammvater der sogenannten Jüngeren Herrnsheimer Linie, aus der in der dritten Generation Karl Theodor von Dalberg, der spätere Kurfürst-Erzkanzler, hervorging. Nachdem Wolf Eberhards Bruder Damian Erkenbert (Nr. 2 oben) bei der Mainzer Koadjutorwahl von 1710 für Franz Ludwig von Pfalz-Neuburg gestimmt hatte, vgl. Heinz Duchhardt, Die Mainzer Koadjutorwahl von 1710, in: Geschichtliche Landeskunde. Veröffentlichungen des Instituts für Geschichtliche Landeskunde an der Universität Mainz 7 (1972) 66–93, wurde Wolf Eberhard im Jahr 1729, als Franz Ludwig von Pfalz-Neuburg die Regierungsnachfolge in Mainz antreten konnte, kurpfälzischer Geheimer Rat in Mannheim.

[16] Karl Friedrich Damian Joseph von Dalberg (1717–1778), 1729/30 Domherr in Trier, Mainz und Würzburg. Sowohl in Trier, wo er 1757 Chorbischof (Erzdiakon) wurde, als auch in Mainz, wo er 1766 Kantor und 1772 Dekan wurde, besaß er eine einflußreiche Stellung. Vgl. Sophie Mathilde Gräfin zu Dohna, Die ständischen Verhältnisse am Domkapitel von Trier vom 16. bis zum 18. Jahrhundert, Trier 1960, 82 u. 112 (zit.: Dohna, Verhältnisse); Günter Rauch, Das Mainzer Domkapitel in der Neuzeit. Zu Verfassung und Selbstverständnis einer adeligen geistlichen Gemeinschaft, in: ZsRG kan. 1. Teil: 61 (1975) 161–227, 2. Teil: 62 (1976) 194–278, 3. Teil: 63 (1977) 132–179, hier: 3. Teil: 63 (1977) 145 (zit.: Rauch, Domkapitel).

[17] Vgl. August Amrhein, Reihenfolge der Mitglieder des adeligen Domstifts zu Würzburg, St.-Kilians-Brüder genannt, von seiner Gründung bis zur Säkularisation 1742–1803, in: Archiv d. Hist. Vereins für Unterfranken u. Aschaffenburg 33 (1890) 3–380, hier: 80 f. (zit.: Amrhein, Reihenfolge).

[18] Vgl. Otto Forst, Ahnenproben der Mainzer Domherrn, Wien 1913, Tafel CLX (zit.: Forst, Ahnenproben).

[19] Vgl. Andreas Ludwig Veit, Mainzer Domherren vom Ende des 16. bis zum Ausgang des 18. Jahrhunderts in Leben, Haus und Habe, Mainz 1925, 14; Amrhein, Reihenfolge, 9.

[20] Vgl. Aretin, Reich, 1, 79–84 sowie Hans Erich Feine, Die Besetzung der Reichsbistümer vom Westfälischen Frieden bis zur Säkularisation 1648–1803, Stuttgart 1905 (Ndr. Amsterdam 1964) 20–31.

[21] Franz Karl Anton Eberhard von Dalberg (1717–1781) war der jüngste Sohn von Franz Erkenbert von Dalberg (siehe oben Anm. 15, Nr. 1), 1731 Domherr in Trier, Mainz und Worms, von 1757 bis 1777 Chorbischof (Erzdiakon) in Trier, kandidierte 1774 erfolglos bei der Mainzer Kurfürstenwahl, 1777 Dompropst in Mainz. Vgl. Dohna, Verhältnisse, 82 u. 112.

[22] Friedrich Anton Christoph von Dalberg (1709–1775) war ein Sohn von Franz Erkenbert von Dalberg (siehe oben Anm. 15, Nr. 1) und resignierte zugunsten seines jüngeren Bruders Franz Karl Anton Eberhard von Dalberg (siehe oben Anm. 21). Nach seiner Laisierung heiratete er Sophie von Wamboldt-Umstadt und wurde zum Begründer der Jüngeren Hesslocher Linie (siehe oben Anm. 6 u. 7).

[23] Johann Friedrich Hugo von Dalberg (1760–1814), Domherr in Trier, Worms und Speyer. Klaviervirtuose, Komponist und Verfasser musikästhetischer Schriften. Vgl. NDB 3 (1957) 488 f.

[24] Franz Heinrich von Dalberg (1716–1776), ältester Sohn von Wolf Eberhard von Dalberg (siehe oben Anm. 15, Nr. 8). Als Herr auf Herrnsheim, Burggraf zu Friedberg und kaiserlicher Kammerherr erbte er 1737 von seinem Vater dessen Stelle eines Geheimen Rats am kurpfälzischen Hof in Mannheim. Er wurde dann noch Amtmann in Oppenheim und heiratete am 19. März 1743 die Gräfin Sophia Anna von Eltz-Kempenich (1722–1763), eine Verwandte des damals regierenden Mainzer Kurfürsten Hugo von Eltz-Kempenich, wechselte um 1745 daher in kurmainzische Dienste, wo er Statthalter von Worms wurde. Vgl. Schmitt, Herrnsheimer, 13. Zur Kurmainzer Verwaltung bestanden bereits durch Franz Erkenbert von Dalberg (siehe oben Anm. 15, Nr. 1) Verbindungen, der dort Oberamtmann war. Die Bande wurden enger geknüpft, nachdem Ludovike Charlotte von Dalberg (1739–1805), eine Tochter von Friedrich Anton Christoph von Dalberg (siehe oben Anm. 22), 1759 mit Johann Friedrich Carl Maximilian Graf von Ostein (1735–1807) verheiratet wurde, der wiederum ein Neffe des damals regierenden Mainzer Kurfürsten Johann Friedrich Karl von Ostein (1689–1763) war. Nachdem die Ehe kinderlos geblieben war, adoptierte Johann Friedrich Carl Maximilian Graf von Ostein den aus der Jüngeren Hesslocher Linie stammenden Friedrich Carl Anton von Dalberg (1790–1814), der seit 1810 zusätzlich den Titel eines Grafen von Ostein führte und mit Schloß Datschitz in Mähren die Besitzungen der Osteins erbte. Er zog 1813 als Freiheitskämpfer in den Feldzug gegen Napoleon und starb kinderlos am 27. November 1814 infolge einer erlittenen Kriegsverwundung. Sein Erbe trat sein jüngerer Bruder Carl Anton Maximilian von Dalberg (1792–1859) an (siehe oben Anm. 7).

[25]
1. Maria Anna Helene (1745–1804) heiratete 1765 Franz Karl Reichsgraf von der Leyen, wurde nach dessen Tod 1775 Vormünderin ihres Sohnes Franz Philipp von der Leyen und als „Große Reichsgräfin“ berühmt. Vgl. Ludwig Eid, Marianne von der Leyen, geb. von Dalberg, die „Große Reichsgräfin“ des Westrichs, Zweibrücken 1910.
2. Heribert von Dalberg (1750–1806), Initiator und Intendant des Mannheimer Nationaltheaters, wurde 1790 von Kaiser Leopold II. zum Ritter geschlagen. Vgl. NDB 3 (1957) 490.
3. Antoinette von Dalberg (1757–1839) Stiftsdame zu St. Maria im Kapitol in Köln, zog sich 1802 nach Aschaffenburg zurück.
4. Johann Friedrich Hugo (1760–1814) (siehe oben Anm. 23).

[26] Vgl. Anton Schindling, Die Julius-Universität im Zeitalter der Aufklärung, in: Vierhundert Jahre Universität Würzburg. Eine Festschrift, hrsg. v. P. Baumgart, Neustadt/Aisch 1982, 77–128.

[27] Vgl. Georg Wilhelm Zapf, Karl, Großherzog von Frankfurt, Königliche Hoheit, Frankfurt a. M. 1810, 21.

[28] Vgl. Antje Freyh, Karl Theodor von Dalberg. Ein Beitrag zum Verhältnis von politischer Theorie und Regierungspraxis in der Endphase des aufgeklärten Absolutismus, Frankfurt a. M. 1978, 39 (zit.: Freyh, Dalberg).

[29] Johann Joachim Winckelmann (1717–1768), Altertumsforscher, Kunstgelehrter und Archäologe, entdeckte im 18. Jh. die Kunstschätze Roms neu. Vgl. ADB 43 (1898) 343–362.

[30] Clemens XIII. (Carlo della Torre Rezzonico) (1693–1769), 1758 zum Papst gewählt. Den diplomatischen Beobachtern galt er als fromm und sittenstreng. Vgl. LThK 2 (1958) 1229; Vgl. Johan-

nes Burkhardt, Abschied vom Religionskrieg. Der Siebenjährige Krieg und die päpstliche Diplomatie, Tübingen 1985, 191 f. (zit.: Burkhardt, Abschied).

[31] Karl Joseph Graf von Firmian (1716–1782) seit 1758 Gouverneur der Lombardei und Statthalter in Mailand. Vgl. Constant von Wurzbach, Biographisches Lexikon des Kaiserthums Österreich, Bd. 1–60, Wien 1856–1889 (Teilnachdruck New York 1969) hier: 4 (1858) 232 ff. (zit.: Wurzbach, Biogr.-Lexikon).

[32] Karl Theodor von Dalberg, Grundsätze der Aesthetik, deren Anwendung und künftige Entwicklung, in: Acta Academiae Electoralis Moguntiae Scientiarium utilium quae Erfurti est ad annos 1790 et 1791 (zit.: Acta Academiae) Erfurt 1791, 156.

[33] Wenzel Anton Dominik Graf von Kaunitz (1711–1794), 1753 österreichischer Staatskanzler (bis 1792) und nach dem von ihm erzielten österreichisch-französischen Allianzvertrag von 1756 in den Reichsfürstenstand erhoben. Vgl. Biogr. Wb. 2 (1974) 1464 ff.

[34] Emmerich Joseph von Breidbach-Bürresheim (1707–1774) setzte sich 1763 im zweiten Wahlgang als Kurfürst-Erzbischof von Mainz durch. Vgl. Heribert Raab, Die Breidbach-Bürresheim in der Germania Sacra. Eine Skizze der Reichskirchenpolitik des Mainzer Kurfürsten Emmerich Joseph und seines Bruders Karl Ernst, in: Mainzer Almanach (1962) 91–106.

[35] Vgl. Karin-Jutta Krüger, Karl Friedrich Willibald von Groschlag (1729–1799). Ein Beitrag zur kurmainzischen Politik und Aufklärung im Rhein-Main-Gebiet, Diss. Köln 1970, 249, 252 ff. u. 262.

[36] Rudolph Joseph Graf von Colloredo (1706–1788) seit 1745 Reichsvizekanzler. Vgl. Biogr. Wb. 1 (1973) 482 f.

[37] Vgl. Helmut Mathy, Über das Mainzer Erzkanzleramt in der Neuzeit. Stand und Aufgaben der Forschung, in: Geschichtliche Landeskunde. Veröffentlichungen des Instituts für Geschichtliche Landeskunde der Universität Mainz 2 (1963) 109–149, hier: 126 ff.

[38] Vgl. Lothar Gross, Die Geschichte der Deutschen Reichshofkanzlei von 1559 bis 1806, Wien 1933, 41–76 u. 86–95 (zit.: Gross, Reichshofkanzlei).

[39] Dalbergs Bewerbungsschreiben vom 30. Dezember 1770 bei: Beaulieu-Marconnay, Dalberg, 1, 12 f. Die Stelle trat er jedoch erst am 2. Oktober 1772 an.

[40] Zit. n. Heinrich Ulmann, Denkwürdigkeiten aus dem Dienstleben des Hessen-Darmstädtischen Staatsministers Freiherrn du Thil 1803–1848, Stuttgart 1921 (Ndr. Osnabrück 1967) 139.

[41] Vgl. Perthes, Zustände, 366.

[42] Schiller an Körner, 1. März 1790, bei: Friedrich von Schiller, Briefe. Kritische Gesamtausgabe, hrsg. v. F. Jonas, 7 Bde., Stuttgart 1892–96, hier: 3, 56 f. (zit.: Schiller, Briefe).

[43] Vgl. Freyh, Dalberg, 280–318; Hans Tümmler, Die Zeit Carl Augusts von Weimar, Köln 1984, 741–744 (zit.: Tümmler, Carl August). Zum Reformprogramm des aufgeklärten Absolutismus vgl. Eberhard Weis, Der aufgeklärte Absolutismus in den mittleren und kleinen deutschen Staaten, in: ZBLG 42 (1979) 31–46.

[44] Vgl. Georg Oergel, Die Akademie nützlicher Wissenschaften zu Erfurt von ihrer Wiederbelebung durch Dalberg bis zu ihrer endgültigen Anerkennung durch die Krone Preußens (1776–1816), in: Jahrbuch d. Kgl. Akademie gemeinnütziger Wissenschaften zu Erfurt, NF 30 (1904) 139–224; Tümmler, Carl August, 743; Rob, Dalberg, 97 f.

[45] Dalberg veröffentlichte zwischen 1776 und 1796 insgesamt neun Schriften in den Acta Academiae (siehe oben Anm. 32). Vgl. Freyh, Dalberg, 120–126, 135–149, 163–172 u. 221–231.

[46] Bei: Wilhelm Stieda, Erfurter Universitätsreformpläne im 18. Jahrhundert, Erfurt 1935, 97–118. Vgl. Georg Liebe, Die Universität Erfurt und Dalberg, Halle 1898; Freyh, Dalberg, 305–318; Rob, Dalberg, 92–97.

[47] Vgl. Freyh, Dalberg, 317.

[48] Vgl. Freyh, Dalberg, 318–330; Rob, Dalberg, 102–105.

[49] Zit. n. Carl G. Scharold (Hg.) Handschriftliche Reliquien von Karl Freiherr von Dalberg, in: Archiv d. Hist. Vereins v. Unterfranken u. Aschaffenburg 6 (1840) 146–154, hier: 146–149. Neu abgdr. und ergänzt bei: Sebastian Göbl (Hg.) Handschriftliche Reliquien von Karl Theodor von Dalberg, in: Archiv des Hist. Vereins v. Unterfranken u. Aschaffenburg 40 (1898) 85–97.

[50] Nikolaus von Hontheim (1701–1790), seit 1748 Weihbischof von Trier. Vgl. Leo Just, Justinius Febronius, in: Neue Mitteilungsblätter des Rheinischen Kulturinstituts 2 (1951) 11–13; Leo Just, Hontheim. Ein Gedenkblatt zum 250. Geburtstag, in: Archiv für mittelrheinische Kirchengeschichte 4 (1951) 204–215; Heribert Raab, Damian Friedrich Dumeiz, in: Archiv für mittelrheinische Kirchengeschichte 10 (1958) 217–270.

[51] Vgl. Aretin, Reich, 1, 40–46; LThK 4 (1960) 46 f.

[52] Im einzelnen dazu Becher, Primas, 23–30.

[53] Die sich mehrfach überkreuzenden Interessen der Reichskirche und des Territorialkirchentums in überzeugend neuer Sicht bei Karl Otmar von Aretin, Das Reich. Friedensgarantie und europäisches Gleichgewicht 1648–1806, Stuttgart 986, 403–448 (zit.: Aretin, Das Reich). Vgl. auch Karl Otmar von Aretin, Politik und Kirche im 18. Jahrhundert, in: Hochland 10 (1966) 23–38 sowie Aretin, Reich, 1, 375–391.

[54] Vgl. Heinrich Düntzer u. Gottfried v. Herder (Hg.) Ungedruckte Briefe aus Herders Nachlaß. Bd. 3: Aus dem Briefwechsel zwischen Karl von Dalberg und Herder, Leipzig 1862, 245–262, hier: 255. Der Entwurf selbst ist nicht erhalten geblieben.

[55] Johann Gottfried Herder (1744–1803) Theologe, Dichter, Kultur- und Geschichtsphilosoph, seit 1776 Generalsuperintendent in Weimar, überwand den geschichtsfeindlichen Rationalismus der Aufklärung und wurde zum Wegbereiter der klassischen deutschen Geistesepoche.

[56] Vgl. Eugen Lenhoff u. Oskar Posner (Hg.) Internationales Freimaurerlexikon, unveränderter Nachdruck der Ausgabe von 1932, Wien/München 1975, 315.

[57] Johann Adam Weishaupt (1748–1830), seit 1773 Ordinarius für Kanonisches Recht an der Ingolstädter Universität, 1785 wegen seiner Mitgliedschaft bei den Illuminaten suspendiert. Mit Dalbergs Hilfe flüchtete er vor seinen politischen Verfolgern an den Hof des Herzogs von Gotha. Vgl. ADB 41 (1896) 539–550; Biogr. Wb. 3 (1975) 3057 1.; Ludwig Hammermayer, Der Geheimbund der Illuminaten und Regensburg, in: VO 110 (1970) 61–92.

[58] Vgl. Ludwig Hammermayer, Die Aufklärung in Wissenschaft und Gesellschaft, in: Max Spindler (Hg.) Handbuch der bayerischen Geschichte, München 1969, 2, 985–1033, hier: 1027–1033 (zit.: Hammermayer, Aufklärung); Richard van Dülmen, Der Geheimbund der Illuminaten. Darstellung, Analyse, Dokumentation, Stuttgart 1975.

[59] Dalberg hatte sein Pseudonym aus dem Namen des von ihm bewunderten englischen Naturforschers und Philosophen Francis Bacon (1561–1626) abgeleitet. Bacon gilt als der Begründer der absolutistischen Staats- und Rechtstheorie und war mit dem Titel eines Barons von Verulam ausgezeichnet worden. Vgl. Wolfgang Krohn, Francis Bacon, München 1988.

[60] Vgl. Ludwig Hammermayer, Illuminaten in Bayern. Zu Geschichte, Fortwirken und Legende des Geheimbundes, in: Hubert Glaser (Hg.) Wittelsbach und Bayern, Krone und Verfassung. König Max I. Joseph und der neue Staat, München 1980, 146–173, hier: 154 ff. (zit.: Hammermayer, Illuminaten in Bayern); Joseph Hansen (Hg.) Quellen zur Geschichte des Rheinlandes im Zeitalter der Französischen Revolution 1780–1801, 4 Bde., Bonn 1931–38, hier: 1, 46–49.

[61] Vgl. Anton Doeberl, Annibale della Gengas Nuntiaturberichte, in: Historisch-politische Blätter für das katholische Deutschland 153 (1914) 116–132 u. 190–205, hier: 193 f. u. 202 f. (zit.: Doeberl, Nuntiaturberichte).

[62] Vgl. Dard, Napoléon, 82.

[63] Zit. n. Beda (Hubert) Bastgen, Bayern und der Heilige Stuhl in der ersten Hälfte des 19. Jahrhunderts, München 1940, 165 (zit.: Bastgen, Bayern).

[64] Alexander Horn an Bischof Cameron, 21. Oktober 1806, bei: Hammermayer, Illuminaten in Bayern, 169, Anm. 154.

[65] Johann Eustach Graf von Schlitz, genannt Görtz (1737–1821), Prinzenerzieher am Hof von Weimar, nach seiner Entlassung 1775 in preußischen Diensten, 1787 Gesandter am Reichstag in Regensburg. Vgl. ADB 9 (1879) 393; Aretin, Reich, 1, 60 f.

[66] Johann Wolfgang von Goethe, Tagebücher, 15 Bde., Weimar 1887–1919, hier: 1, 17.

[67] Ebd. 23.

[68] Ebd. 41. Gemeint sind Friedrich Hildebrand von Einsiedel (1750–1828) und sein Bruder Johann August von Einsiedel, Weimarer Hofrat und Kammerherr.

[69] Ebd. 116 f.

[70] Goethe an Charlotte von Stein, 5. Mai 1780, bei: Johann Wolfgang von Goethe, Briefe (Sophien-Ausgabe), 50 Bde., Weimar 1887–1912, hier: 4, 215 (Nr. 940).

[71] Goethe an Herder, 2. Januar 1776, bei: ebd. 3, 13 (Nr. 377).

[72] Goethe an Dalberg, 21. Juli 1779, bei: ebd. 4, 47 (Nr. 833).

[73] Goethe an Caroline von Wolzogen, 28. Januar 1812, bei: ebd. 22, 247. Zum Verhältnis Goethes zu Dalberg vgl. Wolfgang Vulpius, Goethe und Karl Theodor von Dalberg, in: Goethe-Jahrbuch, 90 (1973) 212–232 (zit.: Vulpius, Goethe); Rob, Dalberg, 112–119; zum besseren Verständnis der

Weimarer Verhältnisse vgl. Richard Friedenthal, Goethe. Sein Leben und seine Zeit, München 1963, 176–248.

[74] Caroline von Dacheröden (1766–1829) war eine Tochter des preußischen Kammerpräsidenten Karl Friedrich von Dacheröden, der sich in Erfurt zur Ruhe gesetzt hatte. Im Juni 1791 heiratete sie Wilhelm von Humboldt.

[75] Zit. n. Beaulieu-Marconnay, Dalberg, 1, 172.

[76] Vgl. Wilhelm v. Edelsheim an Carl August, 20. April 1784, bei: Andreas, Briefwechsel, 1, 92 sowie Beaulieu-Marconnay, Dalberg, 1, 147 f.; Gerhard Menzel, Franz Josef von Albini, 1746–1816. Ein Staatsmann des alten Reiches. Zu Wandel und Fortleben der Reichstradition bei der Neugestaltung Deutschlands 1787–1815; in: Mainzer Zeitschrift 69 (1974) 1–126, hier: 19, Anm. 22 (zit.: Menzel, Albini); Karl Otmar von Aretin, Karl Theodor von Dalberg zwischen Kaiser und Fürstenbund. Aktenstücke zur Coadjutorwahl in Mainz 1787, in: Archiv für mittelrheinische Kirchengeschichte 16 (1964) 328–377, hier: 351, Anm. 38 (zit.: Aretin, Dalberg); Freyh, Dalberg, 306. Zu Wilhelm Friedrich Graf von Sickingen vgl. ADB 34 (1892) 158 ff.

[77] Schiller an Körner, 1. März 1790, bei: Schiller, Briefe, 3, 56 f.

[78] Vgl. Beaulieu-Marconnay, Dalberg, 1, 190; Wilhelm Scherer, Karl von Dalbergs Verhältnis zu Friedrich von Schiller, in: VO 61 (1910) 223–233; Tümmler, Carl August, 746; Rob, Dalberg, 119–123.

[79] Humboldt an Forster, 1. Juni 1792, bei: Herbert Scurla, Wilhelm von Humboldt, Berlin (DDR) 1970, Lizenzausgabe Düsseldorf 1976, 103 f. (zit.: Scurla, Humboldt).

[80] Dalberg antwortete Humboldt mit seiner Schrift „Von den wahren Grenzen der Wirksamkeit des Staats in Beziehung auf seine Mitglieder“, die in Leipzig 1793 anonym erschien. Vgl. Freyh, Dalberg, 197–216; Tümmler, Carl August, 745.

[81] Caroline von Lengenfeld (1763–1847), verheiratete von Wolzogen, 1780 mit einem Legationsrat von Beulwitz verheiratet, nach der Scheidung 1794 in zweiter Ehe mit Wilhelm von Wolzogen verheiratet. Dieser wurde weimarischer Kammerrat (1797) und Gesandter in Paris (1806). Ihr umfangreicher Briefwechsel mit Dalberg wurde nach ihrem Tod angeblich verbrannt. Vgl. Beaulieu-Marconnay, Dalberg, 1, 200. Ein erhalten gebliebener Rest bei: Caroline von Wolzogen, Literarischer Nachlaß, 2 Bde., Leipzig 1848/49, 1, 55 und 82–89 (zit.: Wolzogen, Nachlaß).

[82] Caroline an Wilhelm von Humboldt, 9. Januar 1791, bei: Anna v. Sydow (Hg.) Wilhelm von Humboldt und Caroline von Humboldt in ihren Briefen, 7 Bde., Berlin 1906–1916, hier: 1, 367 (zit.: Sydow, Humboldt).

[83] Caroline an Wilhelm v. Humboldt, 8. Dezember 1790, bei: Sydow, Humboldt, 1, 367.

[84] Vgl. Wolzogen, Nachlaß, 1, 85.

[85] Vgl. Scurla, Humboldt, 103.

[86] Zur Beteiligung der Dalbergs bei der Mainzer Kurfürstenwahl von 1774 vgl. Rob, Dalberg, 83 ff.

[87] Vgl. Aretin, Reich, 1, 162–240.

[88] Die näheren Umstände der Mainzer Koadjutorwahl sind von Karl Otmar von Aretin, Höhepunkt und Krise des deutschen Fürstenbundes. Die Wahl Dalbergs zum Coadjutor von Mainz 1787, in: HZ 196 (1963) 36–73 (zit.: Aretin, Höhepunkt und Krise) sowie bei Aretin, Dalberg, und weiterhin ebenfalls von Karl Otmar von Aretin, Die Mission des Grafen Romanzoff im Reich 1782–1797, in: K. Hildebrand und R. Pommerin (Hg.) Deutsche Frage und europäisches Gleichgewicht. Festschrift für Andreas Hillgruber zum 60. Geburtstag, Köln 1985, 15–30 (zit.: Aretin, Mission) ausführlich untersucht. Die jüngste Darstellung zu diesem Thema von Aretin, Das Reich, 353–400, stellt im wesentlichen eine Bearbeitung seines Aufsatzes Aretin, Höhepunkt und Krise, dar. Rob, Dalberg, 168–208, bestätigt im Grunde Aretins Forschungsergebnisse.

[89] Vgl. Tümmler, Carl August, 634 f.

[90] Johann Christian von Hofenfels (1744–1787). Vgl. NDB 9 (1972) 377 f.

[91] Wilhelm von Edelsheim (1737–1793) war u. a. auch mit Herzog Carl August befreundet. Vgl. NDB 4 (1959) 310.

[92] Vgl. Beaulieu-Marconnay, Dalberg, 1, 78.

[93] Für diesen hielten ihn sowohl Kaunitz als auch Carl August. Vgl. Aretin, Reich, 1, 199. Die Empfehlung Carl Augusts bei: Andreas, Briefwechsel, 1, 191 f. Dalbergs Kandidatur wurde auch von dem einflußreichen russischen Gesandten Romanzoff unterstützt. Vgl. Aretin, Mission, 23 f.

[94] Ewald Friedrich Graf von Hertzberg (1725–1795), Kabinettsminister unter Friedrich dem Großen. Neben Finckenstein behielt er auch unter Friedrich Wilhelm II. bis 1791 die Leitung der

preußischen Außenpolitik. Das Schreiben Dalbergs an Hertzberg bei: Beaulieu-Marconnay, Dalberg, 1, 73 ff.

[95] Dalberg an Carl August, 30. Oktober 1785, bei: Andreas, Briefwechsel, 1, 185 f.

[96] Hertzberg an Carl August, 29. November 1785, bei: Andreas, Briefwechsel, 1, 193.

[97] Vgl. Aretin, Reich, 1, 199.

[98] Georg von Fechenbach (1749 – 1808), Domkapitular in Mainz (1777), Domdekan (1779), Fürstbischof von Würzburg (1796). Vgl. Karl Diel, Die Freiherrn von Fechenbach. Ihr Wirken in Kirche und Staat, Aschaffenburg 1931.

[99] Dalberg an Hertzberg, 19. November 1785, bei: Beaulieu-Marconnay, 1, 75 ff.

[100] Christoph Karl von Dienheim (1745 – 1818), Domkapitular in Mainz (1769), Domdekan (1796). Vgl. Rauch, Domkapitel, 3. Teil, 170.

[101] Edelsheim an Carl August, 25. März 1786, bei: Andreas, Briefwechsel, 1, 240 ff.

[102] Vgl. Carl vom Stein an Carl August, 2. November 1785, bei: Andreas, Briefwechsel, 1, 186 ff.; Hofenfels an Carl August, 3. Dezember 1785, bei: Andreas, Briefwechsel, 1, 196; Edelsheim an Carl August, 25. März 1786, bei: Andreas, Briefwechsel, 1, 240.

[103] Geheime Instruktion Friedrich Wilhelms II. für Böhmer, 31. Januar 1787, bei: Andreas, Briefwechsel, 1, 284 ff. Vgl. Aretin, Reich, 1, 200.

[104] Carl August an Knebel, 1. April 1787, bei: Andreas, Briefwechsel, 1, 328.

[105] Carl August an Dalberg, 27. März 1787, bei: Andreas, Briefwechsel, 1, 323 – 327; Stein an Friedrich Wilhelm II., bei: Andreas, Briefwechsel, 1, 335 – 339.

[106] Vgl. Aretin, Mission, 24.

[107] Friedrich Wilhelm II. an Stein, 6. April 1787, bei: Beaulieu-Marconnay, Dalberg, 1, 97 f. Vgl. Aretin, Reich, 1, 201.

[108] Carl August an Knebel, 4. April 1787, bei: Andreas, Briefwechsel, 1, 332.

[109] Knebel an Carl August, 4. April 1787, bei: Andreas, Briefwechsel, 1, 332. Carl Ludwig von Knebel (1744 – 1834) war einer der engsten Vertrauten des Weimarer Herzogs sowie Goethes sogenannter „Urfreund“. Vgl. Hellmuth Freiherr von Maltzahn, Karl Ludwig Knebel, Goethes Urfreund, Jena 1929.

[110] Zit. n. Heinrich Scheel, Die Mainzer Republik, Protokolle des Jakobinerklubs, Berlin (DDR) 1975, 102 (zit.: Scheel, Mainzer Republik).

[111] Vgl. Aretin, Reich, 1, 203.

[112] Vgl. Volker Press, Friedrich der Große als Reichspolitiker, in: Heinz Duchhardt (Hg.) Friedrich der Große, Franken und das Reich, Bayreuther Historische Kolloquien 1, Köln – Wien – Graz 1986, 51.

[113] Vgl. Christof Dipper, Die Reichsritterschaft in napoleonischer Zeit, in: Eberhard Weis (Hg.) Reformen im rheinbündischen Deutschland, München 1984, 53 – 73, hier: 56 f.

II. DER WEG IN DIE POLITIK (Seite 35–42)

[1] Die Priesterweihe hatte Dalberg in Würzburg durch den Bruder des Mainzer Kurfürsten, den Fürstbischof von Würzburg und Bamberg Franz Ludwig von Erthal (1730–1795), empfangen. Vgl. Theodor Scherg, Das Schulwesen unter Karl von Dalberg besonders im Fürstentum Aschaffenburg 1803–1813 und im Großherzogtum Frankfurt 1810–1813, München 1939, 58 (zit.: Scherg, Schulwesen). Zur Bischofsweihe ausführlich: Bischofsweihe in Aschaffenburg am 31. August 1788 in der Muttergotteskirche, in: Aschaffenburger Geschichtsblätter 26 (1934) Nr. 10/11, 33 ff. und Nr. 12, 39 f.

[2] Vgl. Beaulieu-Marconnay, Dalberg, 1, 118.

[3] „Observations sur la Ligue" (3. Juli 1787), bei: Beaulieu-Marconnay, Dalberg, 1, 126–130. Vgl. Aretin, Dalberg, 366–370; Aretin, Höhepunkt und Krise, 43 und 65 f.

[4] Bei: Beaulieu-Marconnay, Dalberg, 1, 353–363. Vgl. Aretin, Reich, 1, 204 ff.; Freyh, Dalberg, 352–356; Rob, Dalberg, 209–221.

[5] Zit. n. Aretin, Reich, 1, 205.

[6] Vgl. Aretin, Höhepunkt und Krise, 67.

[7] Vgl. Aretin, Höhepunkt und Krise, 43; Aretin, Reich, 1, 204.

[8] Zit. n. Aretin, Höhepunkt und Krise, 69.

[9] Zit. n. Aretin, Dalberg, 376.

[10] Vgl. Aretin, Reich, 1, 211.

[11] Zit. n. Aretin, Reich, 1, 211.

[12] Franz de Paula Gundaker von Colloredo-Mansfeld (1731–1807). Vgl. Biogr. Wb. 1 (1973) 482 f.

[13] Johann Friedrich Freiherr vom Stein (1749–1799) erhielt 1780 eine preußische Hofcharge, 1787–92 als preußischer Gesandter in Mainz u. a. auch mit den Vorbereitungen zur Koadjutorwahl von 1787 beauftragt, älterer Bruder des Reichsfreiherrn Heinrich Friedrich Karl vom Stein. Vgl. Biogr. Wb. 3 (1975) 2760. Das Zitat bei Beaulieu-Marconnay, Dalberg, 1, 150.

[14] Dalberg an Carl August, 10. März 1787, bei: Andreas, Briefwechsel, 1, 306 f.

[15] Wieland an Anna Amalia, 26. September 1788, bei: Beaulieu-Marconnay, Dalberg, 1, 158.

[16] Hans Christoph von Gagern (1766–1852), im diplomatischen Dienst des Fürstentums Nassau-Weilburg, erhoffte von Napoleon die Wiederaufrichtung eines deutschen Kaisertums. Vgl. Biogr. Wb. 1 (1973) 844 f.

[17] Zit. n. Hellmuth Rössler, Zwischen Revolution und Reaktion. Ein Lebensbild des Reichsfreiherrn Hans Christoph von Gagern 1766–1852, Göttingen, 1958, 59 (zit.: Rössler, Revolution).

[18] Vgl. Rob, Dalberg, 265–270.

[19] Zit. n. Scheel, Mainzer Republik, 90. (Aus der Rede des Professors Mathias Metternich vom 1. November 1792).

[20] Schlick an Colloredo, 2. November 1792, bei: Hansen, Quellen, 2, 557. Vgl. Scheel, Mainzer Republik, 87, 90 und 191.

[21] Zit. n. Beaulieu-Marconnay, Dalberg, 1, 202.

[22] Vgl. Freyh, Dalberg, 380.

[23] Vgl. Aretin, Reich, 1, 311 f.; Freyh, Dalberg, 380; Rob, Dalberg, 283 f. Der Plan bei: Aretin, Reich, 2, 282 ff.

[24] Aretin, Reich, 1, 312, Anm. 332.

[25] Vgl. Burkhardt, Abschied, 274–277; Press, Friedrich der Große, 32.

[26] Dalberg an Albini, 9. April 1797, bei: Menzel, Albini, 55.

[27] Dalberg an Erthal, Erfurt, 28. Februar 1797, HHStA, Wien, MEA, Korr. 136 b (Orig. Autogr.).

[28] Dalberg an Albini, 9. Mai 1797, bei: Gerlich, Briefe, 1, 179 f.

[29] Dalbergs Note bei: Beaulieu-Marconnay, Dalberg, 1, 218 ff.

[30] Dalberg an Erthal, Mannheim, 4. Juli 1797, HHStA, Wien, MEA, Korr. 136 b (Orig. Autogr.).

[31] Dalberg an Albini, 31. Januar 1798, bei: Gerlich, Briefe, 1, 184.

[32] Goethe an Charlotte v. Stein, 5. Mai 1780, bei: Goethe-Briefe, 4, 215.

[33] Dalberg an Albini, 31. Januar 1798, bei: Gerlich, Briefe, 1, 184.

[34] Zu Dalbergs Wiener Mission vgl. Ferdinand Koeppel, Dalberg und die Säkularisation des Bistums Konstanz, in: ZGO 102 (1954) 407–413.

[35] Maximilian Christoph von Rodt (1714–1799), mütterlicherseits mit den Dalbergs verwandt, 1775 als Nachfolger seines Bruders, des Kardinals Franz Conrad Casimir von Rodt (1706–1775), zum Fürstbischof von Konstanz gewählt. Vgl. LThK 8 (1963) 1354.

[36] Vgl. Gerlich, Briefe, 1, 189, Anm. 1.

[37] Dalberg an Albini, 25. Juli 1798, bei: Gerlich, Briefe, 1, 189 f.

[38] Dalberg an Albini, 16. Mai 1798, bei: Gerlich, Briefe, 1, 185.

[38a] Vgl. Hermann Schmid, Das Ringen Karl Theodors von Dalberg mit Kurbaden um die bischöflich-konstanzischen Patronatsrechte 1802–1804 (FDA 102) 1982, 118–133.

[39] Dalberg an Erthal, Wien, 26. Dezember 1798, HHStA, Wien, MEA, Korr. 138 (Orig. Autogr.).

[40] Erthal an Dalberg, Aschaffenburg, 19. April 1799, HHStA, Wien, MEA, Korr. 138.

[41] Vgl. Beaulieu-Marconnay, Dalberg, 1, 243.

[42] Zit. n. Beaulieu-Marconnay, Dalberg, 1, 202 f.

[43] Ignaz Heinrich von Wessenberg (1774–1866). Vgl. LThK 10 (1965) 1064 ff.; ADB 43 (1897) 147–157.

[44] Johann Michael Sailer (1751–1832), nach Theologiestudium in Ingolstadt und Priesterweihe Professor für Dogmatik in Ingolstadt (1780) und Dillingen (1784–94), 1799 durch Montgelas nach Ingolstadt zurückgerufen, von wo aus er 1800 nach Landshut überwechselte. Als Mitglied des 1821 neu konstituierten Regensburger Domkapitels wurde er 1822 Koadjutor und Titularbischof, 1826 nobilitiert und schließlich 1828 Bischof von Regensburg. Vgl. Georg Schwaiger, Johann Michael Sailer. Der bayerische Kirchenvater, München 1982.

[45] Clemens Wenzeslaus von Sachsen (1739–1812), 1768 zum Kurfürst-Erzbischof von Trier gewählt, obwohl bereits Fürstbischof von Regensburg und Freising sowie Koadjutor von Augsburg. 1768 Verzicht auf Regensburg und Freising. Vgl. Heribert Raab, Clemens Wenzeslaus von Sachsen und seine Zeit (1739–1812), 2 Bde., Freiburg 1962 (bisher Bd. 1 ersch.); Aretin, Reich, 1, 375 f.

[46] Vgl. Kurt Aland (Hg.), Ignaz Heinrich von Wessenberg. Unveröffentlichte Manuskripte und Briefe, 8 Bde., Freiburg 1968–, hier: I/1 (Autobiographische Aufzeichnungen) 25 (zit.: Aland, Wessenberg).

[47] Bacher an Talleyrand, Regensburg, 12. Februar 1802, AE, Paris, CPA 717, fol. 58 (dt. übers. von mir).

[48] Aretin, Reich, 1, 442.

[49] Dalberg an Erthal, 4. November 1801, HHStA, Wien, MEA, Korr. 138 (Orig. Autogr.). Vgl. Becher, Primas, 41 f.

[50] Zit. n. Aland, Wessenberg, I/1, 157.

[51] Vgl. Freyh, Dalberg, 239–245; Beaulieu-Marconnay, Dalberg, 1, 249 ff.

[52] Aretin, Reich, 1, 436 f., geht davon aus, daß die geistlichen Kurstaaten erhalten geblieben wären, wenn die Friedensverhandlungen in Rastatt 1799 beendet worden wären.

[53] Traité de paix entre la France et l'Empire germanique, conclu à Lunéville de 9 février 1801, bei: Ernst Walder (Hg.), Napoleonische Friedensverträge (Quellen zur Neueren Geschichte, hrsg. v. Hist. Seminar d. Universität Bern 5) Bern [2]1973, 19–25 (zit.: Walder, Friedensverträge), besagt lediglich in Artikel 17, daß der Artikel 12 des Friedensvertrags von Campo Formio, der u. a. den Fortbestand der geistlichen Kurfürsten garantierte, nicht aufgehoben sei.

[54] Albini an Beust, Aschaffenburg, 15. November 1801, BStA, Würzburg, MGK, 493, I, fol. 324. Vgl. Aretin, Reich, 1, 400. Preußen war an den fränkischen Bistümern Würzburg und Bamberg interessiert, die ursprünglich als Kompensationsobjekte für Kurmainz vorgesehen waren, jedoch 1802 an Bayern kamen.

[55] Vgl. Aretin, Reich, 1, 435 und 439 ff.

[56] Anton Victor von Österreich-Habsburg (1779–1835), jüngerer Bruder Kaiser Franz' II., 1804 Hochmeister des Deutschen Ordens. Vgl. Wurzbach, Biogr. Lexikon 6 (1860) 154 ff.

[57] Max Franz Erzherzog von Österreich (1756–1801), seit 1784 Kurfürst-Erzbischof von Köln. Der Berliner Hof protestierte gegen die nach seinem Tod von der Hofburg veranlaßte Wahl Anton Victors. Vgl. Aretin, Reich, 1, 440 f.

[58] François-Jacques-Antoine Mathieu (1755–1825) ging nach dem Studium in Straßburg in den diplomatischen Dienst bei den Fürsten von Hohenlohe, wo er sich genaue Kenntnisse im deutschen Reichsrecht erwarb. Nach seiner Rückkehr nach Frankreich wurde er Generalprokurator des Departements Bas-Rhin, Mitglied der Gesetzgebenden Versammlung (1791) und Sous-Chef im Außenministerium. Vgl. Biographie universelle ancienne et moderne (Michaud), Bd. 1–45, Paris [2]1854–(65) (Ndr. Graz 1966–70) hier: 27 (1854) 258 f. (zit.: Biographie universelle).

[59] Plan général d'éxécution du traité de Lunéville, par Mathieu, April 1801, AE, Paris, CPA 704, fol. 158–215 (bisher ungedruckt): Erster von Mathieu ausgearbeiteter Entwurf eines Entschädigungsplans, der jedoch in seiner einschneidenden Umgestaltung des Reichskörpers auf den Widerstand des Zaren stieß und daraufhin von Bonaparte abgelehnt wurde. Der Plan nimmt mit

dem Ausschluß Preußens und Österreichs aus dem Reichsverband und der Schaffung eines „dritten Deutschlands" bis zu einem gewissen Grad spätere Entwicklungen vorweg.

60 Als europäische Garantiemächte hatten sich Frankreich und Rußland in einem Geheimabkommen vom 10. Oktober 1801 darüber verständigt, die deutsche Entschädigungsfrage gemeinsam zu regeln. Bestimmungen über das politische Schicksal der drei geistlichen Kurfürstentümer waren in diesem Vertrag jedoch nicht enthalten: Alexandre de Clercq, Receuil des Traités de la France publiés sous les auspices ... du Ministère des Affaires Etrangères par ... 22 Bde., Paris (1864–1907) (beinhalten den Zeitraum 1713–1904), hier: 1, 474 f. (zit.: Clercq, Receuil). Zur Haltung des russischen Botschafters in Paris, Alexander Markow, vgl. den Bericht Markows v. 26. Dezember 1801, bei: Alexandre Tračevskiy (Hg.), Sbornik Imperatorskago russk. istoriočeskago obščestva (translit.) 4 Bde., Petersburg 1890–93, hier: 1, 323 f. (zit.: Tračevskiy, Sbornik).

61 Andreas Kyrillowitsch Fürst von Rasumowsky (1752–1836), nach einer Liebschaft als außerordentlicher Gesandter nach Venedig verbannt, kam von dort 1801 zu seiner diplomatischen Mission in Wien. Vgl. Wurzbach, Biogr. Lexikon 25 (1874) 6–9.

62 Vgl. Bernhard Erdmannsdörffer und Karl Obser (Hg.), Politische Correspondenz Karl Friedrichs von Baden 1783–1806, Bd. 1–6, Heidelberg 1888–1915, hier: 4, 24 (zit.: Erdmannsdörffer/Obser, Politische Correspondenz).

63 Vgl. Aretin, Reich, 1, 445.

64 Zur Mission des Grafen Karl von Beust, der bis zu seinem Tod im Jahr 1811 kurmainzischer, bzw. dalbergischer Gesandter in Paris war, vgl. Menzel, Albini, 87–93 sowie Beaulieu-Marconnay, Dalberg, 1, 258–273. Bastgen, Dalberg, 8–11 zieht mitunter falsche Schlüsse aufgrund verwechselter Daten.

65 Die Bestechungsgelder wurden in der Regel in Regensburg bei dem Entschädigungsmakler Feder an der französischen Gesandtschaft einbezahlt und von dort an den Pariser Bankier Durand weitergeleitet. Vgl. Erdmannsdörffer/Obser, Politische Correspondenz, 4, 69; Heinrich Carl Freiherr von Gagern, Mein Anteil an der Politik, 3 Bde., Stuttgart 1823–45, hier: 1, 119 f. (zit.: Gagern, Anteil).

66 Beust an Albini, Paris, 8. Mai 1801, BStA, Würzburg, MGK 493, I, fol. 126 ff. Vgl. Heinrich Brück, Geschichte der katholischen Kirche in Deutschland im neunzehnten Jahrhundert, 6 Bde., Mainz [2]1902–08, hier: 1, 81 f., der die hohe Summe auf das von Hessen-Kassel gemachte Angebot zurückführt, das für die kurmainzischen Ämter Aschaffenburg, Lohr und Orb angeblich drei Millionen Livres beinhaltete.

67 Vgl. Bastgen, Dalberg, 11.

68 Der Grund lag darin, daß Bamberg und Würzburg sowohl von Preußen als auch von Bayern gefordert wurden und daß das kurmainzische Eichsfeld in jedem Fall zu Preußen kommen sollte. Um Kurfürst Erthal hinzuhalten, wurde vom Pariser Außenministerium einfach behauptet, das Akkreditiv für Beust sei nicht eingetroffen. BStA, Würzburg, MGK 493, I, fol. 250. Anschließend weigerte man sich dort sogar, Beust als Gesandten anzuerkennen. Beust an Albini, Paris, 20. Dezember 1801, BStA, Würzburg, MGK 493, I, fol. 368.

69 In diesem Geheimvertrag wurde gegen die Bezahlung einer Summe von 500 000 Livres der Fortbestand von Kurmainz mit seinen rechtsmainischen Besitzungen – bestehend aus den Ämtern Aschaffenburg, Lohr, Orb – garantiert. Außerdem wurden Staatseinkünfte in Höhe von einer Million fl. zugesichert. Diese Staatserträge sollten durch noch näher zu bestimmende Mediatstifter zustandekommen. Der Vertrag wurde gewissermaßen durch eine entsprechende Vereinbarung des französisch-russischen Entschädigungsvertrags vom 3. Juni 1802 (siehe unten Anm. 71) erfüllt, so daß er schließlich von Dalberg nachträglich nolens volens durch die Bezahlung der 500 000 Livres am 18. September 1803 anerkannt wurde. Vgl. Menzel, Albini, 87–93 sowie Beaulieu-Marconnay, Dalberg, 1, 272 f.

70 Der französisch-preußische Entschädigungsvertrag vom 23. Mai 1802, bei: Clercq, Receuil, 1, 583–587. Vgl. Erdmannsdörffer/Obser, Politische Correspondenz, 4, 130.

71 Der auf dem französisch-preußischen Geheimabkommen aufbauende französisch-russische Entschädigungsvertrag vom 3. Juni 1802 legt erstmals vertraglich den Fortbestand von Kurmainz fest. Bei: Clercq, Receuil, 1, 592–603.

III. KONSUL BONAPARTE UND DER ERZKANZLER (Seite 43 – 50)

1 Dalberg an Napoleon, Regensburg, 17. Februar 1806, AE, Paris, CPA 731, fol. 83 (Orig. Autogr.).

2 Vgl. Gerlich, Napoleonbild, 188. Die Vermutung, es sei Dalberg schon damals darum gegangen, wegen eines persönlichen Vorteils mit Napoleon bekannt zu werden, ist nicht ausreichend belegt.

3 Dalberg an Albini, 28. Dezember 1797, bei: Gerlich, Briefe, 1, 183.

4 Zit. n. Girolamo Marchese di Lucchesini, Historische Entwicklung der Ursachen und Wirkungen des Rheinbundes, 3 Bde., Leipzig 1821 – 25, 1, 171 (dt. Übers. des italienischen Originaltitels: Sulle cause e gli effetti della confederazione Renana, 3 vol., 1819 – 23).

5 Girolamo Marchese di Lucchesini (1751 – 1825), über eine Stellung als Kammerherr und Vorleser Friedrichs des Großen in den diplomatischen Dienst Preußens gelangt, war wesentlich am engeren Zusammengehen Preußens mit Frankreich beteiligt und erzielte in Paris den für den Berliner Hof vorteilhaften Entschädigungsvertrag vom 23. Mai 1802. Vgl. Biogr. Wb. 2 (1974) 1699 f.

6 Zit. n. Aland, Wessenberg, I/1, 157.

7 Berichte Markows vom 3. Februar und 28. April 1802, bei: Tračevskiy, Sbornik, 1, 336 f. und 400.

8 Albini an Dalberg, August 1802, bei: Beaulieu-Marconnay, Dalberg, 1, 273 f.

9 Beust an Albini, Paris, 14. September 1801, BStA, Würzburg, MGK 493, I, fol. 285.

10 Vgl. Bastgen, Dalberg, 2 f. und 14; Hertel, Dalberg, 22; Bilz, Großherzogtümer, 176.

11 Troni an Consalvi, 1. August 1802, ASV, Rom, Segr. Stato Baviera 38, fol. 175 – 179. Vgl. Bastgen, Dalberg, 154, der auch Kurköln als Alternative für das Erzkanzleramt erwähnt.

12 Josephine (1763 – 1814), geborene Tascher de la Pagerie, stammte aus Martinique. 1779 Heirat mit Graf Alexandre de Beauharnais, der während der Revolution hingerichtet wurde. Am 9. März 1796 schloß sie mit dem General Napoleon Bonaparte ihre zweite Ehe, die am 14. Dezember 1809 annulliert wurde. Vgl. Fréderic Masson, Joséphine de Beauharnais 1763 – 1796, Paris 1899, ders.: Joséphine impératrice et reine, Paris 1899, ders.: Joséphine répudiée (1809 – 1814), Paris 1901; Nouvelle Biographie 37 (1863) 447, 29 – 38.

13 Vgl. Jürgens, Emmerich, 175, Anm. 122.

14 Marie-Anne-Françoise Beauharnais (1738 – 1813), bekannt unter dem Namen Fanny, war eine in ihrer Zeit vielgelesene Schriftstellerin. Sie war mit einem Onkel von Alexandre Beauharnais verheiratet. Vgl. Nouvelle Biographie 3 (1859) 928.

15 Vgl. Karl Georg Bockenheimer, Wie Mainz zum zweitenmal an Frankreich kam, Mainz 1897, 394 (zit.: Bockenheimer, Mainz); Arthur Kleinschmidt, Geschichte von Arenberg, Salm und Leyen (1789 – 1815), Gotha 1912, 326 (zit.: Kleinschmidt, Geschichte).

16 Vgl. Dard, Napoléon, 84, Anm. 4 sowie Aretin, Reich, 1, 444.

17 Dalberg an Erthal, Meersburg, 25. Juni 1802, HHStA, Wien, MEA, Korr. 138 (Orig. Autogr.).

18 Franz Joseph von Albini (1748 – 1816), kurmainzischer Staatsminister, Dalbergs Minister von 1802 bis 1806 und 1810 bis 1813. Vgl. Leopold von Bessel, Der kurmainzische Minister Franz Joseph von Albini 1748 – 1816 und seine Familie, in: Hessische Familienkunde 3 (1954) Heft 1, 1 – 12; Adam Michael Reitzel, Albini. Ein Mainzer Jurist und Politiker, in: Mainzer Almanach (1968) 29 – 58; Menzel, Albini., Marita Haller-Dirr, Johannes von Müller und das Reich. Studien zur Kurmainzer Fürstenbundpolitik, in: Mainzer Zeitschrift 79/80 (1984/85).

19 Vgl. Gross, Reichshofkanzlei, 104 ff.

20 Vgl. die Denkschrift Dalbergs an Albini vom 20. Juli 1787, bei: Gerlich, Briefe, 1, 158 ff. Den Joseph II. am 30. September 1787 vorgelegten Plan versah Dalberg mit einer Empfehlung an Albini, bei: Beaulieu-Marconnay, Dalberg, 1, 363. Vgl. auch Gerlich, Briefe, 1, 161 – 166.

21 Vgl. Menzel, Albini, 13 und 18 – 21.

22 Dalberg an Albini, 14. November 1797, bei: Gerlich, Briefe, 1, 182.

23 Vgl. Menzel, Albini, 12 ff. und 18; Freyh, Dalberg, 363; Rob, Dalberg, 272 – 276 und 303 f. Die Behauptung von Perthes, Zustände, 379, Dalberg habe Albinis Annäherungspolitik an Frankreich initiiert und geleitet, entbehrt jeder Grundlage. Ebenso unglaubhaft die Spekulationen von Beaulieu-Marconnay, Dalberg, 1, 243 f. über einen angeblichen geheimen Briefwechsel zwischen Dalberg und Albini während der Rastatter Verhandlungen. Nicht zuletzt zeigt die aus der Luft gegriffene Behauptung bei Otto Mejer, Zur Geschichte der Römisch-deutschen Frage, 3 Bde., Rostock 1871, hier: 1, 149 f. (zit.: Mejer, Geschichte), Dalberg habe als Koadjutor in den letzten Lebensjahren Erthals Anteil an der Regierung genommen, wie sehr es die nationale Geschichtsschreibung im 19. Jh. darauf angelegt hatte, in Dalberg den eigentlichen spiritus rector der Annäherung des „dritten Deutschlands“ an Frankreich zu sehen.

24 Dalberg an Albini, 30. Juni 1802, bei: Gerlich, Briefe, 1, 196.

III. KONSUL BONAPARTE UND DER ERZKANZLER (Seite 43 – 50)

25 Albinis Sofortmaßnahmen schildert ein Bericht des päpstlichen Uditore Troni vom 1. August 1802, ASV, Rom, Segr. Stato, Baviera 38, fol. 175 – 179 (bisher ungedruckt).

26 Dalberg an Albini, 28. Juli 1802, bei: Gerlich, Briefe, 2, 109. Vgl. Freyh, Dalberg, 393, Anm. 3; Menzel, Albini, 89.

27 Ferdinand Graf von Colloredo-Mansfeld (1777 – 1848), kurböhmischer Gesandter am Regensburger Reichstag (1801 – 1803), anschließend außerordentlicher Gesandter in Neapel. Vgl. Walter Fürnrohr, Die Vertreter des habsburgischen Kaisertums auf dem Immerwährenden Reichstag, in: VO 123 (1983) 71 – 140 (zit.: Fürnrohr, Vertreter 1) und VO 124 (1984) 99 – 148 (zit.: Fürnrohr, Vertreter 2), hier: 2, 113 f.

28 Colloredo-Bericht, Regensburg, 1. August 1802, HHStA, Wien, Staka, Regensburg, Kurböhm. Ges. 7.

29 Der Regensburger Reichstag hatte nach dem Frieden von Lunéville (siehe Seite 163, Anm. 53) am 30. April 1801 dem Reichsoberhaupt die Einsetzung einer Reichsdeputation übertragen, zu deren endgültiger Zusammensetzung die Ständeversammlung aber erst am 2. Oktober 1801 ihre Zustimmung gab. Vgl. Walter Fürnrohr, Der immerwährende Reichstag zu Regensburg, in: VO 103 (1963) 165 – 256, hier: 219 (zit.: Fürnrohr, Reichstag). Daß Mainz damals Mitglied der Reichsdeputation wurde, war für den Fortbestand der Kur nicht unerheblich. Vgl. Otto Polašek, Der deutsche Reichstag vom Lunéviller Frieden bis zum Reichsdeputationshauptschluß, Diss. Wien 1935 (Masch.) 114 f.

30 Bei: Clercq, Receuil, 1, 592 – 603.

31 In dem Entwurf Mathieus „Sur le reglement des indemnités", undatiert, vermutlich Mai 1802, AE, Paris, CPA 721, fol. 92 – 97 (bisher ungedruckt) war für einen künftigen Kurfürst-Erzkanzler in Regensburg anstelle eines souveränen Territoriums nur eine Jahresrente vorgesehen. Laforest neigte in seinem Schreiben vom 3. November 1802 an Talleyrand ebenfalls dazu, Dalberg nicht als Landesherrn, sondern nur als eine Art Reichsbeamten einzusetzen. AE, Paris, CPA 719, fol. 282. Diesen Plan, der offenbar den Vorstellungen der Mehrheit in der Reichsdeputation entsprach, bestätigt auch der Bericht Tronis vom 15. August 1802, ASV, Rom, Segr. Stato, Baviera 38, fol. 200. Vgl. Beaulieu-Marconnay, Dalberg, 1, 273 f.; Hertel, Dalberg, 37.

32 Dalberg an Albini, 9. Juli 1802, bei: Gerlich, Briefe 1, 197.

33 Albini an Beust, Aschaffenburg, 21. Mai 1802, BStA, Würzburg, MGK 493, 2, fol. 119.

34 Vgl. Beaulieu-Marconnay, Dalberg, 1, 273 f.

35 Antoine-René-Charles-Mathurin Laforest (1756 – 1848) war an den Friedensverhandlungen in Lunéville beteiligt und wurde nach einer vorübergehenden Gesandtschaft in München 1802 zum französischen Bevollmächtigten bei der Regensburger Reichsdeputation ernannt. Vgl. Biographie universelle 22 ([2]1854) 506.

36 Karl Heinrich Jakolević Baron von Bühler, russischer Gesandter am Stuttgarter Hof und von dort 1799 als Beobachter an den Reichstag versetzt. Der Wiener Hof hatte ihm eine Erhebung in den Reichsgrafenstand in Aussicht gestellt, falls er sich bei den Verhandlungen der Reichsdeputation für die Interessen des Erzhauses einsetzen würde. Vgl. Cobenzl an Hügel, Wien, 31. Mai 1803, HHStA, Wien, Staka, Regensburg, PrzKom. 2, fol. 104. Eine Standeserhöhung erfolgte jedoch nicht.

37 Dalberg an Albini, 15. August 1802, bei: Gerlich, Briefe, 2, 109.

38 Dalberg an Albini, 27. August 1802, bei: Beaulieu-Marconnay, Dalberg, 1, 275.

39 Bemerkungen über die Pflichten und Verhältnisse des Reichs-Erzkanzlers in Teutschland, bei: Beaulieu-Marconnay, Dalberg, 1, 275 – 278. Bemerkungen über die gegenwärtig politischen Verhältnisse von Teutschland überhaupt und der ersten Kur insbesondere, bei: Beaulieu-Marconnay, Dalberg, 1, 281 – 284. Beide Memoranden vom 30. August 1802.

40 Dalberg an Albini, 6. September 1802, bei: Beaulieu-Marconnay, Dalberg, 1, 290 f.

41 Zit. n. Beaulieu-Marconnay, Dalberg, 1, 277.

42 Albini an Dalberg, 28. August 1802, bei: Beaulieu-Marconnay, Dalberg, 1, 279.

43 „Monsieur d'Albini est de tous les hommes, avec les quels je suis ici en contact journalier, le plus rapide, le plus loyal, le moins ombrageux." Laforest an Talleyrand, Regensburg, 23. Februar 1803, AE, Paris, CPA 723, fol. 44 f.

44 Siehe oben Anm. 42. Vgl. Gerlich, Briefe, 2, 112, Anm. 2 und Bastgen, Dalberg, 282, Nr. 2.

45 Vgl. Beaulieu-Marconnay, Dalberg, 1, 285 ff.

[46] Vgl. Beaulieu-Marconnay, Dalberg, 1, 288, der die Politik Albinis im Gegensatz zu Häusser, Geschichte ([4]1869), 2, 382 f. auffallenderweise als „ein kleines Meisterwerk unter den gegebenen Verhältnissen" verteidigt.
[47] Dalberg an Albini, 2. Oktober 1802, bei: Gerlich, Briefe, 2, 112.
[48] Dalberg an Albini, 1. September 1802, bei: Beaulieu-Marconnay, Dalberg, 1, 279.
[49] Dalberg an Albini, 9. September 1802, bei: Beaulieu-Marconnay, Dalberg, 1, 291.
[50] Der entsprechende Paragraph 25 des revidierten Entschädigungsplans vom 10. Oktober 1802 bei: Bastgen, Dalberg, 280 f. und bei: Beaulieu-Marconnay, Dalberg, 1, 296 f.
[51] Dalberg an Albini, 12. Oktober 1802, bei: Beaulieu-Marconnay, Dalberg, 1, 299; ebenso bei: Gerlich, Briefe, 2, 113. Am 16. Oktober 1802 erklärte er Albini nochmals ausdrücklich seine Zustimmung, bei: Gerlich, Briefe, 2, 114.
[52] Dalberg an Albini, 20. Oktober 1802, bei: Beaulieu-Marconnay, Dalberg, 1, 299 f.
[53] Laforest an Talleyrand, Regensburg, 2. September 1802, AE, Paris, CPA 718, fol. 44.
[54] Vgl. Konrad M. Färber, Der Übergang des Dalbergischen Fürstentums Regensburg an Bayern – zum 175jährigen Jubiläum, in: VO 125 (1985) 429 – 452, hier: 433 f. (zit.: Färber, Übergang).
[55] Vgl. Hertel, Dalberg, 52; Bastgen, Dalberg, 96.
[56] Laforest an Talleyrand, Regensburg, 5. Januar 1803, AE, Paris, CPA 722, fol. 24 – 27.
[57] Laforest an Talleyrand, Regensburg, 22. November 1802, AE, Paris, CPA 720, fol. 46 f. Vgl. Bastgen, Dalberg, 96; Hertel, Dalberg, 133, zeichnet die Genesis dieses Projekts genau nach.
[58] Dalberg an Albini, 27. August 1802, bei: Beaulieu-Marconnay, Dalberg, 1, 275.
[59] Dalberg an Albini, 24. November 1802, bei: Gerlich, Briefe, 2, 116. Vgl. Beaulieu-Marconnay, Dalberg, 1, 306 f.
[60] Laforest an Talleyrand, Regensburg, 21. November 1802, AE, Paris, CPA 720, fol. 37.
[61] Dalberg an Napoleon, 10. September 1802, bei: Hertel, Dalberg, 35, Anm. 2.
[62] Beust an Talleyrand, 24. September 1802, bei: Beaulieu-Marconnay, Dalberg, 1, 301 ff.
[63] Talleyrand an Laforest, Paris, 30. September 1802, AE, Paris, CPA 718, fol. 257. Dalberg hatte mit seinen Schreiben an Bonaparte, Aschaffenburg, 12. August 1802, AE, Paris, CPA 717, fol. 266 (Orig. Autogr.) und 23. August 1802, AE, Paris, CPA 717, fol. 318 (Orig. Autogr.) vergeblich versucht, eine Akkreditierung seines Gesandten zu erreichen.
[64] Vgl. Beaulieu-Marconnay, Dalberg, 1, 294 sowie Hertel, Dalberg, 38.
[65] Lucchesini-Bericht, 8. Oktober 1802, bei: Paul Bailleu (Hg.), Preußen und Frankreich 1795 bis 1807. Diplomatische Correspondenzen (Publicationen aus den K. Preußischen Staatsarchiven Bd. 8, 1795 – 1800 und Bd. 29, 1800 – 1807), Leipzig 1881 – 87 (Ndr. Osnabrück 1965), (zit.: Bailleu, Preußen und Frankreich, 1 und 2), hier: 2, 113 f. (dt. übers. von mir).
[66] Vgl. Hertel, Dalberg, 39.
[67] Dalberg an Napoleon, Aschaffenburg, 2. November 1802, AE, Paris, CPA 719, fol. 273 (Orig. Autogr.).
[68] Dalberg an Albini, 3. Dezember 1802, bei: Beaulieu-Marconnay, Dalberg, 1, 307.
[69] Laforest an Talleyrand, Regensburg, 10. Dezember 1802, AE, Paris, CPA 720, fol. 228 f. Vgl. Hertel, Dalberg, 53.
[70] Dalberg an Albini, 19. Dezember 1803, bei: Beaulieu-Marconnay, Dalberg, 1, 312 f.
[71] Vgl. Beaulieu-Marconnay, Dalberg, 1, 269 f.
[72] Bei: Gerlich, Briefe, 2, 119.

IV. KURFÜRST VON REGENSBURG (Seite 51 – 68)

[1] Vgl. die Weisung Talleyrands an Laforest, Paris, 24. Oktober 1802, AE, Paris, CPA 719, fol. 185, in der Bonaparte befahl, die bislang geführte Bezeichnung „Electorat d'Aschaffenbourg", die noch im Entschädigungsplan vom 8./10. Oktober 1802, vgl. Bastgen, Dalberg, 280, Verwendung gefunden hatte, zugunsten des Titels „Electorat de Ratisbonne" fallenzulassen. Vgl. Konrad Maria Färber, Aschaffenburg – heimliche Hauptstadt des Großherzogtums Frankfurt. Zum 175jährigen Jubiläum der Gründung des Departement Aschaffenburg, in: Aschaffenburger Jahrbuch 10 (1986) 213 – 235, hier: 216 f. (zit.: Färber, Aschaffenburg).

[2] Vgl. Aretin, Reich, 1, 51 – 57.

[3] Die territoriale Zusammensetzung des Fürstentums Regensburg bei Georg Schweiger, Das Dalbergsche Fürstentum Regensburg 1803 – 1810, in: ZBLG 23 (1960) 42 – 65, hier: 45 – 51 (zit.: Schwaiger, Fürstentum). Zu den finanziellen Erträgen der Reichsstifte vgl. Heinz Wolfgang Schlaich, Das Ende der Regensburger Reichsstifter St. Emmeram, Ober- und Niedermünster, in: VO 97 (1956) 163 – 376 (zit.: Schlaich, Ende). Entsprechende Angaben für das Hochstift bei Schwaiger, Bistümer, 256 – 275 sowie Schwaiger, Fürstentum, 46 – 51. Roland Schönfeld, Studien zur Wirtschaftsgeschichte der Reichsstadt Regensburg im 18. Jahrhundert, in: VO 100 (1959) 5 – 147, hier: 124 (zit.: Schönfeld, Studien), summiert die Einnahmen aus dem geistlichen Regensburg mit 60 000 fl., was jedoch für die Dalbergzeit zu hoch gegriffen sein dürfte.

[4] Zum Fürstentum Aschaffenburg immer noch grundlegend Hermann Ketterer, Das Fürstentum Aschaffenburg und sein Übergang an die Krone Bayerns (Programm d. kgl. hum. Gymnasiums Aschaffenburg f. d. Schuljahr 1914/15) Aschaffenburg 1914/15 (zit.: Ketterer, Aschaffenburg). Vgl. Ludwig Lenhart, Die geistesgeschichtliche Bedeutung Aschaffenburgs an der Zeitenwende vom 18. zum 19. Jahrhundert, in: Aschaffenburger Jahrbuch 4 (1957) 877 – 901; Günther Christ, Aschaffenburg. Grundzüge der Verwaltung des Mainzer Oberstifts und des Dalbergstaates (Historischer Atlas von Bayern 12) München 1963; Benno Hubensteiner, Dalberg und das Fürstentum Aschaffenburg, in: Barock und Aufklärung, München 1972, 229 – 239; Färber, Aschaffenburg, passim.

[5] Vgl. Färber, Übergang, 434.

[6] Vgl. Färber, Aschaffenburg, 216 f. (siehe auch oben Anm. 1).

[7] Die Einnahmen betrugen im Jahr 1803 insgesamt 212 299 fl., wovon 83 231 fl. für Zinsen verwendet werden mußten. Vgl. Josef Meierhofer, Die finanzwirtschaftlichen Zustände der Reichsstadt und kurfürstlichen Stadt Regensburg in den Jahren 1780 – 1802 und 1803 – 1810, Diss. Erlangen 1923 (Masch.) 199, 224 und 228; Schwaiger, Fürstentum, 44 f.

[8] Vgl. Färber, Übergang, 431; Schönfeld, Studien, 32 – 41.

[9] Carl Gottlob Küttner, Reise durch Deutschland, Dänemark, Schweden, Norwegen und einen Theil von Italien in den Jahren 1797, 1798, 1799, 4 Bde., Leipzig 1801, hier: 4, 476 f.

[10] Laforest an Talleyrand, Regensburg, 8. Oktober 1802, AE, Paris, CPA 718, fol. 297 (dt. übers. von mir).

[11] Vgl. Dieter Albrecht, Regensburg im Wandel. Studien zur Geschichte der Stadt im 19. und 20. Jahrhundert (Studien und Quellen zur Geschichte Regensburgs 2) Regensburg 1984, 44 (zit.: Albrecht, Regensburg).

[12] Vgl. Schwaiger, Fürstentum, 51 ff.

[13] Karl Christian Graf von Bentzel-Sternau (1767 – 1849), Sohn des Mainzer Hofkanzlers Anselm Franz von Bentzel, wurde 1811 in Dalbergs Großherzogtum zum Finanzminister ernannt. Vgl. Biogr. Wb. 1 (1973) 234 sowie Kurt Rugenstein, Karl Christian Ernst Graf von Bentzel-Sternau. Ein Lebensbild aus dem Anfang des 19. Jahrhunderts, Diss. Frankfurt a. M. 1932.

[14] Bei: Beaulieu-Marconnay, Dalberg, 2, 351 – 356. Bentzels Entwurf (Organisationsskizze für die städtische Verfassung 1803", BStA, Amberg, Reg. KdI 6357.

[15] Vgl. Franz-Ludwig Knemayer, Regierungs- und Verwaltungsreformen in Deutschland zu Beginn des 19. Jahrhunderts, Köln 1970, 75 (zit.: Knemayer, Verwaltungsreformen). Dalberg sah eine Verfassung als den „Begriff der gegenwärtig festgesetzten Ordnung in der bürgerlichen Gesellschaft" an, zit. n. Freyh, Dalberg, 222 f.

[16] Vgl. Albrecht, Regensburg, 74 f.

[17] Kaspar Graf von Sternberg (1761 – 1838) stammte aus böhmischem Mediatadel, erhielt 1772 durch die Kaiserin Maria Theresia eine Domizellarpräbende in Regensburg und Freising, studierte dann am Collegium Germanicum in Rom und wurde 1785 Domkapitular in Regensburg. Vgl. Färber, Sternberg, mit Lit.-Angaben.

[18] Sternberg, Werke, 2, 67.

IV. KURFÜRST VON REGENSBURG (Seite 51–68)

[19] Die Mitglieder des Regensburger Landesdirektoriums waren: Maximilian Müller (1751–1829), ehemaliger Kanzler des fürstbischöflichen Hochstifts; Heinrich Johann Thomas Bösner (1766–1845), Syndikus der ehemaligen Reichsstadt; Karl Theodor Gemeiner (1756–1823), Stadtarchivar, vgl. Hermann Hage, Der Regensburger Historiker und Archivar Carl Theodor Gemeiner (1756–1823), in: VO 123 (1983) 171–234; Michael Mayr (1744–1817), letzter Stiftskanzler des adeligen Damenstifts Niedermünster; Joseph Anton Ignaz Müller (1764–1852), letzter Stiftskanzler des Reichsstifts St. Emmeram, vgl. Friedrich Niedermayer (Hg.), Lebensgeschichte des Joseph Anton Müller, Kanzler des freien Reichsstifts St. Emmeram in Regensburg, in: VO 85 (1935) 303–332; Karl Alois Gebrath, letzter Stiftskanzler des Reichsstifts Obermünster; Johann Joseph Haas (1732–1811), Stiftskanoniker des Kollegiatstifts Unsere Liebe Frau zur Alten Kapelle, seit 1803 auch Dalbergs geistlicher Referent für das Bistum Regensburg, vgl. Anm. 20 auf Seite 183; Johann Peter Korndörffer (1742–1819), ehemaliger fürstbischöflicher Hofrat und Jurist; Jakob Guiollet (1746–1815), aus Kurmainz stammender Verwaltungsbeamter.

[20] Vgl. Freyh, Dalberg, 80–84.

[21] Karl Theodor von Dalberg, Betrachtungen über das Universum, Erfurt 1777, 80–84 (zit.: Dalberg, Universum).

[22] Vgl. Franz Hüttner, Über Karl Theodor Freiherr von Dalberg als Vorsitzenden der Schulkommission für das Hochstift Würzburg, in: Mitteilungen der Gesellschaft für die deutsche Erziehungs- und Schulgeschichte 13 (1903) 293–329; Ferdinand Koeppel, Dalbergs Wirken für das Hochstift Würzburg unter Franz Ludwig von Erthal, in: ZBLG 17 (1953/54) 253–298; Freyh, Dalberg, 298–304.

[23] Zit. n. Freyh, Dalberg, 299.

[24] Vgl. August Messer, Die Reform des Schulwesens im Kurfürstentum Mainz unter Emmerich Joseph (1763–1774), Mainz 1897, 117.

[25] Im einzelnen bei: Scherg, Schulwesen, 329–336; Wilhelm Scherer, Karl von Dalbergs Bemühungen um die Hebung der Volksbildung im Fürstentum Regensburg, in: VO 64 (1913) 3–54; Johann Nepomuk Hollweck, Geschichte des Volksschulwesens in der Oberpfalz. Aus den Quellen dargestellt mit einem Anhang von Archivalien, Regensburg 1895, 116–141; Schwaiger, Fürstentum, 55 ff. Zum höheren Schulwesen vgl. Christian Heinrich Kleinstäuber, Ausführliche Geschichte der Studienanstalten in Regensburg 1535–1880. Erster Theil: Geschichte des evangelisch reichsstädtischen Gymnasii Poetici (1538–1811), in: VO 36 (1882) 1–142, Zweiter Theil: Geschichte des katholischen Gymnasiums zu St. Paul und des sich daraus entwickelnden Lyceums (1589–1811), in: VO 37 (1883) 75–160; Edmund Neubauer, Das geistig-kulturelle Leben der Reichsstadt Regensburg (1750–1806) (Miscellana Bavarica Monacensia 84) München 1978, 53–60 (zit.: Neubauer, Leben).

[26] Joseph Benedikt Puchner (1773–1824), 1799 von Fürstabt Coelestin Steiglehner mit der Leitung der Emmeramer Klosterschule beauftragt. Vgl. Petrus Werner, Joseph B. Pucher aus dem ehemals gefürsteten freyen Benedict. Reichsstifte St. Emmeram in Regensburg, Fürst Primatischer Schulrath und Dechant zu Pondorf in Unterbaiern, München 1825; Josef Zimmerer, Zehn Jahre Schularbeit in Regensburg. Josef Benedikt Puchner 1799–1809, in: Jahresberichte d. Vereins zur Erforschung d. Regensburger Diözesangeschichte 4 (1929); Neubauer, Leben, 49–53.

[27] Akten der Schulkommission, BStA, Amberg, Reg. KdI 7085. Vgl. Scherg, Schulwesen, 330; Neubauer, Leben, 53. Weitere Mitglieder der Schulkommission waren Franz Joseph Reinfeld (1748–1811), Konsistorialsekretär und Stiftskanoniker sowie Sebastian Job, Professor am Regensburger Lyceum St. Paul und später Beichtvater der Kaiserin von Österreich.

[28] Kurfürstlich-Erzkanzlerisches Regierungs- und Intelligenzblatt, Jg. 1803–1806, 1803, Nr. 44 (zit.: Regierungs- und Intelligenzblatt). Vgl. Michael Doeberl, Entwicklungsgeschichte Bayerns, 2 Bde., München 1906–12, hier: 2, 285 und 415.

[29] Vgl. Scherg, Schulwesen, 334 ff.; Widl, Soziale Tätigkeit, 88.

[30] Collegium medicum. Einrichtung von Geburts-, Trau- und Sterbelisten, BStA, Amberg, Reg. KdI 6516. Vgl. Jakob Christian Schäffer, Die Zeit- und Volkskrankheiten der Jahre 1806 und 1807 in und um Regensburg, Regensburg 1808 sowie ders., Versuch einer medizinischen Ortsbeschreibung der Stadt Regensburg, Regensburg 1787.

[31] Vgl. Albrecht, Regensburg, 16.

[32] Errichtung eines Collegii medici und Sanitätsrats 1804, BStA, Amberg, Reg. KdI 6516.

[33] Johann Jakob Kohlhaas (1747–1811), 1790 Direktor der Botanischen Gesellschaft in Regensburg, Verfasser zahlreicher medizinischer Schriften, in denen er u. a. eine Verbesserung der Ge-

sundheitspflege und des Krankenhauswesens forderte. Vgl. Hermann Schöppler, Der Regensburger Arzt Dr. Johann Jakob Kohlhaas 1741–1811, in: VO 75 (1925) 87–92.

34 Johann Ulrich Gottlieb Schäffer (1735–1829). Vgl. Otto Fürnrohr, Schäffer und Grimm, zwei bedeutende Regensburger Familien des 18. Jahrhunderts, in: VO 103 (1963) 375–380; Neubauer, Leben, 84–99.

35 David Heinrich Hoppe (1760–1846) erhielt 1803 den von Dalberg für ihn geschaffenen Lehrstuhl für Botanik am Lyceum St. Paul. Vgl. Heinrich David Hoppe, Selbstbiographie. Nach seinem Tode ergänzt und hrsg. von A. E. Fürnrohr, Regensburg 1849; Neubauer, Leben 99–108.

36 Vgl. Andreas Bresinsky, Die Regensburger Botanische Gesellschaft und die Wurzeln ihres Entstehens im 18. Jahrhundert, in: Josef Barthel (Hg.) Naturwissenschaftliche Forschung in Regensburg (Schriftenreihe der Universität Regensburg 4) Regensburg 1980, 101–130; Wolfgang Ilg, Die Regensburgische Botanische Gesellschaft. Ihre Entstehung, Entwicklung und Bedeutung, dargestellt anhand des Gesellschafts-Archivs, in: Hoppea, Denkschriften der Regensburgischen Botanischen Gesellschaft 42 (1984) V–XIV und 1–391; Neubauer, Leben, 99–108.

37 Wundärzte zu Regensburg, BStA, Amberg, Reg. KdI 6565.

38 Siehe oben Anm. 30.

39 Auf Dalbergs Wunsch war es bereits 1803 zur Gründung eines staatlichen Pockenschutzinstituts in Regensburg gekommen. Die Überlegungen für eine gesetzlich vorgeschriebene Impfung wurden allerdings erst 1807 angesichts des bayerischen Vorbilds angestellt.

40 Vgl. Hermann Reidel, Die Villenbauten Emanuel Joseph von Herigoyens in Regensburg, in: VO 118 (1978) 87–136, hier: 67 (zit.: Reidel, Villenbauten).

41 Vgl. Gertrud Puchta, Die rechtliche Stellung der Evangelischen Kirche in Regensburg während der Regierungszeit Karl von Dalbergs, Diss. Erlangen 1952 (Masch.), 126 ff. (zit.: Puchta, Evangelische Kirche).

42 Aus der Ansprache von Kohlhaas bei der Eröffnung des Sanitätsrats am 17. April 1804 (siehe oben Anm. 32).

43 Vgl. Bernd Rehbach, Der Entwurf eines Kriminalgesetzbuches von Karl Theodor von Dalberg aus dem Jahre 1792, Berlin 1986; Freyh, Dalberg, 173–176 (zit.: Rehbach, Entwurf).

44 Oberlandesgerichtsräte wurden die aus dem Regensburger Patriziat stammenden Juristen und ehemaligen Magistratsräte Jakob Habrecht, Ludwig Christian Kayser, Christoph Anton Memminger (1761–1827), Friedrich Wernhard Grimm (1737–1804) sowie die fürstbischöflichen Licentiaten Urban Maurer, Anton Steindl, Bernhard Lacense (1751–1812) und Maximilian Müller (1751–1829).

45 Organisationsskizze für die städtische Verfassung, 1803, BStA, Amberg, Reg. KdI 6357.

46 Tänzl war Generalvisitator des Bistums. Er starb am 13. November 1812. Vgl. Schwaiger, Bistümer, 252.

47 Protokoll des Kfstl.-Erzkzl. Justiz-Senats, 28. April 1804, BStA, Amberg, Reg. KdI 6539.

48 Vgl. Schlaich, Ende, 261; Schwaiger, Bistümer, 279.

49 Joseph Konrad Freiherr von Schroffenberg (1743–1803), 1780 Fürstpropst des gefürsteten Augustiner-Reichsstifts Berchtesgaden und 1790 mit Unterstützung des pfalzbayerischen Kurfürsten Karl Theodor, der damals das Reichsvikariat innehatte, zum Fürstbischof von Regensburg und Freising gewählt. Vgl. Schwaiger, Bistümer, 111–121.

50 Vgl. Schwaiger, Bistümer, 156 f.

51 Jean-Louis-Amable-Marie Baudus (1761–1822). Vgl. Nouvelle Biographie 4 (1853) 797 f.

52 Baudus an Talleyrand, Regensburg, 3. April 1803, AE, Paris, CPA 705, fol. 108–111 (dt. übers. von mir).

53 Vgl. Schwaiger, Fürstentum, 45 ff.; Schwaiger, Bistümer, 245–275.

54 Vgl. Puchta, Evangelische Kirche, 133.

55 Vgl. Scherg, Schulwesen, 333.

56 Vgl. Schwaiger, Fürstentum, 53 f.

57 Geraffte Darstellung dieser Entwicklung bei Neubauer, Leben, passim. Vgl. Hammermayer, Aufklärung, 996–1004 sowie Andreas Kraus, Bürgerlicher Geist und Wissenschaft. Wissenschaftliches Leben im Zeitalter des Barock und der Aufklärung in Augsburg, Regensburg und Nürnberg, in: Archiv für Kulturgeschichte 49 (1967) 340–388, hier: 356–359, 356 f. und 385 ff.

58 Vgl. Andreas Kraus, Frobenius Forster, Fürstabt von St. Emmeram in Regensburg (1709–1792), in: Ludwig Schrott (Hg.), Bayerische Kirchenfürsten, München 1964, 248–258; R. Grill, Coele-

stin Steiglehner, letzter Fürstabt von St. Emmeram zu Regensburg, in: Studien und Mitteilungen zur Geschichte d. Benediktinerordens und seiner Zweige, Ergänzungsheft 12 (1937).

[59] Vgl. Ludwig Hammermayer, Zur Geschichte der Schottenabtei St. Jacob in Regensburg. Neue Quellen aus schottischen Archiven, in: ZBLG 22 (1959) 42 – 76; Ludwig Hammermayer, Die europäischen Mächte und die Bewahrung von Abtei und Seminar der Schotten in Regensburg (1802/03), in: VO 106 (1966) 291 – 306.

[60] Vgl. Neubauer, Leben, 84 – 99.

[61] Placidus Heinrich (1758 – 1825) vgl. L. Hartmann, Der Physiker und Astronom P. Placidus Heinrich und St. Emmeram in Regensburg, in: Studien und Mitteilungen zur Geschichte d. Benediktinerordens und seiner Zweige 47 (1929) 157 – 182; Neubauer, Leben, 121.

[62] Placidus Heinrich, Bestimmungen der Maahse und Gewichte des Fürstenthums Regensburg, Regensburg 1808.

[63] Vgl. Christian Gottlieb Gumpelzhaimer, Regensburg, 4 Bde., Regensburg 1830 – 38 (Ndr. Regensburg 1984) 4, 1862.

[64] Vgl. Färber, Sternberg, 411 ff.

[65] Eine sehr anschauliche, zeitgenössische Schilderung der Verhältnisse durch Albrecht Christoph Kayser, Versuch einer kurzen Beschreibung der kaiserlichen freyen Reichsstadt Regensburg, Regensburg 1797 (zit.: Kayser, Versuch). Vgl. Erwin Probst, Regensburgs Weg von der Reichsstadt zum Bayerischen Staat, in: Die Oberpfalz 48 (1960) 269 – 281 und 302 – 307, hier: 270 f.

[66] Vgl. Freyh, Dalberg, 171 f.

[67] Emanuel d'Herigoyen (1746 – 1817) stammte aus Portugal und war nach Studien in Paris in kurmainzische Dienste getreten. Vgl. Hermann Reidel, Emanuel Joseph von Herigoyen. Kgl. bayer. Oberbaukommissar 1746 – 1817, München 1982.

[68] Veräußerung der Basteien zu Regensburg 1804/05, BStA, Amberg, Reg. Kd I 6530.

[69] Verkauf der Stadtgräben zu Regensburg 1804, BStA, Amberg, Reg. KdI 6531.

[70] Vgl. Hermann Reidel, Das Gartenkasino des Grafen Kaspar von Sternberg. Ein Meisterwerk des venezianischen Architekten Giannantonio Selva, in: VO 119 (1979) 321 – 344 (zit.: Reidel, Gartenkasino).

[71] Georg Friedrich Müller (1760 – 1843), fürstlich thurn- und taxisscher Hofrat, 1815 nobilitiert. Vgl. Reidel, Villenbauten, 98 ff.

[72] Philipp Reichenberger (1750 – 1818), als Vorsteher der jüdischen Gemeinde Regensburgs ein entschlossener Vorkämpfer für die bürgerliche Gleichstellung der Juden. Sein Palais ging 1833 in den Besitz der Grafen von Dörnberg über. Vgl. Isaak Meyer, Zur Geschichte der jüdischen Gemeinde in Regensburg, Berlin 1913, 46 ff. sowie Reidel, Villenbauten, 113 – 166.

[73] Carl Anselm Fürst von Thurn und Taxis (1733 – 1805), seit 1773 kaiserlicher Prinzipalkommissar am Regensburger Reichstag. Vgl. Fürnrohr, Vertreter, 1, 110 f. sowie Max Piendl, Das Fürstliche Haus Thurn und Taxis. Zur Geschichte des Hauses und der Thurn-und-Taxis-Post, Regensburg 1980, 50 – 72.

[74] Vgl. Richard Strobel, Die Allee des Fürsten Carl Anselm in Regensburg, in: Thurn-und-Taxis-Studien 3 (1963) 229 – 268, hier: 265.

[75] Vgl. Sigfrid Färber, Das Regensburger Fürstlich Thurn und Taxissche Hoftheater und seine Oper 1760 – 1876; in: VO 86 (1936) 3 – 154 sowie Helmut Pigge, Geschichte und Entwicklung des Regensburger Theaters (1786 – 1859) Diss. München 1954 (Masch.) 9 – 103 (zit.: Pigge, Geschichte).

[76] Vgl. Pigge, Geschichte, 102 f.

[77] Vgl. Neubauer, Leben, 78 f.

[78] Vgl. Pigge, Geschichte, 138.

[79] Das Theater- und Gesellschaftshaus, BStA, Amberg, Reg. KdI 6142.

[80] Vgl. Pigge, Geschichte, 118 – 132.

[81] Vgl. Anton Scharnagel, Die Regensburger Theaterschule. Zur 165. Wiederkehr ihrer Gründung, in: Der Zwiebelturm 25 (1970) 273 – 276; Pigge, Geschichte, 160 – 175; Neubauer, Leben, 79.

[82] Bulletin de Ratisbonne, 19. September 1803, AE, Paris, CPA 275, fol. 83 (dt. übers. von mir). Vgl. Bulletin de Ratisbonne, 26. November 1802, AE, Paris, CPA 720, fol. 109 f. Ebenso der Bericht von Bacher an Talleyrand, Regensburg, 31. Juli 1803, AE, Paris, CPA 725, fol. 18.

[83] BStA, Amberg, Reg. KdI 7470.

[84] BStA, Amberg, Reg. KdI 6435.

[85] Zirngibl an Westenrieder, 4. Januar 1806, bei: Andreas Kraus (Hg.), Die Briefe Roman Zirngibls von St. Emmeram in Regensburg, 1. Teil: Die Briefe Zirngibls an Westenrieder, in: VO 103 (1963)

5 – 164 (zit.: Kraus, Briefe, 1), 2. Teil: Die Briefe an die Bayerische Akademie der Wissenschaften 1777 – 1788, in: VO 105 (1966) 17 – 79 (zit.: Kraus, Briefe, 2), hier: 1, 131. Roman Zirngibl (1740 – 1816), Prior von St. Emmeram und seit 1777 Mitglied der Bayerischen Akademie der Wissenschaften. Unter Dalberg, der ihn später zum Abt von St. Emmeram machen wollte, übernahm er 1803 die Leitung der Regensburger Stifts- und Klosterarchive. Vgl. Andreas Kraus, P. Roman Zirngibl und St. Emmeram in Regensburg, ein Historiker der Alten Akademie, in: Studien und Mitteilungen zur Geschichte d. Benediktiner-Ordens und seiner Zweige 66 (1956) 61 – 152 und 67 (1957) 39 – 203.

[86] Vergleichende Übersicht über sämtliche Einnahmen und Ausgaben bei dem kfstl. Hauptrentzahlamte Regensburg in den Jahren 1804 und 1805, FZA, Regensburg, R 439/6. Verordnung über Credit- und Finanzwesen, 1803, BStA, Amberg, Reg. KdI 6160. Zur Staatsschuldentilgungskasse vgl. Schönfeld, Studien, 125 ff.; Ekkehard Krömer, Staatsrechtliche Grundgedanken Karl von Dalbergs, Diss. Köln 1958, 52; Widl, Soziale Tätigkeit, 96; Meierhofer, Zustände, 175.

[87] Kurfürstliche Feuer-Verordnung für die kfstl. Residenzstadt Regensburg, Regensburg 1806. Vgl. Karl Held, Die Entwicklung des Feuerlöschwesens der Stadt Regensburg, Regensburg 1878.

[88] Vgl. Carl Beyer und Johannes Biereye, Geschichte der Stadt Erfurt von der ältesten bis auf die neueste Zeit, Erfurt 1935, 170 sowie Freyh, Dalberg, 289.

[89] Regierungs- und Intelligenzblatt, 1806, Nr. 26. Zu Erfurt vgl. Freyh, Dalberg, 289.

[90] Industrie-Beförderung, BStA, Amberg, Reg. KdI 6290. Vgl. Schönfeld, Studien, 312. Zu Erfurt vgl. Freyh. Dalberg 288 und 291.

[91] Vgl. Ernst Klebel, Der Handel und seine Organisationsformen in Regensburg, Regensburg 1953.

[92] Vgl. Widl, Soziale Tätigkeit, 64 f.

[93] Vgl. Gustav Lauser, Die öffentliche Armenpflege der Stadt Regensburg bis zur Mitte des 19. Jahrhunderts, Diss. Erlangen 1924 (Masch.).

[94] Troni an Consalvi, Augsburg, 11. März 1804, ASV Rom, Segr. Stato Baviera 40 (dt. übers. von mir).

[95] Hügel-Bericht, Regensburg, 30. Dezember 1804, HHStA, Wien, Staka, Regensburg, Przkom. 11.

[96] Friedrich Nicolai, Beschreibung einer Reise durch Deutschland und die Schweiz, 2 Bde., Berlin 1783, 2, 341.

[97] Johann Christoph Schmidlin, Beschreibung einer Reise von Tübingen nach Wien im Jahre 1796, in: Ulm-Oberschwaben. Mitteilungen des Vereines für Kunst und Altertum in Ulm und Oberschwaben 31 (1941) 115 – 125, zit.: 120.

[98] Die Gesellschaft Harmonie 1802. Alphabetisches Verzeichnis sämtlicher ordentlicher Mitglieder der Harmonie 1802, BStA, Amberg, Reg. KdI 6143. Vgl. Verfassung und Gesetze der Harmonie zu Regensburg, Regensburg 1802 sowie Neubauer, Leben, 43 f.

[99] Vgl. Tümmler, Carl August, 744 f.

[100] Zit. n. Beaulieu-Marconnay, Dalberg, 1, 352.

[101] Bulletin de Ratisbonne, 19. April 1806, AE, Paris, CPA 731, fol. 259.

[102] Vgl. Kayser, Versuch, 50.

[103] Dalbergs Vertrag mit dem Fürstenhaus vom 27. Dezember 1806, FZA, Regensburg, Haus- und Familiensachen, Akten XII 40/5, Urkunde Immediatbüro Nr. 1858. Vgl. Erwin Probst, Die Entwicklung der fürstlichen Verwaltungsstellen seit dem 18. Jahrhundert, in: Thurn-und-Taxis-Studien 10 (1978) 267 – 386, hier: 297 – 303.

[104] Kurmainzischer Hof- und Staatskalender, Mainz 1790. Vgl. Franz Guntram Schultheiß, Die geistlichen Staaten beim Ausgang des alten Reiches, Hamburg 1895, 16.

[105] Siehe oben Anm. 94.

[106] Bulletin de Ratisbonne, 2. August 1806, AE, Paris, CPA 732, fol. 194 f. (dt. übers. von mir).

[107] Johannes Schulze (1786 – 1869), zunächst am Gymnasium von Weimar tätig, 1812 von Dalberg als Gymnasialdirektor nach Hanau berufen, trat 1818 ins Preußische Kultusministerium ein und wurde dort zum „Erfinder des deutschen Abiturs“, das er angeblich bei Dalberg kennengelernt haben will. Vgl. Scherg, Schulwesen, 416 f.

[108] Zit. n. Conrad Varrentrapp, Johannes Schulze und das höhere Preußische Unterrichtswesen in seiner Zeit, Leipzig 1889, 127 (zit.: Varrentrapp, Schulze).

[109] Zirngibl an Westenrieder, 4. Januar 1806, bei: Kraus, Briefe, 1, 131.

[110] Dalberg an Albini, 17. Dezember 1802, bei: Gerlich, Briefe, 2, 119.

[111] Bacher an Talleyrand, Regensburg, 22. August 1803, AE, Paris, CPA 725, fol. 59 f. (dt. übers. von mir).

IV. KURFÜRST VON REGENSBURG (Seite 51–68)

[112] Bulletin de Ratisbonne, 1. Januar 1804, AE, Paris, CPA 726, fol. 4.

[113] Vgl. (Johann Christoph Kayser) Beschreibung der am 23ten April 1804 dem Herrn Karl, des H. Röm. Reichs Kurfürsten und Erzkanzler von dem Regensburgischen Stadtmagistrate und der gesammten Bürgerschaft geleisteten feyerlichen Huldigung und der Festlichkeiten welche auf dieselbe gefolgt sind, Regensburg (1804).

[114] Johann Christoph Kayser (1747–1808), 1791 Mitglied des Inneren Rats und Stadtkämmerer und seit 1803 Mitglied des Landesdirektoriums. Vgl. Klement Alois Baader, Das gelehrte Baiern oder Lexikon aller Schriftsteller, welche Baiern im achtzehnten Jahrhunderte erzeugte oder ernährte, 3 Bde., Nürnberg/Sulzbach 1804, 2, 580 f.

[115] Zit. n. Beaulieu-Marconnay, Dalberg, 1, 350.

[116] Bulletin de Ratisbonne, 23. April 1804, AE, Paris, CPA 726, fol. 343 (dt. übers. von mir).

[117] Vgl. Carl Will, Archivalische Beiträge zur Geschichte der Erstürmung von Regensburg am 23. April 1809 und deren Folgen, in: VO 47 (1895) 179–307; Julius Wackenreiter, Die Erstürmung von Regensburg am 23. April 1809, Regensburg 1865 (mit Augenzeugenberichten); Domenico Guerrini, La manovra di Regensburg (1809), Roma 1924.

[118] Dalberg an Napoleon, Aschaffenburg, 22. Mai 1809, AE, Paris, CPA 737, fol. 49 (Orig. Autogr.).

[119] Napoleon an Dalberg, Schönbrunn, 19. Juni 1809, StA Regensburg, Autographensammlung.

[120] Fahnenberg an Metternich, 15. Dezember 1809, bei: Konrad Maria Färber, Dalberg, Bayern und das Fürstentum Regensburg. Neue Quellen aus den Archiven von Wien und Paris, in: ZBLG 49 (1986) 695–717, hier: 709 ff. (zit.: Färber, Dalberg). Vgl. Heinrich Huber, Die Napoleonische Kriegsentschädigung für Regensburg, in: VO 93 (1952) 129–150.

[121] Vgl. Schwaiger, Dalberg, 24.

V. KAISER UND ERZKANZLER (Seite 69–80)

1 Vgl. Aretin, Reich, 1, 462–465; Hertel, Dalberg, 56 ff.; Rob, Dalberg, 354 ff.

2 „Quelques vues sur l'équilibre politique en Allemagne", bei: Hertel, Dalberg, 57, Anm. 1. „Observations sur l'exécution finale de la paix de Lunéville en Allemagne", bei: Hertel, Dalberg, 64, Anm. 2.

3 Laforest an Talleyrand, Regensburg, 12. Mai 1803, AE, Paris CPA 724, fol. 297–299 (dt. übers. von mir).

4 Vgl. Aretin, Reich, 1, 466 f.

5 Siehe Seite 82 f.

6 Vgl. Färber, Übergang, 432 ff.

7 Vgl. Aretin, Reich, 1, 471 f.

8 Vgl. Aretin, Reich, 1, 459 f.

9 Theobald Bacher (1748–1813) trat 1773 in das Bureaux des affaires etrangéres ein, wurde 1777 französischer Bevollmächtigter in der Schweiz und 1798 Geschäftsträger am Regensburger Reichstag. Von 1799 bis 1800 war er vorübergehend Regierungskommissar in Frankfurt, ging aber dann anschließend wieder nach Regensburg. Vgl. Friedrich Otto, Theobald Bacher, ein elsässischer Diplomat im Dienste Frankreichs 1748–1813, Straßburg 1910; Biographie universelle 2 (1852) 565 f.

10 Bacher an Talleyrand, Regensburg, 11. Oktober 1803, AE, Paris, CPA 725, fol. 112–115.

11 Weisung an Bacher, Paris, 2. März 1804, AE, Paris, CPA 726, fol. 217 f.

12 Goethe an Lamezan, 12. Januar 1804, bei: Goethe-Briefe, 17, 10 ff.

13 Goethe schlug vor, als Sinnbild für Dalbergs Tugend auf einer Seite der Medaille einen Moses darzustellen, der gerade Wasser aus dem Felsen schlägt. Vgl. ebd., 17, 52–61 und 104.

14 Goethe an Humboldt, 30. Juli 1804, bei: edb., 17, 173 f.

15 Dalberg an Napoleon, 17. Mai 1804, bei: Hertel, Dalberg, 100, Anm. 2. Vgl. Rob, Dalberg, 378 f.

16 Talleyrand an Portalis, Paris, 23. August 1804, AE, Paris, CPA 727, fol. 175. Vgl. Hertel, Dalberg, 107.

17 Joseph-Marie Portalis (1778–1858). Vgl. Biographie universelle, 34 (1861) 139 ff.

18 Portalis an Talleyrand, Regensburg, 23. Oktober 1804, AE, Paris, CPA 727, fol. 243. Vgl. Hanns Hubert Hofmann, Serenissimus. Ein fürstliches Prädikat in fünfzehn Jahrhunderten, in: HJ 80 (1961) 240–251.

19 Vgl. Bailleu, Preußen und Frankreich, 2, 320; Weis, Napoleon, 57.

20 Stadion-Bericht, Aschaffenburg, 17. September 1804, HHStA, Wien, Staka, Regensburg, Kurböhm. Ges. 99.

21 Hügel-Bericht, Regensburg, 25. September 1804, HHStA, Wien, Staka, Regensburg, PrzKom. 11. Vgl. Bastgen, Dalberg, 69, Anm. 4; Hertel, Dalberg 108.

22 Joseph Ludwig Colmar (1760–1818), Theologiestudium in Straßburg und dort 1783 zum Priester geweiht. Nach dem Konkordat mit Rom übertrug ihm Bonaparte das Bistum Mainz (1802). Eine seiner ersten Maßnahmen als Bischof war, den als Heumagazin benutzten Mainzer Dom wieder seiner Bestimmung zurückzugeben. Vgl. Josef Selbst, Joseph Ludwig Colmar, Bischof von Mainz 1802–1818, Mainz 1902; Franz Usinger, Das Bistum Mainz unter französischer Herrschaft (1798–1814). Diss. Gießen 1911. Ludwig Lenhart, Bischof Joseph Ludwig Colmar (1802–1818). Der Neubegründer des Mainzer Bistums und Retter des Mainzer Domes, in: Mainzer Almanach (1960) 61–74.

23 Rechberg-Bericht, Regensburg, 15. Oktober 1804, BayHStA, München, MA II, 4043, Nr. 83. Napoleon ließ Bischof Colmar eine finanzielle Entschädigung für die Aufwendungen zum Aufenthalt Dalbergs zukommen. Vgl. Karl Georg Bockenheimer, Geschichte der Stadt Mainz während der zweiten französischen Herrschaft (1798–1814), Mainz 1890, 407.

24 Wilhelm Landgraf von Hessen-Kassel (1743–1821), seit 1803 Kurfürst, hatte am bayerischen Erbfolgekrieg im Rang eines preußischen Generalmajors teilgenommen. Vgl. Biogr. Wb. 2 (1975) 3161 ff.

25 Vgl. Karl Obser, Ein Tagebuch über die Zusammenkunft des Kurfürsten Karl Friedrich von Baden mit Napoleon I. in Mainz (September 1804), in: ZGO, NF 14 (1899) 607–634. hier: 611–614 (zit.: Obser, Tagebuch); Bastgen, Dalberg, 70 f.; Hertel, Dalberg, 110.

26 Ludwig von Baden (1763–1830), jüngster Sohn des Markgrafen (seit 1803 Kurfürst) Karl Friedrich. Zwischen dem Zarenhaus und den Zähringern bestanden dynastische Verbindungen. 1818 wurde er Großherzog von Baden, nachdem sein Neffe Karl, der mit Stephanie Beauharnais verheiratet war, keinen Erben hinterlassen hatte.

V. KAISER UND ERZKANZLER (Seite 69–80)

[27] Vgl. Obser, Tagebuch, 618–623.

[28] Eberhard an Friedrich Stadion, Mainz, 23. Oktober 1804, HHStA, Wien, Stadion-Depot, Nachlaß 108. Vgl. Hertel, Dalberg, 111–114; Rob, Dalberg, 382 f.

[29] Vgl. Beaulieu-Marconnay. Dalberg, 2, 22.

[30] Vgl. Häusser, Deutsche Geschichte, 2, [4]1869, 522 f.; Beaulieu-Marconnay, Dalberg, 2, 25.

[31] Portalis an Talleyrand, Regensburg, 2. November 1804, AE, Paris, CPA 727, fol. 238 f. Lucchesini an Hardenberg, 20. Oktober 1804, bei: Bailleu, Preußen und Frankreich, 2, 299 f.

[32] Lucchesini an Hardenberg, 26. November 1804, bei: Bailleu, Preußen und Frankreich, 2, 320 (dt. übers. von mir).

[33] Vgl. Hertel, Dalberg, 114.

[34] Friedrich Stadion an Philipp Stadion, Aschaffenburg, 4. Oktober 1804, HHStA, Wien, Staka, Regensburg, Kurböhm. Ges. 99. Vgl. Bastgen, Dalberg, 297–302.

[35] Portalis an Talleyrand, Regensburg, 20. Oktober 1804, AE, Paris, CPA 727, fol. 242 (dt. übers. von mir).

[36] Jean-Baptiste Bessières (1768–1813) Marschall von Frankreich und Grandofficier de l'empire. Vgl. Biographie universelle 5 (1853) 813–818.

[37] Vgl. Beaulieu-Marconnay, Dalberg, 2, 7; Leo König, Pius VII. Die Säkularisation und das Reichskonkordat, Innsbruck 1904, 357 (zit.: König, Pius VII).

[38] Giovanni Battista Caprara (1733–1810), Nuntius in Köln (1767–1775) und dann als päpstlicher Legat wesentlich an den französischen Konkordatsverhandlungen beteiligt. Vgl. LThK 2 (1958) 930 f.

[39] Dalberg an Albini, 22. November 1804, bei: Gerlich, Briefe, 2, 120 f.

[40] Vgl. Frédéric Masson, Le Sacre et le Couronnement de Napoléon, Paris [7]1914 sowie José Cabanis, Le Sacre de Napoléon, Paris 1970.

[41] Niklas Vogt (1756–1836), Professor für Universalgeschichte in Mainz, von Dalberg 1803 zum Archivar und Bibliothekar der Aschaffenburger Residenz ernannt. 1806 ging er in die Frankfurter Schulverwaltung. In Frankfurt erhielt er 1816 die Senatorenwürde. Vgl. Hermann Josef Peters, Niklas Vogt und das rheinische Geistesleben 1792–1836. Ein Beitrag zur Geschichte des politischen und historischen Denkens am Mittelrhein, Mainz 1962 sowie Scherg, Schulwesen, 613–616.

[42] Géraud Duroc (1772–1813), Marschall von Frankreich, Großmarschall des Palastes und seit 1808 auch Herzog von Friaul, fiel im Frühjahrsfeldzug 1813 in Sachsen. Vgl. Nouvelle Biographie 15 (1856) 470 ff.

[43] Vgl. Vincent Cronin, Napoleon. Eine Biographie, Hamburg 1973 (engl. Originalausgabe unter dem Titel: Napoleon, Glasgow 1971), 327.

[44] Vgl. Hertel, Dalberg, 118 f. Zu Dalbergs Plänen für ein Reichskonkordat vgl. Aretin, Reich, 1, 486–497; Adolf Frantz, Das Projekt eines Reichskonkordats nach den Wiener Konferenzen 1804–1806, Festgabe A. Hänel, o. O. 1907; König, Pius VII., 350–364; Bastgen, Dalberg, 54–62 und 76–81; Becher, Primas, 50–67; Anton Doeberl, Dalbergs Kirchenpolitik im Lichte vatikanischer Archivalien, in: Passauer Theol. prakt. Monatsschrift 28 (1918) 119–127; Rob, Dalberg, 370–377. Zur Translation des Mainzer Erzstuhls auf die Regensburger Domkirche im einzelnen bei Schwaiger, Kirchenpläne, passim sowie Georg Schwaiger, Das Erzbistum Regensburg unter Carl Theodor von Dalberg (1803–1817), in: Beiträge zur Geschichte des Bistums Regensburg 10 (1976) 209–229 (zit.: Schwaiger, Erzbistum).

[45] Vgl. König, Pius VII., 359 sowie Hertel, Dalberg, 119 f.

[46] Vgl. Bastgen, Dalberg, 84.

[47] Vgl. Hertel, Dalberg, 120–128; Bastgen, Dalberg, 321; König, Pius VII., 364; Hermann von Sicherer, Staat und Kirche in Bayern vom Regierungsantritt des Kurfürsten Maximilian IV. Josef bis zur Erklärung von Tegernsee (1799–1821), München 1874, 91 f. (zit.: Sicherer, Staat u. Kirche); Meyer, Geschichte, 1, 215 f.

[48] Dalberg an Napoleon, 23. Januar 1805, bei: Hertel, Dalberg, 129, Anm. 1. Das Antwortschreiben Napoleons an Dalberg vom 20. März 1805, bei: Beaulieu-Marconnay, Dalberg, 2, 30.

[49] Portalis an Talleyrand, Aschaffenburg, 28. Juni 1805, AE, Paris, CPA 729, fol. 51–55.

[50] Dalberg an Talleyrand, Regensburg, 18. August 1805, AE, Paris, CPA 729, fol. 145 (Orig. Autogr.).

[51] Théodore-Charles-Joseph Hédouville (1767–1846), bis 1813 französischer Gesandter bei Dalberg. Vgl. Nouvelle Biographie 22 (1858) 726, wo sein Vorname fälschlicherweise mit Nicolas-

Jean-Charles angegeben ist. Dagegen übereinstimmend bei Otto Friedrich Winter (Hg.), Repertorium der diplomatischen Vertreter aller Länder, Graz 1965, 3, 312, als auch im Repertorium AE, Paris, die Vornamen Théodore-Charles-Joseph.

52 Hédouville an Talleyrand, Regensburg, 2. September 1805, AE, Paris, CPA 729, fol. 145–146 (dt. übers. von mir). Ähnlich das Schreiben Hédouvilles vom 29. Oktober 1805, AE, Paris, CPA 729, fol. 327. Vgl. Hans Karl von Zwehl, Die bayerische Politik im Jahre 1805, München 1964, 290 f. (zit.: Zwehl, Bayerische Politik).

53 Dalberg an Talleyrand, Regensburg, 7. September 1805, AE, Paris, CPA 729, fol. 152 (Orig. Autogr.).

54 Der Text der Verlautbarung im Wortlaut bei: Beaulieu-Marconnay, Dalberg, 2, 37 f. Napoleon schrieb dazu erzürnt an Dalberg, 24. Dezember 1805: „J'ai vu avec peine les démarches qu'a faites Votre Altesse pour réveiller l'esprit germanique." Zit. n. Correspondance de Napoléon Ier publ. par ordre de l'Empereur Napoléon III, 32 Bde., Paris 1858–1870 (Ndr. New York 1974) hier: 12 (1862) 606 (Nr. 9608) (zit.: Corr. Napoléon). Albini war der Ansicht, man könne aus dem Aufruf sowohl den Schluß ziehen, Dalberg fordere das Reich auf, sich mit Preußen und Rußland gegen Napoleon zu stellen, als auch das Gegenteil, nämlich sich einem siegreichen Napoleon in die Arme zu werfen. Vgl. den Bericht Bachers an Talleyrand, Regensburg, 10. November 1805, AE, Paris, CPA 729, fol. 346. Troni hingegen erkannte in seinem Bericht an Consalvi, Regensburg, 12. November 1805, ASV, Rom, Segr. Stato, Baviera 40, in Dalbergs Proklamation ein mutiges Eintreten für die Interessen des Reiches. Unterschiedliche Bewertungen auch bei den Historikern: Stark abwertende Urteile in der älteren Geschichtsschreibung, besonders bei Häusser, Deutsche Geschichte (³1861–63) 2, 584; Beaulieu-Marconnay, Dalberg, 2, 37 ff.; Bastgen, Dalberg, 143. Eine gerechtere Beurteilung fanden erst Hertel, Dalberg, 147 ff., dann Aretin, Reich, 1, 500, Anm. 213. Den reichspatriotischen Impetus der Verlautbarung sah auch Edouard Driault, Napoléon et l'Europe, 5 Bde., Paris 1910–27, hier: Bd. 2, Austerlitz – la fin du Saint-Empire (1804–1806) 358 (zit.: Driault, Napoleon). Vgl. Rob, Dalberg, 401 f.

55 Vgl. Bastgen, Dalberg, 142 f.; Bitterauf, Rheinbund, 211 f.

56 Bacher berichtete am 7. November 1805 aus Regensburg an Talleyrand, Dalberg sehe in einer Abdankung Kaiser Franz' II. – sei sie freiwillig oder erzwungen – und der Übertragung der Kaiserkrone auf Napoleon die einzige Möglichkeit, das Reich zu retten. AE, Paris, CPA 729, fol. 337. Höchstwahrscheinlich aber hatte sich Dalberg bei Bacher nur darüber versichern wollen, ob er weiterhin mit der Garantie Napoleons für die Reichsverfassung rechnen könne. Vgl. Bacher an Talleyrand, Regensburg, 8. November 1805, AE, Paris, CPA 729, fol. 346.

57 Tiberius Conte di Troni (1772–1853) stammte aus Bologna und wurde 1795 Uditore der nach München verlegten Nuntiatur. Vgl. G. Cessi, Cenno Biografico sul Conte Tiberio Troni, Faenza 1854.

58 Troni an Consalvi, Regensburg, 26. November 1805, ASV, Rom, Segr. Stato, Baviera 40 (dt. übers. von mir).

59 Vgl. Heinrich Müller, Der letzte Kampf der Reichsritterschaft um ihre Selbständigkeit 1790–1815 (Historische Studien 77) 1910, 184 ff.

60 Vgl. Rössler, Revolution, 94 f. sowie Mathias Bernath, Napoleon und der Rheinbund im Spiegel der Zeit, in: Neue Mitteilungsblätter des Rheinischen Kulturinstituts, 4, (1953) 1–25, hier: 1 f. (zit.: Bernath, Napoleon).

61 Vgl. Aretin, Reich, 1, 498.

62 Zit. n. Edgar Bonjour, Johannes von Müller und Karl von Dalberg, in: Neue Schweizer Rundschau NF 21 (1953/54) 651–661, hier: 652 f.

63 Vgl. Kurt von Raumer, Hügels Gutachten zur Frage der Niederlegung der deutschen Kaiserkrone 17. V. 1806, in: ZBLG 27 (1964) 390–408 (zit.: Raumer, Hügels Gutachten). „Gutachten Friedrich Stadions über die Zweckmäßigkeit der Beibehaltung oder die Niederlegung der deutschen Kaiserkrone" vom 24. Mai 1806, bei: Aretin, Reich, 2, 334–344.

64 Dalberg an Napoleon, München, 17. Januar 1806, AE, Paris, CPA 731, fol. 21–23 (Orig. Autogr.).

65 Stadion-Bericht, Regensburg, 23. Januar 1806, HHStA, Wien, Staka, Regensburg, Kurböhm.Ges. 101 (dt. übers. von mir).

66 Hügel-Bericht, Regensburg, 21. Januar 1806, HHStA, Wien, Staka, Regensburg, PrzKom. 15, Nr. 25.

[67] Diese von Hellmuth Rössler, Napoleons Griff nach der Karlskrone, München 1957, vertretene These wurde durch Aretin, Reich, 1, 501 f. überholt.
[68] Siehe oben Anm. 65.
[69] Vgl. Nouveau petit Larousse, Paris 1959, 507.
[70] Napoleon an Dalberg, 24. Dezember 1805, bei: Corr. Napoléon 12 (1862) 606 (Nr. 9608).
[71] Eugen Beauharnais (1781–1824) stammte aus erster Ehe der Kaiserin Josephine mit Alexandre Beauharnais und wurde von Napoleon anläßlich der Heirat mit der bayerischen Prinzessin Amalie-Auguste adoptiert. Vgl. Adalbert Prinz von Bayern, Eugen Beauharnais. Der Stiefsohn Napoleons, Berlin 1940 (zit.: Bayern, Beauharnais).
[72] Hédouville hatte Dalberg bereits im November 1805 dazu überredet, Napoleon seine priesterliche Funktion bei der bevorstehenden Trauung in München anzubieten. Vgl. Hédouville an Talleyrand, Regensburg, 24. November 1805, AE, Paris, CPA 729, fol. 369. Am 18. Dezember 1805 hatte dann Dalberg selbst bei Napoleon angefragt: „Votre Majesté daignera-t-elle me permettre de Lui rendre mes devoirs à Munich?" Bei: Zwehl, Bayerische Politik, 292.
[73] Joseph Maria Johann Nepomuk Freiherr von Fraunberg (1768–1842), neben Sternberg als bayerischer Gesandter in Rom vorgesehen, wurde 1803 Domkapitular in Regensburg und auf bayerischen Vorschlag von Fürstbischof Schroffenberg zum Weihbischof für Freising designiert. 1806/07 nahm er an den Konkordatsverhandlungen mit dem päpstlichen Nuntius della Genga teil. König Max Joseph erhob ihn 1821 gegen den anfänglichen Widerstand Roms zum Bischof von Augsburg. 1824 wurde er Erzbischof von Bamberg. Vgl. Bastgen, Bayern, 318–354 sowie Schwaiger, Bistümer, 253 f.
[74] Hügel-Bericht, Regensburg, 29. Januar 1806, HHStA, Wien, Staka, Regensburg, PrzKom. 15.
[75] Jérôme Bonaparte (1784–1860) war bereits 1803 mit Ellis Patterson in Baltimore (Nordamerika) kirchlich getraut worden. Bei seiner Rückkehr nach Paris (1806) verlangte Napoleon die Scheidung. Die Ehe wurde gegen den Willen des Papstes durch den Pariser Erzbischof annulliert. Im Juli 1807 ließ Napoleon Jérôme zum König von Westfalen proklamieren. Vgl. Nouvelle Biographie, 37 (1863) 448 (127–131).
[76] Zit. n. Beaulieu-Marconnay, Dalberg, 2, 176.
[77] Siehe oben Anm. 70.
[78] Napoleon an Dalberg, 11. September 1806, bei: Beaulieu-Marconnay, Dalberg, 2. 103 f.
[79] Siehe oben Anm. 65.
[80] Siehe oben Anm. 66.
[81] Vgl. Jürgens, Emmerich, 222 u. Anm. 81.
[82] Emmerich Joseph von Dalberg (1773–1833), Sohn von Heribert von Dalberg, einem jüngeren Bruder des Erzkanzlers. Er hatte noch unter Kurfürst Erthal eine Domizellarpräbende in Mainz erhalten, war aber dann nach erfolgtem Verzicht (1783) und vorübergehender Tätigkeit in der österreichischen Gesandtschaft am Regensburger Reichstag in badische Dienste getreten. Vgl. Jürgens, Emmerich; Biogr. Wb. 1 (1973) 508 f.; Biographie universelle 10 (^{2}1856) 32–40.
[83] Memoire sur des avantages à procurer à l'Electeur Archichancelier de l'Allemagne, Juni 1806, AE, Paris, CPA 732, fol. 69–72 (bisher ungedruckt).
[84] Vgl. Jürgens, Emmerich, 213 f.; Bockenheimer, Aufenthalt, 17 f.
[85] Heiratsvertrag vom 27. Februar 1808 zwischen Emmerich von Dalberg und Maria-Pellina-Thérèse Catherine de Brignolé-Salé, BayHStA, München, Dalberg-Nachlaß 255 (Beglaubigte Abschrift).
[86] Amalie-Theodora-Marie-Antonie von der Leyen (1789–1870), Tochter des Fürsten Philipp Franz von der Leyen (siehe unten Anm. 92).
[87] Louis-Robert-Pierre Graf Tascher de la Pagerie (1787–1861), Cousin der Kaiserin Josephine, Adjutant bei Eugen Beauharnais, Regierungskommissar im Großherzogtum Frankfurt (1810). Vgl. Nouvelle Biographie 44 (1865) 895; Siebmachers großes und allgemeines Wappenbuch, hrsg. v. Otto Titan Hefner, Nürnberg 1856–(1967) 5, 262 (zit.: Siebmachers, Wappenbuch).
[88] Vgl. Siebmachers, Wappenbuch, 5, 262.
[89] Zit. n. Bockenheimer, Aufenthalt, 17 f. (dt. übers. von mir).
[90] Vgl. Hertel, Dalberg, 6; Raab, Dalberg, 28; Reinhardt, Dalberg, 270.
[91] Dalberg an Beust, 6. Dezember 1806, bei: Beaulieu-Marconnay, Dalberg, 2, 109 f. In ähnlichem Sinn wandte sich Dalberg am 1. Dezember 1806 an Napoleon, bei: Jürgens, Emmerich, 212. Vgl. den Bericht von Hédouville an Talleyrand, Frankfurt, 6. Dezember 1806, AE, Paris, CPA 732, fol. 418.

V. KAISER UND ERZKANZLER (Seite 69–80)

[92] Philipp Franz Reichsgraf (seit 1806 Reichsfürst) von der Leyen (1766–1829) folgte 1775 seinem Vater Franz Karl unter der Vormundschaft seiner Mutter Maria Anna, geb. von Dalberg, übernahm 1790 die Regierung, von Napoleon 1806 in den Fürstenstand erhoben, 1815 durch den Wiener Kongreß mediatisiert.

[93] Vgl. Kleinschmidt, Geschichte, 335.

[94] Dalberg schrieb an Beust, Regensburg, 2. März 1803, der Reichsgraf von der Leyen rechne mit der Großmut und dem Gerechtigkeitssinn des Ersten Konsuls. AE, Paris, CPA 723, fol. 221. Am 23. April 1803 wandte sich Dalberg noch persönlich mit der Bitte an Bonaparte, „mon neveu, mon éleve et mon ami" zu protegieren. AE, Paris, CPA 724, fol. 187. Vgl. Kleinschmidt, Geschichte 337.

[95] Vgl. Kleinschmidt, Geschichte, 338.

[96] Vgl. Jürgens, Emmerich, 60 f.; Hertel, Dalberg, 105; Kleinschmidt, Geschichte, 337–349.

[97] Vgl. Beaulieu-Marconnay, Dalberg, 2, 19.

[98] Hügel-Bericht, Regenburg, 23. Juli 1804, HHStA, Wien, Staka, Regensburg, PrzKom. 11.

[99] Siehe oben Anm. 83.

[100] Wessenberg an Stadion, Frankfurt, 6./8. August 1807, HHStA, Wien, Staka, Frankfurt 7, Bl. 111 ff.

[101] Vgl. Kleinschmidt, Geschichte, 366 f.; Hans Christian Mempel, Die Vermögenssäkularisation 1803/1810. Verlauf und Folgen der Kirchenenteignung in verschiedenen deutschen Territorien, 2 Bde., Diss. München 1979, 200 f.

[102] Wessenberg an Stadion, Frankfurt, 27. August 1807, HHStA, Wien, Staka, Frankfurt 7, Bl. 126.

[103] Dalberg an Napoleon, Aschaffenburg, 4. Juli 1807, AE, Paris, CPA 733, fol. 154 (Orig. Autogr.).

[104] Hédouville an Champagny, Frankfurt, 10. März 1810, AE, Paris, CPA 738, fol. 210. Vgl. Jürgens, Emmerich, 231, der die Ansicht vertritt, Dalberg wäre die Förderung seiner Nachkommen (sic) sehr am Herzen gelegen.

[105] Vgl. Freyh, Dalberg, 255–260.

[106] Dalberg an Napoleon, Regensburg, 17. Februar 1806, AE, Paris, CPA 731, fol. 83, bei: Dard, Napoléon, 101 f. und Freyh, Dalberg, 255, Anm. 2.

[107] Dalberg hat diese seine Absicht später in einer Art Selbstrechtfertigung vom 20. Juli 1814 erkennen lassen, bei: Jean Alexandre Bouchon, Dalberg, in: Biographie universelle 10 (^{2}1854) 24–32, hier: 31 (zit.: Bouchon, Dalberg).

[108] Napoleon an Dalberg, 16. Mai 1806, bei: Corr. Napoléon 12 (1862) 459 f. (Nr. 10240). Vgl. Freyh, Dalberg, 255.

[109] Joachim Murat (1767–1815), ein verwegener Reiterführer, der Napoleon freundschaftlich wie politisch verbunden war. Er unterstützte ihn beim Sturz des Direktoriums, heiratete dann dessen jüngste Schwester Caroline und machte anschließend eine abenteuerliche Karriere als Marschall (1804), kaiserlicher Prinz (1805), Herzog und Großherzog von Berg (1806) und schließlich König von Neapel (1808). Bei dem Versuch, nach Napoleons Niederlage sein Königreich zu retten, wurde er auf Befehl der Alliierten erschossen. Vgl. die Biographie von Jean Tulard, Murat, Paris 1983.

[110] Vgl. Marion Wierichs, Napoleon und das „Dritte Deutschland" 1805/06. Die Entstehung der Großherzogtümer Baden, Berg und Hessen (Europäische Hochschulschriften III, 99) Frankfurt a. M. 1978, 67 ff. (zit.: Wierichs, Napoleon).

[111] Vgl. Wierichs, Napoleon, 71.

[112] Vgl. Aretin, Reich, 1, 504.

VI. EIN NACHFOLGER WIRD GESUCHT (Seite 81–92)

1 Sicherer, Staat u. Kirche, 108.

2 Vgl. André Latreille, Napoleon et la Saint Siège (1801–1808), L'ambassade du cardinal Fesch à Rome, Paris 1935, 522–525 (zit.: Latreille, Napoléon). Eine Gesamtuntersuchung der komplexen Angelegenheit findet sich weder bei Bastgen, Dalberg, 95–129, noch bei Hertel, Dalberg, 131–164. Auch Rob, Dalberg, beschränkt sich auf die Kandidatur Stadions (396–399) sowie auf die von Fesch (412–417).

3 Friedrich Lothar von Stadion (1761–1811); seine Familie, die 1686 in den Reichsfreiherrnstand und 1705/11 zu Reichsgrafen erhoben worden war, stand seit vier Generationen in kurmainzischen Diensten. Ihr bedeutendster Vertreter war der Mainzer Hofkanzler Friedrich von Stadion (1691–1768), der 1745 in enger Verbindung mit dem Wiener Hof die Wahl Franz I. von Lothringen zum römisch-deutschen Kaiser durchzusetzen half. Seit dem bestanden auch beste Beziehungen zur Hofburg. Vgl. Wurzbach, Biogr. Lexikon 37 (1878) 35 ff.; Biogr. Wb. 3 (1975) 2722 f.

4 Joseph Hieronymus Kolborn (1744–1816) erhielt 1790 durch die Vermittlung der Familie Stadion ein Stiftskanonikat in Mainz, diente Kurfürst Erthal sowie Dalberg als geistlicher Referent und war maßgeblich an den Konkordatsverhandlungen in Wien von 1803/04 sowie in Paris von 1804/05 und 1807/08 beteiligt. Dalberg ernannte ihn 1806 zum Nachfolger des Mainzer Weihbischofs Valentin Heimes und erhob ihn 1813 in den Freiherrnstand. Vgl. Raab, Briefwechsel, 98–103, mit zahlreichen weiterführenden Lit.-Angaben. Eine Biographie steht noch aus.

5 Johann Philipp von Stadion (1763–1824) ging 1783 in diplomatische Dienste des Wiener Hofes, brachte die dritte Koalition von 1805 gegen Napoleon zustande und wurde nach dem Preßburger Frieden von 1805 Staatsvizekanzler und Außenminister, mußte jedoch nach der Niederlage Österreichs von 1809 sein Amt an Metternich abtreten. Vgl. Wurzbach, Biogr. Lexikon 37 (1878) 37 ff.; ADB 35 (1893) 371–375; Biogr. Wb. 3 (1975) 2723 ff.

6 Kolborn an Philipp Stadion, 21. September 1803, bei: Bastgen, Dalberg, 104, Anm. 4. Vgl. Aretin, Reich, 1, 499.

7 Vgl. Hellmuth Rössler, Graf Johann Philipp Stadion. Napoleons deutscher Gegenspieler, 2 Bde., Wien 1966, 1, 65. Tartüff war die von Molière geschaffene Figur eines geistlichen Heuchlers (zit.: Rössler, Stadion).

8 Dalberg an Fechenbach, Erfurt, 2. September 1795, BayStB, München, Cod.germ. 8465, Nr. 8 (Orig. Autogr.). Dalberg gebrauchte in diesem Schreiben die Unterschrift „amicitia" – eine Formel, die der Adel bereits im Mittelalter als Ausdruck einer freundschaftlichen Beziehung unter Gleichgestellten verwendet hatte.

9 Dalberg an Friedrich Stadion, Aschaffenburg, 21. Oktober 1802, HHStA, Wien, Stadion-Depot, Nachlaß 104/2/10, fol. 9.

10 Zit. n. Bastgen, Dalberg, 100 f. Auch Hügel hielt die Anwesenheit Stadions in der Regensburger Regierung für nützlich, weil damit „der Allmacht des Ministers Baron von Albini Schranken gesetzt und der Einfluß einiger anderer hiesiger Männer geschwächt werde". Hügel an Cobenzl, Regensburg, 4. Juli 1803, HHStA, Wien, Staka, Regensburg, PrzKom. 8, fol. 303–310.

11 Johann Aloys Joseph von Hügel (1754–1825) war in Trier unter Kurfürst Clemens Wenzeslaus vom einfachen Justizbeamten zum Regierungskanzler aufgestiegen. Aufgrund seiner diplomatischen Verdienste bei den Kaiserwahlen von 1790 und 1792 wurde er vom Wiener Hof zum österreichischen Gesandten am Reichstag und 1794 zum kaiserlichen Konkommissar ernannt. Die besondere Gunst des Hofes erwarb er sich 1800 mit der Sicherstellung der in Nürnberg aufbewahrten und dann nach Wien verbrachten Reichsinsignien. Nach der 1801 erfolgten Entlassung Thuguts wurde er in Regensburg zum Exponenten einer offensiven Politik der Hofburg. Vgl. Fürnrohr, Vertreter, 1, 136–139; Ulrike M. Dorda, Johann Aloys Joseph Reichsfreiherr von Hügel (1754–1825). Ein Leben zwischen Kaiser und Reich im napoleonischen Deutschland, Diss. Würzburg 1969.

12 Hügel an Cobenzl (siehe oben Anm. 10). Vgl. Rechberg-Bericht, Regensburg, 11. Juli 1803, BayHStA, München, MA 4043.

13 Bacher an Talleyrand, Regensburg, 24. September 1803, AE, Paris, CPA 725, fol. 85.

14 Ludwig Graf von Cobenzl (1753–1809), 1797 als österreichischer Verhandlungsbevollmächtigter in Campo Formio von Bonaparte überspielt, vertrat dann den Wiener Hof in Rastatt, lernte dort Stadion kennen und wurde schließlich 1799 interimistischer Außenminister sowie Hof- und Staatsvizekanzler. Nach der Niederlage von 1805 mußte er sich ins Privatleben zurückziehen. Vgl. Biogr. Wb. 1 (1973) 474 f.

15 Weisung an Hügel, Wien, 26. Juni 1803, HHStA, Wien, Staka, Regensburg, PrzKom. 2, fol. 118 f.

VI. EIN NACHFOLGER WIRD GESUCHT (Seite 81 – 92)

[16] Vgl. Bastgen, Dalberg, 103 f.

[17] Hügel an Friedrich Stadion, Regensburg, 13. September 1803, HHStA, Wien, Stadion-Depot, Nachlaß 101. Kolborn an Friedrich Stadion, Aschaffenburg, 16. September 1803 u. 7. Oktober 1803, HHStA, Wien, Stadion-Depot, Nachlaß 101. Vgl. Rössler, Stadion, 1, 197.

[18] Stadion an Hügel, Mannheim, 1. Oktober 1803, HHStA, Wien, Stadion-Depot, Nachlaß 101. Am 26. Oktober 1803 bestätigte er die kaiserliche Ernennung, HHStA, Wien, Staka, Regensburg, Kurböhm. Ges. 97, fol. 3 – 5. Stadion traf am 20. November 1803 in Regensburg ein. Vgl. Fürnrohr, Vertreter, 1, 114 f.

[19] Hügel an Stadion, Regensburg, 17. Oktober 1803, HHStA, Wien, Stadion-Depot, Nachlaß 101. Die Summen bestätigt auch das Bulletin de Ratisbonne vom 17. Oktober 1803, AE, Paris, CPA 725, fol. 134. Vgl. Bastgen, Dalberg, 105, Anm. 1.

[20] Weisung an Hügel, Wien, 26. November 1802, HHStA, Wien, Staka, Regensburg, PrzKom. 1, fol. 13.

[21] Baron Rabenau, Subdelegierter des Deutschen Ordens am Regensburger Reichstag, beantragte in der 33. Konferenz der Reichsdeputation am 7. Dezember 1802, dem Hochmeister eine Kurwürde zu übertragen. Vgl. Laforest an Talleyrand, 8. Dezember 1802, AE, Paris, CPA 720, fol. 215 – 219. Auch der kurböhmische Gesandte Graf Colloredo-Mannsfeld verlangte mit der Begründung, das Verhältnis der katholischen und protestantischen Stimmen im Kurfürstenkollegium auszugleichen, die Schaffung einer elften Kur, die dem Hochmeister des Deutschen Ordens verliehen werden sollte. Vgl. Laforest an Talleyrand, 15. Dezember 1802, AE, Paris, CPA 720, fol. 182 – 184.

[22] Zu diesem Zeitpunkt hatte das Hochmeistertum noch der 1801 gewählte Erzherzog Karl (1771 – 1847) inne. Er legte dieses Amt jedoch am 30. Juni 1804 nieder, nachdem sein jüngerer Bruder, Erzherzog Anton Victor, das dafür vorgeschriebene Mindestalter von 25 Jahren erreicht hatte. Vgl. Bastgen, Dalberg, 121 f.; Wurzbach, Biogr. Lexikon 6 (1860) 377.

[23] Laforest an Talleyrand, Regensburg, 8. Dezember 1802 (AE, Paris, CPA 720, fol. 215 – 219) und 15. Dezember 1802 (AE, Paris CPA 720, fol. 182 – 184).

[24] Weisung an Hügel, Wien, 19. Mai 1803, HHStA, Wien, Staka, Regensburg, PrzKom. 2, fol. 83 f.

[25] Rechberg-Bericht, Regensburg, 17. März 1803, BayHStA, München, MA 4043. Vgl. Aretin, Reich, 1, 498, Anm. 207.

[26] Rechberg-Bericht, Regensburg, 11. Juli 1803, BayHStA, München, MA 4043.

[27] Stadion an Dalberg, Regensburg, 24. September 1803, HHStA, Wien, Stadion-Nachlaß 101, meinte, damit werde eine Garantie für den Fortbestand des Ordens erreicht.

[28] Bericht des Bad Mergentheimer Hof- u. Regierungsrats Anton Handel an den Deutschordens-Statthalter Leopold Freiherr von Zweyer, 14. September 1804, HHStA, Wien, Staka, Deutscher Orden 8, fol. 13 f. Nachdem Dalberg das Tauschgeschäft abgelehnt hatte, wurde Erzherzog Anton Victor am 10. Oktober 1803 zum Koadjutor des Hochmeisters gewählt. Siehe auch oben Anm. 22.

[29] Colloredo-Bericht, Regensburg, 25. Oktober 1803, HHStA, Wien, Staka, Regensburg, Kurböhm. Ges. 97.

[30] Zit. n. Bastgen, Dalberg, 106.

[31] Talleyrand an Bacher, Paris, 1. November 1803, AE, Paris, CPA 725, fol. 150 f.

[32] Rechberg-Bericht, Regensburg, 15. Oktober 1804, BayHStA, München, MA 4043. Ähnlich Friedrich Stadion an Philipp Stadion, Aschaffenburg, 4. Oktober 1804, HHStA, Wien, Staka, Regensburg, Kurböhm. Ges. 99.

[33] Von Cobenzl verfertigter Entwurf für Anton Victor, Wien, 25. September 1804, HHStA, Wien, Staka, Deutscher Orden 8, fol. 16. Wie Bastgen, Dalberg, 98, Anm. 1, zu der Feststellung gelangen konnte, er habe keinerlei Beleg für eine Kandidatur Antons gefunden, ist mir unbegreiflich.

[34] Vgl. Aretin, Reich, 1, 131 – 136. Dalberg war ein entschiedener Gegner dieser Politik, was ihm am Wiener Hof wenig Sympathie einbrachte. Vgl. Aretin, Reich, 1, 79, Anm. 323.

[35] „Erklärung meines Bruders Anton wegen Ergreifung des geistlichen Standes bei Gelegenheit, ob er das Bistum Münster und Kurfürstentum Köln erhalten wolle", 1801, HHStA, Wien, Handarchiv Kaiser Franz 12, II, 4, fol. 37 – 40.

[36] Vgl. Schwaiger, Erzbistum, 220 – 223.

[37] Vgl. Färber, Sternberg, 409, Anm. 84.

[38] In den erst nach Napoleons Sturz niedergeschriebenen Memoiren Sternbergs dazu verständlicherweise kein Hinweis. Vgl. Sternberg, Werke 2, 73 ff.

[39] Vgl. Bastgen, Dalberg, 107.

VI. EIN NACHFOLGER WIRD GESUCHT (Seite 81 – 92)

[40] Johann Philipp Graf von Cobenzl (1741 – 1810), älterer Bruder von Ludwig Graf von Cobenzl (siehe oben Anm. 14), Staatsvizekanzler, nach der für Österreich erfolglos verlaufenen zweiten polnischen Teilung von 1793 entlassen und zum Kanzler der italienischen Provinzen ernannt. Durch den Einfluß seines Bruders erhielt er 1801 die Pariser Gesandtschaft, 1805 wegen mehrfach erwiesener Unfähigkeit zusammen mit seinem Bruder aus dem politischen Dienst entfernt. Vgl. ADB 4 (1876) 363.

[41] Cobenzl-Bericht, Paris, 14. Februar 1805, HHStA, Wien, Staka, Regensburg, PrzKom. 3.

[42] Hügel-Bericht, Regensburg, 9. März 1805, HHStA, Wien, Staka, Regensburg, PrzKom 12, Nr. 61. Vgl. Bastgen, Dalberg, 110 f. Anm. 2, der sich diese Version Hügels zu eigen macht.

[43] Kolborn schrieb an Friedrich Stadion, Paris, 4. Januar 1805, HHStA, Wien, Staka, Regensburg, PrzKom. 12, Nr. 15: „Von diesem Grafen (Sternberg, Anm. d. Verf.) dachten Sie wohl, daß er wegen seiner Erbschaft, auch allenfalls wegen seines Kapitels hier sei. Er hat aber einen noch weit höheren Zweck . . . Dieser Zweck ist die Coadjutorie, an der Preußen für ihn arbeitet und bei dem hiesigen Gouvernement die Sache durch Portalis schon eingeleitet hat.“ Vgl. Bastgen, Dalberg, 318 f.

[44] Notices sur le séjour de l'Electeur Archichancelier de l'Allemagne à Paris, Beilage zum Bericht Cobenzls vom 14. Februar 1805 (siehe Anm. 41). Vgl. Jürgens, Emmerich, 61 f., der in Emmerich von Dalberg den Verfasser dieser Denkschrift vermutet. Höchstwahrscheinlich aber war Johann Philipp von Cobenzl der Autor.

[45] Weisung an Hügel, Wien, 14. Februar 1805, HHStA, Wien, Staka, Regensburg, PrzKom 12, Nr. 46.

[46] Sternberg an Regensburger Domkapitel, 21. Januar 1805, BZA, Regensburg, Prot. BDK 10. Februar 1805.

[47] Dalberg übertrug am 10. April 1804 das Wahlrecht urkundlich dem Mainzer Kapitel. Vgl. Bastgen, Dalberg, 295 ff.

[48] Kolborn an Philipp Stadion, 9. März 1805, bei: Bastgen, Dalberg, 321.

[49] Friedrich Stadion an Philipp Stadion, Regensburg, 8. März 1805, Memorandum „Sur les projets négociations relatives à la coadjutorie de la dignité d'Electeur Archichancelier de l'Empire Germanique“, HHStA, Wien, Staka, Kurböhm. Ges. 100.

[50] Vgl. Färber, Sternberg, 397 f.

[51] Vgl. Forst, Ahnenproben, Tafel CLXXXIV.

[52] Memorandum Friedrich Stadion, Regensburg, 7. März 1806, HHStA, Wien, Staka, Regensburg, Kurböhm. Ges. 101.

[53] Sternberg an Dalberg, 2. Februar 1806, bei: Sternberg, Werke, 2, S. XVIII – XX, jedoch mit falscher Jahreszahl 1805 anstatt richtig 1806 (Original im Archiv Národniho muzea Prag, Karton 199). Bei Bastgen, Dalberg, 107 – 112, der das Original nicht kannte, entstand dadurch der Fehlschluß, Dalberg habe Sternberg die Koadjutorie bereits 1805 in Paris angeboten. Er hatte einige Mühe, diesen Widerspruch aufzulösen. Rob, Dalberg, 408, erklärt das Schreiben Sternbergs vom 2. Februar 1806 unverständlicherweise als Ablehnung, obwohl doch der Domkapitular dort ausdrücklich die Bedingungen nannte, unter denen er zur Annahme bereit wäre.

[54] Dalberg an Sternberg, Regensburg, 6. Februar 1806, Archiv Národniho muzea, Prag, Karton 199, bei: Sternberg, Werke, 2, S. XXI f., jedoch ebenfalls mit falscher Jahreszahl 1805 anstatt richtig 1806. Dalberg schrieb hier nicht die Wahrheit, denn als Koadjutor hatte er von 1787 bis 1798 ein jährliches Gehalt von 24 000 fl. bezogen, das von den Höfen in Berlin, Dresden und Hannover zu gleichen Teilen aufgebracht worden war.

[55] Hügel-Bericht, Regensburg, 29. Januar 1806, HHStA, Wien, Staka, Regensburg, PrzKom. 15, Nr. 35.

[56] Hédouville an Talleyrand, Regensburg, 27. Januar 1806, AE, Paris, CPA 731, fol. 41.

[57] Joseph Fesch (1763 – 1839), Erzbischof von Lyon und Kardinal der römischen Kirche. Bei der Biographie von Hélène Colombani, Le Cardinal Fesch, Paris 1979 (zit.: Colombani, Fesch) fehlen leider Quellen- und Literaturangaben. Eine wertvolle Quellendokumentation liefert hingegen Joseph Jomand, Le Cardinal Fesch par lui-même, Lyon 1970 (zit.: Jomand, Fesch). Die Edition des Abbé Lyonnet, Le Cardinal Fesch, archevéque de Lyon, primat des Gaules, etc. fragments biographiques, politiques et religeux pour servir à l'histoire ecclesiastique contemporaine, 2 Bde., Lyon 1841, ist ungenau (zit.: Lyonnet, Fesch). Unerläßliche Quelle ist Albert du Casse (Hg.) Correspondance de Napoléon et du cardinal Fesch de 1802 à 1810, in: Histoire des négociations diplomatiques relatives aux traités de Morfontaine, Paris 1855, 1, 17 – 173. Siehe oben Anm. 2.

[58] Beaulieu-Marconnay, Dalberg, 2, 54.

VI. EIN NACHFOLGER WIRD GESUCHT (Seite 81 – 92)

59 Willy Andreas, Das Zeitalter Napoleons und die Erhebung der Völker, Heidelberg 1955, 337 (zit.: Andreas, Zeitalter); Perthes, Zustände, 388; Häusser, Deutsche Geschichte, 2 (^{4}1869) 686 f.; Bokkenheimer, Dalberg, ADB 4 (1876) 706; Bastgen, Dalberg, 174 – 191, übernahm die ablehnende Haltung, die in den Berichten der Gesandten Türkheim und Fahnenberg zum Ausdruck kommt.

60 Hertel, Dalberg, 162 ff. Auch Aretin, Reich, 1, 500, sieht in Dalbergs Entscheidung dessen Reichspatriotismus als Hauptmotiv.

61 Vgl. Beaulieu-Marconnay, Dalberg, 2, 45 f.; (Jean-Gabriel Montgaillard) Mémoires diplomatiques de Montgaillard (1805-1819). Extraits des Archives du Ministère de l'Interieur et publiés avec un introduction et des notes par Clément de Lacroix, Paris 1896, 236; Latreille, Napoléon, 236; Marcel Dunan, Napoléon et „les Allemagnes", Paris 1946, 9 (zit.: Dunan, Napoléon); Bastgen, Dalberg, 206.

62 Raab, Dalberg, 27 – 39; Hertel, Dalberg, 155 – 159 u. 164; Aretin, Reich, 1, 500. Ähnlich bereits Driault, Napoléon, 2, 374. Rob, Dalberg, 408, verknüpft das Motiv der dynastischen Verschmelzung mit Dalbergs Bemühung um die Reichsverfassung.

63 Vgl. Becher, Primas, 74; Herrmann, Dalberg, 1431.

64 Vgl. Driault, Napoléon, 2, 373; Dunan, Napoléon, 9. Hertel, Dalberg, 157 – 164, modifizierte die Meinungen insofern, indem er von einer nicht ganz ausgereiften Idee Dalbergs spricht, welche dann von Talleyrand aufgegriffen wurde. Jürgens, Emmerich, 94, übernahm diese Interpretation weitgehend, ebenso Rob, Dalberg, 412.

65 Beaulieu-Marconnay, Dalberg, 2, 46, vermutet, Dalberg habe seinen Plan vorher ausführlich mit Hédouville besprochen, wobei dann dem französischen Gesandten die entscheidende Rolle des eigentlichen Wegbereiters zugefallen sei. Sicherer, Staat u. Kirche, 109 f., nimmt an, Hédouville sei als ehemaliger Sekretär des Kardinals weiterhin mit Fesch in Verbindung gestanden. Er habe daher von dessen unhaltbar gewordener Situation als Botschafter in Rom gewußt und aus diesem Grund Dalberg die Koadjutorie eingeflüstert. Latreille, Napoléon, 531, vertritt eine ähnliche Ansicht: Hédouville habe, um seinem ehemaligen Vorgesetzten wieder zu politischem Einfluß zu verhelfen, das Problem der Koadjutorie überhaupt erst ins Rollen gebracht.

66 Vgl. Bastgen, Dalberg, 191 – 209. Latreille, Napoléon, 530, Anm. 1, widerspricht dem heftig.

67 Dalberg an Hédouville, Regensburg, 19. März 1806, AE, Paris, CPA 731, fol. 174 – 179.

68 Hédouville an Talleyrand, Regensburg, 20. März 1806, AE, Paris, CPA 731, fol. 180.

69 Vgl. Philipp Schneider, Die Bischöflichen Domkapitel, ihre Entwicklung und rechtliche Stellung im Organismus der Kirche, Mainz 1885, 491.

70 Hédouville an Talleyrand, Regensburg, 30. März 1806, AE, Paris, CPA 731, fol. 193. Ähnlich am 31. März 1806, AE, Paris, CPA 731, fol. 194.

71 Die Briefe von Hédouville an Fesch vom 14. und 21. April 1806; bei: Jomand, Fesch, 117 ff., stimmen ganz auffällig mit den Mitteilungen überein, die er nach Paris weitergab. Hédouville erfüllt seinem ehemaligen Vorgesetzten gegenüber also nur eine gewissenhafte Informationspflicht.

72 Talleyrand an Fesch, Paris, 22. April 1806, AE, Paris, CP Rome 939, fol. 107. Vgl. Colombani, Fesch, 112.

73 Hédouville an Talleyrand, Regensburg, 14. April 1806, AE, Paris, CPA 731, fol. 222. Vgl. Hertel, Dalberg, 157.

74 Dalberg an Napoleon, 19. April 1806, bei: Hertel, Dalberg, 157, Anm. 4. Vgl. Beaulieu-Marconnay, Dalberg, 2, 54 sowie Rob, Dalberg, 412.

75 Siehe oben Anm. 71.

76 Dieses Ziel der französischen Politik ist u. a. Gegenstand des Memorandum „De l'influence de la France, de l'Autriche et de la Prusse sur les diverses petits états de l'Allemagne, Rapport a sa Majesté", Mai 1806, AE, Paris, MD France 463, fol. 220 (bisher ungedruckt). Ähnlich der Bericht von Hédouville an Talleyrand, Regensburg, 21. Juni 1806, AE, Paris, CPA 732, fol. 96.

77 Talleyrand an Hédouville, Paris, 26. April 1806, AE, Paris, CPA 731, fol. 248 f. Vgl. Hertel, Dalberg, 158. Die Initiative Talleyrands bestätigt auch der mit ihm auf vertrautem Fuß stehende Emmerich von Dalberg. Der Minister, so berichtet er, habe sogar unüblicherweise, ohne einen Sekretär zu Hilfe zu nehmen, sämtliche Briefe in dieser Angelegenheit persönlich an Hédouville geschrieben. GLA, Karlsruhe, 48/1998, Dipl. Korr. Dalberg/Collini 1803 – 1809.

78 Bulletin de Ratisbonne, 15. April 1806, AE, Paris, CPA 731, fol. 230. Ähnlich der Bericht Stadions vom 30. März 1806, HHStA, Wien, Staka, Kurböhm. Ges. 101. Vgl. Färber, Übergang, 437 ff.

VI. EIN NACHFOLGER WIRD GESUCHT (Seite 81 – 92)

[79] Das Schreiben von Hédouville an Talleyrand, Regensburg, 8. Mai 1806, AE, Paris, CPA 731, fol. 322 – 324 (bisher ungedruckt), ist die Grundlage meiner folgenden Darstellung.

[80] Convention pour la garantie des états de l'Archichancelier, 6. Mai 1806, dt. übers. bei: Beaulieu-Marconnay, Dalberg, 2, 357.

[81] Salignac de Fénélon war Gesandtschaftssekretär von Hédouville und während dessen Abwesenheit vom Oktober 1808 bis April 1809 Gesandter im Primatialstaat. Vom November 1812 bis April 1813 war er als Gesandter im Großherzogtum Würzburg akkreditiert. 1814 wurde er französischer Geschäftsträger beim Deutschen Bund in Frankfurt. Am 9. März 1806 hatte er in Dalbergs Regensburger Hauskapelle die niedermünsterische Stiftsdame Freiin von Reinach geheiratet, wobei Dalberg und der ehemalige Fürstbischof von Lüttich, Graf von Méan, als Trauzeugen fungierten.

[82] Talleyrand an Hédouville, Paris, 16. Mai 1806, AE, Paris, CPA 731, fol. 354.

[83] Hédouville an Talleyrand, Regensburg, 22. Mai 1806, AE, Paris, DPA 731, fol. 370.

[84] Jean-Lambert-Fidèle-Amable Rouph von Varicourt (1766 – 1846) emigrierte 1791 als französischer Hauptmann und fand nach lebensgefährlicher Kriegsverwundung zunächst Verwendung bei diplomatischen Missionen im Dienst Englands, bis er dann 1801 Oberstleutnant in Kurmainz und Kammerherr von Kurfürst Erthal wurde. Vgl. Bessel, Albini, 8 f.

[85] Zit. n. Beaulieu-Marconnay, Dalberg, 2, 50 f.

[86] Vgl. Mejer, Geschichte, 1, 227; Bastgen, Dalberg, 183.

[87] Johann von Türckheim von Altdorf, gen. von Baden (gest. 1847) war hessisch-darmstädtischer Minister am Regensburger Reichstag und wurde 1806 badischer Kammerherr und Staatsminister. Vgl. Kneschke, Adelslexikon, 9, 308.

[88] Türckheim-Bericht, 9. Juni 1806, bei: Hubert Bastgen, Dokumente zu Dalbergs Kirchenpolitik, in: Historisch politische Blätter f. d. kath. Deutschland 159 (1917) 95 – 109 u. 166 – 178, hier: 107 (zit.: Bastgen, Dokumente).

[89] Vgl. Bastgen, Dalberg, 185.

[90] Stadion-Bericht, 12. Juni 1806, bei: Bastgen, Dokumente, 171 f.

[91] Vgl. Aretin, Reich, 1, 501 f.

[92] Hédouville an Talleyrand, Regensburg, 29. Mai 1806, AE, Paris, CPA 731, fol. 406, berichtet von einer begeisterten Zustimmung der Regensburger Bürger.

[93] Türckheim-Bericht, Regensburg, 9. Juni 1806, HHStA, Wien, Staka, Regensburg, PrzKom. 17.

[94] Über die Ernennung des Cardinals Fesch zum Koadjutor des Kurerzkanzlers in politischer Sicht, Regensburg 1806. Vgl. Beaulieu-Marconnay, Dalberg, 2, 62 f.; Hausenstein, Wiedervereinigung, 46 f.

[95] Dalberg an Kaiser Franz, 24. Mai 1806, bei: Beaulieu-Marconnay, Dalberg, 2, 51 f.

[96] Kaiser Franz an Dalberg, 18. Juni 1806, bei Beaulieu-Marconnay, Dalberg, 2, 54 f.

[97] Egid Joseph von Fahnenberg (1749 – 1827) wurde 1795 österreichischer Gesandter und Direktor des Reichsfürstenrats am Regensburger Reichstag. Aufgrund seiner besonderen Vertrauensstellung, die er bei Dalberg besaß, blieb er auch nach der Reichsauflösung in Regensburg, von wo aus er erst 1810 nach dem Übergang der Stadt an Bayern abberufen wurde. Vgl. Wurzbach, Biogr. Lexikon 4 (1858) 133; Fürnrohr, Vertreter, 2, 139 – 142. Eine Biographie dieses schriftstellernden und politisch interessanten österreichischen Reichstagsgesandten steht noch aus.

[98] Gutachten Fahnenbergs v. 13. Juni 1806, bei: Bastgen, Dokumente, 173.

[99] Antwort des Regensburger Domkapitels v. 29. Mai 1806, BZA, Regensburg, Prot. BDK 1805/06. Das Mainzer Kapitel gab am 4. Juni 1806 seine Zustimmung. Vgl. Beaulieu-Marconnay, Dalberg, 2, 53.

[100] Dalberg an Kaiser Franz, 25. Juni 1806, bei: Beaulieu-Marconnay, 2, 55 – 58 (dt. übers.). Kopie des französischen Originaltextes AE, Paris, CPA 732, fol. 113. Das Original ist 1945 in Würzburg verbrannt.

[101] Kopie des lateinisch verfaßten Originaltextes AE, Paris, CPA 731, fol. 383 – 385, frz. übers. fol. 377 – 382. Das Original war im ASV, Rom, wegen Neuordnung des Bestandes Epoca napoleonica nicht zugänglich.

[102] Ercole Marchese di Consalvi (1757 – 1823) war der Sekretär des Konklave von San Giorgio (März 1800), wo er die Papstwahl entscheidend gelenkt hatte. Der dankbare Pius VII. ernannte ihn zum Kardinal und Staatssekretär. Consalvi besaß maßgeblichen Anteil am Zustandekommen des französischen Konkordats, geriet jedoch anschließend als überzeugter Vertreter der kurialen Politik zunehmend mit den Machtinteressen Napoleons in Konflikt. Vgl. LThK 3 (1959) 42 f.

VI. EIN NACHFOLGER WIRD GESUCHT (Seite 81–92)

[103] Kopie des päpstlichen Breve im AE, Paris, CPA 732, fol. 43.

[104] Napoleon an Fesch, 16. Mai 1806, bei: Corr. Napoléon, 12 (1862) 375 f. Vgl. Beaulieu-Marconnay, Dalberg, 2, 65.

[105] Vgl. Colombani, Fesch, 116.

[106] Dalberg an Fesch, 28. Mai 1806, bei: Beaulieu-Marconnay, Dalberg, 2, 64 f. (dt. übers.). Die Ernennungsurkunde im Wortlaut bei: Beaulieu-Marconnay, 2, 357 f.

[107] Vgl. Jomand, Fesch, 112. Die Erklärung von Fesch bei: Colombani, Fesch, 119.

[108] Vgl. Beaulieu-Marconnay, Dalberg, 2, 66.

[109] Vgl. Lyonnet, Fesch, 2, 417.

[110] Vgl. Bastgen, Dalberg, 251.

[111] Beust an Albini, 7. Juni 1806, bei: Beaulieu-Marconnay, Dalberg, 2, 67 f.

[112] Möglicherweise hatte Sternberg im Mai 1806 in Wien den Versuch unternommen, sich von der Hofburg als Gegen-Koadjutor zu Fesch nominieren zu lassen. Vgl. Färber, Sternberg, 412.

[113] Zit. n. Bastgen, Dalberg, 176.

[114] Dalberg an das Regensburger Domkapitel, 26. Mai 1806, BZA, Regensburg, BDK Prot. 1805/06.

[115] Vgl. Aretin, Reich, 1, 501.

[116] Fahnenberg-Bericht, Regensburg, 11. August 1806, HHStA, Wien, Staka, Regensburg, Öster. Ges. 230.

[117] Dalberg an Beust, 6. Mai 1806, bei: Beaulieu-Marconnay, Dalberg, 2, 74 f.

[118] Beust an Dalberg, Paris, 23. Mai 1806, BStA, Würzburg, MGK 494, 3, fol. 98 f. (Orig. Autogr.) mit eigenhändigem Vermerk Dalbergs „Hn. Staatsminister ad acta".

[119] Vgl. Hertel, Dalberg, 165.

VII. DIE IDEE VOM „DRITTEN DEUTSCHLAND“ (Seite 93–108)

[1] Beust an Dalberg, Paris, 3./4. Juli 1806, BStA, Würzburg, MGK 494, 3, fol. 138–143 (dt. übers. bei: Beaulieu-Marconnay, Dalberg, 2, 76–80).

[2] Beust an Dalberg, Paris, 23. Mai 1806, BStA, Würzburg, MGK 494, 3, fol. 98 f. (dt. übers. auszugsweise bei: Beaulieu-Marconnay, Dalberg, 2, 44).

[3] Beust an Dalberg, Paris, 30. Juni 1806, BStA, Würzburg, MGK 494, 3, fol. 36 (dt. übers. auszugsweise bei: Beaulieu-Marconnay, Dalberg, 2, 76).

[4] Zit. n. Beaulieu-Marconnay, Dalberg, 2, 78.

[5] Gagern an Talleyrand, Paris, 23. April 1806, AE, CPA 731, fol. 238 f. Vgl. Bitterauf, Rheinbund, 345.

[6] Die Frankfurter Union war am 29. August 1803 gegründet worden und unterhielt Geschäftsträger in allen europäischen Hauptstädten. Sie war politisch neutral, bemühte sich jedoch seit 1804 um gute Beziehungen zu Napoleon. Vgl. Heinz Gollwitzer, Die Standesherrn. Die politische und gesellschaftliche Stellung der Mediatisierten 1815–1918. Ein Beitrag zur deutschen Sozialgeschichte, Stuttgart 1957, 88.

[7] Hédouville an Talleyrand, Regensburg, 22. Juli 1806, AE, Paris, CPA 732, fol. 164.

[8] Vgl. Weis, Napoleon, 58.

[9] Vgl. Weis, Napoleon, 59 f. Der Text des Vertrages bei: Obser/Erdmannsdörffer, Politische Correspondenz, 5, 518–522.

[10] Vgl. Kurt von Raumer, „Préfecture francaise“, Montgelas und die Beurteilung der napoleonischen Rheinbundpolitik. Ein Bericht des württembergischen Gesandten Graf Taube, München, 5. Juli 1806, in: K. Repgen u. St. Skalweit (Hg.), Spiegel der Geschichte, Festgabe für Max Braubach, Münster 1964, 635–661, hier: 642 f.

[11] Vgl. Aretin, Reich, 1, 501, Anm. 221 u. 222.

[12] Vgl. Wierichs, Napoleon, 67.

[13] Dalberg an Napoleon, Regensburg, 19. April 1806, AE, Paris, CPA 731, fol. 231 (Orig. Autogr.).

[14] Idées sur une nouvelle organisation de l'Empire d'Allemagne, 13. Mai 1806, AE, Paris, MD Allemagne 118, fol. 367–374 (bisher ungedruckt).

[15] Zit. n. Weis, Napoleon, 71.

[16] Vgl. Weis, Napoleon, 62.

[17] Dalberg an Beust, Wörth a. d. Donau, 22. Juli 1806, BStA, Würzburg, MGK 494, 3, fol. 161. Vgl. Beaulieu-Marconnay, Dalberg, 2, 81 f.

[18] Vgl. Bitterauf, Rheinbund, 375.

[19] Beust an Dalberg, Paris, 18. Juli 1806, BStA, Würzburg, MGK, 3, fol. 149–151. (Eigenhändiger Vermerk Dalbergs „Herrn Staatsminister ad acta, und ersuche ich dieselbe dem Herrn Grafen von Beust in Paris den Fortgang des Geschäfts zu eröfnen, Wörth, den 24 ten Julius 1806“.) Dt. übers. bei: Beaulieu-Marconnay, Dalberg, 2, 80 f.

[20] Johann Joseph Thomas von Haas (1732–1811) wurde 1759 Pfarrer in St. Cassian in Regensburg und dann 1782 zum Geistlichen Rat und Kanzleidirektor des Bischöflichen Ordinariats ernannt. Fürstbischof Schroffenberg verlieh ihm 1790 den persönlichen Adel. Dalberg ernannte ihn 1803 zu seinem Geistlichen Referenten für das Bistum Regensburg. Vgl. Joseph Schmid, Die Geschichte des Kollegiatstiftes U. L. Frau zur Alten Kapelle in Regensburg, Regensburg 1922, 162.

[21] Bei: Bastgen, Dalberg, 246 f.

[22] Hédouville an Talleyrand, Regensburg, 22. Juli 1806, AE, Paris, CPA 732, fol. 164.

[23] Fahnenberg-Bericht, 11. August 1806, bei: Beaulieu-Marconnay, Dalberg, 2, 86 f. Die Rücktrittsabsichten Dalbergs werden außerdem sowohl bei Obser/Erdmannsdörffer, Politische Correspondenz, 5, 726, bestätigt als auch bei Sternberg, Werke, 2, 84–92. Vgl. Bastgen, Dalberg, 244; Rob, Dalberg, 417.

[24] Hédouville an Talleyrand, Regensburg, 26. Juli 1806, AE, Paris, CPA 732, fol. 171 (dt. übers. von mir). Vgl. Hertel, Dalberg, 167 ff., der den Einfluß Hédouvilles auf Dalberg hinsichtlich der Rheinbundverträge überschätzt. Vgl. Otto Harnack, Zur Beurteilung Dalbergs, in: Preuß. Jb 65 (1890) 219 ff.

[25] Dazu der Bericht des päpstlichen Uditore: Projet de la future constitution pour l'Empire Germanique (undatiert, wahrscheinlich Juli/August 1806), ASV, Rom, Segr. Stato Baviera 41.

[26] Louis-Alexandre Berthier (1753–1815) war im ersten Italienfeldzug Stabschef und einer der engsten Vertrauten Bonapartes, der ihn nach dem Staatsstreich von 1799 zum Kriegsminister ernannte. Nach der Kaiserkrönung übertrug er ihm Neufchâtel als souveränes Fürstentum. Vgl. Nouvelle Biographie 5 (1853) 709 f.

VII. DIE IDEE VOM „DRITTEN DEUTSCHLAND“ (Seite 93–108)

[27] Louis-Guillaume Otto (1754–1817), aus protestantisch-deutscher Familie, trat nach dem Studium in Straßburg in den diplomatischen Dienst Frankreichs und wurde aufgrund seiner erfolgreichen Mitwirkung an den Verhandlungen zum Frieden von Amiens Gesandter am Münchner Hof und 1809 Botschafter in Wien. Vgl. Nouvelle Biographie, 38 (1862) 956 ff.

[28] Johann Carl Friedrich Franz Xaver von Franckenstein auf Ockstatt, Holstatt und Erpen (1745–1832), kurmainzischer Gesandter am Münchner Hof und Hofmarschall. Vgl. Karl Heinrich Ritter von Lang, Adelsbuch des Königreichs Baiern, München 1815, 126.

[29] Franckenstein-Bericht, München, 27. Juli 1806, HHStA, Wien, MEA 141. Vgl. Bastgen, Dalberg, 246 f.

[30] Dalberg an Kaiser Franz, 31. Juli 1806, bei: Beaulieu-Marconnay, Dalberg, 2, 97 ff.

[31] Vgl. Raumer, Hügels Gutachten, 399–408; Aretin, Reich, 1, 504 ff.

[32] Zit. n. Rössler, Revolution, 95. Talleyrand soll ihm darauf geantwortet haben: „Vous y trouverez aussi une patrie!“

[33] Hier wurde Dalberg von den meisten seiner Zeitgenossen am gründlichsten mißverstanden. Vgl. den Bericht von Reitzenstein an Edelsheim, 24. August 1806, bei: Obser/Erdmannsdörffer, Politische Correspondenz, 6, 362 f. Aretin, Reich, 1, 502, hingegen zeigt, daß Dalbergs Gedankenwelt politische Macht fremd war.

[34] Siehe oben Anm. 21 u. 23.

[35] Vgl. Hertel, Dalberg, 167 ff. Siehe oben Anm. 24.

[36] Vgl. Wohlfeil, Untersuchungen, 92, 95 u. 105.

[37] Vgl. Wilhelm Mommsen, Die politischen Anschauungen Goethes, Stuttgart 1948, 63 f.

[38] Leopold Friedrich Fürst von Anhalt-Dessau (1740–1817) trat 1807 dem Rheinbund bei und wurde von Napoleon zum Herzog erhoben. Vgl. Arthur Kleinschmidt, Vater Franz und der Fürstenbund, in: Mitteilungen des Vereins für Anhaltische Geschichte und Landeskunde 10 (1907) 506 ff.; Aretin, Reich, 1, 162–240.

[39] Zur reichspatriotischen Bewegung des „dritten Deutschland“ vgl. Rössler, Revolution, 58 ff. sowie Aretin, Reich, 1, 165 f.

[40] Vgl. Peter Wende, Die geistlichen Staaten und ihre Auflösung im Urteil der zeitgenössischen Publizistik (Historische Studien, Heft 396), Lübeck 1966, 72.

[41] Johann Michael Seuffert (1765–1829), Jurist am Reichskammergericht, Hofmeister der Grafen von Schönborn und politischer Schriftsteller. Vgl. ADB 34 (1892) 53–58.

[42] Johann Michael Seuffert, Versuch einer doctrinellen Auslegung des siebenten Friedensartikel von Lunéville, o. O. 1801, 6 f.

[43] Vgl. Hertel, Dalberg, 169, der den Rheinbund „der Form nach als drittes Deutschland“ interpretiert. Aretin, Reich, 1, 163, sieht im „dritten Deutschland“ eine Idee, die im Rheinbund schließlich Gestalt gewinnen sollte. Weis, Napoleon, 65, spricht von der Rheinbundzeit als der einzigen Epoche, in der das „dritte Deutschland“ politisch organisiert war.

[44] Artikel 9, 10, 11 der Rheinbundakte vom 12. Juli 1806, bei: Walder, Ende, 71 f. sowie bei: Ernst Rudolf Huber, Deutsche Verfassungsgeschichte seit 1789, 5 Bde., Stuttgart ^{2}1957–1961, hier: 1, 27 (zit.: Huber, Verfassungsgeschichte).

[45] Dalberg an Napoleon, Schloß Wörth, 4. August 1806, AE, Paris, CPA 732, fol. 205. Dalbergs „Plan du statut fondamental“ bei: Weis, Napoleon, 68, Anm. 31. Vgl. Wohlfeil, Untersuchungen, 96 f.

[46] Zit. n. Freyh, Dalberg, 105.

[47] Die Konzepte Talleyrands bei: Weis, Napoleon, 69, Anm. 33.

[48] Vgl. R. Usinger, Napoleon und der norddeutsche Bund, in: Preuß. Jb 14 (1864) 577–600.

[49] Napoleon an Dalberg, 13. August 1806, bei: Corr. Napoléon, 13 (1863) 83 f. (Nr. 10637) (dt. übers. auszugsweise bei: Beaulieu-Marconnay, Dalberg, 2, 88). Vgl. Weis, Napoleon, 70, Anm. 34, der dazu zwei französische Referentenentwürfe untersucht hat.

[50] Dalberg an Napoleon, Aschaffenburg, 24. August 1806, AE, Paris, CPA 732, fol. 285 f. (Orig. Autogr.), (dt. übers. von mir).

[51] Napoleon an Dalberg, 11. September 1806, bei: Corr. Napoléon, 13 (1863) 205 f. (Nr. 10762). Napoleon gab sein Schreiben jedoch erst am 22. September 1806 an Talleyrand zur Begutachtung. Vgl. Corr. Napoléon, 13, 246. Vgl. Weis, Napoleon, 70, Anm. 34. Von der Forschung unbeachtet blieb das Konzept Talleyrands „Projet de lettre au Prince Primat“, 21. September 1806, AE, Paris, CPA 732, fol. 337–339 (bisher ungedruckt), in dem die künftige Rheinbundpolitik Napoleons

festgelegt ist: der französische Kaiser soll nur Protektor des Rheinbundes sein und nicht Souverän der Konföderation.

[52] Talleyrand an Hédouville, Paris, 22. September 1806, AE, Paris, CPA 732, fol. 347.

[53] Napoleon an Dalberg, 30. September 1806, bei: Corr. Napoléon, 13 (1863) 344 (Nr. 10907).

[54] Napoleon an Dalberg, 1. Oktober 1806, bei: Corr. Napoléon, 13 (1863) 368 f. (Nr. 10928), (dt. übers. von mir).

[55] Hédouville an Talleyrand, Aschaffenburg, 3. Oktober 1806, AE, Paris, CPA 732, fol. 366.

[56] Vgl. Wessenberg an Stadion, Frankfurt, 5. August 1806, HHStA, Wien, Staka, Frankfurt 7, fol. 156.

[57] Vgl. Menzel, Albini, 108 – 111.

[58] Vgl. Jürgens, Emmerich, 107.

[59] Bacher an Talleyrand, Frankfurt, 11. September 1806, AE, Paris, CPA 732, fol. 323 f.

[60] Dalberg an die Fürsten des Rheinbundes, Frankfurt, 13. September 1806, AE, Paris, CPA 732, fol. 327 f. (Kop.).

[61] Vgl. Elisabeth Fehrenbach, Traditionelle Gesellschaft und revolutionäres Recht. Die Einführung des Code Napoléon in den Rheinbundstaaten, Göttingen 1974, 75 f. (zit.: Fehrenbach, Gesellschaft); ähnlich Hertel, Dalberg, 174 f., der von einer die Rheinbundgründung begleitenden ersten nationalstaatlichen Welle spricht. Ebenso Eduard Ziehen, Winkopps „Rheinischer Bund“ 1806 – 1813 und der Reichsgedanke, in: Archiv für hessische Geschichte u. Altertumskunde, NF 18 (1935) 292 – 326 (zit.: Ziehen, „Rheinischer Bund“). Zur Diskussion über Dalbergs Fundamentalstatut in der zeitgenössischen Publizistik vgl. Bernath, Napoleon, passim.

[62] Jean Paul (Friedrich Richter) (1763 – 1825) hatte bereits in Weimar (1798/99) die Bekanntschaft Dalbergs gemacht. Der Fürstprimas setzte ihm eine Jahresrente aus. Vgl. Gunter de Bryn, Das Leben des Jean Paul Friedrich Richter, Halle 1975, Frankfurt a. M. 1978 (Lizenzausgabe) 283 ff.

[63] Vgl. Bernath, Napoleon, 7 ff.

[64] Johannes von Müller (1752 – 1809), Schweizer Geschichtsschreiber, 1786 in den Dienst von Kurfürst Erthal getreten, in dessen Auftrag er nach der Wahl Dalbergs zum Koadjutor in Rom das erforderliche päpstliche Breve beschaffte. Seit 1788 mit Dalberg in Briefwechsel stehend, wechselte er 1792 als Geheimer Hofrat in den Dienst der Wiener Hof- und Staatskanzlei, wo er Kustos der kaiserlichen Bibliothek wurde. 1804 ging er in preußische Dienste. 1807 übernahm er das Amt eines Ministerstaatssekretärs im Königreich Westfalen. Vgl. ADB 22 (1885) 587 – 610. Bibliographie in: Johannes von Müller 1752 – 1952. Zum zweihundertsten Geburtstag des Geschichtsschreibers, in: Schaffhauser Beiträge zur vaterländischen Geschichte 29 (1962) 161 – 209.

[65] Johannes von Müller an Dalberg, 15. November 1806 u. 8. Oktober 1807, bei: Edgar Bonjour (Hg.), Johannes von Müller, Briefe in Auswahl, Basel ^{2}1954, 329 – 332 u. 362 – 365.

[66] Zit. n. Bernath, Napoleon, 15.

[67] Vgl. Max Doeberl, Rheinbundverfassung und bayerische Konstitution, in: Sitzungsberichte der Bayerischen Akademie der Wissenschaften, Philosophische Klasse, 1924, Abhandlungen 5, 1 – 92 (zit.: Doeberl, Rheinbundverfassung); Eberhard Weis, Die Begründung des modernen bayerischen Staates unter König Max I., in: Max Spindler (Hg.), Handbuch der bayerischen Geschichte, München 1974, IV/1, 3 – 88, hier: 24 f.; Erwin Hölzle, Württemberg im Zeitalter Napoleon und der deutschen Erhebung. Eine deutsche Geschichte der Wendezeit im einzelstaatlichen Raum, Stuttgart 1937, 29 (zit.: Hölzle, Württemberg).

[68] Dalberg an Napoleon, Regensburg, 22. April 1806, AE, Paris, CPA 731, fol. 237, hatte sich darüber bei Napoleon beklagt.

[69] Vgl. Hédouville an Talleyrand, Aschaffenburg, 30. August u. 5. September 1806, AE, Paris, CPA 732, fol. 302 u. 313.

[70] Vgl. Weis, Napoleon, 70 f. u. Anm. 34; Wohlfeil, Untersuchungen, 97 f.; Erwin Hölzle, Das napoleonische Staatensystem in Deutschland, in: HZ 148 (1933) 277 – 293 (neu abgdr. in: Hans Hubert Hofmann (Hg.), Die Entstehung des modernen souveränen Staates, Köln 1967, 262 – 272, hier: 282 (zit.: Hölzle, Staatensystem).

[71] Zit. n. Beaulieu-Marconnay, Dalberg, 2, 108.

[72] Vgl. Menzel, Albini, 111 f.

[73] Carl Theodor von Eberstein (1761 – 1833), Prinzenerzieher in thurn- und taxisschen Diensten, dann in der Frankfurter Postdirektion tätig. Von Dalberg 1806 zunächst als Konkommissar der Frankfurter Generalkommission eingesetzt und als Direktorialgesandter für den Bundestag des Rheinbundes vorgesehen. Referent des Fürstprimas für alle außenpolitischen Angelegenheiten.

Vgl. Karl Otmar von Aretin, Carl Theodor von Eberstein, in: NDB 4 (1959) 252 f. (zit.: Aretin, Eberstein).

74 Zit. n. Aretin, Eberstein, 252 f.

75 Karl Friedrich Seeger (1737–1813), seit 1783 Syndikus der Reichsstadt Frankfurt und 1806 zum Mitglied der Frankfurter Generalkommission ernannt. Vgl. Rudolf Jung (Hg.), Aktenstücke über die Besitzergreifung der Reichsstadt Frankfurt a. M. durch den Fürsten Primas am 9. September 1806, in: Archiv für Frankfurts Geschichte und Kunst 9 (1907) 299–337, hier: 303 ff.

76 Georg Steitz (1756–1819), seit 1792 im Rat der Reichsstadt, 1801 Senator. Dalberg übertrug ihm 1806 die Leitung des Frankfurter Finanzwesens. Vgl. Steitz, Dalberg, 5–24.

77 Zacharias Werner (1768–1823) hatte über Johannes von Müller Verbindung zu Dalberg gewonnen. Nach seiner Konversion in Rom trat er 1814 ins Aschaffenburger Priesterseminar ein und erhielt dort noch im gleichen Jahr durch Weihbischof Kolborn die Ordination. Vgl. ADB 42 (1897) 66–74. Siehe auch Raab, Briefwechsel, 99, Anm. 12.

78 Zit. n. Beaulieu-Marconnay, Dalberg, 2, 118.

79 Dalberg an Napoleon, Aschaffenburg, 15. August 1806, AE, Paris, CPA 732, fol. 271 (Orig. Autogr.).

80 Napoleon an Dalberg, 2. September 1806, bei: Corr. Napoléon, 13 (1863) 152 (Nr. 10722) (dt. übers. von mir).

81 Verzeichnis der in Frankfurt etablierten fürstlichen, gräflichen und anderen vorzüglichen fremden Familien, Beilage zum Bericht Hügels an Metternich, Frankfurt, 20. August 1810, HHStA, Wien, Staka, Frankfurt 9, fol. 348.

82 Wessenberg an Stadion, Frankfurt, 20. Dezember 1806, HHStA, Wien, Staka, Frankfurt 7, fol. 303.

83 Der Rheinische Bund. Eine Zeitschrift historisch-politisch-statistisch-geographischen Inhalts. Herausgegeben in Gesellschaft sachkundiger Männer von P. A. Winkopp, 44 Hefte, Frankfurt/M. 1806–1813. Vgl. Ziehen, „Rheinischer Bund" sowie Bernath, Napoleon, 4–7.

84 Peter Adolph Winkopp (1757–1813). Vgl. Biogr. Wb. 3 (1975) 3187 f.

85 Vgl. Emil Dard, Un ami de Talleyrand: Le Duc de Dalberg, in: Revue de Paris 43. Jg. (15. August 1936) 799–819.

86 Vgl. Dard, Napoléon, 79–102.

87 Maria Gräfin Walewska (1789–1817) war im Alter von sechzehn Jahren an einen über sechzigjährigen Grafen verheiratet worden. Wenige Monate später begegnete sie Napoleon in Warschau. Nach ihrer Scheidung wurde sie die Geliebte des Kaisers, dem sie einen Sohn schenkte und der wiederum in der Juli-Monarchie als Diplomat Karriere machte. Vgl. Frédéric Masson, Marie Walewska, Paris 1897.

88 Dalberg an Beust, 15. Januar 1807, bei: Beaulieu-Marconnay, Dalberg, 2, 110 f. Vgl. Emile Dard, Lettres inédites de Dalberg à Talleyrand, in: Revue d'histoire diplomatique 51 (1937) 164–183.

89 Dalberg an Napoleon, Aschaffenburg, 17. April 1806, AE, Paris, CPA 733, fol. 93 (Orig. Autogr.).

90 Dalberg an Napoleon, Aschaffenburg, 12. Juni 1807, AE, Paris, CPA 733, fol. 137 (Orig. Autogr.).

91 Dalberg an Napoleon, Aschaffenburg, 4. Juli 1807, AE, Paris, CPA 733, fol. 154 (Orig. Autogr.).

92 Vgl. Färber, Übergang, 438 f.

93 Dalberg an Napoleon, Aschaffenburg, 19. Juli 1807, AE, Paris, CPA 733, fol. 165 (Orig. Autogr.).

94 Dalberg an Napoleon, Aschaffenburg, 22. Juli 1807, AE, Paris, CPA 733, fol. 167 (Orig. Autogr.).

95 Quelques vues sur l'ordre judicaire en Allemagne respecteusement soumises à l'auguste Protecteur de la Confédération rhénane, Paris, 13. August 1807, AE, Paris, CPA 733, fol. 209–212 (bisher ungedruckt). Vgl. Wohlfeil, Untersuchungen, 99 f.; Beaulieu-Marconnay, Dalberg, 2, 155 ff.

96 Esquisse d'un statut fondamental pour la confédération Rhénane, 27. September 1807, AE, Paris, CPA 733, fol. 251–258 (bisher ungedruckt). Vgl. Wohlfeil, Untersuchungen, 180.

97 Vgl. Hartmut Müller-Kinet, Die höchste Gerichtsbarkeit im Deutschen Staatenbund 1806–1866 (Europäische Hochschulschriften III, 59), Bern 1975, 14–21.

98 Berichte Müllers v. 12./17. Oktober 1807, bei: Andreas, Briefwechsel, 2, 579.

99 Bei: Doeberl, Rheinbundverfassung, 80–88. Vgl. Wohlfeil, Untersuchungen, 100 f.; Hölzle, Württemberg, 31–35; Weis, Napoleon, 75. Zusammenfassung bei Eberhard Weis, Bayern und Frankreich in der Zeit des Konsulats und des ersten Empire (1799–1815), in: HZ 237 (1983) 559–595.

100 Vgl. Weis, Napoleon, 76 f. Anm. 48.

VII. DIE IDEE VOM „DRITTEN DEUTSCHLAND" (Seite 93 – 108)

[101] Jean-Baptist-Nompère de Champagny (1756 – 1834), zu Beginn des Konsulats in den Staatsrat berufen und 1801 als Botschafter nach Wien entsandt. 1804 übertrug ihm Napoleon das Innenministerium. Nach der Entlassung Talleyrands 1807 übernahm er das Außenministerium, trat jedoch 1811 wegen Napoleons Rußlandpolitik von seinem Amt zurück. Vgl. Nouvelle Biographie 9 (1854) 620 f.

[102] Bei: Weis, Napoleon, 71 – 75.

[103] Vgl. Wohlfeil, Untersuchungen, 102.

[104] Vgl. Becher, Primas, 77 sowie Beda (Hubert) Bastgen, Der Entwurf des Regensburger Erzbischofs Dalberg zu einem Konkordat für den Rheinbund und seine Ablehnung durch Rom, in: Jahresberichte zur Erforschung der Regensburger Diözesangeschichte 14 (1940) 1 – 27 (zit.: Bastgen, Entwurf).

[105] Alphonse-Hubert Bayanne (1739 – 1818), Kardinal der römischen Kirche und Auditor an der päpstlichen Rota. Vgl. Nouvelle Biographie 4 (1853) 856.

[106] Vgl. Erwin Ruck, Die Sendung des Kardinals de Bayanne nach Paris 1807 – 1808, Heidelberg 1923, passim (zit.: Ruck, Sendung).

[107] Annibale della Genga (1760 – 1829), 1794 Nachfolger des Kölner Nuntius Pacca, 1795/96 interimistischer Vertreter der Münchener Nuntiatur und 1800 ordentlicher Nuntius in München. Nach Konflikten mit dem Münchener Hof nach Rom (1802), kehrte jedoch 1806 als päpstlicher Legat für die Konkordatsverhandlungen mit Bayern und Württemberg zurück. 1816 zum Kardinal erhoben, konnte er sich bei der Papstwahl von 1823 erfolgreich durchsetzen. Als Leo XII. betrieb er eine rückschrittliche Politik. Vgl. LThK 6 (1961) 952 f.

[108] Vgl. Doeberl, Nuntiaturberichte, passim; Anton Doeberl, Die bayerischen Konkordatsverhandlungen in den Jahren 1806 und 1807, München 1924, 52 – 93 und 150 – 205. Zum Aufenthalt des Nuntius in Regensburg vgl. Anton Doeberl, Aus dem Tagebuch des Nuntius Annibale della Genga, in: Historisch politische Blätter f. d. kath. Deutschland 154 (1914) 768 – 779.

[109] Michele di Pietro (1747 – 1821), Professor für Theologie am Collegio Romano und 1801 in das Kardinalskollegium berufen. Vgl. Gaetano Moroni, Dizionario di erudizione storico-ecclesiastica, Bd. 1 – 103, Venezia 1840 – 1861, hier: 53, 37 ff.

[110] Zit. n. Bastgen, Entwurf, 23. Vgl. Becher, Primas, 77 – 86.

[111] Dalberg an Napoleon, Paris, 22. Oktober 1807, AE, Paris, CPA 733, fol. 283 f. (Siehe oben Anm. 104).

[112] Vgl. Ruck, Sendung, 29 – 33.

[113] Dalberg an Napoleon, Paris, 7. November 1807, AE, Paris, CPA 733, fol. 297 f. (Orig. Autogr.).

[114] Vgl. Ruck, Sendung, 44.

[115] Dalberg an Napoleon, Paris, 20. August 1807, AE, Paris, CPA 733, fol. 223 (Orig. Autogr.).

[116] Idées sur l'arrondissement de la dotation du Prince Primat, 20. August 1807, AE, Paris, CPA 733, fol. 224 f. (bisher ungedruckt). Vgl. Bockenheimer, Aufenthalt, 17; Beaulieu-Marconnay, Dalberg, 2, 158, berichtet von einem angeblichen Vorschlag Talleyrands, in dem Dalberg im Austausch für Regensburg die ehemaligen kurmainzischen Ämter am unteren Main und im Rheingau angeboten worden wären – ein kaum glaubhaftes und nicht belegbares Projekt, das trotzdem in der Literatur Eingang fand. Vgl. Darmstädter, Frankfurt, 5; Hausenstein, Wiedervereinigung, 48; Bilz, Großherzogtümer, 195. Nach den Berichten Müllers an Carl August vom 12. bis 21. September 1807 wollte Dalberg nur Erfurt zurückgewinnen. Vgl. Andreas, Briefwechsel, 2, 570.

[117] Zit. n. Karl Beck, Zur Verfassungsgeschichte des Rheinbundes (Wissenschaftliche Beilage zum Programm des Großherzogl. Realgymnasiums und der Realschule zu Mainz) Mainz 1890, 28.

[118] Caroline Bonaparte (1782 – 1839), vgl. Joseph Turquan, Souveraines et grandes dames. Les soeurs de Napoléon, Paris 1896, 323 – 534.

[119] Vgl. Beaulieu-Marconnay, Dalberg, 2, 159.

[120] Dalberg an Napoleon, Paris, 3. Dezember 1807, AE, Paris, CPA 733, fol. 333 (Orig. Autogr.), (bisher ungedruckt).

[121] Zit. n. Weis, Napoleon, 78.

[122] Zit. n. Weis, Napoleon, 78.

[123] Dalberg an Napoleon, Aschaffenburg, 24. Juni 1808, AE, Paris, CPA 734, fol. 103 (Orig. Autogr.).

[124] Dalberg an Napoleon, 6. August 1808, AE, Paris, CPA 734, fol. 154. Ähnlich am 15. August 1808 (CPA 734, fol. 168) und am 13. September 1808 (CPA 734, fol. 226) (Orig. Autogr.).

[125] Dalberg an Napoleon, Aschaffenburg, 22. September 1808, AE, Paris, CPA 734, fol. 254 (Orig. Autogr.).

VII. DIE IDEE VOM „DRITTEN DEUTSCHLAND“ (Seite 93 – 108)

126 Stéphanie de Beauharnais (1789 – 1860), Nichte der Kaiserin Josephine, von Napoleon adoptiert, zur „Fille de France“ erklärt und 1806 mit dem badischen Erbgroßherzog Karl (1786 – 1818) verheiratet.

127 Wessenberg an Stadion, Frankfurt, 29. September 1808, HHStA, Wien, Staka, Frankfurt 8, fol. 233.

128 Vgl. Tümmler, Carl August, 760.

129 Vgl. Andreas, Zeitalter, 385 – 388.

130 Vgl. Tümmler, Carl August, 762.

131 Dalberg an die Bundesfürsten, 9. Oktober 1808, AE, Paris, CPA 734, fol. 302 f.

132 Vgl. Weis, Napoleon, 77.

133 Hédouville an Champagny, Frankfurt/M., 20. Oktober 1808, AE, Paris, CPA 734, fol. 324.

134 Dalberg an Napoleon, Aschaffenburg, 15. Oktober 1808, AE, Paris, CPA 734, fol. 316 (Orig. Autogr.).

135 Wessenberg an Stadion, Frankfurt/M., 16. Oktober 1808, HHStA, Wien, Staka, Frankfurt 8, Nr. 94, fol. 247.

136 Sternberg an Dobrowski, Regensburg, 11. November 1808, Literarni archiv Narodniho muzea, Prag, Dobrowski I/5/5.

VIII. KÖNIGLICHE HOHEIT (Seite 109 – 128)

1 Vgl. Curt Albrecht, Die Triaspolitik des Freiherrn Karl August von Wangenheim, Stuttgart 1914; Karl Otmar von Aretin, Der Triasgedanke in Bayern nach 1815, in: Herbert Schindler (Hg.), Bayerische Symphonie, 2 Bde., München 1967/68, hier: 1, 404 – 414; Karl Bosl, Bayerische Geschichte, München 1980 ([1]1976) 228 ff.; Weis, Napoleon, 58.

2 Friedrich Ernst Graf von Marschall auf Burgholzhausen (1748 – 1832). Vgl. Kneschke, Adelslexikon, 6, 146.

3 Gesandtschaftsberichte 1808, BStA, Würzburg, MGK 497.

4 Fénélon an Champagny, Frankfurt, 12. Januar 1809, AE, Paris, CPA 735, fol. 36.

5 Bulletin de Francfort, 9. Januar 1809, AE, Paris, CPA 725, fol. 24 f.

6 Bulletin de Francfort, 4. Februar 1809, AE, Paris, CPA 735, fol. 148.

7 Dalberg an Marschall, Aschaffenburg, 19. Januar 1809, AE, Paris, CPA 735, fol. 110 (Kop.).

8 Dalberg an Napolen, Aschaffenburg, 30. Januar 1809, AE, Paris, CPA 735, folg. 120 (Orig. Autogr.). Vgl. August Fournier, Napoleon I. Eine Biographie, 3 Bde. Leipzig 1886 – 1889, hier: ([4]1922), 2, 316.

9 Vgl. Beaulieu-Marconnay, Dalberg, 2, 176.

10 Emmerich von Dalberg an Metternich, Paris, 6. Februar 1810, bei: Josef Alexander von Helfert, Maria Louise. Erzherzogin von Österreich, Kaiserin der Franzosen. Mit Benützung von Briefen an ihre Eltern und von Schriftstücken des k. k. Haus-, Hof- und Staatsarchivs, Wien 1873, 354 – 358, zit.: 356. Fälschlicherweise ist hier der Graf Alexandre de Laborde als Briefautor angegeben. Das Schreiben ist jedoch mit „Dg." unterzeichnet. Auch aus dem Inhalt geht zweifelsfrei hervor, daß Emmerich von Dalberg den Brief verfaßt hat.

11 Vgl. August Fournier, Zur Heirat Napoleons I. mit Marie Louise. Nach neuen Dokumenten, bei: August Fournier, Historische Studien und Skizzen, Wien 1912, 3, 86 – 98, hier: 96.

12 Dalberg an Napoleon, 27. August 1809, bei: Färber, Dalberg, 706 f. (dt. übers. von mir).

13 Dalberg an Napoleon, Aschaffenburg, 24. Juni 1808, AE, Paris, CPA 734, fol. 104 (Orig. Autogr.), (dt. übers. von mir).

14 Dalberg an Napoleon, 30. September 1809, bei: Färber, Dalberg, 707 f. (dt. übers. von mir).

15 Dalberg an Napoleon, 17. Oktober 1809, inhaltlich gleichlautend mit dem Schreiben vom 27. August 1809 (siehe oben Anm. 12). Dalberg an Napoleon, 15. Oktober 1809, inhaltlich gleichlautend mit dem Schreiben vom 30. September 1809 (siehe oben Anm. 14).

16 Vgl. Färber, Dalberg, 701 sowie Färber, Übergang, 443.

17 Vgl. Beaulieu-Marconnay, Dalberg, 2, 210.

18 Fahnenberg an Metternich, 15. Dezember 1809, bei: Färber, Dalberg, 709 ff.

19 Dalberg an Napoleon , 11. Dezember 1809, bei: Färber, Dalberg, 712 (dt. übers. von mir).

20 Vgl. Färber, Übergang, 442, Anm. 82.

21 Siehe oben Anm. 18.

22 Eugen Beauharnais an Auguste, 1. Februar 1810, bei: Albert du Casse (Hg.), Mémoires et correspondance politique et militaire du Prince Eugèn, Publiés, annotés et mis en ordre par . . ., 10 Bde., Paris 1858 – 1860, hier: 6 (1859) 313. Vgl. Bayern, Beauharnais, 192 – 197; Owen Connelly, Napoleon's Satellite Kingdoms, New York 1965, 37; Bilz, Großherzogtümer, 180.

23 Statistische Angaben bei Karl Heinrich Ludwig Pölitz, Handbuch der Geschichte der souveränen Staaten des Rheinbundes, 2 Bde., Leipzig 1811, hier: 2, 16 – 24; Peter Adolf Winkopp, Versuch einer topographisch-statistischen Beschreibung des Großherzogtums Frankfurt, Weimar 1812. Die ältere Gesamtdarstellung von Darmstädter, Frankfurt, ist durch Bilz, Großherzogtümer, nicht überholt worden. Kurze Zusammenfassung bei Kurt von Raumer, Die Rheinbundstaaten, in: Leo Just (Hg.), Handbuch der deutschen Geschichte, 5 Bde., Konstanz 1957 ff., hier: 3, 337 f.

24 Fahnenberg an Metternich, Regensburg, 27. November 1809, HHStA, Wien, Staka, Kl. Btr. 14, Regensburg, fol. 151.

25 Napoleon an Champagny, 24. Dezember 1809, bei: Corr. Napoléon, 20 (1866), 98 ff. (Nr. 16085), zit. 99 (dt. übers. von mir).

26 Vgl. Hölzle, Staatensystem, 286.

27 Bulletin de Francfort, 21. September 1810, AE, Paris, CPA 740, fol. 168.

28 Vgl. Corr. Napoléon 20 (1866) 233 (Nr. 16241).

29 Fahnenberg an Metternich, 15. März 1810, bei: Färber, Dalberg, 712 – 715.

30 Vgl. Färber, Übergang, 445 f.

[31] Eine Veröffentlichung über meine Forschungsergebnisse, die ich zur Entstehung des Großherzogstitels während eines Studienaufenthalts am Deutschen Historischen Institut in Rom 1984/86 erarbeitet habe, ist in Vorbereitung.
[32] Der Vertrag vom 16./19. Februar 1810, bei: Beaulieu-Marconnay, Dalberg, 2, 369 ff. sowie Clercq, Receuil, 2, 311 ff.
[33] Dalberg an Napoleon, Paris, 14. Februar 1810, AE, Paris, CPA 738, fol. 123 (Orig. Autogr.).
[34] Karl Theodor von Dalberg, Über den Kirchenfrieden in den rheinischen Bundesstaaten. Wünsche, geäußert von Karl, dem Metropoliten und Erzbischof von Regensburg, Koblenz 1810. Vgl. Freyh, Dalberg, 260 f. und 266 f.
[35] Ebersteins Entwurf vom 14. November 1809 und Kolborns Erwiderung vom 18. November 1809, bei: Adolf Dyroff, Dalbergs und Napoleons Kirchenpolitik in Deutschland, in: HJ 40 (1920) 222–230.
[36] Hügel an Metternich, 15. Juni 1810, bei: Färber, Dalberg, 717.
[37] Adam Friedrich von Reding zu Bieberegg (1767–1829), bayerischer Ministerresident in Darmstadt und Frankfurt, von 1808 bis 1811 Gesandter bei Dalberg, 1814 Gesandter im Großherzogtum Würzburg. Vgl. Walter Schärl, Die Zusammensetzung der bayerischen Beamtenschaft von 1806 bis 1918 (Münchner Historische Studien, Abt. Bayer. Geschichte 1), Kallmünz 1955, 333 (zit.: Schärl, Zusammensetzung).
[38] Reding-Bericht, 8. Mai 1810, bei: Färber, Dalberg, 705 (dt. übers. von mir).
[39] Zit. n. Beaulieu-Marconnay, Dalberg, 2, 185.
[40] Vgl. Huber, Verfassungsgeschichte, 1, 91 u. 320.
[41] Dalberg an Napoleon, Aschaffenburg, 8. August 1810, AE, Paris, CPA 740, fol. 27 (Orig. Autogr.).
[42] Organisationspatent des Großherzogtums Frankfurt, bei: Großherzoglich-Frankfurtisches Regierungsblatt, Bd. 1–3, Frankfurt a. M. 1810–1813, hier: 1 (1810) 10–24. Vgl. Beaulieu-Marconnay, Dalberg, 2, 187; Rupert Pfeffer, Die Verfassungen der Rheinbundstaaten als Zeugnisse des politischen Denkens in den Anfängen des deutschen Konstitutionalismus, Diss. Erlangen 1960, 64–69; Darmstädter, Frankfurt, 87.
[43] Hügel an Metternich, Frankfurt, 7. Dezember 1811, HHStA, Wien, Staka, Frankfurt 10, fol. 399.
[44] Zit. n. Beaulieu-Marconnay, Dalberg, 2, 186.
[45] Karl Joseph Will (1754–1834), Amtsverweser in Neubamberg, kurmainzischer Hofrat und seit 1787 Vizedomamtsdirektor in Aschaffenburg. Vgl. Paul R. Scheppler, Aschaffenburg und das Kurmainzer Recht (Veröffentlichungen des Geschichts- und Kunstvereins Aschaffenburg e. V. 7), Aschaffenburg 1973, 115 f.
[46] Albini an Will, Hanau, 24. Dezember 1810; bei: Färber, Aschaffenburg, 229 f.
[47] Vgl. Ketterer, Aschaffenburg, 210.
[48] Jakob Guiollet (1746–1815). Vgl. Hans Vogts, Das Mainzer Wohnhaus im 18. Jahrhundert, Mainz 1910, 92 f.
[49] Johann Franz Xaver Sterkel (1750–1817) stammte aus Würzburg, wurde in Kurmainz Kanonikus und Hofkaplan und von Kurfürst Erthal zum Hofmusikdirektor ernannt. 1803 ging er mit Dalberg nach Regensburg. Vgl. Willibald Gurlitt (Hg.), Riemann Musik Lexikon, 3 Bde., Mainz [12]1961–75, 2, 730 f.
[50] Johann Albrecht Friedrich Eichhorn, Die Centralverwaltung der Verbündeten unter dem Freiherrn vom Stein, Berlin 1814, 32.
[51] Zit. n. Darmstädter, Frankfurt, 239, Anm. 3.
[52] Vgl. Scherg, Schulwesen, 481–484.
[53] Vgl. Scherg, Schulwesen, 572 ff.
[54] Zit. n. Bilz, Großherzogtümer, 259.
[55] Vgl. Bilz, Großherzogtümer, 262 f.
[56] Fahnenberg an Metternich, Regensburg, 19. März 1810, HHStA, Wien, Staka, Kl. Btr. 14, fol. 258 f.
[57] Personalakt Bacher: Personell, Dossiers individuels reliés, vol. 3, 104 (1784–1806), AE, Paris.
[58] Dalberg an Napoleon, Aschaffenburg, 29. Dezember 1810, AE, Paris, CPA 741, fol. 230 (Orig. Autogr.).
[59] Bulletin de Francfort, 9. Februar 1811, AE, Paris, CPA 742, fol. 254.
[60] Hügel an Metternich, Frankfurt, 31. Mai 1811, HHStA, Wien, Staka, Frankfurt 10, fol. 149.
[61] Zwackh an Montgelas, Frankfurt, 8. Januar 1811, BayHStA, München, MA 3, 2075, fol. 113.
[62] Hédouville an Maret, Frankfurt, 28. Januar 1812, AE, Paris, CPA 738, fol. 173 f.

63 Vgl. Fehrenbach, Gesellschaft, 114 – 120 sowie Werner Schubert, Französisches Recht in Deutschland zu Beginn des 19. Jahrhunderts. Zivilrecht, Gerichtsverfassungsrecht und Zivilprozeßrecht, Köln 1977, 292 – 311 (zit.: Schubert, Recht).

64 Zur Gießener Konferenz ausführlich Fehrenbach, Gesellschaft, 123 – 127. Vgl. Schubert, Recht, 293 und Beaulieu-Marconnay, Dalberg, 2, 140 ff.

65 Dalberg hatte bereits am 7. Juli 1808 ein Dekret erlassen, das die Einführung des Code Napoléon zum 1. Januar 1809 vorsah. Vgl. Schubert, Recht, 293. Das Inkrafttreten des Dekrets wurde jedoch auf den 1. Mai 1810 verschoben, nachdem er sich von der Gießener Konferenz (1809) vergeblich eine zumindest zum Teil gemeinschaftlich durchgeführte Rechtsreform erhofft hatte. Die Gründung des Großherzogtums Frankfurt im Februar 1810 erlaubte die Einführung des Code schließlich erst zum 1. Januar 1811.

66 Vgl. Scherg, Schulwesen, 555 – 567.

67 Vgl. Schubert, Recht, 297.

68 Fehrenbach, Gesellschaft, 116.

69 Vgl. Darmstädter, Frankfurt, 142.

70 Vgl. Beaulieu-Marconnay, Dalberg, 2, 210 ff.; Darmstädter, Frankfurt, 145 f.

71 Vgl. Rehbach, Entwurf, passim.

72 Zit. n. Färber, Aschaffenburg, 231.

73 Militair-Konscriptions- und Dispensations-Verordnung für das Großherzogthum Frankfurt, Frankfurt/M. 1811. Ähnlich: Großherzogliche Verordnung in Betreff der Militär-Dispensation im Großherzogtume Frankfurt, Aschaffenburg 1811.

74 Vgl. Darmstädter, Frankfurt, 289; Bilz, Großherzogtümer, 245 f.

75 Dalberg an Napoleon, Aschaffenburg, 11. September 1811, AE, Paris, CPA 745, fol. 187 (Orig. Autogr.).

76 „Dotation de la Princesse Pauline"; Archives Nationales, Paris, AF IV, 2665, 3099.

77 Vgl. Beaulieu-Marconnay, Dalberg, 2, 227; Darmstädter, Frankfurt, 179; Bilz, Großherzogtümer, 180.

78 Vgl. Helmut Berding, Napoleonische Herrschafts- und Gesellschaftspolitik im Königreich Westfalen 1807 – 1813 (Kritische Studien zur Geschichtswissenschaft 7), Göttingen 1973 (zit.: Berding, Gesellschaftspolitik).

79 Vgl. ebd. 41 und 53.

80 Vgl. Rüdiger Busch, Die Aufsicht über das Bücher- und Pressewesen in den Rheinbundstaaten Berg, Westfalen und Frankfurt. Ein Beitrag zur Geschichte der Bücher- und Pressezensur (Studien und Quellen zur Geschichte des deutschen Verfassungsrechts, Reihe A, 7), Karlsruhe 1970, 63 f. (zit.: Busch, Aufsicht).

81 Vgl. Beaulieu-Marconnay, Dalberg, 2, 183; Darmstädter, Frankfurt, 376; Bilz, Großherzogtümer, 275; Busch, Aufsicht, 64.

82 Hügel an Metternich, Frankfurt/M., 8. August 1810, HHStA, Wien, Staka, Frankfurt 9, fol. 294.

83 Der „Heilige Napoleon" erschien zum erstenmal im „Almanach national" des Jahres XI (1803) anstelle des Heiligen Rochus. Kardinal Caprara entdeckte dann einen Märtyrer „Nepolus" oder „Nepolis", der angeblich in den Märtyrer-Büchern vorkommen soll. Hingegen Jacques Presser, Napoleon. Das Leben und die Legende, Stuttgart 1977, 282 (Titel der niederländischen Originalausgabe: Prof. dr. Jacques Presser, Napoleon, Histoire en legende, Amsterdam/Brussel 1946), der wohl zu Recht vermutet, daß die Bezeichnung „Nepolus" oder „Nepolis" ein Städtename war.

84 Hédouville an Champagny, Frankfurt/M., 24. März 1811, AE, Paris, CPA 743, fol. 105.

85 Dalberg an Napoleon, Aschaffenburg, 24. März 1811, AE, Paris, CPA 743, fol. 106 (Orig. Autogr.), (dt. übers. von mir).

86 Thomas Nipperdey, Deutsche Geschichte 1800 – 1866. Bürgerwelt und starker Staat, München 1983, 18 f. und 77 f. bezeichnet Frankfurt zusammen mit Westfalen und Berg als „Vasallenstaat", eine Einstufung, die bereits Huber, Verfassungsgeschichte, 1, 87 und im gewissen Sinn auch Hölzle, Staatensystem, 289, vorgenommen haben, ohne jedoch den Begriff näher zu definieren. Wenn man im „Vasallenstaat" ein Abhängigkeitsverhältnis sieht, dann müßten sämtliche Rheinbundstaaten als „Vasallenstaaten" bezeichnet werden. Dagegen setzt Rainer Wohlfeil, Napoleonische Modellstaaten, in: Wolfgang von Groote (Hg.), Napoleon I. und die Staatenwelt seiner Zeit, Freiburg 1969, 33 – 57 (zit.: Wohlfeil, Modellstaaten) den stärker differenzierenden Begriff der „napoleonischen Modellstaaten", zu denen er nur Westfalen und Berg rechnet. Huber, Verfassungsgeschichte, 88 – 91, unterscheidet nach rein verfassungsrechtlichen Gesichtspunkten die

Rheinbundstaaten in den „Schein-Konstitutionalismus napoleonischer Vasallenstaaten" (Westfalen, Berg und Frankfurt), in „spätabsolutistische Staaten in Süddeutschland" (Bayern, Württemberg, Baden und Hessen-Darmstadt) sowie in „altständisch-monarchische Staaten in Mittel- und Norddeutschland" (Sachsen und thüringische Staaten).

87 Innerhalb des Rheinbunds waren nur Westfalen und Berg reine Napoleonidenstaaten gewesen. In Frankfurt war der designierte Nachfolger Eugen Beauharnais nicht mehr zur Regierung gelangt noch hatte er Einfluß auf die Staatsverwaltung genommen.

88 Berding, Gesellschaftspolitik, 19 ff.

89 Eberhard Weis (Hg.), Reformen im rheinbündischen Deutschland (Schriften des Historischen Kollegs, Kolloquien 4), München 1984, IX f., führte die im Rheinbund realisierten Reformprogramme als das überzeugendste Unterscheidungsmerkmal in die Diskussion ein.

90 Wohlfeil, Untersuchungen, 94 f.

91 Vgl. Ilario P. Rinieri, Napoleone e Pio VII. (1804–1813), 2 Bde., Torino 1906; Else Hocks, Napoleon und Pius VII., Freiburg 1949 (zit.: Hocks, Napoleon).

92 Vgl. Hocks, Napoleon, 60 f.

93 Vgl. A. Ricard, Le concile de 1811, Paris 1894.

94 Weisung an Hédouville, Paris, 21. Mai 1811, AE, Paris, CPA 744, fol. 40 (Konz.), (dt. übers. von mir).

95 Hédouville an Maret, Frankfurt/M., 22. Mai 1811, AE, Paris, CPA 744, fol. 45.

96 Johann Ludwig Koch (1772–1833) hatte in Mainz Theologie studiert und war 1798 zum Priester geweiht worden. Dalberg berief ihn 1803 als Assessor an das Geistliche Gericht in Aschaffenburg, machte ihn dort zu seinem Sekretär und ernannte ihn schließlich nach dessen juristischer Promotion zum Professor für Kirchenrecht an der nach Aschaffenburg verlegten Mainzer Karls-Universität. Vgl. Scherg, Schulwesen, 617 f.

97 Bei: Aland, Wessenberg, I/1, 35–52, mit zahlreichen Zitaten aus den Gesprächen Dalbergs mit Napoleon in Paris.

98 Zit. n. Aland, Wessenberg, I/1, 38.

99 Ebd. 142.

100 Ebd. 145.

101 Ebd. 147 (dt. übers. von mir).

102 Zit. n. Hocks, Napoleon, 78.

103 Zit. n. Aland, Wessenberg, I/1, 153 (dt. übers. von mir).

104 AE, Paris, CPA 745, fol. 69–71 (Kop.).

105 Hügel an Metternich, Frankfurt/M., 14. September 1811, HHStA, Wien, Staka, Frankfurt 10, fol. 309.

106 Reding an Montgelas, Frankfurt/M., 25. Mai 1811, BayHStA, München, MA III, 2075, fol. 102.

107 Hugo Franz Graf von Hatzfeld (1755–1833), bis 1811 kurmainzischer Gesandter an den Höfen von Berlin und Dresden.

108 Hatzfeld an Dalberg, Dresden, 26. Januar 1811, AE, Paris, CPA 742, fol. 187 f. (Kop.).

109 Vgl. Beaulieu-Marconnay, Dalberg, 2, 141 ff.; Darmstädter, Frankfurt, 114 f.; Bilz, Großherzogtümer, 216 ff.

110 Vgl. Beaulieu-Marconnay, Dalberg, 2, 199.

111 Das Gutachten Dalbergs an den Geistlichen Rat Kopp vom 24. Februar 1811, bei: Scherg, Schulwesen, 148 f.

112 Vgl. Scherg, Schulwesen, 520 ff.

113 Vgl. Darmstädter, Frankfurt, 95; Bilz, Großherzogtümer, 206.

114 Hügel an Metternich, Frankfurt/M., 31. Mai 1811, HHStA, Wien, Staka, Frankfurt 10, fol. 148.

115 Hédouville an Maret, Frankfurt/M., 28. Januar 1812, AE, Paris, CPA 748, fol. 173 (dt. übers. von mir).

116 Dalberg an Napoleon, Aschaffenburg, 6. April 1812, AE, Paris, CPA 749, fol. 45 (Orig. Autogr.), (dt. übers. von mir).

117 Hédouville an Maret, Frankfurt/M., 6. Mai 1812, AE, Paris, CPA 749, fol. 85.

118 Hügel an Metternich, Frankfurt/M., 22. Mai 1812, HHStA, Wien, Staka, Frankfurt 11, fol. 358 f.

119 Bei: Aland, Wessenberg, I/1, 52.

IX. FLUCHT INS EXIL (Seite 129–137)

[1] Armand-Louis Marquis de Caulaincourt (1773–1827). Nouvelle Biographie 9 (1854) 247–250. Vgl. Armand-Louis-Augustin marquis de Caulaincourt, De Moscou à Paris avec l'Empereur (décembre 1812). Avantpropos de R. Mandrou, Paris 1963.

[2] Louis-Etienne Saint-Denis, genannt Ali (1788–1843), Kammerdiener Napoleons im Kostüm eines Mamelucken. Vgl. Souvenirs du mameluck Ali sur l'empereur Napoléon. Introduction de G. Michaut, Paris 1926.

[3] Zitate und Darstellung stützen sich auf den Bericht Hédouvilles an Maret, Frankfurt, 18. Dezember 1812, AE, Paris, CPA 749, fol. 216 f., der durch den Bericht Hügels an Metternich, Frankfurt, 19. Dezember 1812, HHStA, Wien, Staka, Frankfurt 12, fol. 352 f. im wesentlichen bestätigt wird. Vgl. Arthur Kleinschmidt, Bayern und Hessen 1799–1816, Berlin [2]1902, 167.

[4] Vgl. Varrentrapp, Schulze, 155.

[5] Dalberg an Napoleon, Fulda, 10. Januar 1813, AE, Paris, CPA 750, fol. 8 (Orig. Autogr.) (dt. übers. von mir).

[6] Vgl. Hocks, Napoleon, 94 f.

[7] Hugues-Bernard Maret (1763–1839) war seit 1804 Staatssekretär Napoleons. Der Kaiser übertrug ihm 1811 nach dem Rücktritt Champagny's das Außenministerium. Vgl. Nouvelle Biographie, 33 (1860) 535–540.

[8] Maret an Dalberg, Paris, 25. Januar 1813, AE, Paris, CPA 750, fol. 51 (Kop.).

[9] Dalberg an Napoleon, Aschaffenburg, 30. Mai 1813, AE, Paris, CPA 750, fol. 282 (Orig. Autogr.) (dt. übers. von mir).

[10] Vgl. Heinrich Huber, Der Konkordienorden des Großherzogtums Frankfurt, in: Heimat und Geschichte, Beilage der Aschaffenburger Zeitung, Jg. 1940, 20.

[11] Zit. n. Beaulieu-Marconnay, Dalberg, 2, 249.

[12] Wessenbergs Pariser Tagebuch, bei: Aland, I/1, 145.

[13] Zu Dalbergs Bemühungen um ein Konkordat siehe Seite 104 f., 124 ff., 146 f. u. 174, Anm. 44.

[14] Hügel an Metternich, Frankfurt/M., 14. April 1813, HHStA, Wien, Staka, Frankfurt 12, fol. 185.

[15] Dalberg an Napoleon, Aschaffenburg, 14. Mai 1813, AE, Paris, CPA 750, fol. 262 (Orig. Autogr.). Ähnlich am 30. Mai 1813, AE, Paris, CPA 750, fol. 282 (Orig. Autogr.).

[16] Dalberg an Hédouville, Aschaffenburg, 25. Mai 1813, AE, Paris, CPA 750, fol. 274 (Orig. Autogr.), (dt. übers. von mir).

[17] Zit. n. Färber, Aschaffenburg, 232 (dt. übers. von mir).

[18] Napoleon an Marie-Louise, 1. August 1813, bei: Louis Madelin (Hg.), Lettres inédites de Napoléon I à Marie-Louise écrites de 1810 à 1814, Paris 1935, 160 (Nr. 203). Vgl. Hédouville an Maret, Frankfurt/M., 1. und 2. August 1813, AE, Paris, CPA 751, fol. 103 f.

[19] Karl Cäsar von Leonhard (1779–1862), Assessor der Landeskassen- und Steuerdirektion in Hanau und seit 1810 Hofkammerrat und Generalverwalter der Domänen im Großherzogtum Frankfurt, von 1816 bis 1818 Mitglied der Kgl. Bayer. Akademie der Wissenschaft und dann Professor für Mineralogie und Geognosie an der Universität Heidelberg. Vgl. J. C. Poggendorf (Hg.), Biographisch-literarisches Handwörterbuch zur Geschichte der exacten Wissenschaften etc., 3 Bde., Leipzig 1863–1865, hier: 1 (1863) 1427.

[20] Leonhard, Zeit, 1, 324–327.

[21] Heinrich Friedrich Karl vom Stein (1757–1831), preußischer Staatsminister und Reformpolitiker. Vgl. Biogr. Wb. 2 (1974) 2754–2760.

[22] Vgl. Peter Graf von Kielmansegg, Stein und die Zentralverwaltung, 1813/14, Stuttgart 1964.

[23] Stein an das Auswärtige Departement in Berlin, 5. Juli 1785, bei: Erich Botzenhart und Walther Hubatsch (Hg.), Freiherr vom Stein. Briefe und amtliche Schriften, 10 Bde., Stuttgart 1957–1974, hier: 1, 214 (zit.: Botzenhart, Stein).

[24] Stein an Dalberg, 31. August 1803, bei: Botzenhart, Stein, 8, 111 (Nr. 134).

[25] Vgl. Beaulieu-Marconnay, Dalberg, 2, 166 ff.

[26] Denkschrift Steins für Hardenberg, August 1813, bei: Botzenhart, Stein, 3, 742–744. Vgl. Gero Walter, Der Zusammenbruch des Heiligen Römischen Reiches deutscher Nation und die Problematik seiner Restauration in den Jahren 1814/15, Heidelberg 1980, 92–98. Zu Steins Versuchen einer Reichserneuerung vgl. Kurt von Raumer, Die Autobiographie des Freiherrn vom Stein, Münster [3]1960, 17 ff., Gerhard Ritter, Stein. Eine politische Biographie, Stuttgart [3]1981 sowie Walther Hubatsch, Der Freiherr vom Stein und die deutsche Erhebung von 1813, in: Theodor Schieder und Walther Hubatsch (Hg.), Das Jahr 1813 und der Freiherr vom Stein (Freiherr-vom-Stein-Gesellschaft e. V. Schloß Cappenberg – Schriften, Heft 4), Münster 1964, 27–42. Zur per-

sönlichen Feindschaft zwischen Stein und Dalberg vgl. John Robert Seeley, Life and times of Stein or Germany and Prussia in the Napoleonic age, 3 Bde., Cambridge 1878 (dt. übers. Gotha 1883–87) hier: 3, 334.

[27] Vgl. Beaulieu-Marconnay, Dalberg, 2, 252 f.; Darmstädter, Frankfurt, 394.

[28] Franz Xaver Zwackh zu Holzhausen (1756–1843), von 1812 bis 1813 außerordentlicher bayerischer Gesandter und bevollmächtigter Minister im Großherzogtum Frankfurt. Vgl. Schärl, Zusammensetzung, 219 (Nr. 350) und 346 (Nr. 677).

[29] Zwackh an Montgelas, Frankfurt/M., 8. April 1813, BayHStA, München, MA 3, 2076.

[30] Hügel an Metternich, Frankfurt/M. 9. April 1813, HHStA, Wien, Staka, Frankfurt 12, fol. 242.

[31] Hügel an Metternich, Frankfurt/M., 2. April 1813, HHStA, Wien, Staka, Frankfurt 12, fol. 221 f.

[32] Hédouville an Maret, Frankfurt/M., 21. Juli, 1813, AE, Paris, CPA 751 fol. 92.

[33] Dalberg an Caroline von Wolzogen, 12. Juni 1813, bei: Wolzogen, Nachlaß, 1, 83 f.

[34] Pierre-Francois-Charles Augerau (1757–1815), französischer Marschall und von Napoleon zum Herzog von Castiglione ernannt, war seit April 1813 Generalgouverneur für Frankfurt, Würzburg und Nassau. Vgl. Nouvelle Biographie 3 (1852) 636–830.

[35] Dalberg an Albini, 19. Mai 1813, bei: Gerlich, Briefe, 2, 129 f.

[36] Dalbergs Regierungserlaß vom 30. September 1813, bei: Beaulieu-Marconnay, Dalberg, 2, 254, wurde von Varrentrapp, Schulze, 155, voreilig als Regierungsverzicht interpretiert. Hingegen hat Dalberg erst mit seiner Abdankung vom 28. Oktober 1813 die Regierung niedergelegt.

[37] Vgl. Friese, Beitrag, 281.

[38] Dalberg an Steitz, 20. Oktober 1813, bei: Steitz, Dalberg, 44.

[39] Eberstein an Hédouville, Frankfurt/M., 13. Oktober 1813, AE, Paris, CPA 751, fol. 187.

[40] Eberstein an Maret, Frankfurt/M., 13. Oktober 1813, AE, Paris, CPA 751, fol. 195.

[41] Zitat in: Humboldt an Caroline, 3. November 1813, bei: Sydow, Humboldt, 4, 159.

[42] Die Vorgänge um die Abdankung Dalbergs im einzelnen in Wessenbergs Memoiren, bei: Aland, Wessenberg, I/1, 52 ff.

[43] Dalberg an Albini, 28. Oktober 1813, bei: Beaulieu-Marconnay, Dalberg, 2, 261.

[44] Zit. n. Beaulieu-Marconnay, Dalberg, 2, 263.

[45] In diesem Sinn hatte Dalberg bereits am 24. Juni 1808 an Napoleon geschrieben (siehe Seite 188, Anm. 13).

[46] Dalberg an Napoleon, Konstanz, 1. November 1813, AE, Paris, MD France 2171, unfoliert (Orig. Autogr.), (dt. übers. von mir).

X. DAS ENDE (Seite 139–152)

[1] Albini an Dalberg, 3. November 1813, bei: Gerlich, Briefe, 2, 133.
[2] Dalberg an Albini, 23. November 1813, bei: Gerlich, Briefe, 2, 134.
[3] Karl Philipp von Wrede (1767–1838), seit dem Regierungsantritt von Kurfürst Max IV. Joseph maßgeblich an der Reorganisation der bayerischen Armee beteiligt, schloß am 8. Oktober 1813 in Übereinstimmung mit Montgelas die Konvention von Ried. Vgl. Biogr. Wb. 3 (1975) 3249 ff.
[4] Vgl. Ernst Rudolf Huber (Hg.), Dokumente zur deutschen Verfassungsgeschichte, 3 Bde., Stuttgart 1961–66, hier: 1, 498 f. und 506–510 (zit.: Huber, Dokumente).
[5] Philipp Prinz von Hessen-Homburg (1779–1846), 1813 österreichischer Feldmarschalleutnant (seit 1839 Landgraf der auf dem Wiener Kongreß wiederhergestellten Landgrafschaft Hessen-Homburg). Vgl. ADB 26 (1888) 2 f.
[6] Heinrich XIII. Fürst von Reuß-Greiz (1747–1817), österreichischer General-Feldzeugmeister und Regimentsinhaber. Vgl. Wurzbach, Biogr. Lexikon 25 (1873) 362.
[7] Zit. n. Beaulieu-Marconnay, Dalberg, 2, 263.
[8] Bei: Aland, Wessenberg, I/1, 54.
[9] Note des Fürstprimas Dalberg bei Auflösung des Großherzogtums Frankfurt, 21. November 1813, BayHStA, München, MA 5881 (dt. übers. von mir). Vgl. Huber, Nachlaßakten, 55.
[10] Vgl. Wohlfeil, Untersuchungen, 94.
[11] Vgl. Darmstädter, Frankfurt, 403 ff.
[12] Vgl. Färber, Aschaffenburg, 234.
[13] Vgl. Franz Schnabel, Sigismund von Reitzenstein, der Begründer des badischen Staates, Heidelberg 1927, 153–158.
[14] Vgl. Hans Sarholz, Das Herzogtum Nassau 1813–1815, in: Nassauische Annalen 57 (1937) 55–119, hier: 73 und 113, Anm. 34.
[15] Dalberg an Steitz, 20. Oktober 1813, bei: Steitz, Dalberg, 44.
[16] Steitz an Dalberg, 19. Oktober 1813, bei: ebd. 45.
[17] Dalberg an Steitz, 23. Oktober 1813, bei: ebd. 45.
[18] Vgl. Huber, Nachlaßakten, 4.
[19] Hofhaltungs-Rechnung, November 1813, BayHStA, München, Dalberg-Nachlaß 206.
[20] Hofhaltungs-Rechnung, Dezember 1813, BayHStA, München, Dalberg-Nachlaß 208.
[21] Siehe oben Anm. 19.
[22] Kolborn an Wessenberg, 20. Januar 1814, bei: Raab, Briefwechsel, 129 f.
[23] Die Vollmacht Dalbergs für Varicourt vom 23. Dezember 1813, BayHStA, München, Dalberg-Nachlaß 32.
[24] BayHStA, München, Dalberg-Nachlaß 2 und 8. Vgl. Huber, Nachlaßakten, 23.
[25] Dalberg an Albini, 31. Januar 1814, bei: Gerlich, Briefe, 2, 137.
[26] Dalbergs Weisung an Varicourt, 12. Dezember 1813, bei: Gerlich, Briefe, 2, 135.
[27] Note Dalbergs an die verbündeten Monarchen, Zürich, 12. Dezember 1813, HHStA, Wien, Staka, Frankfurt 13, fol. 299 f.
[28] Kolborn an Wessenberg, 30. November 1813, bei: Raab, Briefe, 126 f.
[29] Kolborn an Wessenberg, 5. Dezember 1813, bei: Raab, Briefe, 127 f.
[30] Vgl. Ketterer, Aschaffenburg, 223; Darmstädter, Frankfurt, 402.
[31] Vgl. Darmstädter, Frankfurt, 402; Huber, Dokumente, 1, 500, Anm 4.
[32] Albini an Hügel, Frankfurt/M., 18. Dezember 1813, HHStA, Wien, Staka, Frankfurt 13, fol. 298.
[33] Vgl. Kolborn an Wessenberg, 3. Mai 1814, bei: Raab, Briefe, 131. Vgl. oben Anm. 28.
[34] Hügel an Metternich, Frankfurt/M., 21. Dezember 1813, HHStA, Wien, Staka, Frankfurt 13, fol. 297.
[35] Max I. Joseph von Bayern an Dalberg, 16. Januar 1814, bei: Huber, Nachlaßakten, 6 (dt. übers. von mir).
[36] Siehe oben Anm. 25.
[37] Vgl. Josef Beck, Freiherr Ignaz Heinrich von Wessenberg. Sein Leben und Wirken. Zugleich ein Beitrag zur Geschichte der neueren Zeit. Auf der Grundlage handschriftlicher Aufzeichnungen Wessenbergs, Freiburg 1862, 207.
[38] Dalberg an Hédouville, Aschaffenburg, 25. Mai 1813, AE, Paris, CPA 750, fol. 274 (Orig. Autogr.).
[39] Vgl. Gerlich, Napoleonbild, 191.
[40] Napoleon an Dalberg, 24. Dezember 1805, bei: Corr. Napoleon 12 (1862) 606 (Nr. 9608).

[41] Kurt von Raumer, Politik des Maßes? Talleyrands Straßburger Friedensplan (17. Oktober 1805), in: HZ 193 (1961) 286 – 368, hier: 308 Anm. 2 und 344 Anm. 1.
[42] Vgl. Manfred Hellmann, Die Friedensschlüsse von Nystadt (1721) und Teschen (1779) als Etappen des Vordringens Rußlands nach Europa, in HJ 97/98 (1978) 270 – 288, hier: 286.
[43] Vgl. Aretin, Mission, 16 ff.
[44] Vgl. Alfons Sauter, Zusammenkunft des Fürstbischofs Dalberg mit dem Apostolischen Nuntius in Luzern im Dezember 1813, in: Historisch politische Blätter f. d. kath. Deutschland 150 (1912) 20 – 32, 132 – 149 und 191 – 202, hier: 135.
[45] Kolborn hatte bereits im Dezember 1813 dringend zur Rückkehr des Fürstprimas nach Konstanz geraten. Vgl. Raab, Briefwechsel, 130, Anm. 103.
[46] Dalberg an Pauli, Regensburg, 13. März 1814, BayHStA, München, Dalberg-Nachlaß 154.
[47] Vgl. Hausenstein, Wiedervereinigung, 155, Anm. 2.
[48] Übersicht der täglichen Ausgaben, April 1814, BayHStA, München, Dalberg-Nachlaß 212.
[49] Dalberg an Wessenberg, 21. Juni 1814, bei: Becher, Primas, 97.
[50] August Wilhelm Schlegel (1767 – 1841) war Sekretär und Reisebegleiter der Madame de Stael, einer erklärten Gegnerin Napoleons.
[51] Zit. n. Bouchon, Dalberg, 31.
[52] Humboldt an Caroline, 16. Februar 1815, bei: Sydow, Humboldt, 4, 477.
[53] Humboldt an Caroline, 18. April 1815, bei: ebd., 4, 534 f.
[54] Vgl. Johann Ludwig Klüber (Hg.), Acten des Wiener Congresses in den Jahren 1814 und 1815, Bd. 1 – 8, Suppl. Bd. 9, Erlangen 1815 – 18 und 1835 (Ndr. Osnabrück 1966) 4, 3 ff. sowie Huber, Nachlaßakten, 81 f. und Ketterer, Aschaffenburg, 272 f.
[55] Dalberg an Caroline von Wolzogen, 29. Juli 1815, bei: Wolzogen, Nachlaß, 1, 87 ff.
[56] Vgl. Huber, Nachlaßakten, 8 f.; Ketterer, Aschaffenburg, 272 f.
[57] Dalberg an Steitz, 27. November 1815, bei: Steitz, Dalberg , 45.
[58] Vgl. Steitz, Dalberg, 30 – 34; Beaulieu-Marconnay, Dalberg, 2, 285.
[59] Siehe oben Anm. 55.
[60] Dalberg an Caroline von Wolzogen, Regensburg, 1816, BayHStA, München, Dalberg-Nachlaß 41.
[61] Dalberg an Eberstein, Regensburg, 12. September 1816, BayHStA, München, Dalberg-Nachlaß 218.
[62] Dalberg an Caroline von Wolzogen, 31. Juli 1814, bei: Wolzogen, Nachlaß, 1, 84.
[63] Gekürzt bei: Beaulieu-Marconnay, Dalberg, 2, 345 ff. Vgl. Freyh, Dalberg, 268 – 272.
[64] Zit. n. Freyh, Dalberg, 270.
[65] Vgl. Freyh, Dalberg, 272 ff.
[66] Vgl. Freyh, 274 f.
[67] Vgl. Freyh, Dalberg, 275 ff.
[68] Vgl. Freyh, Dalberg, 94 – 118.
[69] Zit. n. Freyh, Dalberg, 276.
[70] Dalberg an Wessenberg, 5. Juni 1815, bei: W. Schirmer, Aus dem Briefwechsel Johann Heinrich von Wessenbergs, Konstanz 1912, 153.
[71] Troni an Dalberg, Paris, 17. August 1814, BayHStA, München, Dalberg-Nachlaß 219.
[72] Vgl. Aland, Wessenberg, I/1, 158.
[73] Johann Philipp von Wessenberg (1773 – 1858), 1801 Gesandtschaftssekretär Philipp Stadions und kaiserlicher Ministerresident in Frankfurt, 1809 österreichischer Gesandter in Berlin, 1810 in München, 1813 in London. Vgl. Wurzbach, Biogr. Lexikon 55 (1867) 161 – 169.
[74] Vgl. Becher, Primas, 92 – 103; Huber, Verfassungsgeschichte, 1, 410 ff.; Aland, Wessenberg, I/1, 55 – 64 und 156 – 174.
[75] Vgl. Aland, Wessenberg, I/1, 70.
[76] Vgl. Aland, Wessenberg, I/1, 73 – 85; Hubert (Beda) Bastgen, Die vatikanischen Aktenstücke zur „Causa" Wessenbergs in Rom im Jahr 1817, in: Freiburger Diözesanarchiv 61 (1933) 219 – 261.
[77] Zit. n. Aland, Wessenberg, I/1, 65.
[78] Dalberg an Carl August, 10. März 1787, bei: Andreas, Briefwechsel, 1, 306.
[79] Zit. n. Aretin, Höhepunkt und Krise, 43.
[80] Zit. n. Weis, Napoleon, 78.

X. DAS ENDE (Seite 139–152)

[81] Charles Irénée Castel (1658–1743), Abt von St. Pierre, Publizist, Weltverbesserer und Spiritus rector einer europäischen Friedensbewegung des frühen 18. Jahrhunderts. Am bekanntesten sein 1713 erschienenes Werk „Projet de paix perpétuelle".

[82] Carl August an Dalberg, 28. Februar 1787, bei: Andreas, Briefwechsel, 1, 300.

[83] Vgl. Johannes Weitzel, Dalberg, in: Staatslexikon oder Encyklopädie der Staatswissenschaften in Verbindung mit vielen der angesehensten Publicisten Deutschlands, herausgegeben von Carl von Rotteck und Carl Welcker, Bd. 1–15, Altona 1834–44, hier: 4 (1837) 142–166, der diesen bemerkenswerten Gedanken bereits 1837 geäußert hat.

[84] Jean Paul Friedrich Richter, Sämtliche Werke. Briefe 1815–1819 (hrsg. v. E. Berend) III. Abt. Bd. 7, Berlin 1954, 79 ff.

[85] Alexander Graf von Westerholt (1763–1827) war dirigierender Geheimer Rat im Dienst der Fürsten von Thurn und Taxis (frdl. Auskunft von Dr. Martin Dallmaier, Archivdirektor, FZA, Regensburg).

[86] Siehe oben Anm. 84.

[87] Vgl. Färber, Sternberg, 416.

[88] Sophie Coudenhove an Dalberg, Wien, undatiert (wahrscheinlich 1815), BayHStA, München, Dalberg-Nachlaß 219.

[89] Dalberg an Caroline Wolzogen, 27. Juni 1814, bei: Wolzogen, Nachlaß, 1, 84.

[90] Dalberg. Die letzten Lebenstage und Betrachtungen eines deutschen Bischofs (Die Vorkämpfer für Bildung einer deutschen Nationalkirche, 2. Bändchen) Karlsruhe 1846, 43–48, abgdr. bei: Beaulieu-Marconnay, Dalberg, 2, 386–389.

[91] Georg Michael Wittmann (1760–1833), Regens des Regensburger Priesterseminars, Dompfarrer und Beichtvater Dalbergs. 1821 ins Domkapitel berufen, 1829 zum Weihbischof und 1832 zum Bischof von Regensburg ernannt. Vgl. Johann Baptist Lehner, Michael Wittmann, Bischof von Regensburg, Kevelaer 1937.

[92] Vgl. Huber, Testamente, 321, Anm. 1.

[93] Zit. n. Sternberg, Werke, 2, 119.

[94] Zit. n. Vulpius, Goethe, 220 f.

[95] Max Graf von Lodron (1757–1823) wurde 1808 bayerischer Generalkreiskommissar des Innkreises in Innsbruck und 1810 in gleicher Eigenschaft in den Regenkreis nach Regensburg versetzt. Vgl. Adelsmatrikel des Bayer. Reichsheroldsamtes, BayHStA, München.

[96] Testamentsentwurf Dalbergs vom 16. August 1816, bei: Huber, Testamente, 326–332.

[97] Protokoll über Dalbergs Tod und die anschließenden Trauerfeierlichkeiten, BZA, Regensburg, Prot. BDK, 13. Februar 1817. Berichte des Generalkreiskommissariats über die Beisetzung Dalbergs vom 13. Februar und 2. März 1817, BStA, Amberg, Reg. KdI 3626.

[98] Protokolle des Regensburger Stadtgerichts, 10. Februar 1817, BayHStA, München, Dalberg-Nachlaß 2.

[99] Vgl. Schwaiger, Erzbistum, 225.

[100] Vgl. Schwaiger, Erzbistum, 225, Anm. 76.

[101] Siehe oben Anm. 96.

[102] Zit. n. Huber, Nachlaßakten, 14.

[103] Siehe oben Anm. 24.

[104] Dalberg an Napoleon, 27. Dezember 1810, bei: Wohlfeil, Untersuchungen, 108.

[105] Auktionsprotokolle 29. August bis 5. September 1817, BayHStA, München, Dalberg-Nachlaß 4 und 5.

[106] Vgl. Wilhelm Jung, Zur Entstehung des Grabdenkmals des Mainzer Fürstprimas Carl von Dalberg († 10. Februar 1817) im Dom zu Regensburg, in: Mainzer Almanach (1965) 194–203.

[107] Vgl. Susette Raasch, Restauration und Ausbau des Regensburger Doms im 19. Jahrhundert, in: Beiträge zur Geschichte des Bistums Regensburg 14 (1980) 137–315 (zit.: Raasch, Restauration).

[108] Vgl. Karl Hausberger, Die Grablegen der Bischöfe von Regensburg, in: Georg Schwaiger (Hg.), Der Regensburger Dom. Beiträge zu seiner Geschichte (Beiträge zur Geschichte des Bistums Regensburg 10) Regensburg 1976, 365–383, hier: 380; Raasch, Restauration, 204.

VERZEICHNIS DER BENÜTZTEN ARCHIVALIEN

1. ARCHIVES DU MINISTERE DES RELATIONS EXTERIEURES, PARIS (zit. AE, Paris)
   Correspondance politique Allemagne 705, 717 – 751 (zit.: CPA)
   Correspondance politique Rome 939 (zit.: CP Rome)
   Memoires et documents France 463, 2171 (zit.: MD France)
   Memoires et documents Allemagne 118 (zit.: MD Allemagne)
2. ÖSTERREICHISCHES STAATSARCHIV
   HAUS-, HOF- UND STAATSARCHIV, WIEN (zit. HHStA, Wien)
   Staatskanzlei (zit.: Staka)
   Berichte aus Regensburg
   Kurböhmische Reichstagsgesandtschaft: 97 – 101 (zit.: Kurböhm. Ges.)
   Österreichische Reichstagsgesandtschaft: 230 (zit.: Öster. Ges.)
   Prinzipalkommission: 8 – 17 (zit.: PrzKom.)
   Weisungen nach Regensburg
   Kurböhmische Reichstagsgesandtschaft: 7
   Prinzipalkommission: 1 – 3
   Frankfurt (zit.: Ffm.)
   Berichte und Weisungen: 7 – 15
   Kleinere Betreffe: 14 (zit.: Kl.Btr.)
   Deutscher Orden: 8
   Mainzer Erzkanzler Archiv: Correspondenz: 136 b, 138, 141 (zit.: MEA)
   Handarchiv Kaiser Franz: 27
   Stadion-Depot:
   Nachlaß Friedrich Graf von Stadion: 101, 104, 108
3. ARCHIVIO SEGRETO VATICANO, ROM (zit. ASV, Rom)
   Nunziatura di Germania: 704 (zit.: Nunz.Germ.)
   Segreteria di Stato, Baviera: 38 – 41 (zit.: Seg. Stato Bav.)
4. ARCHIV NARODNIHO MUZEA, PRAG
   199 Sternberg
5. LITERARNI ARCHIV NARODNIHO, PRAG
   I/5/5 Dobrowski
6. BAYERISCHES HAUPTSTAATSARCHIV MÜNCHEN (zit. BayHStA, München)
   Geheimes Archiv: MA III 2075, 2076; MA II 4043; MA 5881
   Dalberg-Nachlaß: 2, 4, 5, 8, 41, 154, 206 – 219.
7. BAYERISCHE STAATSBIBLIOTHEK MÜNCHEN (zit. BayStB)
   Cod. germ. 8465; Stieleriana
8. BAYERISCHES STAATSARCHIV AMBERG (zit.: BStA, Amberg)
   Regierung Kammer des Inneren: 3626, 6142, 6143, 6160, 6290, 6357, 6435, 6516, 6530, 6531, 6539, 7058, 7470 (zit.: Reg. KdI)
9. BAYERISCHES STAATSARCHIV WÜRZBURG (zit.: BStA, Würzburg)
   Mainzer Regierungsarchiv: L 113, L 1647, L 1659 (zit.: MRA)
   Mainzer Geheime Kanzlei: 493, 494, 497 (zit.: MGK)
10. BISCHÖFLICHES ZENTRALARCHIV REGENSBURG (zit.: BZA, Regensburg)
    Protokolle Bischöfliches Domkapitel: 1804/05, 1805/06, 1816/17 (zit.: BDK)
    Bischofsakt Dalberg
11. STADTARCHIV REGENSBURG (zit.: StA, Regensburg)
    Autographensammlung
12. FÜRSTLICH THURN UND TAXISCHES ZENTRAL-ARCHIV REGENSBURG (zit.: FZA, Regensburg)
    Haus- und Familiensachen: XII 40/5
    Regensburg: 439/6

GEDRUCKTE QUELLEN UND LITERATUR

(Der im Anmerkungsteil verwendete Kurztitel in Kursiv)

ALAND, Kurt (Hg.), Ignaz Heinrich von *Wessenberg*, Autobiographische Aufzeichnungen (Unveröffentlichte Manuskripte und Briefe I/1) Freiburg 1968.

ALBRECHT, Curt, Die *Triaspolitik* des Freiherrn K. A. von Wangenheim, o. O. 1914.

ALBRECHT, Dieter, *Regensburg* im Wandel. Studien zur Geschichte der Stadt im 19. und 20. Jahrhundert (= Studien und Quellen zur Geschichte Regensburgs 2) Regensburg 1984.

AMRHEIN, August, *Reihenfolge* der Mitglieder des adeligen Domstifts zu Würzburg, St. Kilians-Brüder genannt, von seiner Gründung bis zur Säkularisation 742–1803, in: Archiv d. Hist. Vereins für Unterfranken und Aschaffenburg 33 (1890).

ANDREAS, Willy (Hg.)

Politischer *Briefwechsel* des Herzogs und Großherzogs Carl August (= Quellen zur Deutschen Geschichte des 19. und 20. Jahrhunderts, Bd. 37–39) 3 Bde., Stuttgart 1954–1973.

Das *Zeitalter* Napoleons und die Erhebung der Völker, Heidelberg 1955.

ARETIN, Karl Otmar Freiherr von

Carl Theodor von Eberstein, in: NDB 4 (1959)

Höhepunkt und Krise des deutschen Fürstenbundes. Die Wahl Dalbergs zum Coadjutor von Mainz 1787, in: HZ 196 (1963).

Karl Theodor von *Dalberg* zwischen Kaiser und Fürstenbund. Aktenstücke zur Coadjutorwahl in Mainz 1787, in: Archiv für mittelrheinische Kirchengeschichte 16 (1964).

Politik und Kirche im 18. Jahrhundert, in: Hochland 10 (1966).

Heiliges Römisches *Reich* 1776–1806. Reichsverfassung und Staatssouveränität (= Veröffentlichungen des Instituts für Europäische Geschichte, Mainz, Abt. Universalgeschichte, Bd. 37 und 38) 2 Bde., Wiesbaden 1967.

Der *Triasgedanke* in Bayern nach 1815, in: Herbert Schindler (Hg.), Bayerische Symphonie, 2 Bde., München 1967/68.

Die *Mission* des Grafen Romanzoff im Reich 1782–1797, in: K. Hildebrand und R. Pommerin (Hg.), Deutsche Frage und europäisches Gleichgewicht. Festschrift für Andreas Hillgruber zum 60. Geburtstag, Köln 1985.

Das Reich. Friedensgarantie und europäisches Gleichgewicht 1648–1806, Stuttgart 1986.

BAILLEU, Paul (Hg.), *Preußen und Frankreich* 1795 bis 1807. Diplomatische Correspondenzen (= Publicationen aus den K. Preußischen Staatsarchiven Bd. 8 (1795–1800) und Bd. 29 (1800–1807) 2 Bde., Leipzig 1881–1887, (Ndr. Osnabrück 1965).

BASTGEN, Beda (Hubert)

Dalbergs und Napoleons Kirchenpolitik in Deutschland (= Schriften der Görresgesellschaft zur Pflege der Wissenschaft im katholischen Deutschland. Veröffentlichungen der Sektion für Rechts- und Sozialwissenschaft, 30) Paderborn 1917.

Dokumente zu Dalbergs Kirchenpolitik, in: Historisch-politische Blätter für das katholische Deutschland 159 (1917).

Die vatikanischen *Aktenstücke* zur „Causa" Wessenbergs in Rom im Jahr 1817, in: Freiburger Diözesanarchiv 6 (1933).

Der *Entwurf* des Regensburger Erzbischofs Dalberg zu einem Konkordat für den Rheinbund und seine Ablehnung durch Rom, in: Jahresberichte zur Erforschung der Regensburger Diözesangeschichte 14 (1940).

Bayern und der Heilige Stuhl in der ersten Hälfte des 19. Jahrhunderts, München 1940.

BATTENBERG, Friedrich, Die *Gerichtsverfassung* in der Herrschaft Dalbergs in der frühen Neuzeit, in: Archiv für hessische Geschichte und Altertumskunde, NF 40 (1982).

BAYERN, Adalbert Prinz von, Eugen *Beauharnais*, der Stiefsohn Napoleons. Ein Lebensbild, Berlin 1940.

BEAULIEU-MARCONNAY, Karl Freiherr von, Karl von *Dalberg* und seine Zeit. Zur Biographie und Charakteristik des Fürsten Primas, 2 Bde., Weimar 1879.

BECHER, Hubert, Der deutsche *Primas*. Eine Untersuchung zur deutschen Kirchengeschichte in der ersten Hälfte des 19. Jahrhunderts, Kolmar 1943.

BECK, Josef, Freiherr Ignaz Heinrich von *Wessenberg*. Sein Leben und Wirken. Zugleich ein Beitrag zur Geschichte der neueren Zeit. Auf der Grundlage handschriftlicher Aufzeichnungen Wessenbergs, Freiburg 1862.

BECK, Karl, Zur *Verfassungsgeschichte* des Rheinbundes (= Programm des Großherzogl. Realgymnasiums und der Realschule zu Mainz) Mainz 1890.

BERDING, Helmut, Napoleonische Herrschafts- und *Gesellschaftspolitik* im Königreich Westfalen 1807–1813 (= Kritische Studien zur Geschichtswissenschaft, Bd. 7) Göttingen 1973.
BEREND, E. (Hg.), Jean Paul Friedrich Richter. Sämtliche Werke, *Briefe* 1815–1819 (= III. Abt. Bd. 7), Berlin 1954.
BERNATH, Mathias, *Napoleon* und der Rheinbund im Spiegel der Zeit, in: Neue Mitteilungsblätter des Rheinischen Kulturinstituts 4 (1953).
BESSEL, Leopold von, Der kurmainzische Minister Franz Joseph von *Albini* 1748–1816 und seine Familie, in: Hessische Familiekunde 3, Heft 1 (1954).
BEYER, Carl und Johannes BIEREYE, Geschichte der Stadt *Erfurt* von der ältesten bis auf die neueste Zeit, Erfurt 1935.
BILZ, Wolfram, Die *Großherzogtümer* Würzburg und Frankfurt. Ein Vergleich. Eine Studie über die Rheinbundzeit, Diss. Würzburg 1968.
BISCHOFSWEIHE in Aschaffenburg am 31. August 1788 in der Muttergotteskirche, in: Aschaffenburger Geschichtsblätter 26 (1934), Nr. 10/11, 33 ff. und Nr. 12, 39 f.
BITTERAUF, Theodor, Geschichte des *Rheinbundes*. Die Gründung des Rheinbundes und der Untergang des alten Reiches (= Bd. 1, mehr nicht erschienen), München 1905.
BOCKENHEIMER, Karl Georg
Carl Theodor von Dalbergs *Aufenthalt* in Paris in den Jahren 1807–1808, Mainz 1870.
Wie *Mainz* zum zweitenmal an Frankreich kam, Mainz 1897.
Geschichte der Stadt Mainz während der zweiten französischen Herrschaft (1798–1814), Mainz 1890.
Carl Theodor von *Dalberg*, in: ADB 4 (1876).
BONJOUR, Edgar
Johannes von *Müller* und Karl von *Dalberg*, in: Neue Schweizer Rundschau NF 21 (1953/54).
Johannes von *Müller*, Briefe in Auswahl, Basel 1954 (2. durchgesehene und erweitere Auflage).
BOTZENHART, Erich/Walther HUBATSCH (Hg.), Freiherr vom *Stein*. Briefe und amtliche Schriften, 10 Bde., Stuttgart 1957–1974.
BOUCHON, Jean Alexandre, *Dalberg*, in: Biographie universelle 10 (^{1}1837) (Ndr. Graz, 1966).
BRESINSKY, Andreas, Die Regensburger *Botanische Gesellschaft* und die Wurzeln ihres Entstehens im 18. Jahrhundert, in: J. Barthel (Hg.), Naturwissenschaftliche Forschung in Regensburgs Geschichte (= Schriftenreihe der Universität Regensburg 4) Regensburg 1980.
BRÜCK, Anton Philipp, Die verwandtschaftliche *Verbundenheit* der Mainzer Domherren bei der Koadjutorwahl im Jahre 1787, in: Genealogisches Jahrbuch 20 (198).
BRÜCK, Heinrich, *Geschichte* der katholischen Kirche in Deutschland im neunzehnten Jahrhundert, 6 Bde., Mainz ^{2}1902–1908.
BRUYN, Günter de, Das *Leben* des Jean Paul Friedrich Richter, Halle 1975 (Lizenzausgabe Frankfurt/M. 1978).
BÜTTNER, Heinrich, Verschwundene Mainzer *Geschichtsquellen*, in: Mainzer Zeitschrift 41–43 (1946–48).
BUSCH, Rüdiger, Die *Aufsicht* über das Bücherei- und Pressewesen in den Rheinbundstaaten Berg, Westfalen und Frankfurt. Ein Beitrag zur Geschichte der Bücher- und Pressezensur (= Studien und Quellen zur Geschichte des deutschen Verfassungsrechts, Reihe A, Bd. 7) Karlsruhe 1970.
CABANIS, José, Le *Sacre* de Napoléon, Paris 1970.
CASSE, Albert du (Hg.)
Correspondance de Napoléon et du cardinal Fesch de 1802 à 1810, in: Histoire des négociations diplomatiques relatives aux traités de Morfontaine, Paris 1855.
Mémoires et correspondance politique et militaire du Prince Eugèn. Publiés, annotés et mis en ordre par ..., 10 Bde., Paris 1858–1860.
CAULAINCOURT, Armand-Louis-Augustin Marquis de, De Moscou à Paris avec l'empereur (decembre 1812) Avantpropos de R. Mandrou, Paris 1963.
CESSI, G., Cenno Biografico sul Conte Tiberio Troni, Faenza 1854.
CHRIST, Günther
Aschaffenburg. Grundzüge der Verwaltung des Mainzer Oberstifts und des Dalbergstaates (= Historischer Atlas von Bayern, 12) München 1963.
Geistliche Fürsten des ausgehenden 18. Jahrhunderts im Lichte der Wiener Diplomatie, in: Aschaffenburger Jahrbuch 8 (1984).
CLERCQ, Alexandre de (Hg.), *Receuil* des Traités de la France publiés sous les auspices ... du Ministère des Affaires Etrangères par ... etc., 22 Bde., Paris 1864–1907.
COLOMBANI, Hélène, Le Cardinal *Fesch*, Paris, 1979.

CONNELLY, Owen, Napoleon's *Satellite Kingdoms*, New York 1965.
CRONIN, Vincent, *Napoleon*. Eine Biographie, Hamburg 1973 (engl. Originalausgabe, Glasgow 1971).
DALBERG, Carl Theodor von
Betrachtungen über das *Universum*, Erfurt 1777.
Grundsätze der Aesthetik, deren Anwendung und künftige Entwickelung, in: Acta Academiae Electoralis Moguntiae Scientiarum utilium quae Erfurti est ad annos 1790 et 1791, Erfurt 1791.
Ueber den *Kirchenfrieden* in den rheinischen Bundesstaaten. Wünsche, geäussert von Karl, dem Metropoliten und Erzbischofe von Regensburg, Koblenz 1810.
DALBERG. Die letzten Lebenstage und Betrachtungen eines deutschen Bischofs (Die Vorkämpfer für Bildung einer deutschen Nationalkirche, 2. Bändchen) Karlsruhe 1846.
DARD, Emile
Napoléon et Talleyrand, 2 Bde., Paris 1935.
Un ami de Talleyrand: Le Duc de Dalberg, in: Revue de Paris, 43. Jg. (1936).
Lettres inédites de Dalberg à Talleyrand, in: Revue d'histoire diplomatique 51 (1937).
DARMSTÄDTER, Paul, Das Großherzogtum *Frankfurt*. Ein Kulturbild aus der Rheinbundszeit, Frankfurt/M. 1901.
DEITERS, Heinz-Günther, Die *Freimaurer*. Geheimnis und Enthüllung, München 1963.
DIEL, Karl, Die Freiherrn von *Fechenbach*. Ihr Wirken in Kirche und Staat, Aschaffenburg 1931.
DIEPENBACH, Wilhelm und Carl STENZ, Die Mainzer *Kurfürsten*, Mainz 1935.
DIPPER, Christof, Die *Reichsritterschaft* in napoleonischer Zeit, in: E. Weis (Hg.), Reformen im rheinbündischen Deutschland, München 1984.
DOEBERL, Anton
Aus dem *Tagebuch* des Nuntius Annibale della Genga, in: Historisch-politische Blätter f. d. kath. Deutschland 154 (1914).
Annibale della Gengas *Nuntiaturberichte*, in: Historisch-politische Blätter f. d. kath. Deutschland 153 (1914).
Dalbergs *Kirchenpolitik* im Lichte vatikanischer Archivalien, in: Passauer Theologisch-praktische Monatsschrift 28 (1918).
Die bayerischen *Konkordatsverhandlungen* in den Jahren 1806 und 1807, München – Freising 1924.
DOEBERL, Max, *Rheinbundverfassung* und bayerische Konstitution, in: Sitzungsberichte der Bayerischen Akademie der Wissenschaften, Phil. Kl. Jg. 1924, Abh. 5.
DOEBERL, Michael, *Entwickelungsgeschichte* Bayerns, 2 Bde., München 1906 – 1912.
DOHNA, Sophie Mathilde Gräfin zu, Die ständischen *Verhältnisse* am Domkapitel von Trier vom 16. bis zum 18. Jahrhundert, Trier 1960.
DORDA, Ulrike M., Johann Aloys Joseph Reichsfreiherr von *Hügel* (1754 – 1815). Ein Leben zwischen Kaiser und Reich im napoleonischen Deutschland, Diss. Würzburg 1969.
DRIAULT, Edouard, *Napoléon* et l'Europe. Bd. 2: Austerlitz – la fin du Saint-Empire (1804 – 1806) Paris 1912.
DUCHARDT, Heinz, Die Mainzer *Koadjutorwahl* von 1710, in: Geschichtliche Landeskunde. Veröffentlichungen des Instituts für Geschichtliche Landeskunde an der Universität Mainz 7 (1972).
DÜLMEN, Richard van, Der Geheimbund der *Illumination*. Darstellung, Analyse, Dokumentation, Stuttgart 1975.
DÜNTZER, Heinrich und Gottfried von HERDER (Hg.), Ungedruckte *Briefe* aus Herders Nachlaß. Bd. 3: Aus dem Briefwechsel zwischen Karl von Dalberg und Herder, Leipzig 1862.
DUNAN, Marcel, *Napoléon* et „les Allemagnes", Paris 1946.
DYROFF, Adolf, Dalbergs und Napoleons *Kirchenpolitik* in Deutschland, in: HJ 40 (1920).
EICHHORN, Johann Albrecht Friedrich, Die *Centralverwaltung* der Verbündeten unter dem Freiherrn vom Stein, Berlin 1814.
EID, Ludwig, *Marianne von der Leyen*, geb. von Dalberg, die „Große Reichsgräfin" des Westrichs, Zweibrücken 1910.
ERDMANNSDÖRFFER, Bernhard und Karl OBSER (Hg.), *Politische Correspondenz* Karl Friedrichs von Baden 1783 – 1806, 6 Bde., Heidelberg 1888 – 1915.
FÄRBER, Konrad Maria
Domkapitular Graf Kaspar von *Sternberg* und sein Wirken für Regensburg, in: VO 124 (1984).
Der *Übergang* des Dalbergischen Fürstentums Regensburg an Bayern – zum 175jährigen Jubiläum, in: VO 125 (1985).
Aschaffenburg – heimliche Hauptstadt des Großherzogtums Frankfurt. Zum 175jährigen Jubi-

läum der Gründung des Departement Aschaffenburg, in: Aschaffenburger Jahrbuch 10 (1986).
Dalberg, Bayern und das Fürstentum Regensburg. Neue Quellen aus den Archiven von Wien und Paris, in: ZBLG 49 (1986).
FÄRBER, Sigfrid, Das Regensburger Fürstlich Thurn und Taxische Hoftheater und seine Oper 1760–1786, Regensburg 1936.
FALK, F., Die Dalbergs, die Kämmerer von Worms, in: Correspondenzblatt des Gesammt-Vereines der deutschen Geschichts- und Alterthums-Vereine, Jg. 1874, 42.
FEHRENBACH, Elisabeth, Traditionelle *Gesellschaft* und revolutionäres Recht. Die Einführung des Code Napoléon in den Rheinbund-Staaten (= Kritische Studien zur Geschichtswissenschaft 8) Göttingen 1974.
FEINE, Hans Erich, Die *Besetzung* der Reichsbistümer vom Westfälischen Frieden bis zur Säkularisation 1648–1803, Stuttgart 1905 (Ndr. Amsterdam 1964).
FORST, Otto, *Ahnenproben* der Mainzer Domherren, Wien 1913.
FOURNIER, August
Napoleon I. Eine Biographie, 3 Bde., Wien [1]1886–89 ([4]1922).
Zur *Heirat Napoleons I.* mit Marie Louise. Nach neuen Dokumenten, bei: August Fournier, Historische Studien und Skizzen, Wien 1912.
FRANTZ, Adolf, Das *Projekt* eines Reichskonkordats nach den Wiener Konferenzen 1804–1806, Festgabe für A. Hänel, 1907.
FREYH, Antje, Karl Theodor von *Dalberg.* Ein Beitrag zum Verhältnis von politischer Theorie und Regierungspraxis in der Endphase des aufgeklärten Absolutismus (= Europ. Hochschulschriften, III, 95) Frankfurt/M. 1978.
FRIEDENTHAL, Richard, Goethe. Sein Leben und seine Zeit. München 1963.
FRIESE, Alfred, Ein *Beitrag* zur Geschichte des Dalberg-Archivs. Vernichtung und Wiederauffindung von Archivalien, in: Aschaffenburger Jahrbuch 2 (1955).
FÜRNROHR, Otto, *Schäffer und Grimm,* zwei bedeutende Regensburger Familien, in: VO 103 (1963).
FÜRNROHR, Walter
Der Immerwährende *Reichstag* zu Regensburg, in: VO 103 (1963).
Die *Vertreter* des habsburgischen Kaisertums auf dem Immerwährenden Reichstag, in: VO 123 (1983) (1. Teil = zit. I) und VO 124 (1984) (2. Teil = zit. II).
GAGERN, Heinrich Carl Freiherr von, Mein *Anteil* an der Politik, 3 Bde., Stuttgart 1823–1845.
GERLICH, Alois
Zum *Napoleonbild* des Mainzer Kurfürsten Karl Theodor von Dalberg, in: Mainzer Almanach (1965).
Briefe des Mainzer Koadjutors Karl Theodor von Dalberg an den Staatsminister Franz Joseph von Albini, in: Geschichtliche Landeskunde. Veröffentlichungen des Instituts für Geschichtliche Landeskunde der Universität Mainz Bd. 2 (1965) (zit. I) und Bd. 7 (1972) (zit. II).
GESCHICHTE des freiherrlichen Hauses Kämmerer von Worms, genannt von Dalberg, mit Wappentafeln, in: Cast's Archiv, Archiv für Geschichte, Genealogie, Diplomatik und verwandte Fächer, 4 Bde., Stuttgart 1846/47.
GÖBL, Sebastian, Handschriftliche *Reliquien* von Karl Theodor Freiherr von Dalberg, in: Archiv des Historischen Vereins von Unterfranken und Aschaffenburg 40 (1898).
GOETHE, Johann Wolfgang von
Goethes Tagebücher, 15 Bde., Weimar 1887–1919.
Goethe-Briefe (Sophien-Ausgabe), 50 Bde., Weimar 1887–1912.
GOLLWITZER Heinrich, Die *Standesherrn.* Die politische und gesellschaftliche Stellung der Mediatisierten 1815–1918. Ein Beitrag zur deutschen Sozialgeschichte, Stuttgart 1957.
GRILL, R., Coelestin *Steiglehner,* letzter Fürstabt von St. Emmeram zu Regensburg, in: Studien und Mitteilungen zur Geschichte des Benediktinerordens und seiner Zweige, Ergänzungsheft 12, Jg. 1937.
GROSS, Lothar, Die *Geschichte* der Deutschen Reichshofkanzlei von 1559 bis 1806, Wien 1933.
GSCHLIESSER, Oswald von, Der Reichshofrat, Wien 1942.
GUERRINI, Domenico, La manovra di Regensburg (1809), Roma 1924.
GUMPELZHAIMER, Christian Gottlieb, *Regensburg,* 4 Bde., Regensburg 1830–1838, (Ndr. Regensburg 1984).
HABRICH, Christa, *Apothekengeschichte* Regensburgs in reichsstädtischer Zeit, Diss. München 1970.

HAGE, Hermann, Der Regensburger Historiker und Archivar Carl Theodor *Gemeiner* (1756–1823), in: VO 123 (1983).
HALLER-DIRR, Marita, Johannes von Müller und das Reich. Studien zur Kurmainzer Fürstenbundpolitik, Phil. Diss. Freiburg/Schweiz 1979, in: Mainzer Zeitschrift 79/80 (1984/85).
HAMMERMAYER, Ludwig,
Zur Geschichte der *Schottenabtei* St. Jacob in Regensburg. Neue Quellen aus schottischen Archiven, in: ZBLG 22 (1959).
Die europäischen Mächte und die Bewahrung von Abtei und Seminar der Schotten in Regensburg (1802/03), in: VO 106 (1966).
Die *Aufklärung* in Wissenschaft und Gesellschaft, in: Max Spindler (Hg.), Handbuch der bayerischen Geschichte, II, München 1969.
Der Geheimbund der *Illuminaten* und Regensburg, in: VO 110 (1970).
Illuminaten in Bayern. Zu Geschichte, Fortwirken und Legende des Geheimbundes, in: H. Glaser (Hg.), Wittelsbach und Bayern, Krone und Verfassung. König Max I. Joseph und der neue Staat, München 1980.
HANSEN, Joseph (Hg.), *Quellen* zur Geschichte des Rheinlandes im Zeitalter der Französischen Revolution 1780–1801, 4 Bde., Bonn 1931–1938.
HARNACK, Otto, Zur *Beurteilung* Dalbergs, in: Preuß. Jb 65 (1890).
HARTMANN, L., Der Physiker und Astronom P. Placidus *Heinrich* und St. Emmeram in Regensburg, in: Studien und Mitteilungen zur Geschichte des Benediktinerordens und seiner Zweige 47 (1929).
HAUSBERGER, Karl, Die *Grablegen* der Bischöfe von Regensburg, in: G. Schwaiger (Hg.), Der Regensburger Dom. Beiträge zu seiner Geschichte (= Beiträge zur Geschichte des Bistums Regensburg 10) Regensburg 1976.
HAUSENSTEIN, Wilhelm, Die *Wiedervereinigung* Regensburgs mit Bayern im Jahre 1810, Diss. München 1905.
HÄUSSER, Ludwig, Deutsche *Geschichte* vom Tode Friederichs des Großen bis zur Gründung des deutschen Bundes, 4 Bde., Berlin [1]1854–1857.
HEINRICH, Placidus, *Bestimmung* der Maahse und Gewichte des Fürstentums Regensburg, Regensburg 1808.
HELD, Karl, Die *Entwicklung* des Feuerlöschwesens der Stadt Regensburg, Regensburg 1878.
HELFERT, Josef Alexander Freiherr von, *Maria Louise*. Erzherzogin von Österreich, Kaiserin der Franzosen. Mit Benützung von Briefen an ihre Eltern und von Schriftstücken des k.k. Haus-, Hof- und Staatsarchivs, Wien 1873.
HELLMANN, Manfred, Die *Friedensschlüsse* von Nystadt (1721) und Teschen (1779) als Etappen des Vordringens Rußlands nach Europa, in: HJ 97/98 (1978).
HERRMANN, Axel, Carl Theodor von *Dalberg*, in: Biogr. Wb. 2 (1974).
HERSCHE, Peter, Die deutschen *Domkapitel* im 17. und 18. Jahrhundert, 3 Bde., Bern 1984.
HERTEL, Werner, Karl Theodor von Dalberg zwischen Reich und Rheinbund 1802–1806, Diss. Mainz 1952 (Masch.).
HOCKS, Else, *Napoleon* und Pius VII., Freiburg 1949.
HÖLZLE, Erwin
Das napoleonische *Staatensystem* in Deutschland, in: HZ 148 (1933). Neu erschienen in: H. H. Hofmann (Hg.), Die Entstehung des souveränen Staates, Köln 1967.
Württemberg im Zeitalter Napoleons und der deutschen Erhebung. Eine deutsche Geschichte der Wendezeit im einzelstaatlichen Raum, Stuttgart 1937.
HOLLWECK, Johann Nepomuk, *Geschichte* des Volksschulwesens in der Oberpfalz. Aus den Quellen dargestellt mit einem Anhang von Archivalien, Regensburg 1895.
HOPF, Karl, Historisch-genealogischer *Atlas* seit Christi Geburt bis auf unsere Zeit, Gotha 1858.
HOPPE, Heinrich David, *Selbstbiographie*. Nach seinem Tode ergänzt und herausgegeben von A. E. Fürnrohr, Regensburg 1849.
HUBATSCH, Walther, Der Freiherr vom *Stein* und die deutsche Erhebung von 1813, in: Theodor Schieder und Walther Hubatsch (Hg.), Das Jahr 1813 und der Freiherr vom Stein (Schriften d. Freiherr-vom-Stein-Gesellschaft e. V., Schloß Cappenberg, Heft 4) Münster 1964.
HUBENSTEINER, Benno, *Dalberg* und das Fürstentum Aschaffenburg, in: Barock und Aufklärung, München 1972, 229–239.
HUBER, Ernst Rudolf
Deutsche *Verfassungsgeschichte* seit 1789. Bd. 1: Reform und Restauration, Stuttgart [2]1957.
Dokumente zur deutschen Verfassungsgeschichte, 3 Bde., Stuttgart [2]1961–1966.

HUBER, Heinrich
Aus den *Nachlaßakten* des Fürstprimas Karl von Dalberg, Regensburg 1926.
Die *Testamente* des Fürstprimas Karl von Dalberg, in: VO 90 (1940).
Der *Konkordienorden* des Großherzogtums Frankfurt, in: Heimat und Geschichte, Beilage der Aschaffenburger Zeitung, Jg. 1940.
Die napoleonische *Kriegsentschädigung* für Regensburg, in: VO 93 (1952).
Der *Nachlaß* des Fürstprimas Karl von Dalberg, in: Aschaffenburger Jahrbuch 2 (1955).
HÜTTNER, Franz, Über Karl Theodor Freiherr von *Dalberg* als Vorsitzenden der Schulkommission für das Hochstift Würzburg, in: Mitteilungen der Gesellschaft für die deutsche Erziehungs- und Schulgeschichte 13 (1903).
ILG, Wolfgang, Die Regensburger *Botanische Gesellschaft*. Ihre Entstehung und Bedeutung, dargestellt anhand des Gesellschaftsarchivs, in: Hoppea. Denkschriften der Regensburgischen Botanischen Gesellschaft 42 (1984).
JOMAND, Joseph, Le Cardinal *Fesch* par lui-même, Lyon 1970.
JÜRGENS, Arnulf, Emmerich von *Dalberg* zwischen Deutschland und Frankreich, Stuttgart 1976.
JUNG, Rudolf (Hg.), *Aktenstücke* über die Besitzergreifung der Reichsstadt Frankfurt a. M. durch den Fürsten Primas am 9. September 1806, in: Archiv für Frankfurts Geschichte und Kunst, 3. Folge, 9. Bd. (1907).
JUNG, Wilhelm, Zur *Entstehung* des Grabdenkmals des Mainzer Fürstprimas Carl von Dalberg († 10. Februar 1817) im Dom zu Regensburg, in: Mainzer Almanach (1965).
JUST, Leo
Justinius Febronius, in: Neue Mitteilungsblätter des Rheinischen Kulturinstituts 2 (1951).
Hontheim. Ein Gedenkblatt zum 250. Geburtstag, in: Archiv für mittelrheinische Kirchengeschichte 4 (1951).
KAISENBERG, Moritz von, *König Jérôme* Napoléon. Ein Zeit- und Lebensbild nach Briefen des Reichskanzlers von Dalberg an meinen Großvater etc., Leipzig 1899.
KAYSER, Albrecht Christoph, *Versuch* einer kurzen Beschreibung der Kaiserlichen freyen Reichsstadt Regensburg, Regensburg 1797.
KAYSER, Johann Christoph, *Beschreibung* der am 23ten April 1804 dem Herrn Karl, des Heiligen Römischen Reichs Kurfürsten und Erzkanzler von dem Regensburgischen Stadtmagistrate und der gesammten Bürgerschaft geleisteten feyerlichen Huldigung und der Festlichkeiten welche auf diesselbe gefolgt sind, Regensburg 1804.
KEINEMANN, Friedrich, Das *Domstift* Mainz und der mediate Adel. Der Streit um die Zulassung von Angehörigen der landsässigen Ritterschaften zu Mainzer Dompräbenden, in: HJ 89 (1969).
KETTERER, Hermann, Das Fürstentum *Aschaffenburg* und sein Übergang an die Krone Bayerns (= Programm des kgl. hum. Gymnasiums Aschaffenburg für das Schuljahr 1914/15), Aschaffenburg 1915.
KIELMANSEGG, Peter Graf von, *Stein* und die Zentralverwaltung 1813/14, Stuttgart 1964.
KLEBEL, Ernst, Der *Handel* und seine Organisationsformen in Regensburg, Regensburg 1953 (= Sonderdruck aus dem Jahresbericht der Industrie- und Handelskammer Regensburg 1953).
KLEINSCHMIDT, Arthur
Geschichte von Arenberg, Salm und Leyen (1789 – 1815), Gotha 1912.
Bayern und Hessen 1799 – 1816, Berlin ²1902.
Vater Franz und der Fürstenbund, in: Mitteilungen des Vereins für Anhaltische Geschichte und Landeskunde 10 (1907).
KLEINSTÄUBER, Christian Heinrich, Ausführliche *Geschichte der Studienanstalten* in Regensburg 1535 – 1880. Erster Theil: Geschichte des evangelisch-reichsstädtischen Gymnasii Poetici (1538 – 1811), in: VO 36 (1882); Zweiter Theil: Geschichte des katholischen Gymnasiums zu St. Paul und des sich daraus entwickelnden Lyceums (1589 – 1811), in: VO 37 (1883).
KLÜBER, Johann Ludwig (Hg.), *Acten* des Wiener Congresses in den Jahren 1814 und 1815, 8 Bde., Erlangen 1815 – 1818, Suppl. Bd. 9, Erlangen 1835 (Ndr. Osnabrück 1966).
KNEMAYER, Franz-Ludwig, *Regierungs- und Verwaltungsreformen* in Deutschland zu Beginn des 19. Jahrhunderts, Köln 1970.
KNODT, Hermann (Hg.), Rhein-Mainisches Wappenbuch, Görlitz 1941.
KÖNIG, Leo, *Pius VII.* Die Säkularisation und das Reichskonkordat, Innsbruck 1904.
KOEPPEL, Ferdinand
Karl von *Dalbergs Wirken* für das Hochstift Würzburg unter Franz Ludwig von Erthal, in: ZBLG 17 (1953/54).
Dalberg und die Säkularisation des Bistums Konstanz, in: ZGO 102 (1954).

KRAUS, Andreas

P. Roman *Zirngibl* und St. Emmeram in Regensburg, ein Historiker der Alten Akademie, in: Studien und Mitteilungen zur Geschichte des Benediktinerordens und seiner Zweige 66 (1956); 67 (1957).

Frobenius *Forster,* Fürstabt von St. Emmeram in Regensburg (1709–1792), in: L. Schrott (Hg.), Bayerische Kirchenfürsten, München 1964.

Die *Briefe* des Roman Zirngibls von St. Emmeram in Regensburg. 1. Teil: Die Briefe Zirngibls an Westenrieder, in: VO 103 (1963), 2. Teil: Die Briefe an die Bayerische Akademie der Wissenschaften 1777–1788, in: VO 105 (1966).

Bürgerlicher Geist und Wissenschaft. Wissenschaftliches Leben im Zeitalter des Barocks und der Aufklärung in Augsburg, Regensburg und Nürnberg, in: Archiv für Kulturgeschichte 49 (1967).

KRÖMER, Ekkehard, Staatsrechtliche *Grundgedanken* Karl von Dalbergs, Diss. Köln 1958.

KRÜGER, Karin-Jutta, Karl Friedrich Willibald von *Groschlag* (1729–1799). Ein Beitrag zur kurmainzischen Politik und Aufklärung im Rhein-Main-Gebiet, Diss. Köln 1970.

KÜTTNER, Carl Gottlob, *Reise* durch Deutschland, Dänemark, Schweden, Norwegen und einen Theil von Italien in den Jahren 1797, 1798, 1799. 4 Bde., Leipzig 1801.

KURMAINZISCHER HOF- UND STAATSKALENDER auf das Jahr 1790. Mit einem Verzeichniß des Erzhohen Domkapitel, auch aller zum K. Hof- und Kurstaate gehörigen Stellen und Aemter, Mainz 1790.

LATREILLE, André, *Napoléon et la Saint-Siège* (1801–1808), l'ambassade du cardinal Fesch à Rome, Paris 1935.

LAUSER, Gustav, Die öffentliche *Armenpflege* der Stadt Regensburg bis zur Mitte des 19. Jahrhunderts, Diss. Erlangen 1924 (Masch.).

LEHNER, Johann Baptist, Michael Wittmann, Bischof von Regensburg, Kevelaer 1937.

LENHART, Ludwig

Carl Theodor von *Dalberg,* in: NDB 3 (1957).

Bischof Joseph Ludwig Colmar (1802–1818). Der Neubegründer des Mainzer Bistums und Retter des Mainzer Domes, in: Mainzer Almanach (1960).

LENHOFF, Eugen und Oskar POSNER (Hg.), Internationales *Freimaurerlexikon,* unveränderter Nachdruck der Ausgabe von 1932, Wien 1975.

LEONHARD, Karl Cäsar von, Aus unserer *Zeit* in meinem Leben, 2 Bde., Stuttgart 1854–1856.

LIEBE, Georg, Die *Universität Erfurt* und Dalberg (= Neujahrsblätter, hg. von der Historischen Kommission der Provinz Sachsen, Nr. 22), Halle 1898.

LUCCHESINI, Girolamo Marchese di, *Historische Entwicklung* der Ursachen und Wirkungen des Rheinbundes (dt. übers. v. B. J. F. v. Halem aus der ital. Originalausgabe: Sulle cause e gli effetti della confederazione Renana, 3 vol., o. O. 1819–1823), 3 Bde., Leipzig 1821–1825.

LYONNET, Abbé, Le cardinal *Fesch,* archevèque de Lyon, primat des Gaules etc. fragments biographiques, politiques et religeux pour servir à l'histoire ecclesiastique contemporaine, 2 Bde., Lyon 1841.

MADELIN, Louis (Hg.), *Lettres inédites* de Napoléon Ier à Marie-Louise écrites de 1810 à 1814, Paris 1935.

MALTZAHN, Hellmuth Freiherr von, Karl Ludwig von *Knebel,* Goethes Freund, Jena 1929.

MASSON, Frédédric, Le Sacre et le Couronnement de Napoléon, Paris ^{7}1914.

MATHY, Helmut, Über das Mainzer *Erzkanzleramt* in der Neuzeit. Stand und Aufgaben der Forschung, in: Geschichtliche Landeskunde. Veröffentlichungen des Instituts für Geschichtliche Landeskunde der Universität Mainz 2 (1965).

MEJER, Otto, Zur *Geschichte* der Römisch-Deutschen Frage, 3 Bde., Rostock 1871.

MEIERHOFER, Josef, *Die finanzwirtschaftlichen Zustände* der Reichsstadt und kurfürstlichen Stadt Regensburg in den Jahren 1780–1802 und 1803–1810, Diss. Erlangen 1923 (Masch.).

MEMPEL, Hans Christian, Die *Vermögenssäkularisation* 1803/10. Verlauf und Folgen der Kirchenenteignung in verschiedenen deutschen Territorien, 2 Bde., Diss. München 1979.

MENZEL, Gerhard, Franz Josef von *Albini,* 1746–1816. Ein Staatsmann des alten Reiches. Zu Wandel und Fortleben der Reichstradition bei der Neugestaltung Deutschlands 1787–1815, in: Mainzer Zeitschrift 69 (1974).

MESSER, August, Die *Reform* des Schulwesens im Kurfürstentum Mainz unter Emmerich Joseph (1763–1774), Mainz 1897.

MEYER, Isaak, Zur *Geschichte* der jüdischen Gemeinde in Regensburg, Berlin 1913.

MICHAUT, G. (Hg.), Souvenirs du mameluck Ali sur l'empereur Napoléon, Paris 1926.

MÖLLER, Walther, *Stammtafeln* westdeutscher Adels-Geschlechter im Mittelalter, Darmstadt 1922.

MOMMSEN, Wilhelm, Die politischen *Anschauungen* Goethes, Stuttgart 1948.
MONTGAILLARD, Jean Gabriel, *Mémoires* diplomatiques de Montgaillard (1805–1819). Extraits des Archives du Ministère de l'Interieur et publiés avec une introduction et des notes par Clément de Lacroix, Paris 1896.
MORNEWEG, Karl, Johann von *Dalberg*, ein deutscher Humanist und Bischof, Heidelberg 1887.
MÜLLER, Heinrich, Der letzte Kampf der *Reichsritterschaft* um ihre Selbständigkeit 1790–1815 (= Historische Studien 77), 1910.
MÜLLER-KINET, Hartmut, Die höchste *Gerichtsbarkeit* im Deutschen Staatenbund 1806–1866, Bern 1975 (= Europäische Hochschulschriften, III, 59).
NAPOLEON, *Correspondance* de Napoléon Ier Publ. par ordre de l'Empereur Napoléon III. 32 Bde., Paris 1858–1870 (Ndr. New York 1974).
NEUBAUER, Edmund, Das geistig-kulturelle *Leben* der Reichsstadt Regensburg (1750–1806) (= Miscellana Bavarica Monacensia 84), München 1978.
NICOLAI, Friedrich, *Beschreibung* einer Reise durch Deutschland und die Schweiz, 2 Bde., Berlin 1783.
NIEDERMAYER, Friedrich (Hg.), *Lebensgeschichte* des Joseph Anton Müller, Kanzler des freien Reichsstifts St. Emmeram in Regensburg etc., in: VO 85 (1935).
NIPPERDEY, Thomas, *Deutsche Geschichte* 1800–1866. Bürgerwelt und starker Staat, München 1983.
OBSER, Karl, Ein *Tagebuch* über die Zusammenkunft des Kurfürsten Karl Friedrich von Baden mit Napoleon I. in Mainz (September 1804), in: ZGO, NF 14 (1899).
OERGEL, Georg, Die *Akademie* nützlicher Wissenschaften zu Erfurt von ihrer Wiederbelebung durch Dalberg bis zu ihrer endgültigen Anerkennung durch die Krone Preußens (1776–1816), in: Jahrbuch d. Kgl. Akademie gemeinnütziger Wissenschaften zu Erfurt NF 30 (1904).
OTTO, Friedrich, Theobald *Bacher*, Ein elsässischer Diplomat im Dienste Frankreichs 1748–1813, Straßburg 1910.
OVERMANN, Alfred, Karl Theodor Maria Freiherr von *Dalberg*, in: Mitteldeutsche Lebensbilder, Magdeburg 1928, Bd. 3.
PELET, Jean-Jacques-Germain, Mémoires sur la guerre de 1809 en Allemagne ... accompagnés de pièces justificatives et inédites, 4 Bde., Paris 1824–1826.
PERTHES, Clemens Theodor, Politische *Zustände* und Personen in Deutschland zur Zeit der französischen Herrschaft, Gotha 1862.
PETERS, Hermann Josef, Niklas *Vogt* und das rheinische Geistesleben 1792–1836. Ein Beitrag zur Geschichte des politischen und historischen Denkens am Mittelrhein, Mainz 1962.
PFEFFER, Rupert, Die *Verfassungen* der Rheinbundstaaten als Zeugnisse des politischen Denkens in den Anfängen des deutschen Konstitutionalismus, Diss. Erlangen 1960.
PIENDL, Max, Das Fürstliche Haus *Thurn und Taxis*. Zur Geschichte des Hauses und der Thurn und Taxis-Post, Regensburg 1980.
PIGGE, Helmut, *Geschichte* und Entwicklung des Regensburger Theaters (1786–1859), Diss. München 1954 (Masch.).
PÖLITZ, Karl Heinrich Ludwig, Handbuch der Geschichte der souveränen Staaten des Rheinbundes, 2 Bde., Leipzig 1811.
POLAŠEK, Otto, Der deutsche *Reichstag* vom Lunéviller Frieden bis zum Reichsdeputationshauptschluß, Diss. Wien 1935 (Masch.).
PRESS, Volker, Friedrich der Große als Reichspolitiker, in: Heinz Duchhardt (Hg.), Friedrich der Große, Franken und das Reich, Bayreuther Historische Kolloquien 1, Köln-Wien-Graz 1986.
PRESSER, Jacques, *Napoleon*. Das Leben und die Legende, Stuttgart 1977 (Titel der niederländischen Originalausgabe: Napoléon, Histoire en legende, Amsterdam/Brussel 1946).
PROBST, Erwin
Regensburgs Weg von der Reichsstadt zum Bayerischen Staat, in: Die Oberpfalz 48 (1960).
Die *Entwicklung* der fürstlichen Verwaltungsstellen, in: Thurn und Taxis-Studien 10 (1978).
PUCHTA, Gertrud, Die rechtliche Stellung der *evangelischen Kirche* in Regensburg während der Regierungszeit Karl von Dalbergs, Diss. Erlangen 1952 (Masch.).
RAAB, Heribert
Aus dem *Briefwechsel* des Aschaffenburger Weihbischofs Joseph Hieronymus Karl von Kolborn mit dem Konstanzer Generalvikar Ignaz Heinrich von Wessenberg, in: Aschaffenburger Jahrbuch 2 (1955).
Damian Friedrich *Dumeiz*, in: Archiv f. mittelrhein. Kirchengeschichte 10 (1958).
Carl Theodor von *Dalberg*, in: LThK 3 (1959).

Clemens Wenzeslaus von Sachsen und seine Zeit (1739 – 1812), 2 Bde., Freiburg 1962 (bisher nur Bd. 1 erschienen).
Die *Breidbach-Bürresheim* in der Germania Sacra. Eine Skizze der Reichskirchenpolitik des Mainzer Kurfürsten Emmerich Joseph und seines Bruders Karls Ernst, in: Mainzer Almanach (1962).
Karl Theodor von *Dalberg*. Das Ende der Reichskirche und das Ringen um den Wiederaufbau des kirchlichen Lebens 1803 – 1815, in: Archiv f. mittelrhein. Kirchengeschichte 18 (1966).
RAASCH, Susette, *Restauration* und Ausbau des Regensburger Doms im 19. Jahrhundert, in: Beiträge zur Geschichte des Bistums Regensburg 14 (1980).
RAUCH, Günter, Das Mainzer *Domkapitel* in der Neuzeit. Zu Verfassung und Selbstverständnis einer adeligen geistlichen Gemeinschaft, in: ZsRG kan. 61 (1975), 62 (1976), 63 (1977).
RAUMER, Kurt von
Die *Rheinbundstaaten*, in: Leo Just (Hg.), Handbuch der deutschen Geschichte, 5 Bde., Konstanz 1957 ff., Bd. 3, 1. Tl., 1. Abschn., Deutschland um 1800. Krise und Neugestaltung (1789 – 1815).
Die *Autobiographie* des Freiherrn vom Stein, Münster [3]1960.
Politik des Maßes? Talleyrands Straßburger Friedensplan (17. Oktober 1805), in: HZ 193 (1961).
Hügels Gutachten zur Frage der Niederlegung der deutschen Kaiserkrone 17. V. 1806, in: ZBLG 2 (1964).
„Préfecture francaise", Montgelas und die Beurteilung der napoleonischen Rheinbundpolitik. Ein Bericht des württembergischen Gesandten Graf Taube, München, 5. Juli 1806, in: K. Repgen und St. Skalweit (Hg.), Spiegel der Geschichte, Festgabe für Max Braubach, Münster 1964.
REGIERUNGS- UND INTELLIGENZBLATT
Kürfürstlich-Erzkanzlerisches *Regierungs- und Intelligenzblatt*, Regensburg, 1803 – 1806.
Regierungs- und Intelligenzblatt, Regensburg, 1807 – 1810.
Großherzoglich Frankfurtisches *Regierungsblatt*, Frankfurt, 1810 – 1813.
REHBACH, Bernd, Der *Entwurf* eines Kriminalgesetzbuches von Karl Theodor von Dalberg aus dem Jahre 1792, Berlin 1986.
REICHSFREIHERRN von und zu Dalberg, in: Zeitschrift Adler. Heraldisch-genealogische Zeitschrift, Organ des heraldisch-genealogischen Vereins „Adler" in Wien, Wien 1871, 4 ff.
REIDEL, Hermann
Die *Villenbauten* Emanuel Joseph von Herigoyens in Regensburg, in: VO 118 (1978).
Das *Gartenkasino* des Grafen Kaspar von Sternberg. Ein Meisterwerk des venezianischen Architekten Giannantonio Selva, in: VO 119 (1979).
Emanuel Joseph von *Herigoyen*. Kgl. bayer. Oberbaukommissar 1746 – 1817, München 1982.
REINHARDT, Rudolf, Fürstprimas Karl Theodor von *Dalberg* im Licht der neueren Forschung, in: Theol. Quartalsschrift 144 (1964).
REITZEL, Adam Michael, *Albini*. Ein Mainzer Jurist und Politiker, in: Mainzer Almanach (1968).
RICARD, A., *Le concile* de 1811, Paris 1894.
RINIERI, Ilario P., *Napoleone e Pio VII.*, 1804 – 1813, 2 Bde., Torino 1906.
RITTER, Gerhard, *Stein*. Eine politische Biographie, Stuttgart [3]1981.
ROB, Klaus, Karl Theodor von *Dalberg* (1744 – 1817). Eine politische Biographie für die Jahre 1744 – 1806 (= Europäische Hochschulschriften III, 231) Frankfurt/M. 1984.
RÖSSLER, Hellmuth
Napoleons Griff nach der Karlskrone, München 1957.
Zwischen *Revolution* und Reaktion. Ein Lebensbild des Reichsfreiherrn Hans Christoph von Gagern 1766 – 1852, Göttingen 1958.
Graf Johann Philipp *Stadion*. Napoleons deutscher Gegenspieler, 2 Bde., Wien 1966.
RUCK, Erwin, Die *Sendung* des Kardinals de Bayanne nach Paris 1807 – 1808, Heidelberg 1923.
RUGENSTEIN, Kurt, Karl Christian Ernst Graf von Bentzel-Sternau. Ein Lebensbild aus dem Anfang des 19. Jahrhunderts, Diss. Frankfurt a. M. 1932.
SARHOLZ, Hans, Das Herzogtum *Nassau* 1813 – 1815, in: Nassauische Annalen 57 (1937).
SAUTER, Alfons, *Zusammenkunft* des Fürstbischofs Dalberg mit dem Apostolischen Nuntius in Luzern im Dezember 1813, in: Historisch-politische Blätter f. d. kath. Deutschland 150 (1912).
SCURLA, Herbert, Wilhelm von *Humboldt*, Berlin (DDR) 1970, Lizenzausgabe Düsseldorf 1976.
SEELEY, John Robert, *Life and times* of Stein or Germany and Prussia in the Napoleonic age, 3 Bde., Cambridge 1878 (dt. Ausgabe Gotha, 1883 – 1887).
SELBST, Josef, Joseph Ludwig Colmar, Bischof von Mainz 1802 – 1818, Mainz 1902.
SEUFERT, Johann Michael, *Versuch* einer doctrinellen Auslegung des siebenten Friedensartikels von Lunéville, o. O. 1801.

SICHERER, Hermann von, *Staat und Kirche* in Bayern vom Regierungsantritt des Kurfürsten Maximilian IV. Joseph bis zur Erklärung von Tegernsee (1799–1821), München 1874.

SYDOW, Anna von (Hg.), Wilhelm von *Humboldt* und Caroline von Humboldt in ihren Briefen, 7 Bde., Berlin 1906–1916.

SCHÄFFER, Jakob Christian

Versuch einer medizinischen Ortsbeschreibung der Stadt Regensburg, Regensburg 1787.

Die *Zeit- und Volkskrankheiten* der Jahre 1806 und 1807 in und um Regensburg, Regensburg 1808.

SCHARNAGEL, Anton, Die Regensburger Theaterschule. Zur 165. Wiederkehr ihrer Gründung, in: Der Zwiebelturm 25 (1970).

SCHAROLD, Carl G. (Hg.), Handschriftliche *Reliquien* von Karl Freiherr von Dalberg, in: Archiv d. Hist. Vereins v. Unterfranken u. Aschaffenburg 6 (1840).

SCHÄRL, Walter, Die *Zusammensetzung* der Bayerischen Beamtenschaft von 1806 bis 1918 (= Münchner Historische Studien, Abt. Bayer. Geschichte 1), Kallmünz 1955.

SCHEEL, Heinrich, Die *Mainzer Republik*. Protokolle des Jakobinerclubs, Berlin (DDR) 1975.

SCHEPPLER, Paul R.

Dalbergs *Privatkorrespondenz* und das Archiv des Kurstaats Mainz, in: Spessart 14 (1928) und Heimgarten 6 (1928).

Aschaffenburg und das Kurmainzer Recht (= Veröffentlichungen des Geschichts- u. Kunstvereins Aschaffenburg e. V. 7), Aschaffenburg 1973.

SCHERER, Wilhelm

Karl von *Dalbergs Verhältnis* zu Friedrich von Schiller, in: VO 61 (1910).

Karl von Dalbergs *Bemühungen* um die Hebung der Volksbildung im Fürstentum Regensburg, in: VO 64 (1913).

SCHERG, Theodor Josef, Das *Schulwesen* unter Karl Theodor von Dalberg besonders im Fürstentum Aschaffenburg 1803–1810 und im Großherzogtum Frankfurt 1810–1813, 2 Teile, München 1939.

SCHILLER, Friedrich von, *Briefe*. Kritische Gesamtausgabe, hg. v. F. Jonas, 7 Bde., Stuttgart 1892–1896.

SCHINDLING, Anton, Die *Julius-Universität* im Zeitalter der Aufklärung, in: Vierhundert Jahre Universität Würzburg. Eine Festschrift, hg. v. P. Baumgart, Neustadt/Aisch 1982.

SCHIRMER, W., Aus dem *Briefwechsel* Johann Heinrich von Wessenbergs, Konstanz 1912.

SCHLAICH, Heinz Wolfgang, Das *Ende* der Regensburger Reichsstifter St. Emmeram, Ober- und Niedermünster, in: VO 97 (1956).

SCHMID, Hermann, Das Ringen Karl Theodors von Dalberg mit Kurbaden um die bischöflich-konstanzischen Patronatsrechte 1802–1804 (Freiburger Diözesan-Archiv 102) 1982.

SCHMID, Joseph, Die *Geschichte* des Kollegiatstiftes U. L. Frau zur Alten Kapelle in Regensburg, Regensburg 1922.

SCHMIDLIN, Johann Christoph, *Beschreibung* einer Reise von Tübingen nach Wien im Jahr 1796, in: Ulm-Oberschwaben. Mitteilungen des Vereines für Kunst und Altertum in Ulm und Oberschwaben 31 (1941).

SCHMITT, A., Die Herrnsheimer Dalberg und ihre Kirche, Worms 1933.

SCHNABEL, Franz, Sigismund von *Reitzenstein*, der Begründer des badischen Staates, Heidelberg 1927.

SCHNEIDER, Justus, Zwei *Regenten* Fulda's aus dem Hause Dalberg, in: Zs. d. Vereins f. hess. Geschichte u. Landeskunde NF 8 (1880).

SCHNEIDER, Philipp, Die Bischöflichen *Domkapitel*, ihre Entwicklung und rechtliche Stellung im Organismus der Kirche, Mainz 1885.

SCHÖNFELD, Roland, *Studien* zur Wirtschaftsgeschichte der Reichsstadt Regensburg im 18. Jahrhundert, in: VO 100 (1959).

SCHÖPPLER, Hermann, Der Regensburger Arzt Dr. Johann Jakob *Kohlhaas* 1747–1811, in: VO 75 (1925).

SCHUBERT, Werner, Französisches *Recht* in Deutschland zu Beginn des 19. Jahrhunderts. Zivilrecht, Gerichtsverfassungsrecht und Zivilprozeßrecht, Köln 1977.

SCHULTHEISS, Franz Guntram, Die geistlichen *Staaten* beim Ausgang des alten Reiches (Sammlung gemeinverständlicher wissenschaftlicher Vorträge, Heft 219), Hamburg 1895.

SCHWAIGER, Georg

Die altbayerischen *Bistümer* Freising, Passau und Regensburg zwischen Säkularisation und Konkordat (1803–1817) (= Münchner Theol. Studien, I. Hist. Abt. 13. Bd.), München 1959.

Die *Kirchenpläne* des Fürstprimas Karl Theodor von Dalberg, in: Münchner Theol. Zs. 9 (1958).

Das Dalbergsche *Fürstentum* Regensburg 1803–1810, in: ZBLG 23 (1960).
Fürstprimas Carl von *Dalberg*, in: Beiträge zur Geschichte d. Bistums Regensburg 1 (1967).
Das *Erzbistum* Regensburg unter Carl Theodor von Dalberg (1803–1817), in: Beiträge zur Geschichte d. Bistums Regensburg 10 (1976).
Johann Michael Sailer. Der bayerische Kirchenvater, München 1982.
STEITZ, Georg Eduard, Der Staatsrat Steitz und der Fürstprimas Karl von *Dalberg*, Frankfurt a. M. 1869.
STERNBERG, Kaspar von, Ausgewählte *Werke* des Grafen Kaspar von Sternberg, 2 Bde., Prag 1902–1909, Bd. 1: A. Sauer (Hg.), Briefwechsel zwischen Johann Wolfgang von Goethe und Kaspar Graf von Sternberg (1820–1832), Prag 1902; Bd. 2: W. Helekal (Hg.), Materialien zu meiner Biographie, Prag 1909.
STIEDA, Wilhelm, Erfurter *Universitätsreformpläne* im 18. Jahrhundert (= Sonderschriften der Akademie gemeinnütziger Wissenschaften zu Erfurt 5) Erfurt 1935.
STROBEL, Richard, Die *Allee* des Fürsten Carl Anselm in Regensburg, in: Thurn und Taxis-Studien 3 (1963).
TRAČEVSKIY, Alexandre (Hg.), *Sbornik* Imperatorskago russk. istoričeskago obščestva (translit.) 4 Bde., Petersburg 1890–1893.
TREITSCHKE, Heinrich von, *Deutsche Geschichte* im 19. Jahrhundert, 5 Bde., Leipzig [1]1879–1882.
TÜMMLER, Hans, Die Zeit *Carl Augusts* von Weimar (= Geschichte Thüringens, hg. v. H. Patze u. W. Schlesinger, 5. Bd., 1. Teil, 2. Teilband) Köln 1984.
TULARD, Jean
Napoleon oder der Mythos des Retters. Eine Biographie. Tübingen 1978 (dt. Übers. d. frz. Originals Napoléon ou le mythe du sauveur, Paris 1977).
Murat, Paris 1983.
ÜBER die Ernennung des Cardinals Fesch zum Koadjutor des Kurerzkanzlers in politischer Sicht, Regensburg 1806.
ULMANN, Heinrich, *Denkwürdigkeiten* aus dem Dienstleben des Hessen-Darmstädtischen Staatsministers Freiherrn du Thil 1803–1848 (= Deutsche Geschichtsquellen des 19. Jahrhunderts, Bd. 3), Stuttgart 1921 (Ndr. Osnabrück 1967).
USINGER, Franz, Das Bistum Mainz unter französischer Herrschaft (1798–1814), Diss. Gießen 1911.
USINGER, R., *Napoleon* und der norddeutsche Bund, in: Preuß. Jb. 14 (1864).
VARRENTRAPP, Conrad, Johannes *Schulze* und das höhere Preußische Unterrichtswesen in seiner Zeit, Leipzig 1889.
VEIT, Andreas Ludwig
Geschichte und Recht der Stiftsmäßigkeit auf die ehemals adeligen Domstifte von Mainz, Würzburg und Bamberg, in: HJ 33 (1912).
Mainzer Domherren vom Ende des 16. bis zum Ausgang des 18. Jahrhunderts in Leben, Haus und Habe, Mainz 1925.
Der stiftsmäßige deutsche *Adel* im Bilde seiner Ahnenproben, Freiburg i. Br. 1935.
VOGTS, Hans, Das *Mainzer Wohnhaus* im 18. Jahrhundert, Mainz 1910.
VOSSLER, Otto, Karl von *Dalberg*, in: Mainzer Zeitschrift 58 (1963). Neu abgdr. in: O. Vossler (Hg.), Geist und Geschichte. Von der Reformation bis zur Gegenwart. Ges. Aufsätze, München 1964.
VULPIUS, Wolfgang, *Goethe* und Karl Theodor von Dalberg, in: Goethe-Jahrbuch 90 (1973).
WACKENREITER, Julius, Die *Erstürmung* von Regensburg am 23. April 1809, Regensburg 1865.
WALDER, Ernst (Hg.), Napoleonische *Friedensverträge* (= Quellen zur Neueren Geschichte, hg. v. Hist. Seminar d. Universität Bern, Heft 5), Bern [2]1973.
WALTER, Gero, Der *Zusammenbruch* des Heiligen Römischen Reiches deutscher Nation und die Problematik seiner Restauration in den Jahren 1814/15, Heidelberg 1980.
WEIS, Eberhard
Die *Begründung* des modernen bayerischen Staates unter König Max I. (1799–1825), in: M. Spindler (Hg.), Handbuch der bayerischen Geschichte, IV/1, München 1974.
Napoleon und der Rheinbund, in: Armgard von Reden-Dohna (Hg.), Deutschland und Italien im Zeitalter Napoleons (= Veröffentlichungen d. Instituts f. Europäische Geschichte, Abt. Universalgeschichte, Beiheft Nr. 5), Wiesbaden 1979.
Der aufgeklärte *Absolutismus* in den mittleren und kleinen deutschen Staaten, in: ZBLG 42 (1979).
Bayern und Frankreich in der Zeit des Konsulats und des ersten Empire (1799–1815), in: HZ 237 (1983).

Reformen im rheinbündischen Deutschland (Schriften des Historischen Kollegs, Kolloquien 4), München 1984.
WEITZEL, Johannes, Artikel Dalberg, in: Staatslexikon oder Encyklopädie der Staatswissenschaften in Verbindung mit vielen der angesehensten Publicisten Deutschlands, herausgegeben von Carl von Rotteck und Carl Welcker, Bd. 1–12, Altona [1]1834–1844, hier: 4 (1837).
WENDE, Peter, Die geistlichen *Staaten* und ihre Auflösung im Urteil der zeitgenössischen Publizistik (= Historische Studien, Heft 396), Lübeck 1966.
WERNER, Petrus, Joseph B. *Puchner,* aus dem ehemals gefürsteten freyen Benedict. Reichsstifte St. Emmeram in Regensburg, Fürst Primatischer Schulrath und Dechant zu Pondorf in Unterbaiern, München 1825.
WIDL, August, Die soziale *Tätigkeit* des Fürstprimas Karl von Dalberg im Fürstentum Regensburg, Diss. Erlangen 1931.
WIERICHS, Marion, *Napoleon* und das „Dritte Deutschland" 1805/06. Die Entstehung der Großherzogtümer Baden, Berg und Hessen (= Europ. Hochschulschriften III, 99), Frankfurt a. M. 1978.
WILL, Carl, Archivalische *Beiträge* zur Geschichte der Erstürmung von Regensburg am 23. April 1809 und deren Folgen, in: VO 47 (1895).
WINKOPP, Peter Adolf (Hg.)
Der Rheinische Bund. Eine Zeitschrift historisch-politisch-statistisch-geographischen Inhalts. Herausgegeben in Gesellschaft sachkundiger Männer von P(eter) A(dolf) Winkopp, Bd. 1–23, Frankfurt a. M. 1806–1813.
Versuch einer topographisch-statistischen Beschreibung des Großherzogtums Frankfurt, Weimar 1812.
WOHLFEIL, Rainer
Untersuchungen zur Geschichte des Rheinbundes 1806–1813. Das Verhältnis Dalbergs zu Napoleon, in: ZGO 108 (1960).
Napoleonische *Modellstaaten,* in: W. v. Groote (Hg.) Napoleon I. und die Staatenwelt seiner Zeit, Freiburg i. Br. 1969.
WOLZOGEN, Caroline von, Literarischer *Nachlaß* der Frau Caroline von Wolzogen, 2 Bde., Leipzig 1848/49.
ZAPF, Georg Wilhelm
Johann von Dalberg, Bischof von Worms, Augsburg [2]1796.
Karl, *Großherzog* von Frankfurt, Königliche Hoheit, Frankfurt 1810.
ZIEHEN, Eduard, Winkopps *„Rheinischer Bund"* 1806–1813 und der Reichsgedanke, in: Archiv f. hess. Geschichte u. Altertumskunde NF 18 (1935).
ZIMMERER, Josef, Zehn Jahre *Schularbeit* in Regensburg. Josef Benedikt Puchner 1799–1809, in: Jahresberichte d. Vereins zur Erforschung d. Regensburger Diözesangeschichte 4 (1929).
ZWEHL, Hans Karl von, Die bayerische Politik im Jahre 1805, München 1964.

NACHSCHLAGEWERKE UND LEXIKA

ALLGEMEINE DEUTSCHE BIOGRAPHIE, Hrsg. durch die historische Commission bei der Kgl. Akademie der Wissenschaften, Bd. 1–56, Leipzig 1875–1912 (Ndr. Berlin 1967)

BAADER, Klement Alois (Hg.), Das gelehrte Baiern oder Lexikon aller Schriftsteller welche Baiern im achtzehnten Jahrhundert erzeugte oder ernährte, 3 Bde., Nürnberg 1804 (Ndr. Hildesheim 1971)

BIOGRAPHIE UNIVERSELLE ancienne et moderne (Michaud), Bd. 1–45, Paris ²1854–1865 (Ndr. Graz 1966–1970).

BIOGRAPHISCHES WÖRTERBUCH ZUR DEUTSCHEN GESCHICHTE, Begr. v. Hellmuth Rössler u. Günther Franz, 2. Aufl. bearb. v. Karl Bosl, Günther Franz, Hans Hubert Hofmann, Bd. 1–3, München 1973–1975.

KNESCHKE, Ernst Heinrich (Hg.), Neues allgemeines Deutsches Adels-Lexikon, Bd. 1–9, Leipzig 1861–1868 (Ndr. Hildesheim 1973).

LANG, Karl Heinrich Ritter von (Hg.), Adelsbuch des Königreichs Baiern, München 1815.

LEXIKON FÜR THEOLOGIE UND KIRCHE, 2. neubearb. Aufl. des Kirchlichen Handlexikons. Hrsg. v. Michael Buchberger, Bd. 1–10, Freiburg 1930–1938. 2., völlig neubearb. Aufl., hrsg. v. Josef Höfner u. Karl Rahner, Bd. 1–10, Freiburg 1957–1965.

MORONI, Gaetano, Dizionario di erudizione storico-ecclesiastica, Bd. 1–103, Venezia 1840–1861.

NEUE DEUTSCHE BIOGRAPHIE, Hrsg. v. d. Historischen Kommission bei der Bayerischen Akademie der Wissenschaften, Bd. 1–14, Berlin 1953–(1985).

NOUVELLE BIOGRAPHIE GENERALE, hrsg. v. Ferdinand Hoefer, Bd. 1–46, Paris 1852–1866 (Ndr. Kopenhagen 1963–1966).

POGGENDORF, J. C. (Hg.), Biographisch-literarisches Handwörterbuch zur Geschichte der exacten Wissenschaften etc., Bd. 1–3, Leipzig 1863–1865.

SIEBMACHERS'S GROSSES UND ALLGEMEINES WAPPENBUCH, hrsg. v. Otto Titan von Hefner, Nürnberg 1856–(1967).

WINTER, Otto Friedrich (Hg.), Repertorium der diplomatischen Vertreter aller Länder, Bd. 3: 1764–1815, Graz 1965.

WURZBACH, Constant von, Biographisches Lexikon des Kaiserthums Österreich, Bd. 1–60, Wien 1856–1889 (Teilnachdruck New York 1969).

SIGLENVERZEICHNIS

ADB	Allgemeine Deutsche Biographie
LThK	Lexikon für Theologie und Kirche
HJ	Historisches Jahrbuch der Görres-Gesellschaft
HZ	Historische Zeitschrift
NDB	Neue Deutsche Biographie
NF	Neue Folge
VO	Verhandlungen des Historischen Vereins für Oberpfalz und Regensburg
Preuß. Jb	Preußische Jahrbücher
ZBLG	Zeitschrift für bayerische Landesgeschichte
ZGO	Zeitschrift für die Geschichte des Oberrheins
ZsRG kan.	Zeitschrift der Savignystiftung für Rechtsgeschichte, kanonistische Abteilung

VERZEICHNIS DER ABBILDUNGEN UND BILDNACHWEIS

Seite 12: L'empereur Napoléon et le Prince Primat Dalberg devant le chateau d'Aschaffenbourg, Öl auf Leinwand.
Constantin Bourgeois, Jean Baptist Debret, 1813. Musée National du Chateau de Versailles.

Seite 25: Karl Theodor von Dalberg, Wachsporträt.
Johann Martin Bückle, 1776. Städtisches Museum Göppingen. Foto: Dieter Dehnert, Göppingen-Jebenhausen.

Seite 31: Karl Theodor von Dalberg, Alabaster-Relief, 8,4 × 6,2 cm.
Johann Peter Melchior, 1788. Bayerisches Nationalmuseum.

Seite 34: Karl Theodor von Dalberg, Öl auf Leinwand, 56 × 70 cm.
Johann Friedrich August Tischbein, 1796. Bayerische Staatsgemäldesammlung München.

Seite 42: Napoleon Bonaparte überquert den Großen St.-Bernhard-Paß, Öl auf Leinwand.
Jacques-Louis David, 1800. Schloß Charlottenburg Berlin.

Seite 53, oben: Grundriß der fürstprimatischen Residenzstadt Regensburg, 1808.
Stadtmuseum Regensburg.

Seite 53, unten: Die neue Bürgerwehr auf dem Neupfarrplatz, 1807.
Stadtmuseum Regensburg.

Seite 57: Das Kepler-Denkmal in Regensburg, 1808.
Stadtmuseum Regensburg.

Seite 59: Das neue Theater- und Gesellschaftshaus zu Regensburg.
Stadtmuseum Regensburg.

Seite 62: Karl Theodor von Dalberg, Öl auf Leinwand.
A. Ochs, 1810. Historisches Museum der Stadt Frankfurt am Main.

Seite 65, oben: Napoleon vor Regensburg am 23. April 1809, Öl auf Leinwand.
Albrecht Adam. Niedersächsische Landesgalerie Hannover.

Seite 65, unten: Napoléon blessé au cours de l'assaut de Ratisbonne, Öl auf Leinwand.
Pierre Gautherot. Musée National du Château de Versailles.

Seite 66: Napoleon an Dalberg, Schönbrunn, 19. Juni 1809.
Original-Autograph, Stadtarchiv Regensburg.

Seite 68: Napoleon I., Kaiser der Franzosen, Öl auf Leinwand.
Robert Jacques Francois Lefèvre. Musée Carnavalet, Paris.

Seite 78: Le mariage civil de Prince Eugène de Beauharnais et princesse Amalie de Bavière, Öl auf Leinwand, 189 × 230 cm.
Francois-Gauillaume Ménageot, 1806 – 1808. Musée National du Château de Versailles.

Seite 97: Confédération du Rhin, Altkolorierte Lithographie.
C. Motte. Privatbesitz.

Seite 113: Carl Theodor von Dalberg, Öl auf Leinwand, 61 × 75 cm.
Robert Jacques Francois Lefèvre, 1811. Stadt- und Stiftsarchiv, Aschaffenburg. (Davon sechs Kopien, Öl auf Leinwand. Karl Theodor Berg, 1817. Eine davon im Stadtmuseum Regensburg).

Seite 115: Übergabe des Fürstentums Regensburg, Öl auf Leinwand.
Josef Altheimer, 1911. Museum der Stadt Regensburg. (Kopie im Hotel Bischofshof).

Seite 136: Dalberg an Napoleon, Konstanz, 1. November 1813.
Original-Autograph, Archives diplomatiques du Ministère des relations extérieures, Paris (Mémoires et documents, France, 2171).

Seite 150: Carl Theodor von Dalberg auf dem Sterbebett, 10. Februar 1810.
Stadtmuseum Regensburg.